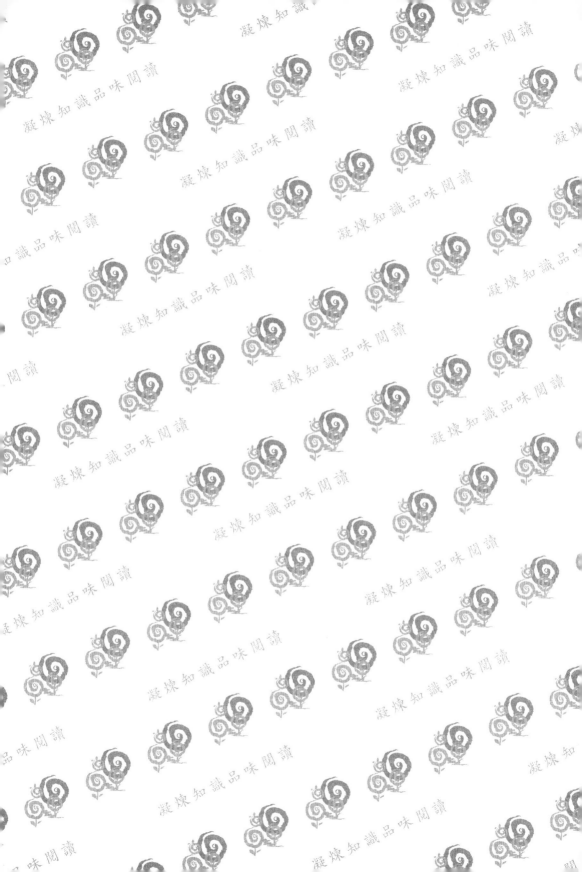

質性研究
設計與計畫撰寫

Catherine Marshall
Gretchen B. Rossman　著

李政賢　譯

五南圖書出版公司 印行

Designing Qualitative Research
(Sixth Edition)

Catherine Marshall, Gretchen B. Rossman

作者簡介

Catherine Marshall　凱瑟琳‧瑪歇爾

　　美國北卡羅萊納大學教堂山校區，教育領導學教授。加州大學聖塔芭芭拉校區博士；加州大學洛杉磯校區（UCLA）博士後研究。曾任教於賓州大學與凡德堡大學。長期以來，瑪歇爾教授教學與研究的目標乃是應用跨領域取徑，分析學校文化、國家或州政府的政策文化、性別議題、社會正義議題。她的論著極為豐富，主要包括：教育政治學、質性方法論、婦女職業生涯機會、社會化、語言，以及教育行政的價值等領域。她獲得相當多的榮譽獎項，包括：教育政治協會頒發的坎培爾終生學術貢獻獎（Politics of Education Association, 2009）；教育行政評議會頒發的坎培爾教育行政終生成就暨貢獻獎（University Council for Educational Administration, 2008）；美國教育研究協會（AERA）頒發的顧德塞爾獎，獎勵她在婦女教育的學術、維權運動、社區營造等方面的貢獻（American Educational Research Association, 2004）；福特基金會社會正義領導獎助金（Ford Foundation, 2002）。當選美國教育協會政治與政策分組主席，創立AERA社會正義領導特殊興趣群組。

　　瑪歇爾教授的主要著作（含主編的出版品）包括：《維權運動教育者：打破過去的限制》（*Activist Educators: Breaking Past Limits*）、《美國各州的文化與教育政策》（*Culture and Education Policy in the American States*）、《新性別與種族政治學》（*New Politics of Gender and Pace*）主編、《女性主義批判政策分析》第一與第二冊（*Feminist Critical Policy Analysis (Vols. 1 & 2)*）。學術生涯的早期，從事有關政策主題的質性研究，同時也陸續教導了數百位的博士研究生採用以及調適質性研究取徑，以便發展實際而可行的研究計畫。就是在這樣的背景下，瑪歇爾教授開始著手構思與撰寫本書。

Gretchen B. Rossman　葛蕾琴‧羅絲蔓

　　美國麻州大學安姆斯特校區國際教育學教授。賓州大學教育學博士，專攻高等教育行政。曾擔任哈佛大學教育研究學院客座教授。在任教於麻州大學之前，曾擔任費城「理想學校研究中心」資深研究員。享譽國際的質性研究方法論學者，由其擅長質性研究設計與方法、混合方法監督和評鑑、教育質性研究。過去二十多年來，她總共合作出版了十二本書，其中兩本是廣受好評的質性研究指南：《田野學習》（*Learning in the Field*）（第三版）（Rossman & Rallis），以及本書《質性研究：設計與計畫撰寫》（*Designing Qualitative Research*）。她和Sharon Rallis合寫《研究旅程：研究導論》（*The Research Journey: An Introduction to Inquiry*）。羅絲蔓教授的研究著作（含與他人合著）包括：五十幾篇論文、書籍專章、技術報告，主要聚焦質性研究整合的方法論議題、混合方法評鑑、研究倫理實踐，以及美國和國際教育改革的分析與評鑑。

　　羅絲蔓教授曾擔任若干大型研究案的計畫主持人與協同主持人，包括：美國國際發展署贊助研究計畫（蘇丹南部、馬拉威、印度）；世界銀行贊助跨齡就學計畫（塞內加爾、甘比亞）；解救兒童組織贊助專業訓練參與監督和評鑑計畫（亞塞拜然），擔任首席訓練專家。另外，還擔任若干美國境內專案的外審評鑑員，包括：美國教育部贊助教育改革計畫、美國科學基金會贊助中年級自然科學創新教育計畫，以及若干美國境內身心障礙學童融合教育計畫。她每年都會固定出席重要學會的年會，發表論文，擇要摘列如後：美國評鑑協會、美國教育研究協會（AERA）、比較暨國際教育學會（CIES）。

前言

　　自從本書英文第一版（1988年）發行以來，社會人文研究的環境已經發生了好幾輪天翻地覆的大變動。在最新的這版中，我們加入了當代議題、方法與考量等大幅增添有關質性研究的哲學、歷史與類型的大量資訊，並且納入藝術導向研究、多模型探究、關鍵論述分析、個案研究、扎根理論、自傳俗民誌與使用社群媒體與各種電腦、網頁應用軟體等。我們增加探討提案階段的資料分析、撰寫報告時的分析管理。因為不喜歡統計而跳入質性研究的人在看到本書的指引後，或許會感到震驚。我們將進行系統化的分析說明，避免讀者脫口而出：「喔，資料分析就是會發生。」或是：「別緊張，只要我到田野後就知道該做些什麼了。」

　　我們持續關注有關質性研究融入政策與實務應用的探討說明，包括：如何確認政策與實務領域的研究問題，乃至於使用哪些適合政策與實務旨趣的研究報告或發表呈現模式，同時在全書各章節也都融入了相關的可信賴度、效度與研究倫理議題討論。就細部具體內容而言，我們調整了每一章的書寫語調，希望提高讀者友善感，並且更新最新的參考資料，當然祖師爺、祖師奶級的重要經典還是原封未動。

　　本版仍保有學友書簡，但是換成Keren Dalyot（凱倫）與Karla Guiliano Starr（卡拉）。還收錄作者間的對話，描述我們在教學實務上的經驗已擴充本版的內容。延伸閱讀書單很長很嚇人，因此，我們採取凱瑟琳學生們的建議，特地精選出一些書單供讀者參考，非常感謝他們的建言。本版在各章結尾處還增添了新的關鍵概念。

　　質性研究方法論已趨成熟，第六版（註：係指英文版本）收錄新科技、新觀點與創意的報告呈現方式。目前在許多大學，質性研究面對的環境已經比較溫和了，因此，我們不再像過去那樣強調辯護質性研究法的合法性，轉而把重心擺在肯定質性研究法的適切性。我們相信，

質性研究與許多文化問題之間有著相當高的「適合度」（goodness of fit），有這樣強有力的支持動能作為後盾，我們應該可以有信心的跨越那種獨尊實驗研究法（隨機抽樣、實驗控制）的保守立場。有些管理研究執行與審查研究計畫贊助的單位仍然明文規定，實驗研究法是唯一可接受的研究法。所以，本版在適合的脈絡下，將會反映呈現箇中趨勢的轉變。我們特別推崇大學作為保護質性研究與對抗政治浪潮的灘頭堡。對於從事質性研究者，大學仍然是相對溫和的地方，能夠獲得合理的支持。

　　本書最初目的是希望能夠滿足研究者對於質性研究設計的需求，提供有關設計質性研究的實用建議，藉以讓讀者認識質性研究取徑複雜而又充滿彈性的本質，以及各種與質性研究類型相關的爭議。這方面的需求至今仍然持續存在。不論是博士班研究生、專案經理人、政策分析師，或是預期投入多元方法研究團隊的研究者，都可以在本書中找到清楚且直接的實用指南。近年來，質性研究設計已廣為應用在許多領域，諸如：衛生、教育、都市計畫、公共關係與溝通、社會學、國際研究、心理學、管理、社會工作、衛生政策、護理等。我們的焦點傾向於諸如此類的專業或應用領域。雖然我們很清楚，質性研究領域有許多新興的發展趨勢，例如：自傳俗民誌、展演俗民誌與文化研究，但是我們主要的讀者仍然還是想要透過質性研究來提供解決複雜問題的實用答案。

　　當初，我們之所以會想寫《質性研究》這樣一本書，乃是有感於一般質性研究報告雖然趣味盎然，但總也帶了一層難以看透的神祕面紗。深入田野的俗民誌固然令人大開眼界，但似乎總像施展魔術一般，旁人難以理解箇中研究歷程。一般研究人員和學生很難找到適當指南來完成如此的作品。雖然有少數研究人員曾經提供若干章節或附錄，試圖重述他們運用的研究程序。然而，一般教科書在論及質性研究的時候，往往充斥空泛的哲學立場陳述，或是極力強調質性研究的文化意涵。有鑑於此，我們當初寫作此書的本意，就是希望彌補上述缺憾，提供明確而實際可行的研究設計建議。從那時候起，直到現在第六版即將付梓，我們一直受惠於許多人寶貴的研究經驗與批評，尤其是將個人研究設計與程序予以系統化記錄的研究者，還有不斷提出質疑問題的博士生。結合這

些人的努力與貢獻，我們才有可能完成本書。一方面，讓讀者得以銜接俗民誌與其他質性研究類型的經典著作；另方面，也呈現給讀者，研究人員在處理新世紀研究問題時，可能遭遇的諸多議題，以及研究設計方面的兩難困境。再者，這次的增修版也試圖展示，如何將各種新興的學術發展趨勢（包括：後現代、女性主義、批判種族理論提出的各種挑戰，以及主張研究應該直接有益於被研究者的呼籲），整合到質性研究方法論當中。

延續先前版本的優良傳統，此次第六版仍然有提供若干專欄，以真實或虛構的例子，說明來自學術、倫理、政治與技術進展等方面的新潮流與趨勢對於質性研究方法論的挑戰，以便讀者能夠確實理解與感受這些新潮流與趨勢如何影響質性研究的設計。這些專欄包羅萬象，其中包括：(1)如何設計有關難民與移民的研究；(2)翻譯的議題，以及研究倫理審查委員會的議題；(3)討論關於從事社區發展評鑑研究時，研究者明顯抱持推動民主的政治立場；(4)討論批判理論學者會如何思索，應該使用什麼方式來報告研究，才不至於殖民化那些容許研究者進入其生活的研究對象。由於質性研究設計並不是循線性方式前進，因此在教導質性研究設計時，就需要有不同於傳統研究設計的教學策略。我們希望這些專欄關於研究設計的種種陳述能夠幫助讀者，轉而應用到自己的研究設計當中。

本書的改版留意到審閱者對代名詞的評論。這個議題非常巧妙，我們試著維持敘事的流暢，同時保持性別平衡。因此，我們在本版每個章節輪流用他和她，歡迎各位讀者提出建議。

另外本版新增相關的網址供師生參考，教師資源包括：簡報檔、課程大綱和一些問題與練習題。學生還可以利用下列網址自修參考：http://study.sagepub.com/marshall6e。

我們兩人教導研究生質性研究方法論，總共已經有將近六十個年頭。每班學生有十幾二十人，讀者稍微計算一下應該不難估計，我們這些年來總共幫忙催生了多少質性研究人員。有許多因素促使我們持續不斷覺察質性研究面臨的各種難題，而其中最重要的就是學生們在課堂上以及論文研究當中提出的種種挑戰。我們希望在此感謝數以百計的

學生，他們孜孜不倦地探求各種創新的方法，並且不斷地帶來真實生活世界的研究問題。其中有許多學生也慨然同意，讓我們將他們的問題與反思收錄到本書專欄。最後，若干學術期刊關於本書的書評與匿名審核意見，以及學生們的批評與建議，都讓我們，還有我們的讀者，同樣受益匪淺。本版有幸收錄Keren Dalyot（凱倫）和Karla Guiliano Sarr（卡拉）的「學友書簡」。非常感謝下列學生們讓我們收錄他們的文章：Keren Dalyot, Paul St. Joh Frisoli, Mark Johnson, Aaron Kuntz, Rachel B. Lawrence, Gerardo Blanco Ramirez, Karla Guilian Sarr和Ariel ichnor-Wagner。還要感謝我們聰穎的三位研究助理：Keren Dalyot, Rachael B. Lawrence和Mohammad Mahboob Morshed。

我們也要感謝Sage出版社的Helen Salmon，她鍥而不捨的引導和出版製作方面的智慧，對於這次改版整合工作貢獻極大。此外，我們還要特別感謝以下諸位學者協助審閱，她們精湛的寶貴見解都已經融入到本書當中：德州大學阿靈頓分校的Ifeoma A. Amah、西卡羅萊納大學的Mary Jean Ronan Herzog、田納西科技大學的Janet K. Isbell、維多利亞大學的Catherine McGregor、內華達大學拉斯維加斯的LeAnn G. Putney、德州A&M大學的Jon Travis和羅格斯大學的Marc D. Weiner。我們希望這所有的心血結晶能夠繼續提供實用指南，幫助研究者打造出妥適、周延又富有倫理敏感的質性研究計畫。

質性研究

設計與計畫撰寫

作者簡介

前言

第 *4* 章　質性研究的內涵「**What**」：建立概念架構

第 *5* 章　研究的途徑「**How**」：建立研究設計

第 *6* 章　基本資料蒐集

第 *7* 章　資料蒐集：次要與專殊化方法

第 *8* 章 資料的管理、分析與詮釋

第 *9* 章 壓力源：時間、資源與政治

第 *10* 章 研究計畫總回顧與研究報告呈現方式

質性研究

設計與計畫撰寫

表目錄　　　　　　　　　　　　　　　　表目錄

質性研究

設計與計畫撰寫

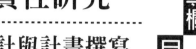

質性研究

設計與計畫撰寫

第1章

導　論

> 　　統計數據能夠摘要代表的合理化知識是有其限度的。量化
> 無論有多麼精準，仍然無法激發行動，尤其是在人間社會，因
> 為人之間的連結靠的是情意的相通，而不只是數量的算計。
>
> 　　　　　　　　　　　　　　　　～Mary Poovey（1995，頁84）

近年來，質性研究方法已成為相當重要的探究模式，不論是社會科
學，或是應用學門（諸如：教育、區域計畫、護理、社會工作、社區發
展、管理等），都可看到使用質性方法的研究。長久以來，社會科學領
域的研究方法幾乎都是借用實驗科學的技術；然而，近年來，有別於該
等主流研究取徑的諸多方法紛紛出籠。人類學帶來了俗民方法論、民族
學，還有一般人較為熟悉的俗民誌。社會學則產生了符號互動論與芝加
哥學派。現象學擷取諸多西方哲學的理念，建立了特殊的研究方法論。
跨領域研究也建立了各式各樣的研究法，包括：社會語言學、論述分
析、生命史、敘事分析。臨床方法論則是來自心理學領域的貢獻。

　　批判傳統（包括：後現代、後結構和後殖民等傳統）方面則促成
了批判論述分析、女性主義研究、批判種族理論與分析、酷兒理論與分
析、文化研究、批判俗民誌，以及自傳俗民誌。另外，在質性研究的發
表模式方面，最近還興起了一種相當引人興趣的展演俗民誌。隨著電腦
技術的蓬勃發展與廣泛應用，也開始出現大量的網路俗民誌，以及融合
多元模式的探究方法。行動研究和參與研究，通常明白宣示帶有特定的
意識型態與解放意圖，希望透過批判與激進的手段，徹底改變社會的根
本結構與歷程，並且全盤改造研究工業的理念與實作。

　　上述摘列的許多質性研究類型，最初源自傳統領域與跨學門研究，

而如今已經相當常見於政策研究與專業領域研究。十幾年前，Denzin & Lincon（1994）有如後描述：「『質性革命』（qualitative revolution）席捲社會科學和相關專業領域的盛況，說是嘆為觀止，的確一點也不誇張」（頁ix），此話用來形容目前的情況仍然相當貼切。

　　至於什麼樣的探究才算是合乎質性或詮釋典範的探究呢？各個學門都各有一些不盡相同的預設。乍看之下，本書指稱的質性研究與質性方法論，彷彿存在一種大家一致同意，而且本質毫無差異的單一研究取徑。果真如此，那研究新手大可寬心不少；可惜事實並非如此。誠如Denzin & Lincon（2005）說道：「質性研究是一個眾說紛紜的領域。其中跨越交織了許多不同的學門、領域與學科主題。質性研究一詞，其實環繞著極為複雜而又相互關聯的各種專業術語、概念與預設。」（頁2）

　　目前，質性研究方法可稱得上種類繁多，也有不少優秀的書籍專門針對不同質性研究類型，提供基本預設與實作的介紹。雖然各自主張不同的方法論立場，不過，整體而言，仍有若干相近似的價值，以及通用的實作程序。質性研究者感興趣的多半是，日常生活互動中呈現的複雜性，以及當事人對於該等互動所賦予的意義。她們也很明白，研究工作離不開詮釋（包括自我和他人的詮釋），而且詮釋必然涉及多層的複雜詮釋循環。在此種興趣驅動之下，質性研究者往往比較少從事實驗室的研究，而偏向自然或日常生活場域的研究。傾向彈性混用多元方法，因時制宜，「廣泛的相互關聯的詮釋實踐」（Denzin & Lincoln，2005，頁4），以便探索有興趣的題材。因此，質性研究可說是具有實用考量與詮釋性質的研究，而且扎根於人們真實的生活經驗。

　　Rossman & Rallis（2012，頁8-11）針對典型的質性研究和質性研究者，提出了下列特點。首先，質性研究的特點：

1. 發生在自然場域；
2. 因時制宜採用多元的方法，以尊重研究參與者的人性化考量；
3. 聚焦脈絡；
4. 在過程中逐漸浮現成形與演化；
5. 根本上乃是詮釋性質的。

其次，質性研究者的特點：

1. 把世界看成是整體而複雜的；

2. 持續不斷地對研究的執行進行有系統的反思；

3. 能夠保持敏感，覺察或感知自己的生命故事／個人社會認同，並能敏銳體察該等因素對於研究的型塑作用（亦即研究者具有反思性）；

4. 依靠複雜的辯證運思，在演繹與歸納之間反覆辯證；

5. 有系統地進行查詢（參見表1.1）。

■表1.1　質性研究與質性研究者的特點

質性研究的特點
1. 發生在自然的世界。
2. 使用多元的方法，這些方法的性質是互動的，並且尊重人性考量。
3. 聚焦脈絡。
4. 在過程當中逐漸浮現成形，而不是研究之前就預先嚴密規劃成形。
5. 根本上乃是詮釋性質的。
質性研究者的特點
1. 以全面關照觀點來看待社會現象。
2. 有系統地反思研究者本身在研究當中的角色或位置。
3. 敏感覺察或感知自我生命故事，並體察該等因素對於研究的型塑作用。
4. 運用複雜的推理運思，能夠多面向考量，而且反覆辯證。
5. 進行有系統的查詢。

資料出處：改編自Rossman & Rallis（2012，頁8-11），改編使用許可。

　　總之，質性研究乃是跨越許多不同取徑的社會現象研究方法。其中共通性包括：自然主義取向，具有詮釋的本質，愈來愈傾向採取批判立場，採用多元的探究方法。本書用意在於提供指南式的導引，希望透過本書的介紹，能夠讓想要選擇採用某種質性研究方法來理解或是改變某一複雜社會現象的研究者，可以發展出一份扎實而且合乎研究倫理實踐（ethical research practice）的研究計畫。

＊　　　＊　　　＊　　　＊　　　＊

　　無論是發人深省的個案研究，還是描述豐富而細膩的俗民誌，或者是呈現個人複雜生命旅程的敘事，都是系統化探究的產物。不過，萬丈高樓平地起，在這些研究的萌芽初期，它們也曾經只是有待雕琢的研究計畫。二十多年前，質性研究者必須千心萬苦去探尋，希望找到有益的指南，依循指點寫出周延又有說服力的研究計畫。所幸那種日子已經過去了，現在已經有許多相當有助於學習撰寫質性研究計畫的參考書（請參閱本章末尾的延伸閱讀）。很多時候，我們會看到一些政策研究，提出洋洋灑灑的研究發現或建議事項，但是卻無從理解這些建議究竟是如何推導出來的。還有一些質性研究報告則是沒有提出好例子，欠缺足夠的細節，讀者很難明瞭該研究是如何設計的。另外有些研究報告，寫得就好像研究一路暢行無阻，完全看不到過程當中的混亂與麻煩。只看這一類的報告，初學者實在很難從中學會如何寫好質性研究計畫。因此，質性研究計畫指南的功能應該就是要能夠彌補這方面的缺憾。就此而言，本書提供的指南具體實用，內容陳述明確詳實，有助於引導初學者按部就班撰寫出結構嚴謹而有說服力的研究計畫，並且能夠符合質性研究方法論的根本假設。

　　雖然正規研究領域已經接受質性研究方法的地位——如上述提及的「令人嘆為觀止的席捲盛況」——學位論文審核委員，以及贊助研究的機構審核人員，還是會要求看到建構良好的研究計畫，內容與方法都能合乎完善、嚴謹，以及研究倫理等條件。本書的組織架構就是依照質性研究計畫發展與撰寫的組織與進程，按部就班引導示範如何寫出一份能夠說服審核人士的研究計畫，包括：具體說明質性研究計畫發展的各項步驟、應該遵循的原則，以及質性研究的長處。

　　本書提供的指南介紹，對於許多社會科學門與應用領域的研究者都相當有幫助，其中包括：社會學、社區心理學、犯罪學、人類學、政治科學、區域計畫等等。雖然引用的例子大多取自教育領域（這是我們本身的專業），不過介紹的各項原則、挑戰與機會，還是可以轉用到其他學門與應用領域。

　　對於想要學習質性研究方法論的讀者而言，目前已有相當多值得參考的文本、選集、期刊論文，專門介紹各種質性研究類型，以及偏好的

配套實施方法的小細節。本書的用意並不是想要取代這些文本。目前已有相當多的教科書，各自闡述各種質性研究類型的哲學基礎、歷史，以及闡述質性研究獲得的成果。本書只是希望能夠發揮互補的角色功能，以便讀者可以綜觀質性研究的多元面貌。當然囉，最主要目的還是希望提供實用指南，引導讀者寫出合乎質性研究典範的研究計畫，而且能夠施行順利，獲得圓滿結果。

最後，我們還得提醒讀者注意，本書引述的許多例子，乃至於整本書的結構和組織，似乎會讓人以為研究計畫的發展乃是線性而透明的。但是，就如同本書一再重申更正的，這其實是錯誤的印象。專欄的例子之所以讀起來文字通順流暢，這多半是因為該等例子多是擷取自順利通過審查認可的研究計畫。本書的結構或許會讓讀者以為，研究計畫撰寫者是從第一點到第二點……一路暢行無阻，而且每個步驟進程之間都有條理可循。而這也正是學術寫作的挑戰所在：如何把原本迂迴反覆多所窒礙挫折的發展過程，透過寫作的轉化而呈現出可以讓讀者以為條理分明有序的論述。我們希望，讀者能夠把這一點提醒牢記在心。

質性研究計畫的考量

在撰寫質性研究計畫時，應該考量研究是否具備三方面的充分條件：可行性（do-ability）、應行性（should-do-ability）、欲行性（want-to-do-ability）。我們認為，仔細考量這三方面的條件，能夠給研究計畫的發展與撰寫帶來相當大的助益。

可行性：考量研究能否做得到

可行性的考量是關於計畫要做的研究是否確實做得到。可行性的判斷取決於多種因素，其中包括：可用的資源（時間、金錢）是否充足、研究感興趣的場域或樣本母群是否可能進接，還有研究者本身應該具有的知識與技巧能力。不論是尋求外部經費贊助的研究計畫，或是學位論

文研究計畫，都必須納入討論資源的取得與配置。研究者還必須討論有
關進接的策略，包括：進接某特定的場域，或是確認研究的參與者。研
究者必須在研究計畫的各個部分，充分展現她具有勝任能力，確實可以
完成周延而且合乎倫理的質性研究。在引用方法論的文獻，以及討論試
行性的先期研究或過去研究的時候，研究者必須適時展現自己有從事質
性研究的經驗，並且熟悉質性方法論持續發展的相關重要論題，從而確
立自己的研究在理論與／或實務研究脈絡中的定位。

　　因此，可行性的考量主要聚焦於如後問題：有否充足資源可以支持
研究的實行？研究場域是否可能獲得進接，以及研究參與者是否願意參
與？研究是否足夠聚焦而可能完成？研究者是否提供證據證明有勝任能
力，足以應付該項研究涉及的方法論挑戰？

應行性：考量潛在重要意涵與倫理

　　應行性的考量是關於研究的潛在貢獻與倫理面向。首先，關於研
究的潛在貢獻，研究計畫撰寫者必須完成兩項論證：(1)論證這項研究
將對理論與研究有所貢獻，例如：有助於釐清或解決社會科學或應用
領域的某些論題；(2)論證這項研究對於政策與／或實務的重要意涵。
再者，應行性的論證還得回應「那又怎麼樣呢？」諸如此類經常會被提
起的問題。對於這類問及研究為什麼應該做的問題，研究者必須提出令
人信服的論證，以廣博而深厚的知識，說明該項研究將如何有貢獻於學
術、政策與實務，從而說服提問人該項研究確實是應該做的。

　　不過，考量應行性的問題時，還有另外一個相當重要的面向，那就
是研究倫理：哪些倫理關懷或議題可能會發生？研究者有哪些資源可用
來妥善回應該等倫理議題？因為倫理關懷對於任何涉及人類的探究都是
非常重要的，所以我們會在第三章專門討論此項議題，在其他各章節也
會配合重點討論。

欲行性：考量研究者的興趣能否維繫

　　欲行性乃是反映出研究者對於研究主題的投入程度。截然不同於過去研究傳統強調冷靜客觀、不帶個人情感的科學家角色，質性研究者則是深刻關切探究的人事物（而且我們主張，所有研究者都應該如此）。然而，這不應該被曲解為，質性研究者就必然是充滿天真的主觀意識，或立場偏頗不公。不幸的是，諸如此類有欠公允的說法卻是極為常見的批評。事實上，質性研究方法論承認，所有的社會科學研究都可說是主觀的（意思是指主觀的關懷），因此，與其爭論研究者是否主觀的議題，倒不如把論述的焦點轉往知識論的討論，認真思考可以採行何種策略，以確保提高研究可信賴的程度，或是可信靠的水準（有關研究的可信賴程度與可信靠水準等議題，詳細討論請參閱第三章）。因此，欲行性的考量就是關於研究者的投入承諾與興趣，欲行性高的研究計畫應該是能夠讓研究者維持熱切的興趣與高度的承諾，而得以貫徹始終完成研究設計、執行，乃至分析、研究結果的報告撰寫。

　　總之，研究計畫就是呈現各種支持證據的論證，以期令人信服該項研究計畫確實可行，也應該要做，而且研究者也擁有充足的精力與興趣，來支撐並完成該項研究計畫。

質性研究計畫的挑戰

　　研究計畫包含兩大組成部分：(1)概念架構（conceptual framework）；(2)研究設計與研究方法。此兩大組成部分約略等同於「what」與「how」。「what」指的是研究的實質焦點或內涵；「how」則是執行該項探究的方法。在研究計畫中，撰寫者分別詳述研究要探討的主題或議題，以及計畫用來展開探究的方法。在充分發展而且結構與內容完善，並具有說服力的研究計畫中，各組成部分應該充分統整而且彼此緊密關聯。也就是說，各組成部分所秉持的知識論預設或主張都能彼此協和一致；研究問題和所選用來探究該等主題的方法，彼此之間也都能夠

相互融通，形成一種有機體的關係。

　　要達到如此目的，質性研究者必須面對若干挑戰，例如：

・發展研究概念架構，而且必須達到周延、簡要、優雅等標準。

・規劃研究設計，必須合乎系統化、可管理，以及變通彈性。

・將上述概念架構與研究設計妥為統整，從而擬出一份融貫而有條理的文件，足以說服研究計畫的讀者（例如：贊助研究機構，或是學位論文審核委員）。

　　此外，質性研究者還必須完成以下的任務：

・展現自己確實具備實行該項研究的勝任能力（「可行性」）。

・描述自己會如何敏感關照研究倫理實踐的議題（「應行性」）。

・詳述用來確保研究可信賴度的策略。

　　本書將配置若干章節，介紹討論如何按部就班完成上述各項挑戰（請參閱本章末尾的章節簡介）。接下來，我們提供一個綜覽觀點，藉以說明為何研究計畫需要發展一個融通的概念架構，以及扎實的研究設計。然後，再說明為何研究者需要展現勝任執行研究計畫的能力。

研究的概念架構

　　研究計畫的第一個主要組成部分就是研究的概念架構。至於為何採用如此的概念架構，就需要提出扎實的邏輯論證來加以辯護。比方說，計畫撰寫者應該讓讀者明瞭，當該項研究計畫在檢視某一特定場地或某些群體的個人時，其實乃是藉這些個案的探究，以茲研究某一範圍更為廣泛的現象。將某些特定的研究問題，連結到更大的理論構念，或是重要的政策議題，藉由這樣的做法，計畫撰寫者可以展現，雖然該研究探討的是個殊性的問題，但是卻可以用來澄明更大的議題，所以對於該領域有潛在的重要意涵。譬如：經濟所的博士班研究生撰寫的研究計畫，他說服論文研究計畫審核委員，使他們相信，五個家庭財務決策的質性個案研究，雖然聚焦於個體的層面，對於理解更廣大層面的市場作用

力乃是有重要關聯的。這些個案的質性研究之所以具有重要意涵，就在於它們以聚焦個人的精闢入微細節，澄明了更廣大層面的總體經濟作用力。就此而言，他的研究計畫就達到了辯護概念架構的要求。

研究設計（research design）也可以構思以現象學深入訪談[1]，作為資料蒐集的唯一方法。譬如：在研究設計的構思中，將現象學深入訪談連結到社會化理論，如此一來，也就為該項研究計畫找到了可茲建立研究概念架構基礎的重要理論與實徵研究文獻。我們將在第四章詳細介紹此項研究計畫建構概念架構的發展歷程。

研究設計與方法

研究計畫的第二個主要組成部分就是研究設計，以及選擇採用的特定方法，這也需要扎實的邏輯辯護。這個部分必須展示研究的可行性。計畫撰寫者應該讓讀者明白，該項研究的設計與方法乃是以方法論文獻與先前研究等知識為基礎，所做出的一系列嚴謹決策的結果。妥適的研究設計必須證成其決策基礎不但包含了重要而且相關的方法論文獻，而且與研究的問題以及研究的概念架構也具有合乎邏輯的關聯。

由於有些審核者可能不熟悉質性研究，因此，選擇使用質性方法的邏輯辯護就必須更加妥適。要確保建立明確的辯護邏輯基礎，必須注意到以下六個主題：

1. 質性研究的基本預設，以及該計畫採用之特定研究類型或混合運用若干類型的特殊預設。
2. 整體研究設計的可信賴度。
3. 考量可能發生的倫理議題。
4. 整體研究設計的選擇，附帶說明選擇某個場域、樣本、參與者的邏輯（包括任何組合的選擇之邏輯說明，例如：為何選擇某個地點的某種樣本，其餘類推）。

1　【譯者補注】：有關現象學深入訪談，可以參考《訪談研究法》（*Interviewing As Qualitative Research: A guide for researchers in education and the social sciences*），Irving Seidman（厄文‧賽德曼）著，李政賢譯。臺北市：五南（2009）。

5. 說明選擇某種特定資料蒐集方法的邏輯，以及該等方法如何能夠有效解答研究問題。

6. 合理推估研究的資源需求。

針對上述主題，本書也會配置特定章節介紹討論。首先，第二章，討論第一項主題；第三章，闡述可信賴度和倫理；第四章，討論概念架構的建立；第五章，討論研究設計，亦即研究的how；第六章和第七章，討論資料蒐集的方法；第八章，討論資料分析；第九章，舉例示範說明研究資源需求的推估；第十章，研究結果的報告書寫與其他呈現模式。除了上述六項任務之外，研究計畫也必須辯護說明，研究者確實擁有完成研究計畫的勝任能力（請參閱下一節的討論）。

研究者勝任能力

發展支持研究計畫的論證到了最後一個部分，就是要展現研究者的勝任能力。也就是說，研究計畫撰寫者應該或隱或顯地，展示本身足以勝任該項研究計畫的能力。什麼樣的評鑑標準適合用來評鑑研究計畫者是否具備勝任能力呢？確切的答案得視研究目的與範圍而定。大抵來說，用來評鑑學位論文研究計畫勝任能力的標準，明顯不同於評鑑那些經驗有成的研究者申請贊助的多年期研究提案計畫。很弔詭的是，因為學位論文研究的用意是要提供機會以便研究生學習從事研究的技法，因此，研究計畫的每一個部分都會受到縝密的檢視。學位論文研究計畫撰寫者對於研究的概念架構與整體設計，必須透澈關照箇中所有面向與細節，以便展現自己的勝任能力。相對而言，經驗有成的研究者可能不會受到如此縝密的檢驗，因為他們先前研究工作的資歷可以滋生信任感，人們可以合理相信他們應該具備勝任該項研究計畫的能力。這樣的做法雖然可能不盡公允，但確實也反映了研究計畫評鑑的現實狀況。

因此，展現勝任能力就得引用計畫撰寫者先前的研究工作，關於試行研究之優缺點討論，關於研究計畫者修習課業範圍、內容與表現等討論，其他相關的教育經驗。此外，還必須展現研究計畫整體（包括：組織、概念架構、相關文獻探討與研究設計等）具有高水準的品質。

發展研究計畫的論證

　　本書的核心信念就是：研究計畫的發展乃是一種建立論證的過程，以期支持該項計畫所提出的研究。就好像正式的辯論或是闡明立場的論文一樣，研究計畫的用意就是要以說理來說服讀者，使其相信該項研究具有潛在的重要意涵與關聯性，相信該研究的設計是妥適而完善的，而且研究者也有能力順利完成。因此，研究計畫撰寫者就必須為該計畫建立起合乎邏輯的論證，蒐集支持各項論點的證據，展現整個計畫的各個環節都能夠在概念與邏輯上相互統整。誠如Maxwell（2005）所言：「研究計畫就是為了支持你的研究而做的論證。需要解釋研究背後的邏輯理路，而不只是單純描述或摘述研究，並且要以非專家也可以理解的方式來呈現。」（頁119）

　　接下來，兩個專欄說明如何建立支持質性研究的論證。專欄1陳述社會學博士生歐布萊恩如何說服論文研究計畫審核委員，使他們信服質性研究最適合用來探索醫院文化。她希望能夠從參與者的工作生活當中，揭露出某些促成病患治療獲得重大改善的樣式。專欄2陳述研究者如何透過展現質性方法的各項優點，建立令人信服的論證，以支持使用質性方法來進行政策分析。研究者必須說服立法人士，使彼等相信使用質性方法確實可以將問題的複雜層面，分析得極為深入而細膩，其中獲得的精闢入微的豐富資訊，對於決策將有極大的助益。在介紹完每個專欄之後，我們會總結討論其中可能的蘊義或啟示，清楚呈現如何建立論證，支持質性研究計畫。本章最後則會提供本書分章綜覽簡介。

專欄1

辯護田野研究何以適用於組織文化的探索

　　歐布萊恩檢視自己為辯護研究計畫所寫的筆記，她理解其中最強的論證就在於此項研究計畫重要意涵的兩個相關面向：研究的探索目的，以及她個人對於改善郊區大型醫院病患醫療的投入熱誠。她明白，研究

熱誠很可能會被認為是個人偏頗的態度或立場。不過，如果她能夠說明熱情投入乃是此種研究必要的條件，包括：需要熱情投入才能夠更妥善理解醫院組織文化的複雜互動、深入釐清默會溝通的歷程、經常隱而未顯的信念與價值等等，那麼她就可以清楚展示此研究確實需要有投入的熱誠，而且也確實會有改善實務的潛在效益。

研究計畫審核委員共有三名，其中兩位是從事量化研究的社會學家，另外一位則是醫學人類學家。她知道，該名醫學人類學家一直都很支持自己的這項研究。事實上，在數次修訂研究計畫的過程中，就從他那兒獲得不少寶貴的建議。不過，兩位社會學家對於這樣的研究設計則可能會有比較多的批評。

於是，歐布萊恩決定，一開始就直接說明研究的四個目的（探索、解釋、描述與預測），由此解釋如何能夠把研究目的連結到此種探究的諸多普遍原則。然後，她就可以循著邏輯理路，討論探索型研究如何發揮作用，確認重要變數，從而展開進一步的解釋或預測研究。此一邏輯理路的呈現與說明，應該可以減輕兩位量化社會學家的疑慮。他們對於研究計畫的評定，往往傾向於尋找其中是否有可供檢驗的假設、變數的工具化或操作性定義，以及信度的檢核等等。

研究計畫辯護的第二部分則是討論實務方面的重要意涵。歐布萊恩回憶，實徵研究的文獻回顧顯示，醫院組織的狀況或條件對於病患的健康與離院率都有很重大的影響。但是，該等研究未能找出的包括：院方醫療人員與病患之間的特定互動、普遍存在於醫療人員對於病患的信念、組織管理病患醫療的常模或規範。她要論說的就是，她的研究將有助於確認該等通常隱而不顯的組織生活面向。這些研究結果將會進一步有助於醫療院所的政策擬定與實踐。

歐布萊恩計畫投入的是探索型的研究，研究目的主要是為了發掘組織生活的默會層面，相關的變數尚未獲得確認，諸如此類的情況與考量，都指向質性方法是比較合適的研究取向。田野研究最適合用來發掘相關變數，也最適合用來建立關於醫院文化完整、豐富而且詳實的描述。藉由將她的提案研究連結到量化取向社會學家所熟悉的概念，歐布

萊恩希望兩位社會學家能夠理解箇中邏輯，從而支持她的研究計畫，並且相信研究設計確實是妥適而完善的。

　　研究者的首要任務，甚至在開始建構研究計畫實質內容之前，常常就是要先去說服批評者，使其相信該項研究是有用的（有助於推進某領域的理論、實徵研究、政策議題與／或實務）。在上述專欄當中，歐布萊恩就是面臨這樣的挑戰，她必須發展令人信服的論證，來爭取相關人等支持她計畫選用質性研究方法。在許多情況當中，特別是政策研究，研究提案者通常可以訴諸決策者對於先前研究的挫折或失望。研究者應該說服決策者，透過質性研究，確實能夠得到更為有助益、而且細節詳實的結論與建議。下面的專欄將會展現兩位政策分析師如何說服上司，使其相信他們提案的質性研究將能夠解答迫切的政策問題。

專欄2

說服決策者信服質性研究方法的效用

　　州議會立法撥款1,000萬美元，提供臨時庇護所給無家可歸的街友，但是實施六個月之後，為什麼仍然有街友以車為家？法務分析辦公室的兩名研究員凱培與威爾森，知道要解答這些問題，就必須使用質性研究的方法。不過，他們的上司卻頗多質疑。

　　為此，他們翻遍研究方法的書籍，找出具有說服力的段落和例子，準備一份備忘錄來展現質性研究確實是可行的，而且具有其獨特的價值；同時，也希望能夠有機會朝這個方向來努力，以便使得法務政策分析辦公室建立起這方面的能力。他們論稱，太多時候，該辦公室的研究與評鑑往往不得要領。他們的備忘錄先用一段引述來闡明，與其研究不恰當的問題，從中獲得精確的答案，倒不如研究恰當的問題，然後從中找出近似的答案，後者對於解決實際的問題應該是比較有幫助。

　　他們的致勝點主要來自兩大面向：(1)首先，他們指出，關於遊民安置的問題，應該在現實世界當中，就箇中許多層面的問題加以探索；

(2)他們指出，政策實施過程當中若干隱晦不明的細節，有必要加以探索，以期徹底瞭解確實發生的各種狀況。

　　他們也談到發掘正確問題的必要性，唯有如此，隨後配合的系統化資料蒐集才可能發揮真正的效益。就這樣，凱培與威爾森說服了上司，使其相信此研究的發現對於重大問題的界定將有很大的幫助；他們也精要描述政策施行的型態，並且確認可能存在的挑戰與障礙，如此將有助於政策施行導向更有效的成果。

　　在上述專欄2中，我們看到研究者如何說服其他人，使他們相信質性研究正是所需要的。由此，我們可以歸結出一項啟示，那就是質性探究的提案者如果希望獲得最佳回應，最好的論證方式就是強調，質性研究結果的品質、深度與豐富性確實能夠幫助解決實際問題。不過，對於那些習慣於調查研究或是準實驗研究的人士而言，他們還是很可能會有相當多的困惑與抗拒。因此，提案者有必要適時轉換說法，以便化解質性研究與量化研究之間的差異、陌生與障礙。如果研究者相信質性取徑乃是探究或解決問題的最佳選擇，就應該設法提出有力的支持論證，使相關人等信服「厚描述」（Geertz，1973，頁5）與系統化的細節深入分析，才是獲致有價值的歷程解釋的最適合途徑。Luker（2008）在他的著作《莎莎舞進社會科學》中提出下列問題，想看看你會如何建構有利的方案來回答這個問題呢？

　　　在做出任何研究決策時，我總是試著去思考：「那些絕頂聰明、討人厭、疑心病重又刻薄的同事們對這個決策有什麼想法呢？」「我該如何說服那些對我的研究不表贊同的人呢？」（頁47）

章節簡介

　　本書第一章，針對如何建立扎實而有說服力的質性研究計畫，介紹箇中關鍵議題與挑戰。第二章，簡短討論質性研究的若干類型，以及批判觀點研究類型的最新發展。這些討論介紹有助於研究者找出適合其研究計畫定位的研究類型，或是決定如何將若干研究類型予以巧妙混合。

　　由於研究倫理對於研究界、社會生活與人類福祉的重要意涵日益增高，因此在此次改版，我們特別將研究倫理列入成為本書的核心探討重點。第三章，專章討論介紹普遍性的研究倫理議題，至於特定的研究倫理議題則會適時配合其他章節提出討論說明。另外，我們還會討論可信賴度、可信用度，以及其他在研究計畫階段需要考量的議題。

　　第四章，討論的是建立研究概念架構的複雜任務。在研究概念架構過程中，研究者逐漸脫離初探階段引發研究興趣的問題或困惑，進而將研究問題切入適宜的研究傳統——「思潮」（Schram，2006，頁63），也就是將某些特殊的個案連結到廣泛而普遍的理論領域。建立研究概念架構的論證也應該展現研究計畫所要探索的「問題」，並且明確指出探索該等問題對於廣泛社會政策議題、實務關懷與人們日常生活等的重要意涵。因此，與研究概念架構關聯的層面就包含了研究的普遍焦點、研究問題、相關文獻，以及研究的重要意涵。我們將這些組成部分稱之為研究的實質內涵，也就是研究的「what」。

　　第五章，是關於研究的「how」的詳細討論。在完成研究主題、研究問題與研究領域等概念架構建立之後，研究計畫就得著手描述如何運用有系統的探究，來產出能夠解答上述研究問題的資料。撰寫者應該討論整體研究設計與方法的邏輯性與預設，並且設法使其能夠直接和研究問題焦點產生關聯。在此，這些論證說明應該能夠有效支持質性研究取徑乃是適切的選擇。

　　第六章，描述質性研究用來蒐集資料的主要方法：深度訪談、觀察、參與觀察、文件、文物與物質文化的分析。第七章，描述次要與專殊化的資料蒐集方法，可以作為輔助主要方法之用，也可以獨當一面作

為特定研究採用的主要方法。這兩章的用意不在取代為數頗多詳細介紹資料蒐集方法的模範文本，而是希望簡要討論各種不同的資料蒐集方法之間的優缺點，以及實施過程可能面臨的挑戰，以供讀者自行參考比較，或從中選擇適合研究的方法。第八章，陳述質性資料管理、記錄與分析的程序。這些部分的討論必然是簡短扼要的，因為在研究計畫階段，撰寫者還無法確定分析的明確範疇或主題。不過，研究者還是可以試著描述可能會使用的策略，並且將該等策略連結到研究的概念架構。

第九章，陳述研究資源規劃的複雜辯證歷程。應該考量的資源包括：時間、人事、財務等。最後，第十章，重新回顧將研究計畫視為論證的這種說法，我們會聚焦討論研究報告寫作或其他呈現的策略，並且強調應該以閱聽人為核心考量要素。然後，我們還會進一步闡明第二章討論過的評鑑質性研究計畫的各項判準，以及提供評鑑研究妥適性與研究者勝任能力的策略。其中，我們會特別關注如何建立合乎邏輯理路的論證，以及如何回應批評者的各種挑戰。

在本書當中，我們會視情況需要使用各種專欄，來示範說明各項要點。其中，大部分專欄都是取材自我們本身以及其他社會科學家的研究，有些則是我們的研究生的研究，另外還有一小部分則是視情況虛構而成的。這些專欄當中描述的各項原則，都可適用於各個學門的研究，也可適用於各種應用領域。讀者們也可以自行發揮創意，嘗試把這些原則應用到自己的研究設計當中。

貫穿全書有兩大主題。第一個主題是，研究設計的應變彈性乃是質性探究的一大關鍵特色。雖然一般總是要求必須明確標示研究設計與方法，如此的要求似乎排斥前述的應變彈性；但是，我們還是促請研究者不妨把研究計畫看作是一種基於當前知識而建立的一種徹底思慮過的詳細、妥適初步藍圖。研究計畫應該揭顯研究者對於研究場域、議題與倫理兩難問題等有足夠的敏覺度；再者，也提醒讀者，初始擬定的研究計畫可能無法預見若干的考量（Milner, 2007），而這些因素在後來的研究過程當中很有可能會出現，因此有必要保留應變彈性。總之，研究計畫通常是使用肯定、正向、主動的用語，來討論研究設計與方法；在此同時，還得保留某些變通權力，以便適度修改研究計畫提案的內容。

　　第二個主題是，研究計畫乃是一項論辯。關於這一點，我們先前已經介紹過了。因為研究計畫的主要目的是要說服讀者，使其相信所提擬的研究確實具有實質內涵，對於研究場域有實際貢獻，研究構思考慮周延，研究者也具有勝任能力。研究計畫應該提出支持性的論證，舉出充足的證據，以說服讀者。提案者還必須審慎辯解說明研究計畫乃是建立在合乎條理的邏輯之上。這些論辯將能夠展現研究者對於研究主題與研究方法，擁有相當透澈的理解與掌握。有時，我們會提供若干指南式的導引，以及使用較為常見的專業術語，這些變通做法應該可以幫助量化研究取徑的讀者，更容易親近與認識質性設計的邏輯與預設。最後，基於把研究計畫看作是一種論辯的做法，因此在本書中，經常會提到讀者（研究計畫的讀者），這是為了要提醒各位（本書的讀者），在構思與下筆撰寫研究計畫之際，隨時都需意識到聽眾的存在。這點非常重要，如此才比較可能擬出一份既出色、又有信服力的研究計畫。

　　在本書若干章的結尾處，讀者可以讀到兩位研究生的對話。我們希望你和其他研究生可以參考此對話模式，來進行有關質性研究計畫的學習交流。這兩位研究生是卡拉與凱倫，他們參與本書第六版的修訂工作。每一章的最後則會針對該章主題，提供精選延伸閱讀書單與關鍵概念。

作者書簡

凱瑟琳：這本書問市好一陣子了吧！我不確定有多少讀者知道好幾年前你還是我的博士生。或許我們不該說出來！但是想到這幾年來我們教過的學生這麼多，能夠在這版介紹新的重要觀念，我還是感到很興奮。

葛蕾琴：學生一直都是我最深知灼見的老師（當然囉，您是例外：☺）。每次的改版我都會加入從學生處所學到的新資源與觀念。對我來說，回到初學者的立場仍然是項挑戰，這也是寫書、教學最困難的部分──時刻提醒自己要記得哪些概念是堅不可摧的。在研究所上您的課時，學期前半段我是一片茫然，接著靈光一閃開竅，緊接著修習其他質性研究的課程。感恩！

📑 延伸閱讀 📑

● 質性研究導論

Bogdan, R. C., & Biklen, S. K. (2006). *Qualitative research for education: An introduction to theory and methods* (5th ed.). Boston: Allyn & Bacon.

Corbin, J., & Strauss, A. (2014). *Basics of qualitative research: Techniques and procedures for developing grounded theory* (4th ed.). Thousand Oaks, CA: Sage.

Denzin, N. K., & Lincoln, Y. S. (Eds.). (2011). *The SAGE handbook of qualitative research* (4th ed.). Thousand Oaks, CA: Sage.

Eisner, E. W. (1991). *The enlightened eye: Qualitative inquiry and the enhancement of educational practice*. New York: Macmillan.

Ellingson, L. L. (2009). *Engaging crystallization in qualitative research: An introduction*. Thousand Oaks, CA: Sage.

Flick, U. (2014). *An introduction to qualitative research* (5th ed.). London: Sage.

Glesne, C. (2010). *Becoming qualitative researchers: An introduction* (4th ed.). Boston, MA: Pearson.

Hesse-Biber, S. N., & Leavy, P. (2010). *The practice of qualitative research* (2nd ed.). Thousand Oaks, CA: Sage.

Janesick, V. J. (2010). *"Stretching" exercises for qualitative researchers* (3rd ed.). Thousand Oaks, CA: Sage.

Luker, K. (2008). *Salsa dancing into the social sciences: Research in an age of info-glut*. Cambridge, MA: Harvard University Press.

Maxwell, J. A. (2012). *A realist approach for qualitative research*. Thousand Oaks, CA: Sage.

Patton, M. Q. (2002). *Qualitative research and evaluation methods* (3rd ed.). Thousand Oaks, CA: Sage.

Pope, C., & Mays, N. (2006). *Qualitative research in health care*. Oxford, UK: Blackwell.

Rossman, G. B., & Rallis, S. F. (2012). *Learning in the field: An introduction to qualitative research* (3rd ed.). Thousand Oaks, CA: Sage.

Savin-Baden, M., & Major, C. H. (2012). *Qualitative research: The essential guide to theory and practice*. London: Routledge.

Silverman, D. (Ed.). (2011). *Qualitative research: Theory, method, and practice* (3rd ed.). London: Sage.

Silverman, D., & Marvasti, A. (2008). *Doing qualitative research: A comprehensive guide* (2nd ed.). Thousand Oaks, CA: Sage.

Stake, R. E. (2010). *Qualitative research: Studying how things work*. New York: Guilford Press.

Willis, J. W. (2007). *Foundations of qualitative research: Interpretive and critical approaches*. Thousand Oaks, CA: Sage.

● 論質性研究設計與研究計畫撰寫

Biklen, S. K., & Casella, R. (2007). *A practical guide to the qualitative dissertation*. New York: Teachers College Press.

Creswell, J. W. (2013). *Qualitative inquiry and research design: Choosing among five approaches* (3rd ed.). Thousand Oaks, CA: Sage.

Creswell, J. W. (2014). *Research design: Qualitative, quantitative, and mixed methods approaches* (4th ed.). Thousand Oaks, CA: Sage.

Herr, K., & Anderson, G. L. (2015). *The action research dissertation: A guide for students and faculty* (2nd ed.). Thousand Oaks, CA: Sage.

Lichtman, M. (2013). *Qualitative research in education: A user's guide* (3rd ed.). Thousand Oaks, CA: Sage.

Maxwell, J. A. (2004). *Causal explanation, qualitative research, and scientific inquiry in education*. Educational Researcher, 33(2), 3-11.

Maxwell, J. A. (2012). *Qualitative research design: An interactive approach* (3rd ed.). Thousand Oaks, CA: Sage.

Merriam, S. B. (2009). *Qualitative research: A guide to design and implementation*. San Francisco: Jossey-Bass.

Piatanida, M., & Garman, N. B. (2009). *The qualitative dissertation: A guide for students and faculty* (2nd ed.). Thousand Oaks, CA: Corwin Press.

Ravitch, S. M., & Riggan, M. (2012). *Reason and rigor: How conceptual frameworks guide research*. Thousand Oaks, CA: Sage.

Schram, T. H. (2006). *Conceptualizing and proposing qualitative research* (2nd ed.). Upper Saddle River, NJ: Pearson Prentice Hall.

關鍵概念

conceptual framework	概念架構
do-ability	可行性
ethical research practice	合乎倫理的研究實踐
research design	研究設計
researcher competence	研究者勝任能力
should-do-ability	應行性
trustworthiness	可信賴度
want-to-do-ability	欲行性

第2章 質性研究類型

質性研究方法論學者尋求各種分類法，將諸多質性研究區分爲若干
範疇或派別。透過分類，研究計畫撰寫者得以把研究定位爲某一範疇
或派別。在此，我們特別以方法論思潮（methodological currents of
thought）來稱呼這些範疇或派別。此一說法源自Schram（2006），用
來描述研究概念架構的理論與實徵派別。就發展歷史來看，最初的質性
研究分類相對簡單；但是，隨著一波波的新類別大量增生，分類難度就
愈來愈有挑戰性。本章首先扼要摘述歷史上的質性研究分類，接著再討
論另類的類別，尤其著重於批判立場與解放目標的類型。我們在此介紹
質性研究類型的目的，是要幫助計畫撰寫者能夠順利完成研究定位，以
便可以有更扎實的論述來辯護採行的研究取徑確實是妥適的選擇。

在質性研究發展的歷史上，方法論學者陸續發展各種分類法。首
先，Jacob（1987, 1988）針對教育領域，區分出六種質性研究的傳統：
人類行爲生態學、生態心理學、全觀俗民誌（holistic ethnography）、
認知人類學、溝通俗民誌、符號互動論（請參閱表2.1）。其次，
Atkinson, Delamont, & Hammersley（1988）針對Jacob的分類法提出
若干批評，另行發展一套包含七類質性研究傳統的分類法：符號互動
論、人類學、社會語言學、俗民方法論、民主評鑑、新馬克思主義俗
民誌、女性主義。其中有些方法不再突出，其他的還是很重要。Patton
（2002）提出了更多質性研究理論取向的分類名單，擇要摘列如後：
俗民誌、自傳俗民誌（autoethnography）、現象學、符號互動論、生
態心理學、系統理論、混沌理論、扎根理論。比較晚近，則有Denzin
& Lincoln（2005）確認的質性研究類型：個案研究；俗民誌、參與觀
察、展演俗民誌（performance ethnography）；現象學與俗民方法論；

扎根理論；生命史與見證（testimonio）；歷史學方法；行動研究與應用研究；臨床研究。Creswell（2013）提出質性研究主要策略的分類：敘事研究、現象學（phenomenology）、扎根理論、俗民誌、個案研究。

■表2.1　質性研究的歷史類型

Jacob（1987, 1988）	Atkinson, Delamont, & Hammersley（1988）	Patton（2002）（局部）	Denzin & Lincoln（2005）	Creswell（2013）
重疊的類型				
全觀俗民誌 認知人類學	人類學 新馬克思主義 俗民誌 敘事研究	俗民誌 自傳俗民誌	俗民誌 展演俗民誌	俗民誌
溝通俗民誌	社會語言學	敘事探究	生命史與見證	
符號互動論	符號互動論 俗民方法論	現象學 俗民方法論	現象學 俗民方法論	現象學
		扎根理論	扎根理論	扎根理論
			個案研究	個案研究
屬於某作者專有的類型				
生態心理學	民主評鑑	生態心理學	歷史學方法	
人類行為 生態學	女性主義	捷思法探究	行動研究	
		社會建構與建構論	臨床研究	

我們參考Gall, Borg, & Gall（1996）質性研究分類的討論，再綜合分析前述分類法，特別著眼於其中類似或重疊的項目，結果顯現質性研究依焦點可分為三大類：(1)聚焦社會與文化，例如：俗民誌、行動研究、個案研究、扎根理論；(2)聚焦個人生活經驗，例如：現象學取徑、女性主義探究、生命史、見證；(3)聚焦語言和溝通（包括口語和文本），例如：敘事分析、論述分析與對話分析。接下來，我們針對這些主要類型，提供簡要描述，然後再介紹批判屬性的質性研究類型。

質性研究的主要類型

聚焦社會與文化：俗民誌取徑

俗民誌（ethnography）是質性研究的標竿，誠如Patton（2002）所言，俗民誌乃是質性研究「最早而且獨樹一格的傳統」（頁81）。俗民誌源自人類學與質性社會學領域，研究各種族群或團體，尋求理解人們如何形成集體與文化。因此，文化是俗民誌的一項核心概念。俗民誌的研究聚焦分析群體內部的行動與互動，從而「描述事物的樣貌，以及人們應該遵循的行為舉止規範」（Rossman & Rallis，2012，頁93）。

就字面而言，俗民誌研究者（ethnographer）就是指從事風土民情（ethnos [culture]）描繪記錄（graph [inscribe]）的人。典型的俗民誌就是研究群體、社群、組織或社會運動，長期浸淫在其活動場域，運用許多不同的方法來蒐集資料。透過參與觀察（討論請參閱第六章），描述與分析文化群體的互動模式、角色、儀式、文物。

長年發展以來，除了古典的俗民誌核心原則與實施做法之外，也衍生了相當豐富的分類。稍後，我們會簡短討論新興的分類：網路俗民誌（internet ethnography）、批判俗民誌（critical ethnography）。此外，還有自傳俗民誌（Jones, 2005），以及展演俗民誌（performance ethnography）（Alexander, 2005）。這些多元化的分類提供了豐富而有彈性的新取徑，但究其淵源都是來自古典俗民誌的基本原則。

聚焦個人生活經驗：現象學取徑

現象學取徑是要探索、描述、分析個人生活經驗的意義：「個人如何感知、描述、判斷、記憶、理解與交談。」（Patton，2002，頁104）現象學取徑的理論源自於德國現象學，典型研究方式就是針對有經歷過研究旨趣之現象的個人，展開若干長時期投入的深入訪談。現象學取徑研究的前提是預設，擁有共同經驗的個人，該等經驗背後必然存

有一種本質。而分析任務就是要檢視參與者的個別經驗（此乃眾人共通經驗在個人的特殊表現），綜合比較以確認該等本質。

當敘事法萌芽成大型質性探究的異種時，可能有人認為敘述、分析文本或言談與心理學（Bruner, 1990）和文學（Polknghorne, 1988）是跨學科的研究範例，著重於融合現象學中的個人生活經驗與敘述探究中的自我表達分析。

聚焦言談與文本：社會語言學取徑

此種取徑和俗民誌也有相關聯之處：如前所述，俗民誌旨在理解參與者在社會互動與場域當中擷取與建構的意義；相對地，社會語言學取徑則是聚焦在理解參與者溝通行為（言談與文本）當中擷取與建構的意義。研究者記錄自然發生的言談，以供分析。「言談」的普遍存在使得這類型的研究分析特別有生產力。誠如Perakyla（2005）所言：

> 面對面的社會互動（或透過電話與其他媒介），是最直接而且最常經驗到的社會現實。吾人社會與個人存有的核心就落在人己之間的直接交會。（頁874）

分析言談乃是論述分析（discourse analysis）、批判論述分析（critical discourse analysis）、對話分析（Perakyla, 2005）、微觀俗民誌，以及其他新興取徑的核心焦點。探究的焦點範圍頗廣：可能是特定的言說事件如何完成，認同如何建立與複製，或是社會認同的諸多特徵如何型塑溝通行為。近來的批判案例聚焦於「言談」如何在日常互動中表達種族主義或是其他形式的壓迫與侵略（Sue, 2010; Yosso, Smith, Ceja, & Solórzano, 2010）。

扎根理論取徑

　　扎根理論（Grounded theory）首先由Glaser與Strauss（1967）提出，是個綜覽的探究取徑，主要的目的在於建立可以解釋互動與場域的理論。在原始的概念中，扎根理論利用回溯法來解釋社會現象，從資料深入到理論，而非仰賴當時傳統的社會科學取徑（從理論／假設到資料，然後再回到理論）。扎根理論這個詞原意是要抓住這個概念：在建構理論洞見之前，先「從根」做起。這個觀點有點革命性，因此遭致許多方法論者的批評，他們認為沒有研究者可在觀念不清、邊摸索邊做假設的情況下進入「田野」。Stuass 開始與Corbin共事（Strauss & Corbin, 1990）後修改了先前的觀念，發展出建構主義扎根理論取徑，主張研究者藉由與社會現象的互動與詮釋建構理論與資料。

　　近來，Strauss與Corbin（1990, 1997; Corbin & Strauss, 2014），特別是Charmaz（2000, 2008, 2009, 2014）充分發展這個觀念。扎根理論的核心在於包括開放編碼與主軸編碼的分析取徑。「這是什麼？」「值得參考的地方在哪？」在求解這些不斷重複的問題時，最重要的是「每一行、每一句、每一段都要讀到」（Borgatti，2014，「開放編碼」）。藉由主軸編碼的比較過程，這些範疇互相關聯，往往試著找出事件與互動的因果詮釋。Glaser與Strauss的原始觀念軟化（特別是Corbin與Charmaz），讓更多的研究者能夠接受、採用來對感興趣的現象做出理論建構的貢獻。

個案研究

Gerardo Blanco Ramirez

　　質性研究者廣泛使用個案研究，因為個案研究聚焦於情境與動態的互動。很多人認為個案研究只靠質性研究，事實不然。個案研究取徑的強項之一就是其方法論的折衷，可以使用很多種不同的方法，包括量化的資料。這種彈性驅使Stake（2005）注意到「大部分的個案研究者會

爲自己的研究另取他名」（頁443）。

　　但是，雖然研究者主要仰賴的是質性方法，但還是會汲取各種質性研究類型的假設或策略。所以個案研究可能是俗民誌，同時運用批判論述分析，融合了不同的類型。不論是單一類型與否，個案研究有很多優點，最大的優點就是很有彈性，可以整合不同的觀點、資料蒐集工具與詮釋策略。雖然優點不少，有人支持（Creswell, 2013; Yin, 2014），也有人懷疑（Stake, 2005）。許多方法論者提出論點來反駁那些否認個案研究價值的人（Flyvbjerg, 2011; Kennedy, 1979; Yin, 2014）。

　　雖然很多人試著定義何謂個案研究，每種定義不盡相同，但都一致認爲情境化的深入瞭解是核心所在。個案研究偏好密集度與深度、探索個案與情境間的互動（Flyvbjerg, 2011）。定義分析單位——個人、小團體、介入——和設定個案的範圍限度也很重要（Yin, 2014）。

　　當可研究的個案很多時，有必要釐清篩選的過程。例如：可能對某個案本身有興趣（intrinsic case，內在個案），或是想要發掘個案來描述一個大現象（instrumental case，工具性個案），甚至對各種不同的現象感興趣（多元個案研究：Stake, 2005）。不同的研究適用不同的判准，研究者必須能夠提出辯護理由論據，根據目地與意圖的利用說明自己的選擇。篩選的判准可能包括研究者對此個案的熟悉度、個案本身的重要性等等（Thomas, 2011b）。一旦仔細篩選出、定義好個案後，研究者就可以開始根據個案獨特的機會與挑戰來研擬資料蒐集與分析策略。

　　質性研究具有詮釋的本質，我們可以說研究者不僅將個案指認獨立出來，甚至可以說是重建、復興。質性探究最關鍵、後現代的轉向起因於對敘事大理論的質疑，開啓了認識論爭辯的新空間。因此不再爭論個案研究類推的能力，而轉向實踐的美德（Phronesis, Thomas, 2011a）。實踐的美德包含了實務上、情境化的知識——「實務上的智慧與常識」（Flyvbjerg，2011，頁313；同時請參閱Thomas, 2010, 2011a）。這些對質性探究來說並非新觀念，反而助長個案研究的再起，作爲因應環境建構實務知識的手段之一。

藝術本位與多模型探究

Rachael B. Lawrence

藝術本位質性研究是個新興的探究取徑，雖然最近才受到正式文獻的認可，但其實也不算那麼新（Harvard University, 2008）。藝術本位研究的理論家和實務家將藝術與科學的區別視爲將以往互相關聯、互相交纏的思考過程與活動進行人爲拆分。如果將「藝術」與「研究」視爲分開的過程，可能會同時傷害到這兩個領域（Barone & Eisner, 2012; Butler-Kisber, 2010; Sullivan, 2010）。如果沒有藝術訓練的話，發明家達文西能有那些成就嗎？小提琴手愛因斯坦如果沒有音樂訓練的話，可以將相對論概念化嗎？赫歇爾如果沒有歌劇舞臺訓練的話，會發現彗星或是將太空理論化嗎？因爲過去沒有特別區分藝術與科學領域，許多研究者結合兩者創造新知。

因爲在人類生活中，藝術扮演著重要的角色，因此「藝術本位研究者在研究過程中，有意的將具創造力的關鍵過程置於核心地位，以便充分探索型塑人類思想與行動的情境」（Sullivan，2010，頁58）。不硬性區分藝術與探究，兩者動態交流。研究可以告知藝術品的發展，而藝術可以隨時隨地的融入研究。藝術本位研究意味著藝術的過程或藝術品整合於發展、資料蒐集、計畫分析中，或是被用來展現成果。想看看繪畫如何協助計畫的概念化，詩歌如何成爲資料分析的工具。舞臺劇、電影、照片集、拼貼畫或是音樂作品是否有朝一日能成爲強而有力且可信賴的成果展現法呢？藝術本位研究者相信一定會的（請參閱Margolis & Pauwels, 2011; Pink, 2012; Rose, 2012）。

*　　*　　*　　*　　*

過去三十年來，社會科學、人文學科與應用領域經歷了關鍵的轉折，有些質性研究者擁戴後現代、後實證主義與後殖民理論觀點，批判傳統的社會科學（請參閱Ashcroft, Griffiths, & Tiffin, 2000; Connor,

1989; Denzin & Lincoln, 2005; Rosenau, 1992）。這些學者挑戰探究傳統的中立假設，堅稱所有的研究都是解釋性的，而且本質上都與政治有關，發言「來自於特殊的解釋性社區內部，以特殊的方法配置研究行動的多元文化與各類型的組成」（Denzin & Lincoln，2005，頁21）。Luker（2008）稱此為我們的「腥味」：

> 　　無論知悉與否，我們從事研究時往往受到一些「好」、「嚴謹」方法的假設所引領。我們怎能違背呢？社會秩序的研究本身就是個社會過程，所以從事研究的過程怎麼可能避開並非僅只於反應客觀現實的假設、興趣、信仰與價值？……我們是研究水的魚，而我們的魚腥味塑造出自己的想法（頁31）。

　　這個論點指出研究牽涉到權力一事，傳統的社會科學讓社會中被邊緣化與壓抑的團體因在探究中成為被動的一方而靜默。質性研究註定有罪，因為歷史上質性研究與殖民主義共謀（Bishop, 2005）。這些論點發展出具有賦權與民主目標的研究策略。有些可以視為「反敘事」，因為他們將自己定位在挑戰社會科學中傳統、中立的形象。我們看到各種不同形式的敘事分析來反敘事，包括自傳民俗誌（autoethnography）、見證（testimonio）。這些研究明顯承擔起主流之聲的霸權大敘事，同時尋找聽到一些生活經驗的空間。這些類型以說別人的故事為目標，因此可視為與現象學取徑的假設一致。可見，在質性探究這棵大樹之下也發展出愈來愈多的方法論分支。

　　批判論述分析（critical narrative analysi）是有許多偽裝的跨學科，藉由建構生活故事（敘事），替社會邊緣化、受壓抑的人描述經驗的意義。敘事分析的形式有生命史、自傳、自傳俗民誌、口述歷史與個人敘事等等。每種取徑都假設說故事就能瞭解生活，所有人在建構、重建身分認同的過程時建構敘事（Sfard & Prusak, 2005）。有些取徑聚焦於敘事者所使用的社會與言學技巧，有些重視生活事件及其對敘事者的意義。以女性主義或是批判理論為框架時，敘事分析在產生故事、被政治

化為戰勝「偉大敘事」（稍後談到的自傳俗民誌、批判種族理論與酷兒理論）的反敘事時，也具有解放的意義（Chase, 2005）。

　　過去二十年間，社會科學、人文學科，以及應用領域出現了一種批判轉向（請參閱Ashcroft, Griffiths, & Tiffin, 2000; Connor, 1989; Denzin & Lincoln, 2005; Rosenau, 1992）。批判傳統社會科學，挑戰傳統關於研究應該保持中立的預設，轉而堅稱所有研究都涉及詮釋，而且根本上都是政治性的，都是源自「立場分明的詮釋社群」的發言，並且「以其特定方式，型塑研究行動的多元文化生成要素」（Denzin & Lincoln，2005，頁21）。他們進一步論稱，研究涉及權力議題：在傳統社會科學研究當中，社會邊緣族群或受壓迫者向來被視為被動接受研究的對象，成為無聲的一群。因此，傳統的質性研究注定背負殖民主義共犯的歷史原罪（Bishop, 2005）。為了抗衡如此情況，部分研究者融合批判觀點，擬具若干研究策略，公開宣示其研究乃是具有賦權培力與民主化目標導向的意識型態。表2.2摘列批判取向。

■表2.2　批判取向

學術傳統	質性研究類型
批判理論	批判俗民誌 自傳俗民誌 批判論述分析 行動研究與參與行動研究
酷兒理論	酷兒與GLBT分析
批判種族理論	批判種族分析
女性主義理論	女性主義研究方法
後殖民理論	文化研究
網路	網路與社群媒體網路研究

　　我們認為，質性研究不論傳統取向，或採取批判觀點與後現代的理論預設，互相之間應該都有融通之處，而不是徹底對立分隔。傳統傾向的質性研究通常有如下預設：(1)知識不是客觀的絕對真理或唯一真理（大寫的Truth），而是主體間際產生而成的；(2)研究者從參與者身上

學習，從而理解彼等生命經驗之意義，但是，研究者仍應保持某種程度的中立；(3)社會具有某種還算合理的結構化，而且存在相當程度的條理秩序。[1]

批判理論、批判種族理論、女性主義理論、酷兒理論（queer theory）、文化研究（cultural studies），以及後現代和後殖民的觀點，也都主張知識是主觀的，不過還特別強調社會的衝突與壓迫本質。這些理論派別批判知識生產（亦即研究）的傳統模式，乃是特定社會結構化逐漸演化而來，而且往往只保障菁英社會科學家的獨占合法地位，而排除其他形式的認知模式。其中，批判種族理論者與女性主義者還特別指出，傳統知識生產模式對於其他知識與真理的排擠（Harding, 1987; Ladson-Billings, 2000; Ladson-Billings & Donnor, 2005; LeCompte, 1993; Matsuda, Delgado, Lawrence, & Crenshaw, 1993）。

經過如此的挑戰，研究問題背後的預設勢必得嚴加詰問、解構，有時還必須徹底翻轉，重新架構（Marshall, 1997a; Scheurich, 1997）。如此的研究可以促成根本改革，或是解放壓迫的社會結構。而探究的實踐則是透過堅持而不退縮的批判，或是直接鼓吹革命與付諸實際行動，通常是與研究參與者建立協同合作的研究關係。所有這些批判都具有以下四點共通的預設：(1)所有研究，根本上，必然都涉及權力議題；(2)研究報告並非透明，而是反映著作者所屬種族、性別、階級與政治等的個人取向；(3)種族、階級與性別〔乃至於其他社會身分認同〕乃是理解經驗的關鍵要素；(4)歷史上的傳統研究，受壓迫者與邊緣化族群向來受到打壓而無從發聲。（Rossman & Rallis，2012，頁91）

這些質性研究的新興觀點，主要強調研究者應該有以下三點關懷：

1. 審慎檢視研究如何再現參與者，亦即他者（大寫的Other）（Levinas, 1979）。

2. 審慎辨識研究者「自我的生命故事、權力與地位，和參與者的互

---

1 Burrell & Morgan（1979）提供一項有用的方式，有助於理解他們所擁抱的研究典範與預設；Rossman & Rallis（1998）則根據Burrell & Morgan發展的概念架構，來輔助界定各種質性研究的類型。此處的討論乃是取材自Rossman & Rallis的作品。

動，以及書寫的文字，這些層面之間可能存在的複雜交互作用」
（Rossman & Rallis，2012，頁91）。

3. 保持警覺，注意研究工作當中涉及的倫理與政治動力。

這些關懷有如後兩點蘊義。首先，質性研究者必須特別留意參與者
的各種反應，也必須格外注意書寫使用的聲音或語態（voice），再現
研究者和參與者之間的關係；在此，聲音乃是一種表達型態。[2]其次，
衡量研究妥適度或可信賴度的傳統判準必須從根本加以抗拒。影響所
及，新手研究者往往無從判斷怎樣的研究才算是考慮周密而且合乎倫理
的研究。關於這些議題，留待第三章討論。

如上所述，對於傳統質性研究感到挫折之餘，有些人開始嘗試轉
向比較有彈性研究取徑，諸如：批判俗民誌、民族誌、批判論述分析、
參與行動研究、酷兒理論與分析、批判種族理論與分析、女性主義取徑
（愈來愈多人稱為性別研究）、文化研究或是網路俗民誌等等。這些類
型的質性研究，都把改造既存社會結構與歷程視為研究的首要目標，而
且明白揭櫫公開的政治議程與解放的目標。以下分別簡要介紹這幾種批
判取向的質性研究類型。

批判取向的質性研究類型

批判俗民誌

批判俗民誌（critical ethnography），以批判理論為基礎的一種研
究取徑，主張社會的結構化乃是依照階級、地位，還有種族（race，譯
者按：偏向生理意涵）、民族（ethnicity，譯者按：偏向文化意涵）、

2　第三章和第七章會比較完整討論這個問題。目前只是簡要提出幾點看法：參與者
　　可以不同意研究者的報告，被動的語態（「這項研究的進行……（the research was
　　conducted...）」），隱含研究者保持匿名與疏離姿態，而主動語態（「我們從事這項
　　研究……（we conducted the research...）」），則明白宣稱研究者的主體能動性。

性別與性取向等因素的運作，從而維持邊緣族群的被壓迫狀態。根據Madison（2005）的定義，「批判俗民誌源起於對於特定生活領域的不公平或不正義而燃起的一種倫理責任感。」（頁5）在發展初期，批判俗民誌著重於尖銳批判主流教學實踐，並且致力於促成激進教育（hooks, 1994; Keddie, 1971; Sharp & Green, 1975; Weis, 1990; Weis & Fine, 2000; Young, 1971）。晚近的研究則聚焦探究各種阻礙採行激進教學的因素（Atkinson等，1988）。批判俗民誌的研究並不只限於教室範圍之內，對於型塑各種社會型態的歷史力量，以及關於政策、權力、體制宰制等議題與兩難，也多有探討批判，例如：研究體制在複製與強化性別不平等、種族不平等，以及其他諸多社會不平等所扮演的角色（Anderson, 1989; Anderson & Herr, 1993; Kelly & Gaskell, 1996; Marshall, 1991, 1997a）。

　　在這兒，我們應該特別指出，後批判俗民誌的新近發展已經融入後現代的觀點，而超越了批判俗民誌既有的範圍。後批判俗民誌的論述社群發展批判社會敘事，其本質雖然還是屬於傳統俗民誌，但又容許社會科學家公開擁抱政治立場（Everhart, 2005）。後批判俗民誌採用敘事、表演、詩文、自傳俗民誌，以及俗民誌小說等發表形式。目標是要採取立場（類似參與行動研究者），讓研究發揮更大的實質影響作用，而不再只是發表侷限於20頁的期刊論文，或四十人閱讀的書籍（Noblit, Flores, & Murillo, 2005）。其中一個例子就是前面曾經提及的自傳俗民誌，這是與日漸耳熟能詳的自傳緊密相連的一種俗民誌類型，其發展已經超過二十多年了。自傳俗民誌使用自我作為探究主體與客體，穿過「多元層次的意識，從個人連結到文化」（Ellis & Bochner，2000，頁739）。自我被設定為範本的角色，透過此範本角色，社會歷程與身分認同展開建構與詰問、改變與抵抗。

　　後批判俗民誌的另一種發表方式就是展演，目前已成為質性研究學者耳熟能詳的術語。展演俗民誌已經是發表俗民誌材料的一種關鍵模式，「舞臺演出俗民誌產生的筆記」（Alexander，2005，頁411）。透過展演，把文化知識具體呈現，演出者與觀眾重新概念化他們的社會處境，其結果不只描述文化實踐，還可促進社會變革。展演模式的代表包

括：大眾劇場（Boal, 1997, 2002）、藝術本位研究（Barone & Eisner, 2012）、音樂（Said, 2007），以及其他媒體。另外也激發了「文化展演」的觀念：社群或社會認同族群的成員使用周遭可得的方法與資源，來建構與重新建構（亦即展演）他們的身分認同（實例請參閱Denzin，2005）。

自傳俗民誌

　　自傳俗民誌比傳統的俗民誌與自傳更相關，是種反身法，藉由個人經驗的批判性分析來理解人類狀況。雖然很難有明確的定義，但自傳俗民誌可以說是方法，也可以說是成果。藉由自我觀察與各種面向的分析，自傳俗民誌試著產出故事、自述來描述個人生活，背後假設這些生活面向可以引起他人的共鳴。自傳俗民誌最好的情況是反敘述，藉由個人另類的觀點來挑戰某現實社會中的主流敘述，例如：Boylorn（2013）與Larsen（2014）。雖然技術上不算是自傳俗民誌，但是Mariama Bâ（1979/1989）的自述讓人聯想到塞內加爾婦女，和自傳俗民誌的反敘述有許多共同點。但是逐漸地，自傳俗民誌演變成「過分自省」，揭漏過多與社會科學領域不相干的細節。

　　質性研究中自傳俗民誌的興起，與當代社會中，公開自我闡述的機會大幅增加相同。部落格、實境秀鼓勵分享生活細節，也可以隨時隨地在YouTube上分享影片，這些都鼓勵、助長自傳俗民誌所提出的自我揭述。在社會學領域中，Ellis（尤其是1986）於馬里蘭潮水（Tidewater Maryland，詳見Allen, 1997）中針對「漁夫們」進行俗民誌研究，這種對待參與者的方式受到大眾的譴責，因而轉為自傳俗民誌。她寫了很多自傳俗民誌，許多都是跟Bochner一起寫的。

批判論述分析

Gerardo Blanco Ramirez

　　聚焦於「論述」（口語與文字），描繪生活與認知，過去幾年來對質性研究法具有明顯的影響。而且現代的社會科學將這種聚焦命名爲「不著邊際的轉向」。在批判論述分析的大傘之下，可以點出本體論與認識論的不同策略。論述這個詞可以用很多方法解釋、使用（Mills, 2004）。儘管分析的概念和方法有很大的不同，批判論述分析有個共通的目標：揭露、正視主流的論述與意識型態。在這方面，論述被臆測爲處處受限、以規則爲導向的知識建構過程，創建、維持著社會規範（Foucault, 1972; Mills, 2004）。廣泛地來說，批判論述分析用文字分析包含了政治面，有時利用馬克思的唯物論假設，有時則採取後現代／後結構觀點（Mills, 2004）。這個差異不可以輕忽，因爲在論述分析中，理論和方法密不可分；而且知識論、本體論、理論與方法論的假設都必須一致，就如Jorgensen與Philips（2002）所說的「全包」（第4頁）。此外，Jørgensen與Phillips指出批判論述分析通常源自社會建構主義，包含下列與知識有關的假設：承認社會建構的本質，以及與社會活動的關聯。

　　Føucault（1972）認爲有些原則可以引導論述分析的過程，例如：將熟稔、視爲理所當然的論述導向不熟的個體，以特定的情境來分析。雖然這邊用的是廣義的批判論述分析，比較狹義的定義指的是諾曼・費爾拉（Norman Fairclough）的主張。費爾拉（2003）將論述定義爲建立個人與群體關係時所使用的具象結構。他提出論述分析應根據文字的類型、與其他文字的關係（互文性）、假設、代表、模式等來進行分析。費爾拉（2005）主張的論述分析法建基於關鍵務實的本體論、認識論假設。

　　雖然許多人努力將批判論述分析系統化，但是我們要強調這並非一步接著一步的過程或食譜。但是像文本比較、將文本裡的要素互換，以闡明要素之間的關係、指出不同的聲音或觀點、進行詳盡的分析等

是各種方法都會用到的策略。這些策略的目的在於找出模式、探索不同的論證結構（Jørgensen & Phillips, 2002; Silverstein, 1996; Wortham, 2001）。當這些步驟被視爲探索、啓發時，標準的做法會要求批判論述分析要「踏實」、「完善」與「透明」（Jørgensen & Phillips, 2002, 173頁）。

行動研究和參與行動研究

　　行動研究（action research）挑戰傳統社會科學宣稱的中立與客觀，轉而尋求所有參與者的協同探究，通常會投入致力於永續改革組織、社群或機構體制（Stringer, 2007）。行動研究致力於「去中心化」傳統研究，關注在地或局部脈絡，而不是汲汲於尋求普世唯一或絕對的眞理（大寫的Truth），並且解放對於「研究戲局的限制性常規」的過度依賴（Guba，1978，轉述自Stringer，1996，頁x）。行動研究實施理想的時候，可以弭除研究者和參與者之間的界線，創造出一種民主化的探究歷程。行動研究多半應用於組織機構和教育領域，專業實務工作人員或教育人員透過協同探究方式，對本身的專業實務提出質疑，促成變革，再評估該等變革的成效（Kemmis & McTaggart, 2005; McNiff & Whitehead, 2003; Sagor, 2005）。此外，行動研究也普遍應用在社工、企業管理、社區發展等領域（Hollingsworth, 1997），典型的行動研究就是實務工作者投入研究，以求改善其專業的實務。

　　參與行動研究（participatory action research）比較常見於國際研究。參與行動研究擷取富雷勒（Friere, 1970）的解放理念，而建立其根本主張如後：賦權增能與永續發展的出發點應該建立在對於邊緣化族群或個人的關懷上（Park, Brydon-Miller, Hall, & Jackson, 1993）。除了強調承諾投入實際行動之外，參與行動研究的另一項鮮明標誌就是，研究者和參與者之間充分協同合作找出必須探究的問題，並且合力蒐集資料來回應該等問題。因此，參與行動研究必然也就是研究、反思與行動環環相扣的循環。例子包括：Maguire（2000）受虐婦女的研究、Phaik-Lah（1997）在馬來西亞的世界銀行研究案，以及Titchen &

Bennie（1993）護理工作的訓練養成研究。行動研究有力的歷史分析可參見Putney & Green（2010）。

酷兒理論與分析

Paul St. John Frisoli

　　酷兒理論（queer theory），起源於女同志女性主義、後結構論，以及1960年代的民權運動與同志運動，致力於解構社會範疇，以及二元化的身分認同，揭露社會世界壁壘分明的界線本有的流動性與透明性。酷兒理論家論稱，身分認同並非一成不變，而是多元而流動的，因此，容許人們得以接納各種不同而且變動的生活經驗（Jagose, 1996; Seidman, 1996; Stein & Plummer, 1996）。

　　一般認為，茱蒂・芭特勒（Butler, 1999）是酷兒理論的非官方「開山始祖」。奠基之作《性別撩亂》（*Gender Trouble*）主張，性別與性慾乃是展演性的，意思是說，個人會在不自覺的情況下，把社會建構的正常認同表演出來，以順應社會的若干特定目的。因此，諸如異性戀之類一般認為自然而且固定的標準，就必須加以解構才能夠讓人們清楚看見，個人身分認同的每一個面向都是基於常模、規則與文化範本建構而成的（Jagose, 1996）。

　　定義這些為酷兒概念是要肯定可能性、流動性，以及箇中涉及過程，而不是要強迫將該等概念納入另一門僵化不通的理論。因此，酷兒理論不只凸顯性慾議題，還要肯認「身分認同總是多元的，或是由『身分認同構成元素』（例如：性取向、種族、階級、國籍、性別、年齡、能力等）以無限多種方式交織的合成物」（Seidman，1996，頁11）。

　　不過，批評者也特別提醒注意，酷兒理論的政治源頭，「同志身分認同」的持續政治化，以及性少數平權運動，很可能有傾向把性取向確立為普世本質化的身分認同範疇（Walters, 2004）。後殖民酷兒理論學者則是特別提醒，酷兒理論應該正視殖民主義、後殖民主義與全球化可能強施西方文化帝國主義的性慾理念，而沒有持平納入考量非西方文化

的性慾理念（Altman, 2001）。

　　酷兒理論在質性研究的若干議題探究扮演核心樞紐的角色，戳破了將「同性戀」與其他社會邊緣族群予以具體化、客體化、病理化為異常或變態的所謂科學資料證據（Rhyne, 2000）。同樣重要的還有解構自然與接納流動性概念，也給質性研究帶來許多方面的貢獻，包括：重視多元方法的運用；強調營造研究者和參與者的理解和協同合作；在研究過程的多重階段，發揮研究者的反思與自我覺察，以茲辨識自己透過哪些透鏡而詮釋其他人的生活世界（Kong, Mahoney, & Plummer, 2002）。酷兒理論也容許後殖民學者呈現非西方酷兒式的新型態身分認同，以曝露關於性慾的狹隘理解。

批判種族理論

　　批判種族理論（critical race theory），屬於批判理論的分支，最初淵源是應用批判理論來探討美國法務體系的問題，稱為批判法務研究。除了與批判理論的淵源之外，批判種族理論的發展還與女性主義（對法律原則與實務的批判），以及後殖民理論有所連結。批判種族理論的研究焦點包括：種族偏見、種族壓迫、種族歧視等議題。批判種族論者論稱，司法判決（包括：歷史判例與目前的判決）都反映出相互交織的種族歧視、性別歧視與階級歧視，而且法理、法則的詮釋、判處也有所偏頗，其中種族歧視的作用尤其關鍵。他們進一步論稱，種族是社會建構的，並且反對任何鼓吹或表達種族歧視的司法實務做法。

　　根據學界普遍的觀點，批判種族理論與其相關意識型態的創立和倡導應該歸功於Derrick Bell，他是一個頗受爭議的法學家，長年致力於批判美國民權運動的自由主義（貝爾法律文件、講稿、學術出版品收藏在紐約大學的檔案，網址：http://dlib.nyu.edu/findingaids/html/archives/bell.html）。1990年代中期，教育領域開始採納批判種族理論的核心論述和分析焦點。其中最受矚目的就是Ladson-Billings（1997, 2000, 2001, 2005; Ladson-Billings & Tate, 2006），其研究主要集中在教學與教育研究涉及的種族議題。她早期的研究則是凸顯教導美國非

裔學生卓越有成的教師教學法。近期的研究則有Dixson（2005; Dixson, Chapman, & Hill, 2005; Dixson & Rousseau, 2005, 2007）應用肖像質性方法論（Lightfoot, 1985; Lightfoot & Davis, 1997），分析種族議題與種族歧視，其中特別聚焦「爵士方法論」（jazz methodology）（Dixson, 2005）。

批判種族理論相關的其他方法論還包括：故事敘說（敘事分析）與生產反制故事，以抗衡霸權（通常是白種人）對於非裔美國人與其他受壓迫族群經驗的再現。就此而言，這種強調以故事敘說與政治承諾來反制霸權再現的方法論，可以連結到後殖民論述強調的見證（testimonio）——留下得以讓世人看見社會不公不義的紀錄，以及反制敘事的生產。

批判種族理論與分析高舉旗幟鮮明的政治議題，目標聚焦種族歧視、白人優先論，並且倡導重新修補歷史傷痕。就其鮮明的政治立場與政治承諾來看，批判種族理論與若干傾向批判觀點的女性主義派別，以及酷兒理論，有相當多的共通之處。

❧❧ 女性主義理論與方法論

女性主義理論（feminist theories），可用來作爲跨議題與跨學門研究的概念架構。女性主義理論把性別關係置放於探究的中心地位，研究目的通常帶有批判和解放（性別相關議題）的意圖，探究焦點以女性爲主。很重要的一點是，女性主義觀點愈來愈正視身分認同的多元交織性。因此，性別、性慾、宗教、出生國籍、語言、年齡或世代、健康與生理能力、階級、社會網絡，諸如此類的個人身分認同全部以流動的方式相互混雜交織（Friend, 1993; Herr, 2004; Young & Skrla, 2003）。性別不是辨識個人身分認同的單一、本質性的固定範疇。

女性主義的研究包羅萬象，舉例而言：透過錄影檢視母親與幼童之間的互動，探索母親如何展現語言的力量，傳遞對於男孩與女孩的性別期待（Gelman, Taylor, & Nguyen, 2004）；學校的性別差異（Clarricoates, 1987）；青春期女孩的發展（Griffin, 1985; Lees,

1986）；印尼婦女對於男性主宰之祭司儀式與校長職位的挑戰（Scott, 2003; Tsing, 1990）；貧窮與食物缺乏的不安感對於南非男孩與女孩的差別影響作用（Bhana, 2005）。女性主義觀點「揭露造成壓迫的各種文化與體制的源頭與力量……他們致力於正名女性主體經驗，恢復其應有的評價」（Marshall，1997，頁12）。透過融合女性主義與批判理論的觀點，學者顛覆了傳統政策分析忽略女性的傾向（Marshall, 1997a）；另外，也有些學者開創各種將批判思維轉化爲解放行動的研究議程（Lather, 1991）。

不同理論路線的女性主義，各有不盡相同的研究目標（Collins, 1990; Marshall, 1997; Tong, 2014）。舉例而言，社會主義或主張「走女人自己路線」的女性主義，研究聚焦領導地位的女性，以期拓展領導理論。權力與政治路線的女性主義則把父權視爲理解經驗的關鍵結構。可以提供研究概念架構，幫助檢視女性在社會福利、醫療與其他國家規範的體系當中遭遇的各種來自國家施加的壓迫。可以辨識體制如何以某種方式發展，而且持續以某種方式運作，從而使某一特定團體享受特殊權益。〔在美國社會〕，這種團體就是歐裔美國人、中上階級、男性……，而且〔在該等方式之下〕，國家體制的標準程序傾向傷害那些不符合上述身分者（Laible，2003，頁185）。如此的理論幫助建立研究的概念架構，確認「造成壓迫、排擠與歧視的政治選擇、權力驅動意識型態，以及深植體制的各種力量」（Marshall，1997a，頁13）。

目前，女性主義理論的訴求已不再限於將婦女的聲音與生活納入研究。這種加入女性研究樣本的做法是不夠的。女性主義研究者已經拓展質性探究的觸角，特別是聚焦於研究者與被研究者之間的權力不平衡，擴大協同研究，以及主張以反思性作爲策略，擁抱主體性，取代客觀性的虛矯不實（Marshall & Young, 2006; Olesen, 2000）。晚近的女性理論研究開始聚焦於在地化的世界觀，並且援引後殖民理論與觀點（Cannella & Manuelito, 2008）。雖然原住民方法論逐漸受到重視，還是可以將此歸類於參與行動研究。

文化研究

Paul St. John Frisoli

　　文化研究（cultural study）的領域涵括相當多關於「文化」的不同
觀點與詮釋。主要研究主題包括：承認人們所知道的知識，知識和個人
身分認同（我們是什麼人？）的關係，檢視知識的「認識者」和「給予
者」。Gray（2003）解釋：「文化研究的一個關鍵特徵就是，把文化
理解爲『生活』（the lived）的構成元素與產物，也就是日常生活的物
質、社會與符號實踐。」（頁1）文化研究學者非常重視對於語言、文
本、權力與知識重要意涵交錯地帶的解構，以便更妥善理解人們如何建
構生活世界的再現（Gray, 2003, 2004; Ryen, 2003; Saukko, 2008）。

　　文化研究學者論稱，語言和文本，在連結權力之下，幫助型塑我們
如何看待、區別與詮釋周遭世界，從而找出我們在當中的位置（Prior,
2004）。研究嵌鑲於意義生成的過程，對於論述的再現有所貢獻和背
書，進而客觀化研究參與者的生活經驗。研究是「形成社會馬賽克」
（social mosaic），創造不同社會現實過程的一部分（Saukko, 2008,
頁471）。文化研究檢視這些閾境性空間，「詰問宰制和權力議題」
（hooks，2004，頁156），以便不同的語言和文本詮釋得以顯現。此
一過程連結女性主義理論和批判種族理論，破除「本質主義的差異概
念」，提供機會開創多元論述，讓學術界經常排擠在外的諸多聲音得以
呈現。

　　在質性研究之中，文化研究提供了一種透鏡，有助於正視研究者的
權力位置，同時也能辨識研究者的過去如何可能型塑他們對於他人世界
的再現（Gray, 2003; Ryen, 2003; Saukko, 2008）。此過程需要研究者揭
顯個人「破碎而斷裂的諸多認同」（Gannon，2006，頁474），以及辨
識霸權訊息如何影響個人的認同，進而影響對於現實的詮釋（Saukko,
2003）。根據羅蘭・巴特（Barthes, 1972）的描述，人類身體具有斷
裂、離散、不連續、變動等概念，這些論點在俗民誌本位的諸多文化研
究取徑有了具體實踐的做法，包括：蒙太奇拼貼、詩、展演（請參閱後

面的討論）。這些不同形式的俗民誌做法取得了合法的方法論地位，得以用來陳述研究者方法論與詮釋歷程多面而複雜的本質。另外，還有一種特殊形式的俗民誌，就是自傳俗民誌，在探究過程中，研究者居於核心位置，這也可以用來有效顯現，在文化空間內建構知識的「閾境性、動態與適然性的」（Gannon，2006，頁480）自我／身體。

網路／虛擬俗民誌

Paul St. John Frisoli

網路俗民誌（internet ethnography），也稱為虛擬俗民誌（virtual ethnography），乃是基於俗民誌基本原則發展而成。網路俗民誌被認為是執行質性研究的一種方法與方法論。以寬鬆定義而言，網路泛指一種溝通的媒介、一種跨越實體界線的連結通路，以及一種社會建構的空間（Markham，2004，頁119）。就此觀點而言，網路既是質性研究的工具，也是質性研究的場域。網路俗民誌的發展乃是有鑑於當代社會愈來愈頻繁的線上溝通、線上互動、線上生活；為了能夠更妥善瞭解「社會世界」，俗民誌研究者必須調整研究方法，以便反映如此的變化（Garcia, Standlee, Bechkoff, & Cui, 2009; Markham, 2004）。

在網路作為工具觀點的質性研究，研究者透過電子郵件或網路調查等方式訪談參與者。有同步與非同步兩種模式，同步模式就是在網路聊天室即時進行；非同步模式則是包括透過電子郵件建立網路討論區、團體部落格或是個人網路日誌等。此種方式挑戰俗民誌預設的置身處地的契合關係：「置身處地，成為某社群或某文化日常生活的一部分。」（Flick，2006，頁265）有些論者指出：在網路俗民誌中，「性別、年齡、種族、社會地位、臉部表情、語氣聲調等社會脈絡不見了，從而解除了原本團體參與者所遭受的抑制作用。」（Williams，2007，頁7）不過，其他論者則反駁，這些方法雖然可以排除研究者和參與者面對面的互動，卻可能容許更多的反思性反應，或參與者自身驅動的純文字反應，尤其是在嚴謹系統化質性研究原則落實的情況下，這種結果

更是顯著（Flick, 2006; Garcia等，2009; Mann & Stewart, 2002, 2004; Williams, 2007）。質性研究使用網路的一項優點就是，可以坐在研究室裡就能夠進行遠方異地的訪談；可以一天接著一天進行同步與非同步的溝通；可以和因為環境阻礙或基於保護因素，而無法參與面對面訪談的個人進行對話（Mann & Stewart, 2002）。關於網路與電腦應用作為研究工具的相關議題，詳細討論請參閱第七章。

在網路作為場域觀點的質性研究，焦點則轉移到理解與分析當代社會生活的一項核心特色：網路媒體。在這方面的研究當中，特別值得一提的是Markham（2004），他採取文化研究取徑，主張網路是具有合法地位的研究工具，也是「論述的場域，能夠助長研究者的能力，見證與分析言談的結構、意義與認同的協商、關係與社群的發展，以及社會結構的建構，因為該等事項以論述形式發生」（頁97）。因此，網路俗民誌也把網際網路視為社會建構的虛擬世界（Hine, 2000），可以透過研究來理解人們如何賦予該等空間意義。虛擬社群是線上的電腦圖文環境，人們在其中以某種網路角色形式，亦即所謂的阿凡達（avatar），來建構與再現身分。阿凡達，代表研究參與者，接受研究者的參與觀察，以便能夠更妥善理解虛擬領域的社會建構。這些世界的參與者可以確保擁有較高的匿名性，參與者比較可能透露資訊，箇中原因可能是比較不會受到來自研究者面對面的社會階層抑制（Garcia等，2009）。虛擬可以提供一種安全感，個人感覺比較能夠自由重新形構身分認同，表達自我以及那些與自己相像的人（Markham, 2004）。

不過，網路虛擬世界充滿不確定性，尚未形成適用特定脈絡而且有共識的研究倫理，諸如：隱私、身分真實性，以及知情同意等。有關網路的倫理議題，我們會在第七章配合相關主題提出討論。研究者和參與者都可能創造出和自己真實身分不同的網路身分。研究者可能在網路隱匿身分（潛水），在當事人不知情的情況下，找尋適合參與研究者（Mann & Stewart, 2004）。還有，研究者是否有權可以在未經許可的情況下，節錄個人部落格、網路討論區的文章，以及其他的網路公開資訊，這方面也有很多尚待釐清與發展的空間。總之，網路作為新興的研究工具與場域，具有動態與流變的性質，對於未來質性研究的發展，可

說是剛剛萌芽起步而已。

＊　＊　＊　＊　＊

　　上述討論目的是為了提供一些分類，以便讀者能夠區別各種不同的質性研究類型與取徑；另外，也希望能夠簡要陳述當前包括批判理論、女性主義與後現代等思潮對於傳統社會科學研究的批判。誠如我們先前特別指出，質性研究基本上都是發生在自然的場域，而非人工化的情境（例如：實驗室）。不過，個別質性研究取徑在許多方面還是有所區別，其中包括：(1)理論與意識型態所扮演的角色各有不同；(2)研究焦點各有偏重（亦即：聚焦個人、聚焦團體或組織，或是聚焦溝通互動，譬如：文本或是網站）；(3)研究者和參與者在資料蒐集階段的互動程度各有差異；(4)參與者在研究當中的角色各有不同。

　　藉由上述討論，讀者應該可以約略認識，在質性研究大傘底下，各種典範與取徑的大致樣貌。不過，本書並沒有針對細部詳盡而深入論述，所以也就無從呈現眾多質性研究方法所具有的細微差別。有興趣的讀者請參考本章延伸閱讀，其中有些乃是個別領域教母或教父級的經典著作；另外有些則是比較晚近的著作，反映當前各種新興的觀點。

　　本書目的是陳述質性研究設計的普遍性歷程。我們介紹的質性研究設計具有以下的特點：(1)融入選擇從事研究之場地的日常生活當中；(2)重視而且致力於發掘參與者在其世界當中的各種觀點；(3)把探究看成是一種存在於研究者與參與者之間的互動歷程；(4)兼具描述與分析的性質；(5)主要的資料是人們的語言、可觀察的行為，以及各式各樣的文本。至於某特定的研究方法是否可以算是質性研究，這就不是本書探討的重點了。

　　最後，我們希望能夠提供給讀者一些實用性的指南，幫助有心從事質性研究者能夠順利啟航。沿途將會有許多振奮人心的經歷，偶爾也會有些挫折，而旅途的終點則肯定會讓人有無限滿意的大豐收。

　　下一章，我們會討論有關可信賴度與倫理的議題。在研究計畫階段，研究者該如何提出討論，衡量質性研究計畫的信賴度方面的議題？

有哪些判斷的判準？他也應該展現深刻的敏感度，能夠敏銳體察計畫執行過程發生的諸多倫理議題。這些都會在下一章提出探討。

作者書簡

凱瑟琳：回首前幾版的內容，發現到我們對於類型的見解有所進化，真是有趣。將相異的一絲一縷整合一致，可說是辛苦的挑戰。因為界線模糊——出現許多混種，使得這些日子以來是愈來愈艱困啊。

葛蕾琴：看到大家利用各種不同的方法，感覺很興奮。看起來學科根源不太像以前一樣有用。之前我跟同事一起寫了一篇文章，用「無恥的折衷」這個詞來表達立場——我們認為無恥的折衷可以帶來新的可能性。對於思考類型界線的潮流和我們在職場上看到的無限創意，這點其實很有用。

學友書簡

嗨，卡拉：

　　讓我先來自我介紹一下，還有最重要的，我與質性研究的關係。我叫做凱倫，是北卡羅萊納大學教堂山校區教育學院的博士生，與凱瑟琳・瑪歇爾共事。我出生、成長於以色列，大約五年前來到北卡羅萊納攻讀碩士學位。來美國之前，我在英國求學，攻讀與人權相關的跨學科碩士，同時在許多以色列的基層組織工作。目前正在苦讀，準備大考，我的研究主題是有關於質性方法對於研究國際發展策略的重要貢獻，尤其是在教育性別平等方面。我相信質性方法藉由調查當地情況、傾聽當事者的心聲（這點往往被統計分析所忽視），有助於我們更加理解國際政策的形成與執行。傳統上，國際發展領域非常仰賴量化數字，所以每當我要列出問題的時候，總是得經過一番掙扎，相信我的小小貢獻對於此領域的研究有所幫助。

　　你已經開始寫論文了嗎？你是否一直確信自己會用質性法呢？

　　對於這次的對話，我感到非常興奮，很想知道你的研究興趣在哪兒。

凱倫

嗨，凱倫：

　　謝謝你的簡介。對於你的研究我感到很有興趣，接下來讓我回答你的問題吧。我是麻州大學安姆斯特校區的美國博士生，與葛蕾琴・羅絲蔓共事，也專注於國際教育發展議題。目前正在寫論文。回憶過往，我一直都知道要選質性研究法。我用俗民誌來研究塞內加爾小學內的校規與課程的文化意義。因為俗民誌法與我個人的價值觀強調多元共存的知識，質性研究設計讓我深入探索參與者的

經驗有何細微的差異，同時詳細描述學校的實況。在研究過程當中，對於自己身為塞內加爾局外人的這個定位也是很掙扎。還好，質性法的反身性剛好適用。同時我發現到質性法與我最後選擇的概念架構一致。相信日後我們還可以再詳細討論，不過我確定這將是個艱難但值得的過程！

　　感覺我好像離題了，希望我有回答你的問題。或許日後我們可以再討論基本原理。

　　誠摯的祝福，很高興與你交談！

卡拉

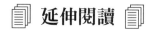

延伸閱讀

質性研究主要類型

● 俗民誌

Atkinson, P. A., & Delamont, S. (Eds.). (2008). *Representing ethnography: Reading, writing and rhetoric in qualitative research.* London: Sage.

Atkinson, P. A., Delamont, S., Coffey, A., Lofland, J., & Lofland, L. (Eds.). (2007). *Handbook of ethnography.* London: Sage.

Crang, M., & Cook, I. (2007). *Doing ethnographies.* Thousand Oaks, CA: Sage.

Fetterman, D. (2009). *Doing ethnography: Step-by-step* (3rd ed.). Thousand Oaks, CA: Sage.

Gobo, G. (2008). *Doing ethnography.* London: Sage.

Hoey, B. (2013). *What is ethnography?* Retrieved January 5, 2014, from http://www. brianhoey .com/General%20Site/general_defn-ethnography.htm

Pink, S. (2009). *Doing sensory ethnography.* London: Sage.

Tedlock, B. (2005). The observation of participation and the emergence of public ethnography. In N. K. Denzin & Y. S. Lincoln (Eds.), *The SAGE handbook of qualitative research* (3rd ed., pp. 467-481). Thousand Oaks, CA: Sage.

Ybema, S., Yanow, D., Wels, H., & Kamsteeg, F. (2009). *Organizational ethnography: Studying the complexity of everyday life.* London: Sage.

● 現象學

Beverly, J. (2000). Testimonio, subalternity, and narrative authority. In N. K. Denzin & Y. S. Lincoln (Eds.), *Handbook of qualitative research* (2nd ed., pp. 555-565). Thousand Oaks, CA: Sage.

Caelli, K. (2000). The changing face of phenomenological research: Traditional and American phenomenology in nursing. *Qualitative Health Research, 10*(3), 366-377.

Cohen, M. Z., Kahn, D. L., & Steeves, R. H. (2000). *Hermeneutic phenomenological research: A practical guide for nurse researchers.* Thousand Oaks, CA: Sage.

Groenewald, T. (2004). A phenomenological research design illustrated. *International Journal of Qualitative Methods, 3*(1), Article 4. Retrieved May 9, 2009, from www. ualberta.ca/~iiqm/backissues/3_1/html/groenewald.html

Heidegger, M. (1975). *The basic problems of phenomenology: Introduction.* Retrieved November 7, 2013, from http://www.marxists.org/reference/subject/philosophy/works/ge/heidegge.htm

Kvale, S., & Brinkmann, S. (2009). *Interviews: Learning the craft of qualitative research interviewing* (2nd ed.). Thousand Oaks, CA: Sage.

Lewis, M., & Staehler, T. (2011). *Phenomenology: An introduction.* London: Continuum.

Moustakas, C. (1994). *Phenomenological research methods.* Thousand Oaks, CA: Sage.

Sokolowski, R. (2013). *Introduction to phenomenology.* Cambridge, UK: Cambridge University Press.

Van Manen, M. (1990). *Researching lived experience: Human science for an action sensitive pedagogy.* Albany: State University of New York Press.

Van Manen, M. (2011). *Phenomenology online: A resource for phenomenological inquiry* [Website]. Retrieved November 7, 2013, from http://www.phenomenologyonline.com/inquiry

Wronka, J. (2008). *Human rights and social justice: Social action and service for the helping and health professions.* Thousand Oaks, CA: Sage.

● 社會語言學研究

Fairclough, N. (2005). *Discourse analysis in organization studies: The case for critical realism.* Organization Studies, 26(6), 915-939.

Foucault, M. (1972). *The archaeology of knowledge and the discourse on language.* New York: Pantheon.

Jørgensen, M., & Phillips, L. (2002). *Discourse analysis as theory and method.* London: Sage.

Mills, S. (2004). *Discourse.* London: Routledge.

Roth, W.-M. (2001). Gestures: Their role in teaching and learning. *Review of Educational Research, 71*(3), 2-14.

Schiffrin, D., Tannen, D., & Hamilton, H. (Eds.). (2001). *Handbook of discourse analysis.* Oxford, UK: Blackwell.

Silverstein, M. (1996). The secret life of texts. In M. Silverstein & G. Urban (Eds.), *Natural histories of discourse* (pp. 81-105). Chicago, IL: University of Chicago Press.

Wortham, S. (2001). *Narratives in action: A strategy for research and analysis.* New York: Teachers College Press.

扎根理論

Borgatti, S. (2014). *Introduction to grounded theory*. Retrieved January 20, 2014, from http://www.analytictech.com/mb870/introtoGT.htm

Bryant, A., & Charmaz, K. (Eds.). (2007). *The SAGE handbook of grounded theory*. Thousand Oaks, CA: Sage.

Charmaz, K. (2000). Grounded theory: Objectivist and constructivist methods. In N. K. Denzin & Y. S. Lincoln (Eds.), *The SAGE handbook of qualitative research* (2nd ed., pp. 509-535). Thousand Oaks, CA: Sage.

Charmaz, K. (2008). Constructionism and the grounded theory method. In J. A. Holstein & J. F. Gubrium (Eds.), *Handbook of constructionist research* (pp. 397-412). New York: Guilford Press.

Charmaz, K. (2009). Shifting the grounds: Constructivist grounded theory methods. In J. M. Morse, P. N. Stern, J. Corbin, B. Bowers, K. Charmaz, & A. E. Clarke (Eds.), *Developing grounded theory: The second generation* (pp. 127-154). Walnut Creek, CA: Left Coast Press.

Charmaz, K. (2014). *Constructing grounded theory: A practical guide through qualitative analysis* (2nd ed.). Thousand Oaks, CA: Sage.

Corbin, J., & Strauss, A. (2008). *Basics of qualitative research: Techniques and procedures for developing grounded theory* (3rd ed.). Thousand Oaks, CA: Sage.

Mills, J., Bonner, A., & Francis, K. (2006). Adopting a constructivist approach to grounded theory: Implications for research design. *International Journal of Nursing Practice, 12*, 8-13.

Mills, J., Bonner, A., & Francis, K. (2006). The development of constructivist grounded theory. *International Journal of Qualitative Methods, 5*, 25-35.

Strauss, A., & Corbin, J. (Eds.). (1997). *Grounded theory in practice*. Thousand Oaks, CA: Sage.

Strauss, A., & Corbin, J. (1998). *Basics of qualitative research: Techniques and procedures for developing grounded theory* (2nd ed.). Thousand Oaks, CA: Sage.

個案研究

Creswell, J. W. (2013). *Qualitative inquiry and research design: Choosing among five approaches* (3rd ed.). Thousand Oaks, CA: Sage.

Flyvbjerg, B. (2011). Case study. In N. K. Denzin & Y. S. Lincoln (Eds.), *The SAGE handbook of qualitative research* (4th ed., pp. 301-316). Thousand Oaks, CA: Sage.

Stake, R. E. (2005). Qualitative case studies. In N. K. Denzin & Y. S. Lincoln (Eds.), *The SAGE handbook of qualitative research* (pp. 443-466). Thousand Oaks, CA: Sage.

Thomas, G. (2010). Doing case study: Abduction not induction, phronesis not theory. *Qualitative Inquiry, 16*(7), 575-582.

Thomas, G. (2011). The case: Generalisation, theory and phronesis in case study. *Oxford Review of Education, 37*(1), 21-35.

Thomas, G. (2011). A typology for the case study in social science following a review of definition, discourse, and structure. *Qualitative Inquiry, 17*(6), 511-521.

Yin, R. K. (2014). *Case study research: Design and methods* (5th ed.). Thousand Oaks, CA: Sage.

質性研究的專殊化類型

● 論述分析

Chase, S. E. (2005). Narrative inquiry: Multiple lenses, approaches, voices. In N. K. Denzin & Y. S. Lincoln (Eds.), *The SAGE handbook of qualitative research* (3rd ed., pp. 651-679). Thousand Oaks, CA: Sage.

Cheek, J. (2004). At the margins? Discourse analysis and qualitative research. *Qualitative Health Research, 14*(8), 1140-1150.

Clandinin, D. J., & Connelly, F. M. (2000). *Narrative inquiry: Experience and story in qualitative research.* San Francisco: Jossey-Bass.

Czarniawska, B. (2004). *Narratives in social science research.* Thousand Oaks, CA: Sage.

Daiute, C., & Lightfoot, C. (2004). *Narrative analysis: Studying the development of individuals in society.* Thousand Oaks, CA: Sage.

Josselson, R. (Ed.). (1996). *Ethics and process in the narrative study of lives.* Thousand Oaks, CA: Sage.

Josselson, R., & Lieblich, A. (Eds.). (1993). *The narrative study of lives.* Newbury Park, CA: Sage.

Peräkylä, A. (2005). Analyzing talk and text. In N. K. Denzin & Y. S. Lincoln (Eds.), *The SAGE handbook of qualitative research* (3rd ed., pp. 869-886). Thousand Oaks, CA: Sage.

Riessman, C. K. (2008). *Narrative methods for the human sciences.* Thousand Oaks, CA:

Sage.

Ten Have, P. (2007). *Doing conversation analysis* (2nd ed.). Thousand Oaks, CA: Sage.

● 批判論述分析

Fairclough, N. (2003). *Analysing discourse: Textual analysis for social research*. London: Routledge.

Fairclough, N. (2005). Discourse analysis in organization studies: The case for critical realism. *Organization Studies, 26*(6), 915-939.

Foucault, M. (1972). *The archaeology of knowledge and the discourse on language*. New York: Pantheon.

Jørgensen, M., & Phillips, L. (2002). *Discourse analysis as theory and method*. London: Sage.

Mills, S. (2004). *Discourse*. London: Routledge.

Rogers, R. (Ed.). (2004). *An introduction to critical discourse analysis in education*. Mahwah, NJ: Lawrence Erlbaum.

Silverstein, M. (1996). The secret life of texts. In M. Silverstein & G. Urban (Eds.), *Natural histories of discourse* (pp. 81-105). Chicago, IL: University of Chicago Press.

Van Dijk, T. A. (2013). *Discourse in society* [Website]. Retrieved March 14, 2014, from http://www.discourses.org

Wortham, S. (2001). *Narratives in action: A strategy for research and analysis*. New York: Teachers College Press.

● 行動研究

Greenwood, D. J., & Levin, M. (2007). *Introduction to action research: Social research for social change* (2nd ed.). Thousand Oaks, CA: Sage.

Hewitt, R., & Little, M. (2005). *Leading action research in schools*. Retrieved November 7, 2013, from http:// www.fldoe.org/ese/pdf/action-res.pdf

Kincheloe, J. L. (1991). *Teachers as researchers: Qualitative inquiry as a path to empowerment*. London: Falmer.

McNiff, J., & Whitehead, J. (2009). *You and your action research: Project* (3rd ed.). London: Routledge.

McNiff, J., & Whitehead, J. (2011). *All you need to know about action research*. London: Sage.

Mertler, C. A. (2011). *Action research: Improving schools and empowering educators* (3rd ed.). Thousand Oaks, CA: Sage.

Mills, G. E. (2013). *Action research: A guide for the teacher researcher* (5th ed.). New York: Pearson.

Noffke, S. E., & Somekh, B. (Eds.). (2009). *The SAGE handbook of educational action research*. London: Sage.

Parsons, R., & Brown, K. (2001). *Teacher as reflective practitioner and action researcher*. Belmont, CA: Wadsworth.

Professional Learning and Leadership Development Directorate. (2010). *Action research in education: Guidelines* (2nd ed.). New South Wales, UK: New South Wales Department of Education and Training. Retrieved November 7, 2013, from https://www.det.nsw. edu.au/proflearn/docs/pdf/actreguide.pdf

Reason, P. W., & Bradbury, H. (2006). *Handbook of action research* (concise paperback ed.). Thousand Oaks, CA: Sage.

Sagor, R. (2011). *Action research guidebook: A four-step process for educators and school teams* (2nd ed.). Thousand Oaks, CA: Corwin.

Stringer, E. T. (2013). *Action research: A handbook for practitioners* (4th ed.). Thousand Oaks, CA: Sage.

Stringer, E. T., Christenson, L. M., & Baldwin, S. C. (2009). *Integrating teaching, learning, and action research: Enhancing instruction in the K-12 classroom*. Thousand Oaks, CA: Sage.

⬤ 參與行動研究

Baum, F., MacDougall, C., & Smith, D. (2006). Participatory action research. *Journal of Epidemiology and Public Health, 60*(10), 854-857.

Brock, K., & McGee, R. (2002). *Knowing poverty: Critical reflections on participatory research and policy*. Sterling, VA: Earthscan.

Cooke, B., & Kothari, U. (Eds.). (2001). *Participation: The new tyranny?* London: Zed Books.

Cornell Participatory Action Research Network. (2013). *CPARN blog* [Website]. Retrieved January 5, 2014, from http://www.cparn.org

Hart, R. A. (1997). *Children's participation: The theory and practice of involving young citizens in community development and environmental care*. London: Earthscan.

Hickey, S., & Mohan, G. (Eds.). (2004). *Participation: From tyranny to transformation?*

London: Zed Books.

Kemmis, S., & McTaggart, R. (2005). Participatory action research: Communicative action and the public sphere. In N. K. Denzin & Y. S. Lincoln (Eds.), *The SAGE handbook of qualitative research* (3rd ed., pp. 559-603). Thousand Oaks, CA: Sage.

Maguire, P. (2000). *Doing participatory research: A feminist approach.* Amherst, MA: Center for International Education.

McIntyre, A. (2008). *Participatory action research.* Thousand Oaks, CA: Sage.

McNiff, J., & Whitehead, J. (2009). *Doing and writing action research.* London: Sage.

McTaggart, R. (Ed.). (1997). *Participatory action research: International contexts and consequences.* Albany: State University of New York Press.

Park, P., Brydon-Miller, M., Hall, B., & Jackson, T. (Eds.). (1993). *Voices of change: Participatory research in the United States and Canada.* Toronto, Ontario, Canada: Ontario Institute for Studies in Education Press.

Van der Riet, M. (2008). Participatory research and the philosophy of social science: Beyond the moral imperative. *Qualitative Inquiry, 14*(4), 546-565.

Whyte, W. F. (Ed.). (1991). *Participatory action research.* Newbury Park, CA: Sage.

● 批判與後批判俗民誌

Averill, J. B. (2006). Getting started: Initiating critical ethnography and community-based action research in a program of rural health studies. *International Journal of Qualitative Methods, 5*(2), 1-8.

Carspecken, P. F. (1996). *Critical ethnography in educational research: A theoretical and practical guide.* New York: Routledge & Kegan Paul.

Crang, M., & Cook, I. (2007). *Doing ethnographies.* Thousand Oaks, CA: Sage.

Cruz, M. R. (2008). What if I just cite Graciela? Working toward decolonizing knowledge through a critical ethnography. *Qualitative Inquiry, 14*(4), 651-658.

Gitlin, A. (Ed.). (1994). *Power and method: Political activism and educational research.* New York: Routledge.

Lather, P. (2007). Post-modernism, post-structuralism and post(critical) ethnography: Of ruins, aporias and angels. In P. Atkinson, A. Coffey, S. Delamont, J. Lofland, & L. Lofland (Eds.), *Handbook of ethnography* (pp. 477-492). London: Sage.

Madison, D. S. (2005a). *Critical ethnography: Method, ethics, and performance.* Thousand Oaks, CA: Sage.

Madison, D. S. (2005). Critical ethnography as street performance: Reflections of home, race, murder, and justice. In N. K. Denzin & Y. S. Lincoln (Eds.), *The SAGE handbook of qualitative research* (3rd ed., pp. 537-546). Thousand Oaks, CA: Sage.

Madison, D. S. (2011). *Critical ethnography: Method, ethics, and performance* (2nd ed.). Thousand Oaks, CA: Sage.

Marcus, G., & Fischer, M. (1986). *Anthropology as cultural critique: An experimental moment in the human sciences.* Chicago: University of Chicago Press.

Morrow, R. A., with Brown, D. D. (1994). *Critical theory and methodology.* Thousand Oaks, CA: Sage.

Noblit, G. W., Flores, S. Y., & Murillo, E. G., Jr. (Eds.). (2005). *Postcritical ethnography: Reinscribing critique.* Cresskill, NJ: Hampton Press.

Weis, L. (1990). *Working class without work: High school students in a de-industrializing economy.* New York: Routledge.

Weis, L., & Fine, M. (Eds.). (2000). *Construction sites: Excavating race, class, and gender among urban youth.* New York: Teachers College Press.

● 展演俗民誌

Alexander, B. K. (2005). Performance ethnography: The reenacting and inciting of culture. In N. K. Denzin & Y. S. Lincoln (Eds.), *The SAGE handbook of qualitative research* (3rd ed., pp. 411-441). Thousand Oaks, CA: Sage.

Bagley, C. (2008). Educational ethnography as performance art: Towards a sensuous feeling and knowing. *Qualitative Research, 8*(1), 53-72.

Boal, A. (1997). *Theater of the oppressed.* London: Pluto Press.

Boal, A. (2002). *Games for actors and non-actors* (2nd ed.). London: Routledge.

Denzin, N. (2003). *Performance ethnography: Critical pedagogy and the politics of culture.* Thousand Oaks, CA: Sage.

Madison, D. S., & Hamera, J. (Eds.). (2005). *Handbook of performance studies.* Thousand Oaks, CA: Sage.

Miller-Day, M. (2008). Performance matters. *Qualitative Inquiry, 14*(8), 1458-1470.

● 藝術本位探究

Barone, T., & Eisner, E. (2006). Arts-based educational research. In J. L. Green, G. Camilli, & P. B. Elmore (Eds.), *Handbook of complementary methods in education research* (3rd ed., pp. 95-108). New York: Routledge.

Butler-Kisber, L. (2010). *Qualitative inquiry: Thematic, narrative and arts-informed perspectives*. Thousand Oaks, CA: Sage.

Eisner, E. W. (1991). *The enlightened eye: Qualitative inquiry and the enhancement of educational practice*. New York: Macmillan.

Furman, R., Langer, C. L., Davis, C. S., Gallardo, H. P., & Kulkarni, S. (2007). Expressive research and reflective poetry as qualitative inquiry: A study of adolescent identity. *Qualitative Research, 7*(3), 301-315.

Knowles, J. G., & Cole, A. L. (Eds.). (2008). *Handbook of the arts in qualitative research: Perspectives, methodologies, examples, and issues*. Thousand Oaks, CA: Sage.

Margolis, E., & Pauwels, L. (Eds.). (2011). *The SAGE handbook of visual research methods*. London: Sage.

Pink, S. (2012). *Situating everyday life*. London: Sage.

Rose, G. (2012). *Visual methodologies: An introduction to researching with visual methods* (3rd ed.). London: Sage.

Said, E. W. (2007). *Music at the limits: Three decades of essays and articles on music*. New York: Columbia University Press.

Sullivan, G. (2010). *Art practice as research: Inquiry in visual arts*. Thousand Oaks, CA: Sage.

● 網路／虛擬俗民誌

Dicks, B., Mason, B., & Atkinson, P. (2005). *Qualitative research and hypermedia*. London: Sage.

Dicks, B., Soyinka, B., & Coffey, A. (2006). Multimodal ethnography. *Qualitative Research, 6*(1), 77-96.

Evans, L. (2010). *What is virtual ethnography?* Retrieved November 7, 2013, from http://www.interdisciplinary.net/wp-content/uploads/2010/02/evanspaper.pdf

Gajjala, R., & Mamidipudi, A. (2013). *Cyber selves: Feminist ethnographies of South Asian women*. New York: AltaMira Press.

Garcia, A. C., Standlee, A. I., Bechkoff, J., & Cui, Y. (2009). Ethnographic approaches to the Internet and computer-mediated communication. *Journal of Contemporary Ethnography, 38*(1), 52-84.

Hine, C. (2000). *Virtual ethnography*. London: Sage.

Hine, C. (2004). *Virtual ethnography revisited*. Retrieved November 7, 2013, from http://

www.ccsr.ac.uk/methods/festival2004/programme/Thu/pm/MSTheatre/documents/
HineSummary_000.doc

James, N., & Busher, H. (2002). Internet interviewing. In J. Gubrium, A. B. Marvasti, & K. D.
McKinney (Eds.), *The SAGE handbook of interview research: Context and method* (2nd
ed., pp. 177-192). Thousand Oaks, CA: Sage.

Kozinets, R. V. (2010). *Netnography: Doing ethnographic research online.* London: Sage.

Mann, C., & Stewart, F. (2002). Internet interviewing. In J. Gubrium & J. A. Holstein (Eds.),
Handbook of interview research: Context and method (pp. 603-627). Thousand Oaks,
CA: Sage.

Mann, C., & Stewart, F. (2004). Introducing online methods. In S. N. Hesse-Biber & P.
Leavy (Eds.), *Approaches to qualitative research: A reader on theory and practice* (pp.
367-401). New York: Oxford University Press.

Markham, A. N. (2010). Internet research In D. Silverman (Ed.), *Qualitative research:
Theory* (3rd ed., pp. 111-128). London: Sage.

Olesen, V. (2009). Do whatever you can: Temporality and critical, interpretive methods in an
age of despair. *Cultural Studies: Critical Methodologies, 9*(1), 52-55.

Underberg, N. M., & Zorn, E. (2013). *Digital ethnography: Anthropology, narrative and new
media.* Austin: University of Texas Press.

Williams, M. (2007). Avatar watching: Participant observation in graphical online
environments. *Qualitative Researcher, 7*(1), 5-24.

● 女性主義研究

Brown, L. M. (2005). In the bad or good of girlhood: Social class, schooling, and white
femininities. In L. Weis & M. Fine (Eds.), *Beyond silenced voices: Class, race, and
gender in United States schools* (2nd ed., pp. 147-161). Albany: State University of
New York Press.

Butler, J. (1999). *Gender trouble: Feminism and the subversion of identity.* New York:
Routledge.

Calas, M., & Smircich, L. (1996). From "the woman's" point of view: Feminist approach
to organization studies. In S. R. Clegg, C. Hardy, & W. R. Nord (Eds.), *Handbook of
organization studies* (pp. 218-257). London: Sage.

Cannella, G. S., & Manuelito, K. D. (2008). Feminisms from unthought locations:
Indigenous worldviews, marginalized feminisms, and revisioning an anticolonial social

science. In N. K. Denzin, Y. S. Lincoln, & L. T. Smith (Eds.), *Handbook of critical and indigenous methodologies* (pp. 45-59). Thousand Oaks, CA: Sage.

Collins, P. C. (1990). *Black feminist thought: Knowledge, consciousness, and the politics of empowerment.* New York: Routledge & Kegan Paul.

Dillard, C. B. (2003). The substance of things hoped for, the evidence of things not seen: Examining an endarkened feminist epistemology in educational research and leadership. In M. D. Young & L. Skrla (Eds.), *Reconsidering feminist research in educational leadership* (pp. 131-159). Albany: State University of New York Press.

Harding, S. (Ed.). (1987). *Feminism and methodology.* Bloomington: Indiana University Press.

Herr, R. S. (2004). A third world feminist defense of multiculturalism. *Social Theory & Practice, 30*(1), 73-103.

Hesse-Biber, S. N., & Leavy, P. (2007). *Feminist research practice: A primer.* Thousand Oaks, CA: Sage.

Kleinman, S. (2007). *Feminist fieldwork analysis.* Thousand Oaks, CA: Sage.

Laible, J. (2003). A loving epistemology: What I hold critical in my life, faith, and profession. In M. D. Young & L. Skrla (Eds.), *Reconsidering feminist research in educational leadership* (pp. 179-192). Albany: State University of New York Press.

Lather, P. (1991). *Getting smart: Feminist research and pedagogy with/in the postmodern.* New York: Routledge & Kegan Paul.

Lather, P. (2007). *Getting lost: Feminist efforts towards a double(d) science.* Albany: State University of New York Press.

Marshall, C. (Ed.). (1997). *Feminist critical policy analysis: A perspective from primary and secondary schooling.* London: Falmer.

Marshall, C., & Young, M. D. (2006). Gender and methodology. In C. Skelton, B. Francis, & L. Smulyan, *Handbook of gender and education.* Thousand Oaks, CA: Sage.

Nielson, J. (Ed.). (1990). *Feminist research methods: Exemplary readings in the social sciences.* Boulder, CO: Westview.

Olesen, V. (2000). Feminisms and qualitative research into the new millennium. In N. K. Denzin & Y. S. Lincoln (Eds.), *Handbook of qualitative research* (2nd ed., pp. 215-255). Thousand Oaks, CA: Sage.

Olesen, V. (2005). Early millennial feminist qualitative research: Challenges and contours. In

N. K. Denzin & Y. S. Lincoln (Eds.), *The SAGE handbook of qualitative research* (3rd ed., pp. 235-277). Thousand Oaks, CA: Sage.

Reinharz, S. (1992). *Feminist methods in social research.* New York: Oxford University Press.

Scott, J. W. (1986). Gender: A useful category of historical analysis. *The American Historical Review, 91*(5), 1053-1075.

Young, M. D., & Skrla, L. (2003). Research on women and administration: A response to Julie Laible's loving epistemology. In M. D. Young & L. Skrla (Eds.), *Reconsidering feminist research in educational leadership* (pp. 201-210). Albany: State University of New York Press.

● 文化研究

Barker, C. (2011). *Cultural studies: Theory and practice* (3rd ed.). Thousand Oaks, CA: Sage.

Barthes, R. (1972). *Mythologies.* London: Cape.

During, S. (2007). *Cultural studies reader.* London: Routledge.

Gannon, S. (2006). The (im)possibilities of writing the selfwriting: French poststructural theory and autoethnography. *Cultural Studies: Critical Methodologies, 6*(4), 474-495.

Giardina, M. D., & Newman, J. L. (2012). Cultural studies: Performative imperatives and bodily articulations. In N. K. Denzin & Y. S. Lincoln (Eds.), *The landscape of qualitative research* (pp. 371-406). Thousand Oaks, CA: Sage.

Gray, A. (2003). *Research practices for cultural studies: Ethnographic methods and lived cultures.* London: Sage.

Hall, S. (Ed.). (1997). *Representation: Cultural representations and signifying practices.* London: Sage.

hooks, b. (2004). Culture to culture: Ethnography and cultural studies as critical intervention. In S. N. Hesse-Biber & P. Leavy (Eds.), *Approaches to qualitative research: A reader on theory and practice* (pp. 149-158). New York: Oxford University Press.

Miller, G., & Fox, K. J. (2004). Building bridges: The possibility of analytic dialogue between ethnography, conversation analysis, and Foucault. In D. Silverman (Ed.), *Qualitative research: Theory, method, and practice* (2nd ed., pp. 35-55). London: Sage.

Prior, L. (2004). Following Foucault's footsteps: Text and context in qualitative research. In

S. N. Hesse-Biber & P. Leavy (Eds.), *Approaches to qualitative research: A reader on theory and practice* (pp. 317-333). New York: Oxford University Press.

Ryen, A. (2002). Cross-cultural interviewing. In J. Gubrium & J. A. Holstein (Eds.), *Handbook of interview research: Context and method* (pp. 335-354). Thousand Oaks, CA: Sage.

Saukko, P. (2003). *Doing research in cultural studies: An introduction to classical and new methodological approaches.* London: Sage.

Saukko, P. (2008). Methodologies for cultural studies: An integrative approach. In N. K. Denzin & Y. S. Lincoln (Eds.), *The landscapes of qualitative research* (3rd ed., pp. 457-475). Thousand Oaks, CA: Sage.

Storey, J. (2003). *Cultural studies and the study of popular culture* (2nd ed.). Athens: University of Georgia Press.

Surber, J. P. (1998). *Culture and critique: An introduction to the critical discourse of Cultural Studies.* Boulder, CO: Westview Press.

● 批判種族理論

Bernal, D. D. (2002). Critical race theory, Latino critical theory, and critical raced-gendered epistemologies: Recognizing students of color as holders and creators of knowledge. *Qualitative Inquiry, 8*(1), 105-126.

DeCuir, J. T., & Dixson, A. D. (2004). "So when it comes out, they aren't that surprised that it is there": Using critical race theory as a tool of analysis of race and racism in education. *Educational Researcher, 33,* 26-31.

Dixson, A. D., & Rousseau, C. K. (2005). And we are still not saved: Critical race theory in education ten years later. *Race, Ethnicity, & Education, 8*(1), 7-27.

Dixson, A. D., & Rousseau, C. K. (2007). *Critical race theory in education: All God's children got a song.* New York: Routledge.

Ladson-Billings, G. J. (1997). *The dreamkeepers: Successful teachers of African-American children.* San Francisco: Jossey-Bass.

Ladson-Billings, G. J. (2001). *Crossing over to Canaan: The journey of new teachers in diverse classrooms.* San Francisco: Jossey-Bass.

Ladson-Billings, G. J. (2005). *Beyond the big house: African American educators on teacher education.* New York: Teachers College Press.

Ladson-Billings, G. J., & Donnor, J. (2005). The moral activist role of critical race theory scholarship. In N. K. Denzin & Y. S. Lincoln (Eds.), *The SAGE handbook of qualitative research* (3rd ed., pp. 279-301). Thousand Oaks, CA: Sage.

Yosso, T. J. (2005). Whose culture has capital? A critical race theory discussion of community cultural wealth. *Race, Ethnicity, & Education, 8*(1), 69-91.

酷兒理論

Ahmed, S. (2006). *Queer phenomenology: Orientations, objects and others*. Durham, NC: Duke University Press.

Berlant, L., & Warner, M. (1995). *What does queer theory teach us about X*. Retrieved January 5, 2013, from http://www.english.upenn.edu/~cavitch/pdf-library/BerlantWarner_WhatDoesQueerTheory.pdf

Butler, J. (2006). *Gender trouble: Feminism and the subversion of identity* (2nd ed.). New York: Routledge.

Halperin, D. M. (1990). *One hundred years of homosexuality and other essays on Greek love.* New York: Routledge.

Hawley, J. C. (2001). *Postcolonial, queer: Theoretical intersections*. Albany: State University of New York Press.

Hawley, J. C. (2001). *Postcolonial and queer theories: Intersections and essays*. Westport, CT: Greenwood Press.

Jagose, A. (1996). *Queer theory: An introduction.* New York: New York University Press.

Marinucci, M. (2010). *Feminism in queer: The intimate connection between queer and feminist theory*. London: Zed Books.

Rhyne, R. (2000). Foucault, Michel (1926-1984). In G. E. Haggerty (Ed.), *Gay histories and cultures: An encyclopedia* (Vol. 2, pp. 337-338). New York: Garland.

Seidman, S. (1996). *Queer theory/sociology*. Cambridge, MA: Blackwell.

Stein, A., & Plummer, K. (1996). "I can't even think straight": "Queer" theory and the missing sexual revolution in sociology. In S. Seidman (Ed.), *Queer theory/sociology* (pp. 129-144). Cambridge, MA: Blackwell.

Sullivan, N. (2003). *A critical introduction to queer theory*. New York: New York University Press.

酷兒理論與質性研究

Allen, L. (2006). Trying not to think "straight": Conducting focus groups with lesbian and gay youth. *International Journal of Qualitative Studies in Education, 19,* 163-176.

Donelson, R., & Rogers, T. (2004). Negotiating a research protocol for studying school-based gay and lesbian issues. *Theory Into Practice, 43*(2), 128-135.

Grossman, A. H., & D'Augelli, A. R. D. (2006). Transgendered youth: Invisible and vulnerable. *Journal of Homosexuality, 51,* 111-128.

Kong, T. S., Mahoney, D., & Plummer, K. (2002). Queering the interview. In J. F. Gubrium & J. A. Holstein (Eds.), *Handbook of interview research: Context and method* (pp. 239-258). Thousand Oaks, CA: Sage.

Mayo, C. (2007). Queering foundations: Queer and lesbian, gay, bisexual, and transgender educational research. *Review of Research in Education, 31,* 78-94.

McCready, L. T. (2004). Understanding the marginalization of gay and gender non-conforming Black male students. *Theory Into Practice, 43,* 136-143.

● 自傳俗民誌

Delamont, S. (2009). The only honest thing: Autoethnography, reflexivity and small crises in fieldwork. *Ethnography and Education, 4*(1), 51-63.

Heewon, C. (2008). *Autoethnography as method.* Walnut Creek, CA: Left Coast Press.

Jones, S. H., Adams, T. E., & Ellis, C. (Eds.). (2013). *Handbook of autoethnography.* Walnut Creek, CA: Left Coast Press.

Reed-Danahay, D. E. (Ed.). (1997). *Auto/Ethnography: Rewriting the self and the social.* New York: Oxford.

● 特選

Eisner, E. W. (1991). *The enlightened eye: Qualitative inquiry and the enhancement of educational practice.* New York: Macmillan.

Madison, D. S. (2011). *Critical ethnography: Method, ethics, and performance* (2nd ed.). Thousand Oaks, CA: Sage.

Markham, A. N. (2010). Internet research. In D. Silverman (Ed.), *Qualitative research* (3rd ed., pp. 111-128). London: Sage.

Reason, P. W., & Bradbury, H. (2006). *Handbook of action research* (Concise paperback ed.). Thousand Oaks, CA: Sage.

🗐 關鍵概念 🗐

action research	行動研究
arts-informed qualitative inquiry	藝術本位質性探究
autoethnography	自傳俗民誌
critical discourse analysis	批判論述分析
critical ethnography	批判俗民誌
critical race theory and analysis	批判種族理論與分析
cultural studies	文化研究
ethnography	俗民誌
feminist theories and methodologies	女性主義理論與方法論
internet ethnography	網路俗民誌
narrative analysis	敘事分析
participatory action research	參與行動研究
performance ethnography	展演俗民誌
phenomenologica apporaches	現象學途徑
phenomenology	現象學
queer theory	酷兒理論

第3章
可信賴度與研究倫理

第一、二章已經指出，質性研究計畫必須斟酌處理若干挑戰與考量，以展現設計的研究乃是通過深思熟慮，能夠達到優質研究的判準，有妥善關照研究倫理議題，並且有可能順利實施完成。接續前兩章的基礎，本章要來討論這些重要的議題，並且預推進一步可能需要的特定建議事項，隨後章節就會針對該等事項詳細討論。

　　過往歷史中，質性研究的可信賴度（trustworthiness）或衡量標準總是向自然科學或實驗科學看齊。因此，舉凡信度（reliability）、效度（validity）、客觀性（objectivity）與可類推性（generalizability），此類取法量化研究的衡量標準，順理成章就被用來衡量質性研究。有學者形容這段時期就是既羨慕又忌妒的「物理崇拜」（physics envy）（Rossman, Rallis, & Kuntz, 2010），「神聖三位一體……，為所有誠心信奉科學者崇敬膜拜」（Kvale，1996，頁229）。不過，在後現代轉向之下，這些被奉為圭臬的正統標準已然受到嚴厲挑戰，甚至連判準的必要性也備受爭議（Schwandt, 1996）。

　　但是，我們也不認同單純地拒絕理論或不願承擔起研究者解釋資料的責任。提案人往往說自己不想要藉由解釋資料來對參與者運用強權。要呈現這些冗長的原始資料，

　　　　發現到……(a)這些資料會說話，或是(b)研究者不該為提供資料的參與者出聲……有些研究者聲稱解釋這些資料是不道德的，這充其量不過是推託之詞，幫助自己規避解釋的責任與風險（Sandelowski，2010，頁79）。

此外，避免人為界線的規定並非容許研究者不受理論的限制而為所

欲爲。沒錯，你可以探索理論的合理範圍，或是發展出明智的理論，但是沒有成見的研究是不存在的。如Sandelowski（2010）所說：「每個世界都是個理論，研究者所說的反映了自身所學，而非自己的偏好。」（頁80）

選擇主題本身就是採取一個觀點、立場（Haraway, 1991）。所以，一個好的研究計畫包括了研究者的學術觀點、個人立場，還包括選擇這個主題的原因、假設、過去的經驗、背景、參與者、預期這項研究將如何改變現有的知識或是解決社會問題等等。

所以，評論這個研究計畫、實際研究的讀者可以看看在研究的過程中，理論和研究者如何運用自己的解釋技巧。研究者必須要公開、透明地使用實證文獻，再加上自身的能力與意圖，讓整個研究趨於妥適（soundenss）與可信賴的。

解釋妥適性（過去稱爲「效度validity」）的論點一一浮現。接下來討論可信賴度的取徑，然後闡述爲何考量可信賴度時，必然脫離不了倫理議題。表3.1綜述了研究者該如何平衡自己的目標與各種研究設計假設。

■表3.1　質性連續向度

	質性連續向度		
	藝術／印象主義	中間路線	科學／實在論
研究目標	推翻接受的真理 建構個人的真理 探索個殊性 創作藝術	建構在地知識 探索典型 描述與理解 質疑理所當然的事物 生產有助實務工作者的啓示或建議	發掘客觀真理 結果類推到更廣的母群體 解釋「外在」的客觀現實 生產科學知識 預測和控制行爲
研究問題	我們如何可能因應生活？ 我們可以有什麼不同的想像？ 我或他人的經驗有何獨特之處？	參與者如何理解他們的世界？ 參與者和作者如何協同建構世界？ 研究寓含有什麼實用的啓示或蘊義？	從研究者的觀點來看，那有什麼意義？ 因素之間有什麼關係？ 可以預測會發生什麼行爲？

（續）

	質性連續向度		
研究方法	自傳俗民誌 互動訪談 參與觀察 展演 社會學內省 視覺藝術	半結構訪談 焦點團體 參與觀察／俗民誌 主題、隱喻和敘事分析 扎根理論 個案研究 參與行動研究 歷史／檔案研究	文本資料編碼 隨機取樣 行為發生的頻率 測量／測驗 意見調查 結構化訪談
書寫	第一人稱 文學技巧 故事 詩歌／詩意的逐字稿 多元聲音與多元文類的文本 多層次的敘述 經驗的形式 個人反思 開放多元詮釋	第一人稱 研究報告融入簡短敘事 參與者現身說法的「極短篇敘事」（snippets） 通常採用單一詮釋，隱含帶有個人偏向與立場 部分納入研究者的立場觀點	被動語法 「不屬於任何立場的觀點」（view from nowhere）（Haraway, 1988） 宣稱唯一正確的權威詮釋 以表格摘要意義 強調客觀與偏見降到最低
研究者	研究者是主要核心，或是研究者和其他參與者地位相當	參與者是主要核心，但是研究者的定位是形成研究發現的關鍵	研究者的在場對於結果沒有關聯（也不應該有影響）
字彙	藝術／詮釋：歸納、個人、歧義、變化、冒險、即興演出、過程、具體細節、喚醒經驗、創意、美學的	社會建構論／實證論：歸納、浮現、互為主體性、過程、主題、範疇、厚描述、意義的共同創造、意義的社會建構、立場觀點、意識型態（例如：女性主義、後現代主義、馬克思主義）	實證論：演繹、測驗、公理、測量、變數、條件操弄、控制、預測、類推、效度、信度、理論驅導
判斷標準	故事讀起來是否真實？有所共鳴？讓人投入？讓人感動？故事是否通順、合理可信、有趣，能夠引發審美的愉悅感？	彈性判準 過程清晰而且開放 思路清楚，有使用證據支持 研究者反思的證據	權威定律 特定的資料判準，類似量化研究的判準 嚴格規定的方法論程序

資料來源：Ellingson（2009，頁8-9），Sage出版社版權所有，翻印許可。

可信賴度

1985年是質性研究方法論發展史的關鍵年代，林肯與顧巴（Lincoln & Guba, 1985）出版了《自然探究》（*Naturalistic Inquiry*）。兩位先驅首度提出了質性研究可信賴度的諸多核心問題：如何相信研究報告宣稱的結論？根據哪些基礎來判斷質性研究的可信用度？哪些證據可以用來支持可信賴度的判斷？如何評量研究的價值？研究結果對於關切的問題是否有意義或幫助？這些問題捕捉質性研究關切的效度、信度、客觀性與可類推性等議題，同時也擴展與深化了該等議題的廣度和深度。

林肯與顧巴（Lincoln & Guba, 1985）推出另類構念來捕捉這些關鍵議題：可信用度（credibility）、可靠度（dependability）、可證實度，以及可轉移性（transferability）。她們進一步提出一套程序做法，幫助確保研究達到該等標準。針對效度／可信用度而言，她們呼籲質性研究者應該延長投入田野研究的時間（長期投入）（prolonged engagement）；和參與者分享資料與詮釋（成員檢核）（member checks）；通過多元來源、多元方法，以及多元理論透鏡來交叉核對資料（三角檢核）；和諍友討論研究浮現的發現，以確保分析有扎實的資料基礎（同儕檢核）（peer debriefing）。她們也嚴格批判實證論的主張，堅定認為客觀是不可能的，應該另尋其他標準，以便更適切衡量質性研究的有效性。

林肯與顧巴首開先河之作，激發了許多後繼者追隨她們的腳步，開始探討與發展衡量可信賴度的各種標準，除了沿用她們創始的專有術語之外，也參考採用她們建議的程序做法。比方說，在2000年，Creswell & Miller表列了以下確保質性研究嚴謹度和有效性的做法：

· 三角檢核（triangulation）
· 尋求反證實的證據（searching for disconfirming evidence）
· 反思
· 成員檢核

・延長投入田野研究時間
・協同合作
・建立稽查紀錄（audit trail）
・同儕檢核

　　這些程序大部分在林肯與顧巴（Lincoln & Guba, 1985）的著作中已經有所闡論。其他例子可見於Maxwell（2012），書中提出了檢核有效性的表單：

・尋求替代解釋
・尋求不吻合的證據與反例
・三角檢核
・尋求熟悉與不熟研究場域者的回饋意見
・成員檢核
・豐富的資料
・使用準統計來評量證據的量
・比較

　　另外，我們還可以提出其他的例子，例如：Kvale（1996，頁231）指出，林肯與顧巴（Lincoln & Guba, 1985）「重新活用了日常生活用語」，從而賦予書中探討的諸多理念新的氣象，使其更容易親近理解與應用。許多人從她們的著作中獲取靈感，其中有些拿她們書中的某些部分作為批判的出發點，有些則是深化開發她們創始的若干理念。此外，也有少數重量級的質性研究著作沒有引述她們的大作（請參閱，例如：Bodgan & Biklen, 2006; Creswell, 2013, 2014; Flick, 2014; Kvale, 1996; Kvale & Brinkmann, 2009; Marshall & Rossman, 2011; Patton, 2015; Wolcott, 2009; Yin, 2014）。雖然後現代的轉向對於效度的觀念多所挑戰，我們認為「信度與效度仍然是質性研究應該致力追求的目標」，以及「宣稱信度和效度在質性研究沒有立足之地，只會把質性研究推向不可置信的窘境」，這些論點仍然極具說服力（Morse & Richards，2002，頁168）。需要爭辯的是這些關鍵理念如何定義、由誰來定義、

為哪些研究案而定義，以及為哪些人而定義。

　　傳統的信度、效度、客觀性、可類推性，到了林肯與顧巴（Lincoln & Guba, 1985）筆下，另起爐灶而轉為新的名稱：可信用度、可靠度、可證實性、可轉移性，這些新的衡量標準傾向聚焦研究設計階段的考量。設計階段的決定預估研究者在執行階段會傾向做什麼，因此，研究設計如何可能確保蒐集的資料與詮釋是可信用的。不過，人文與社會科學的後現代轉向也鼓勵從根本質疑效度隱含的「規範性要求」。誠如Corbin & Strauss（2008）感嘆：

　　　　在後現代與建構論思維指出箇中迷思之前，有關判斷研究品質的觀念似乎從未受到質疑。但是現在，我不免要疑問，如果研究發現是建構的產物，真理是「幻象」，那評量的判準是否也是建構的產物，因此也必須接受爭辯？（頁297）

　　因此，有關效度的爭論仍然方興未艾，留給研究計畫撰寫者的是莫衷一是的選擇。Cho & Trent（2006）提出了一個有用的組織方式，有助於釐清效度的諸多爭議。他們提出的「合同效度」（transactional validity）和「轉化效度」（transformational validity），捕捉環繞基礎主義與反基礎主義之間的根本爭議。

❧ 合同效度或轉化效度？

　　Cho & Trent（2006）論稱，歷史上用來確保效度的做法〔包括Lincoln & Guba（1985）的著作〕可以說是一種合同的程序，透過研究參與者來核實主題、詮釋與／或研究發現的可信賴度。他們寫道：

　　　　這種取徑假設，質性研究執行期間，若是能採用某些特定技術、方法與／或策略，就比較可能有較高的可信度。換言之，技術被視為用以確保正確反映真實（或者說，最起碼的程度，反映參與者建構的真實的）的媒介。（頁322）

因此，合同效度（transactional validity）的理念就是要求研究者進行成員檢核（他們主張這是其中最核心的檢驗程序），邀請參與者來證實研究的發現，並且在研究設計與實施使用三角檢核，如此應該有助於確保效度。透過成員檢核，參與者可以更正研究者（可能不太正確的）關於他們世界的呈現。透過三角核對（使用多元資料來源、方法、理論或研究者），特定知識宣稱的效度應該就會比較強而有力。這兩種程序目標都是要追求更正確、客觀與中立的再現探究的主題。

由於質性研究大傘之下，各種主要類型與次級類型相當紛歧而複雜，為求簡易明瞭起見，Cho & Trent（2006）參考Donmoyer（2001）的著作，提出了一份摘要表格，可用來組織分類質性研究的主要目的、基本問題、效度程序，以及決定效度的主要判準。表3.2隱含一個關鍵點，也是我們一再強調的一個重要觀念：判準的選擇會隨著採用的質性研究主要類型而有差異。

合同效度取徑飽受詬病的缺失，主要是過度強調聚斂（convergence）和協同佐證（corroborate），以及假設透過程序可以幫助確保研究主題能有較正確的呈現。Cho & Trent（2006）論稱，在如此的批評之下，另外一種處理效度的取徑因應而生——他們稱之為「轉化效度」（transformational validity）。這個陣營的學者非常嚴肅看待多元觀點（這也是質性研究的核心要素）的存在，當然也包括研究者—寫作者自身的多元觀點，因此，他們努力嘗試諸多方法，以確保多元觀點的聲音能夠透明再現，而且研究過程的動力都必須接受檢驗批判。對於某些支持轉化效度的學者而言，研究過程與結果或終端產物是最重要的（例如：賦權增能、公民行動、提高效能）；研究者反思成為核心關鍵（詳細討論請參閱第八章）。他們寫道：在轉化效度陣營中，

> 效度問題本身和研究者的反思（研究執行過程諸多層面的自我反思，包括顯性與隱性的反思）息息相關。就此而言，效度比較不是單靠某些特定技術就可以達成的。（頁324）

此一陣營包括以「逾越取徑」（transgressive approaches）來

處理效度問題，代表人物有Lather（1993, 2001）與Koro-Lundberg
（2008）。這些學者致力於詰問效度這個用語的正當性，並且鼓勵方
法論學者揭顯特定社會歷史場域內部個人互動的動力與複雜性。在此陣
營中，最廣為人知的或許是Lather提出的觸媒效度（catalytic validity）
——「研究過程能夠發揮觸媒的作用，促使參與者以新的方式來面對現
實，從而觸發轉化的可能性。」（Rossman等，2010，頁512）另外，
Kirkhart（1995）的多元文化效度（multicultural validity），也是極有
啟發性的概念，高舉旗幟鮮明的社會正義改革訴求。

▇表3.2　當代質性研究的五類主要目的與配套效度

目的	基本問題	落實效度的途徑	決定效度的主要判準
尋求「真理」	什麼是正確的答案？	前進歸納法	成員檢核技術 因果基礎的三角檢核
厚描述	研究探討的人如何詮釋現象？	全觀的 長期投入	三角檢核描述性資料 日常生活的正確知識 來回反覆的成員檢核
發展的目的	組織如何隨著時間而產生變化？	範疇／來回反覆	豐富的檔案反思歷史 持續的三角檢核、成員檢核
個人散文	什麼是研究者的個人詮釋？	個人反思的／美學的	自我評量經驗 個人意見對於公共議題的影響力
實踐／社會性質的目的	我們如何學習與改變教育者與／或組織？	參與者協同研究	成員檢核反思 自我的批判反思 重新定義現況

資料來源：改編自Cho & Trent（2006，頁326）。

　　效度論戰中，有一項值得注意的最新發展，就是引進水晶化的概
念（crystallization），作為三角檢核之外的選擇。此一前瞻概念最早由
Richardson（1997）帶進研究方法論述，以比較彈性的方式來思考效度
問題。論者指出，三角形結構比較僵固，只容許三角的固定端點；相
對地，水晶體的「稜鏡結構則可以反射外物，而且能夠在本身內部折
射」（頁92）。因此，水晶體可以提供較多的觀點、色彩與折射。要

借用水晶體的隱喻來概念化效度，需要能夠自我批判或自我反思的方法論。Ellingson（2009）發展水晶化的方法論，提供一種質性連續向度（qualitative continuum）的圖示，可用來描述質性研究類型的定位。她闡述沿著此連續向度的若干定位，藉以思考水晶化的概念。

　　總結而言，近來有關質性研究效度的論述，提供給研究計畫撰寫者替代途徑，以便發展辯護論述來說服讀者，使其信服提擬的研究確實有良好的概念架構、執行過程嚴謹，而且合乎倫理。這些論述，配合適切而且有說服力的辯護邏輯，應該要建立於適切的文獻基礎之上。

＊　　　＊　　　＊　　　＊　　　＊

　　雖然有關質性研究可信賴度的判準爭論仍然紛擾不休，誰負責作出判決，以及什麼構成所謂的「證據」，諸如此類的討論不一而足，許多質性研究者，尤其是第一次寫研究計畫者，發現林肯與顧巴（Lincoln & Guba, 1985）首開先河闡述的原始理念與程序，頗適合用來當作穩扎穩打的基礎。不過，我們還是得提醒初學者，必須補充與日俱進的相關文獻探討，以便說服研究計畫審查委員，讓他們相信計畫提出的研究將會嚴謹執行，研究結果或發現也會建立在穩固的方法論實踐之上。

把研究倫理帶進可信賴度

　　效度的方法論討論雖然有用，但是我們也觀察到，在許多討論中，完全沒有提及倫理的原則與實踐，而這些對於研究的可信賴度其實占有核心關鍵地位。某些轉化效度的取徑建議，效度的焦點應該放在倫理，努力追求社會正義，顛覆霸權結構；但是，真正有明確把倫理當成討論焦點的情形則是少之又少。至於有討論到倫理原則的時候，最典型的講法就是對人的尊重、善意與正義，而且通常化約成形式化的程序，諸如取得知情同意書。我們相信，研究倫理考量，不應該僅止於應付程序事務和文書作業。在研究計畫階段，研究的可信賴度與好壞判斷，除了要

衡量研究設計的品質，也必須衡量其實施過程是否有合乎倫理。

在做出決策，鼓勵參與者合作時，為求謹慎、符合倫理，研究者必須要考量到可信賴度。如果參與者是自願參加，沒有包括那些社會資本較低、或是那些只在提供有償誘因（例如：金錢或是小贈品）下才會參與的人，則可信賴度可能會被破壞（Tyldum, 2012）。而且，金錢誘因可能會因為太多窮人的參與而導致研究偏差。

關於信賴度與倫理的判斷，我們主張，考量的焦點應該擺在人際關係，包括：參與者、權益關係當事人、同僚，以及其他學術社群之間的關係，而不是止步於程序事務的因應。Davies & Dodd（2002）在其健康領域研究論稱：

> 倫理是任何嚴謹研究不可或缺的要素。倫理不只是一套原則或抽象守則，像君臨天下一樣，坐鎮指導研究的實施……。倫理存在於我們的行動中，存在於從事研究的做法中；就我們的體驗，倫理總是在進步中，永遠不應該被視為理所當然，應該有所彈性，因勢制宜，知所變通。（頁281）

他們進一步呼籲：「倫理不應該被當成研究之外附加的事務，好像只要填寫完規定的報告、表格，呈交研究倫理委員會，然後就可以拋諸腦後。」（頁281）因此，在研究計畫階段，審慎提出討論本章所提出的可信賴度與倫理的議題，可以相當程度幫助說服計畫審核人員，讓他們信服研究的設計與實施都會達到值得信賴的水準。

研究倫理：聚焦於人

凡是接受聯邦政府贊助研究經費的大學與其他機構，都必須設置研究倫理委員會（Institutional Review Board; IRB），確保所有研究的人類受試或參與者都有獲得妥善保護。IRB負責制定研究倫理實踐（ethical practice）的定義和施行政策。通常會規定研究者必須接

受研究倫理教育訓練（Collaborative Institutional Training Initiative; CITI）。

要發展良好的研究計畫，當然就必須建立具有說服力的辯護邏輯論述，可以讓人充分信服研究者有細膩的敏銳度，能夠察覺內在於研究程序和日常生活世界的倫理議題（ethical issues）（Guillemin & Gillam, 2004）。這也就是所謂的大寫E的倫理議題與小寫e的倫理議題。研究倫理的實務做法有三項基本倫理原則：尊重、善意和正義。

1. 尊重原則（respect for persons）：主要是指不可以把人當成遂行某種目的之工具（尤其是研究者個人的目的），必須尊重他們的隱私、匿名保護，以及尊重他們在知情而且自由的前提下同意參與或不同意參與的權利。

2. 善意原則（beneficence）：核心格言就是primum non nocere（first, no harm，首要之務，就是不傷害），最初是從醫療領域發展出來的。這項原則是要求研究者必須竭盡所能地確保參與者不會因為參與研究而受到傷害。

3. 正義原則（justice）：指分配正義，亦即考量哪些人從研究獲利、哪些人則否的問題，尤其必須著眼於矯正過往社會的不正義。

在這三項原則中，尊重原則往往是機構政策與程序的重點所在。藉由同意書，研究者向倫理委員證明參與者充分知悉本研究之目的所在、自願參加、應用範圍、身分保護、可能會有的風險等等。

有關知情同意書與IRB，第五章有較詳盡與實際運作的介紹討論。

在IRB的政策與施行程序中，通常最受關注的就是尊重原則。研究者呈報知情同意書給IRB，讓他們可以確信參與者有充分知悉：(1)研究的目；(2)參與是出於個人自願；(3)參與研究投入的程度；(4)個人身分會受到保護；(5)參與研究只可能會有極輕微的危險。

研究倫理委員會

要保護研究對象免於不必要的傷害，大學和專業組織都有建立倫理

準則，以及研究倫理委員會。大學和研究贊助機構必須審查研究計畫，以確保研究有遵守相關法規（在美國，主要是National Research Act，Public Law 93-348），採取人類與動物的適切保護措施。一般而言，美國和加拿大的實施標準最嚴格，其他國家地區相對比較寬鬆。大學和機構對於該等準則的詮釋可能不盡相同，而且有些時候，審查委員可能不太熟悉質性研究。再者，IRB研究倫理委員會主要目的是管制生物醫學和物理實驗研究，避免未經當事人同意而操弄的情形，似乎和社會科學領域的質性研究計畫比較沒有相關（有關IRB的利弊，請參閱Brainard，2001）。

　　有時候，IRB可能會批評質性研究計畫，要求重新修改，以符合傳統研究設計的規範。最近，美國國家研究委員會（National Research Council, 2002）發表一份科學研究定義的報告，更讓上述情況更顯嚴峻。對於研究社群吹起的保守風氣，Lincoln（2005）有如後評述：

　　　　目前，研究倫理委員會因應諸多新典範對於大學校園的規範，似乎給質性研究者和教導質性研究哲學與方法的學者帶來四方面的限制：(1)有關人類的研究受到愈來愈嚴屬的審查（生物醫學研究諸多過失的因應）；(2)對於課堂研究和涉及人類對象的質性研究方法訓練的新增審查；(3)關於何種研究才算「有證據基礎的研究」的論述；(4)國家研究委員會（National Research Council, 2002）針對何種研究構成「科學研究」的報告的長遠影響後果。（頁166）

　　關於角色管理、進接、資料蒐集、儲存、報告的倫理原則，還是有參考價值。IRB要求具體回應以下問題：描述研究、場地和研究對象；你如何取得進接？你如何提供知情同意？你的研究邀請信和知情同意書看起來像什麼樣子？你和研究對象之間會有什麼樣的互動？研究對象會承受哪些危險？你計畫如何減低該等危險？你如何保護資料以及訊息提供者的隱私？

　　接下來，我們從有關高中同志社團（Gay/Straight Alliance; GSA）

的研究計畫，摘取若干段落，藉此說明研究計畫如何提出討論可能發生的兩難困境。近年來有愈來愈多高中成立類似社團，以期增進學生對於恐同症的認識。Doppler（1998）在研究計畫中，詳細陳述涉及的倫理議題。為了詳細說明倫理議題的討論寫法，我們特別引述她的幾段陳述，以及知會與徵求學生同意的文件表格，以供參考。首先，Doppler針對知情同意（informed consent），提出如後討論：

> 由於研究參與者是高中生，因為他們的同志身分，或是支持同志的友好立場，可能特別容易受到傷害。所以，必須加強保護措施，以免各種可能的傷害……參與者有機會閱讀他們參與其中的每項訪談的逐字稿，並且請他們提供修正的意見。

然後，在附錄列入同意參與研究的信函（請參見圖3.1；另外，她也設計了一款類似的家長版本的知情同意信函）。Doppler針對互惠的反思，討論如後：

> 〔參與者〕會有機會，在安全的情況下，為自己的經驗和感受發聲，透過分享的對象〔研究者〕，從而證實自己參與GSA社團的重要性。同志學生可能是最大的受益者，因為有機會說出通常隱藏不向旁人訴說的感覺與想法。另外，和快樂而且適應良好的女同志教育學者互動，這應該也可以提供一個正面的角色楷模……我會設法和參與者分享權力，鼓勵他們修正訪談逐字稿，以便更真實反應他們的觀點。更重要的是，我會盡可能讓他們擁有權力，為自己的經驗發聲。

在標題「隱私權」的小節，Doppler（1998）寫道：

> 我會使用假名來保護參與者。可能會有人希望以真名現身，作為出櫃的儀式。遇到這種情況，我會和他們討論使用真名或假名可能連帶產生的後果。除了絕不洩露自述自殺或虐待

事件者之外，我保證也會信守承諾，盡可能保護參與者的匿名性。

參與論文研究知會同意書：
公立中學同志聯盟學生社員

親愛的同志聯盟社員你好：

　　我是麻州大學教育學院的研究生，很高興能夠邀請你參加一項研究專案，主題是關於參與〈同志聯盟〉的好處與代價。我非常有興趣探索〈同志聯盟〉的女、男同志學生社員，以及支持同志的異性戀學生社員的經驗。

　　你的參與將包括兩次訪談，每次訪談時間約為45分鐘到1個小時。如有必要，會另外再加一次訪談，時間長度約莫和前兩次相仿。

　　可能會有某些人因為你參加這項研究而認出你的同志／支持同志身分，或是你在訪談當中的談話內容，因此做出可能傷害你的言行。我會盡可能保護你，確保你免於遭受這樣的傷害。我會以虛擬的名稱，來代替你的真實姓名與就讀的學校班級。你每次參與的訪談，我都會送上一份完整的逐字稿。你有權要求針對內容進行必要的更動。在1999年3月1日之前的任何時間，你都有權力退出本項研究。不過，等到這個時間點過後，我將進入論文撰寫階段，屆時也就沒辦法移除訪問稿的引言。

　　我會和論文審核委員，以及麻州大學社群的若干成員，分享這項研究。論文將會印製成紙本與微縮片，並且收藏於麻州大學的W. E. B. DuBois圖書館。

　　最後，衷心感謝你撥冗參與，你的協助將會讓我更加瞭解參與GSA社團的效應。如果你有任何問題，請不要客氣，可以隨時聯絡我（電話號碼：_____），也可以直接聯繫論文審委會主席_____教授（電話號碼：_____）。

　　謝謝你！

Janice E. Doppler（親筆簽章）

如果你願意參與上述的論文研究，請在以下空白處簽名

簽　　名：_____

日　　期：_____

■圖3.1　知情同意書：學生版

資料來源：Janice Doppler，翻印許可。

Doppler也納入標題「維權／介入」的小節，其中寫道：

　　　　我預期田野研究期間，將會面臨維權／介入的倫理兩難。
訪談期間，可能會聽到關於騷擾或歧視的情事。我可能會衝動
想介入。就我的角色處境而言，適宜的做法應該是，確保學生
知道有哪些管道可以處理騷擾或歧視的問題。這類情況發生
時，我會讓訪談繼續，等結束之後，我會和他們討論校內可能
的支持管道，或者提供校外支持的聯絡電話號碼。

　　然後，她提供最近運用這種策略的例子。上述摘列的Doppler研究
計畫的例子，展現了研究者對於倫理兩難的敏感度。接下來，她還提供
精心挑選的範例詳細說明，她計畫如何處理政治獨立性的議題，以及怎
麼保護資料所有權，還有為什麼這項研究將會是利多於弊。從這些例子
的示範說明，我們應該可以體會知情同意可能牽涉相當複雜的過程。缺
乏反思、交差了事的制式化文字或表格，絕對是不夠的。

知情同意的文化挑戰

　　IRB以及知情同意的規定，基本上乃是西方文化獨特的做法。知情
同意的基礎是建立在個人主義與自由意志的原則——這些也是屬於西方
文化特有的預設。還有，知情同意的實施需要基本讀寫能力，有些國外
研究場域不見得能夠滿足這項條件。當我們到非西方文化的地方做田野
研究，當地文化信念與價值可能是集體主義與階層體制，知情同意的理
念如何能夠落實？在歐美以外的國家或地區，文件簽名或畫押對於參與
者似乎會有招來危險之虞。這些議題必須直接面對，尤其是外籍學生回
國做田野研究，必須填寫適當的表格，以及辦妥大學規定的保護人類研
究對象的審查。他們如何達成美國大學對於保障人類研究對象的規定，
同時還能夠尊重研究場域所在國家或地區的文化常模？

　　遵守規定完成制式表格的做法，迴避了隱含在文件與程序深層的文
化偏見議題。要達到真正保護人類研究對象的用意，學生必須回應三項
關鍵要求：讓參與者瞭解（有向他們解釋），(1) 這項研究有其特定參
數和旨趣；(2)他們是自由參與，而且容許帶有個人成見（不過，這也

引發另一層面的議題，請參閱稍後的討論)；(3)他們的身分會盡可能獲得隱藏（保護）。

專欄3

知情同意的文化差異之挑戰

馬克傑西—安姆布〔MacJessie-Mbewe, 2004〕是來自南非馬拉威地區的博士生，和指導教授羅絲蔓深入長談，在馬拉威高度集體主義的父權文化下，他應該如何接觸研究參與者。他在呈交研究倫理委員會的報告書中寫道：「依照馬拉威當地文化，知情同意只需口頭同意即可。要求馬拉威人在同意書上簽名，會讓當事人感到不悅，還有可能因此不敢參與。同意與否乃是學校主管、教育局的權責。根據馬拉威的做法，只要取得教育局和當地教育主管的批准，就可以進入學校研究。」

雖然這樣的說法通過了審查，但是和指導教授的討論，談到了許多倫理議題。比方說，如果上級單位核准研究，因此教師和學校主管基於公務員的身分，就必須服從而參與研究，可是在這種情況下，所謂的同意又有什麼意思？他們這樣算是有自由同意參與嗎？他們可以退出研究而不會引起上級單位的反彈嗎？和馬克傑西—安姆布與其他馬拉威學生的討論環繞這些議題。在處理相關規定的文書表格時，羅絲蔓鼓勵學生投入討論，知情同意的文書表格做法可能有諸多不合於馬拉威文化國情之處，鼓勵他們闡述不合宜的理由。

典型的理由是文書表格必須簽名或畫押，萬一這些文件落入高壓腐敗的政府機關手中，不無可能給當事人造成困擾或傷害。另外一個理由是，參與者不識字，因此沒有能力完全明白簽名的同意書內容究竟是什麼。第三個理由是，在歐美以外的集體主義文化，人們之間誠信與否是看個人是否說話算話，而不是在於簽名的形式，因此，要人簽名會被認為是不尊重的做法。最終，學生同意討論，他們會如何遵循該等程序背後的用意：讓參與者明白關於研究的實情，徵求自願參與，以及在可行範圍內，盡可能保護其身分。如此指導之下，現在馬克傑西—安姆布比較有頭緒，知道應該如何來處理知情同意的事宜。

　　雖然上述專欄的例子最後並沒有出現完美的解決方法，不過研究生已經有投入公開討論這些議題，以文化批判的觀點，來檢視知情同意的西方做法是否適用於非西方文化脈絡進行的研究。

　　不過，知情同意書只是最起碼的要求。研究計畫必須提報知情同意書，展現有足夠的敏感度，能夠妥善因應日常研究實務涉及的倫理議題（Rossman & Rallis, 2010），以及經常會發生的預料之外的倫理議題（Milner, 2007）。程序規定固然重要──按照規定，研究計畫必須包含知情同意書──但是，如何和參與者相對待的問題，以及可能發生的各種倫理議題，這些也都應該在研究計畫妥善提出討論與處理。還有最重要的一點，研究計畫必須讓人信服，自己充分理解研究倫理的實踐涉及非常複雜的過程，而不是應付完規定的程序就算數。研究倫理的實踐是持續進行的，取得知情同意書的簽名只能代表研究者可能具備起碼的敏感度（有關知情同意書可能涉及的複雜議題，請參閱Bhattacharya，2007，其中有非常深刻的討論）。

　　這麼多年來，就我們親眼所見，研究倫理的普遍忽視真的影響深遠。我們指導的研究生不乏拿冰冷的專業口吻來指稱IRB規定的程序事宜，儼然認為一旦通過那些手續，就代表他們設計的研究已經取得「合乎倫理」的認證許可。在我們看來，這樣的心態危害不淺，實在不容等閒視之。有些時候要去認真思考、處理研究涉及的爭議性或棘手議題，似乎顯得麻煩礙事或不必要。標準文件或表格，譬如知情同意書，在詮釋上存在的文化差異往往被擱置不予理會；關於如何以合乎倫理的方式來呈現參與者分享的事物也很少看到討論；有關知識宣稱的知識論探討，在文字敘述上通常一筆帶過，沒能認真討論該等知識生產的人際關係問題（Gunzenhauser & Gerstl-Pepin, 2006）。

　　我們的建議是，研究計畫撰寫者應該多花點心思，明確討論研究可能涉及的人際關係的深層倫理問題。具體而言，我們鼓勵我們的研究生把這些程序報表視為處理研究倫理議題的一個出發點。我們鼓勵他們針對該等報表跨文化敏感度明顯不足的缺失提出批判。這些制式報表與指導方針，對於如何因應美國或歐洲大學與其他不同文化或國情的族群，往往含糊帶過，毫無實質幫助。

　　比方說，知情同意書的做法想當然爾認定，個人可以自由決定是否同意參與研究。但是實際上，世界各地國情大不同，在我們看來理所當然的這種觀點，在某些地方，特別是集體主義的地方，卻很有可能寸步難行。在某些民族國家，群體利益至上，個人界線模糊，個人應盡的義務高於個人享有的權利，研究參與者如果是生活在這樣的國度，個人權利的概念對他們又代表什麼意義呢？還有，如果研究參與者是公務人員，出於所屬政府機關要求而參與研究，他們是否還可能享有任何時間自由退出研究的權利？如果可以，又如何可能落實？再者，在識字率普遍不高的地方，或是在極權國家，任何文件簽名或畫押不無可能招來不測，在諸如此類的情況下，參與者簽署知情同意書的規定又該如何因應？最後，如果研究涉及探討生活在父權至上的部落婦女處境，研究者沒有充分瞭解婦女參與研究可能招致的後果，那又如何能夠保證可以提供該等婦女參與者應有的保護？倫理原則關切的主要是研究執行過程的人際關係，而不只是需要遵循或通過哪些手續程序。就此而言，我們認為，該等人際關係才是研究倫理應該著力的地方。清楚說明尊重參與者的實際做法，以及正視研究對於人際關係的可能衝擊，透過這些做法可以展現研究者對於研究倫理的深刻投入。他們在這些方面的立場與決定，就比較有可能扎根於Kirkhart（1995）所謂的人際效度（interpersonal validity）——亦即「由人際互動產生的理解的可信賴度」。人際效度關切的是研究者作為探知者應該具有的技巧與敏感度（Reason & Rowan, 1981，請參見Kirkhart，1995，頁4）。人際效度的概念巧妙融合了倫理與可信賴度。專欄4，預想質性研究倫理實踐可能涉及的諸多挑戰。

專欄4

預想倫理議題時可能面臨的挑戰

Aaron Kuntz筆述

　　在資料蒐集沒完全結束之前，我一直沒能真正體會到，我在研究計畫所做的諸多方法論決定，可能牽連許多難以預料的微妙倫理議題。我的研究主題是關於教師權利運動，當時我認為研究計畫已經把相關倫理議題都交代清楚了，而且也依照規定跑完IRB的所有程序，所以，該照料的研究倫理問題應該算是全部都解決了。畢竟計畫口試辯護大致還算不錯，審查委員提出的問題大多是針對研究內容，很少問到有關我擬定的資料蒐集、分析與報告等做法可能涉及的倫理問題。還有，我呈報IRB審核的文件也都順利過關，沒有審查委員提出任何需要加強或改進的批評建議。我相信，既然一切程序都順利過關，這就代表我的研究計畫應該是合乎研究倫理有效可行，所以，我可以安心放手去執行。

　　可是，當我開始執行研究之後，卻不得不面對不時冒出來的倫理議題。有位訪談參與者話說到一半，突然停下來，問我：「這是完全匿名的，對吧？你不會把我講的連結到我的名字，不會讓任何人認出是我？」我向該位參與者保證每個參與研究的人都有匿名保護，文字記錄裡頭任何可能辨識身分的標記都會刪除乾淨，畢竟這些都是已經有明文寫在IRB的申請文件了。後來還有兩位參與者也提出同樣的問題。我給她們類似的保證。一直到研究進入後期，我才慢慢明白，即便是這樣基本的匿名保護做法，這當中其實還牽扯層出不窮的複雜倫理議題。

　　資料蒐集全部結束之後，我開始著手分析，思索研究發現。我這才恍然驚覺，有許多微妙的倫理議題有待解決。我如何能夠在不違反匿名保障的承諾之下，還能夠適切而充分地描述參與者的生命故事？我如何能夠具體而微地表現參與者細膩而動態的面貌，同時又能刪除任何可能辨識身分的標記，確保當事人不會被人認出來？簡言之，我如何能夠恰如其分地呈現參與者，同時又不會太完整到被人認出來？論文審查主席建議我，所有引述的語句都不要連結到當事人的身分。這也就是說，

逐字稿的資料應該和參與者的真實敘事或生命經驗脫鉤。但是，我堅信參與者應該擁有自己的「聲音」，而這樣的做法恰恰與我的信念背道而馳。就我秉持的倫理立場而言，把參與者的聲音和當事人本身脫鉤是不合乎倫理的，過往研究傳統的這種做法把參與者消音噤聲，而賦予他們不切實的再現。我希望在我的研究裡，參與者能夠得到應有的尊重，而做法就是讓他們能夠原原本本呈現個人獨特的聲音，而不是消失在一大堆依照主題分類整理的引述片段中。

經過一段時日之後，我逐漸明白，研究倫理的問題牽涉到許多臨場當下的決定，需要不斷反思斟酌，單靠IRB規定或論文計畫口試辯護之類的標準程序，是無法提前預測或充分解決的。所以，我不再只是埋首整理研究內容，我也開始書寫分析備忘筆記，詳細記錄日常研究過程遭遇的諸多倫理困境經驗。在筆記裡，我記錄了維持匿名與呈現參與者的兩難張力：我也記錄了參與者不只是受制於我的研究「對象」。分析備忘筆記裡也記錄了兩種呈現之間存在著許多扞格不入：在我的後現代詮釋下，呈現的是破碎、不完整的身分認同；相對地，在浪漫觀點之下，卻是「全人的自我主體」。這些分析備忘筆記讓我有機會暫時跳脫喘不過氣的論文研究工作，化熟悉為生疏，這種去熟悉化的過程，讓平常不易正視的倫理緊張得以浮出檯面，從而要求思索新的研究做法。

我很遺憾，最後完稿的論文沒有收錄這些牽涉倫理的分析備忘筆記；這些記錄當然有一定的作用，可是從來沒有明白寫出來，也沒有直接引用。我最大的遺憾應該是那些有緣閱讀我研究報告的人，永遠沒有機會讀到我反覆斟酌倫理議題的心路歷程。我當時應該是認為，正式論文沒有空間可以容許那些內在於我的研究的倫理運思過程，而且論文的格式也不可能有地方讓我討論研究執行過程思索的倫理議題。現在回想起來，我不免自問，當初沒有把這些有關倫理抉擇的轉折過程寫給讀者看，是不是有違研究倫理的做法呢？

專欄4代表可能在日常執行研究時發生，計畫撰寫者應該討論的面對面遭遇的「倫理重要時刻」（ethically important moments）

（Guillemin & Gillam, 2004; Rossman & Rallis, 2010）。我們建議，可以在研究設計部分的「倫理議題考量」小節提出討論，以及在研究者「個人傳記」、「社會身分認同」或「立場」等部分作為補充說明。在這兒，棘手的權力互動、地位、社會身分認同與文化差異等議題，都應該妥為思索。有關研究設計這個部分的撰寫，請參閱第五章。第六、七章也會討論到與資料蒐集方法有關的倫理議題（例如：觀察、孩童研究、數位網路資料等等）。

＊　　　＊　　　＊　　　＊　　　＊

　　前面討論旨在活化研究計畫撰寫者的敏感度，使其能夠敏銳體會發展研究計畫過程涉及的可信賴度（或效度）與倫理議題。研究計畫應該關照的可信賴度與倫理，有相當程度取決於採行的特定質性研究類型。比方說，自傳俗民誌的研究計畫，就需要展現熟悉該研究類型的理論和實務例子，特別是探討該研究類型的可信賴度和倫理議題的例子。

　　不過，要確保（或致力確保）研究計畫達到可信賴度與合乎倫理的細節討論程度，還得取決於研究的概念架構以及研究問題。而這些連帶又取決於研究設計，以及資料蒐集的特定方法。就這個階段而言，我們認為，提醒讀者留意以下諸點應該滿有幫助：研究計畫的發展極其複雜，過程當中各種想法會不斷遞迴反覆斟酌、定案、擱置、推翻，又再回收，做出的各種決定也是如此。唯有等到計畫撰寫者初步決定好概念架構、研究設計、資料蒐集方法之後，才有可能逐漸明瞭應該採用何種配套策略，以確保可信賴度，以及妥善處理潛在倫理議題。

　　接下來，我們將分章介紹討論這幾個重要的面向：第四章（研究的概念架構）、第五章（研究設計）、第六章（資料蒐集的主要方法）、第七章（資料蒐集的次要方法與專殊方法）。雖然要同時全面考量這幾個重要面向，不免讓人深感力不從心，但是寫作過程確實就是如此複雜，千頭萬緒很難一舉中的。所以，咬緊牙關，努力堅持下去囉！

作者書簡

葛蕾琴：看到這章讓我想到將研究邀請、尊重、互惠、倫理、角色、定位和準確性、善意等主題分別放到各章節說明是多麼不容易的事。對於新進學習的人來說，這些議題互相交錯，可能會感到很亂。不知道有沒有什麼方法可以幫幫他們。

凱瑟琳：沒錯！我一直堅持將這些議題放在「研究設計」的章節之下，不過我必須承認，這些主題真的是錯綜複雜！當我教到這些議題時，我會在班上進行一些沒有威脅性的小團體模擬面試，將這些主體引入，如此一來就可以看到各議題間的交互影響。

學友書簡

嗨，凱倫：

在過程中，我一直很關注可信用度與可信賴度的議題，因此我採用厚描述的方法。但是，我也發現到，要符合倫理也不是那麼容易。葛蕾琴和凱瑟琳用大寫和小寫E來討論倫理。當然，這是IRB的要求，也是場地和參與者的要求。文化也是必須要考量到的，例如：匿名所引發的張力。雖然匿名的初衷是為了保護參與者不會因為研究結果的公開而受到報復，但有時候我覺得匿名反而會害了參與者。例如：有位歷史口述者常常跟我抱怨，那些在書中引述其口述知識的人往往受到推崇，但卻沒有任何人跟他致謝。在我的論文中，我的確有權力跟他、他的城鎮誌上謝意，但是如此一來就可能揭露城鎮所在與其他的參與者。我感到困惑，最後，大寫的E戰勝了，他跟其他人一樣還是保持匿名。

同樣地，我在從事俗民誌研究設計時，與一位研究助理共事；這樣的合作有助於加速進程、同儕彙報，而且我深信可以讓研究成果更加豐富。如果我將他的名字放上去，就可能讓研究場域和參與者曝光。我無法公開對他致謝，這點對我來說真的是很過意不去。雖然他不在乎是否匿名，我還是覺得不太開心。質性研究的倫理緊張！似乎沒有簡單或是完美的解決方法。

凱倫，你有沒有想過會碰到這種倫理困境呢？

保重！

卡拉

哈囉，卡拉：

你說的倫理困境清楚地點出IRB過程的限制，尤其是在美國以外的地區。事實上，有人告訴我說在論文口試時，一定會遇到這種倫理議題。例如：我計畫在開發中國家從事研究，光從我的大學裡拿到IRB的知情同意書是不夠的，一定得

積極找出倫理研究的在地模型。研究過程中時常面臨倫理考量與難題。或許身為優良的質性研究者，我們必須試著與讀者們分享過程與機制。

我知道自己沒有直接回答你的問題，可能是因為我覺得如果回答了你的問題就會違反倫理原則，洩漏出我的研究地點。

誠摯的，倫理的！

凱倫

📑 延伸閱讀 📑

Adams, T. E. (2008). A review of narrative ethics. *Qualitative Inquiry, 14*(2), 175-194.

Beach, D. (2003). A problem of validity in educational research. *Qualitative Inquiry, 9*(6), 859-873.

Bhattacharya, K. (2007). Consenting to the consent form: What are the fixed and fluid understandings between the researcher and the researched? *Qualitative Inquiry, 13*(8), 1095-1115.

Blackburn, M. (2013). Conducting humanizing research with LGBTQQ youth through dialogic communication, consciousness raising, and action. In D. Paris & M. T. Winn (Eds.), *Humanizing research: Decolonizing qualitative inquiry with youth and communities*. Thousand Oaks, CA: Sage.

Cho, J., & Trent, A. (2006). Validity in qualitative research revisited. *Qualitative Research, 6*(3), 319-340.

Cho, J., & Trent, A. (2009). Validity criteria for performance-related qualitative work: Toward a reflexive, evaluative, and co-constructive framework for performance in/as qualitative inquiry. *Qualitative Inquiry, 15*(6), 1013-1041.

Davies, D., & Dodd, J. (2002). Qualitative research and the question of rigor. *Qualitative Health Research, 12*(2), 279-289.

Ellingson, L. L. (2009). *Engaging crystallization in qualitative research: An introduction.* Thousand Oaks, CA: Sage.

Guillemin, M., & Gillam, L. (2004). Ethics, reflexivity, and "ethically important moments" in research. *Qualitative Inquiry, 10*(2), 261-280.

Hostetler, K. (2005). What is "good" education research? *Educational Researcher, 34*(6), 16-21.

Iphofen, R. (2011). *Ethical decision making in social research: A practical guide.* Basingstoke, UK: Palgrave Macmillan.

Kirkhart, K. E. (1995). Seeking multicultural validity: A postcard from the road. *Evaluation Practice, 16*(1), 1-12.

Lather, P. (2001). Validity as an incitement to discourse: Qualitative research and the crisis of legitimation. In V. Richardson (Ed.), *Handbook of research on teaching* (4th ed., pp.

241-250). Washington, DC: American Educational Research Association.

Maxwell, J. A. (2004). Causal explanation, qualitative research, and scientific inquiry in education. *Educational Researcher, 33*(2), 3-11.

Milner, H. R. (2007). Race, culture, and researcher positionality: Working through dangers seen, unseen, and unforeseen. *Educational researcher, 36*(7), 388-400.

Rossman, G. B., & Rallis, S. F. (2010). Everyday ethics: Reflections on practice. *International Journal of Qualitative Studies in Education, 23*(3).

Sandelowski, M. (2010). What's in a name? Qualitative description revisited. *Research in Nursing and Health, 33*(1), 77-84.

Sikes, P., & Goodson, I. (2003). Living research: Thoughts on educational research as moral practice. In P. Sikes, J. Nixon, & W. Carr (Eds.), *The moral foundations of educational research: Knowledge, inquiry and values* (pp. 32-51). Berkshire, UK: Open University Press.

Tyldum, G. (2012). Ethics or access? Balancing informed consent against the application of institutional, economic or emotional pressures in recruiting respondents for research. *International Journal of Social Research Methodology, 15*(3), 199-210.

Van Den Hoonaard, W. C., & Van Den Hoonaard, D. K. (2013). *Essentials of thinking ethically in qualitative research.* Walnut Creek, CA: Left Coast Press.

Warin, J. (2011). Ethical mindfulness and reflexivity: Managing a research relationship with children and young people in a 14-year qualitative longitudinal research (QLR) study. *Qualitative Inquiry, 17*(9), 805-814.

Wasserman, J. A., & Clair, J. F. (2010). *At home on the street: People, poverty, and a hidden culture of homelessness.* Boulder, CO: Lynne Rienner.

Wolcott, H. F. (2002). *Sneaky kid and its aftermath: Ethics and intimacy in fieldwork.* Walnut Creek, CA: AltaMira.

● 作者特選

Davies, D., & Dodd, J. (2002). Qualitative research and the question of rigor. *Qualitative Health Research, 12*(2), 279-289.

Ellingson, L. L. (2009). *Engaging crystallization in qualitative research: An introduction.* Thousand Oaks, CA: Sage.

Guillemin, M., & Gillam, L. (2004). Ethics, reflexivity, and "ethically important moments" in research. *Qualitative Inquiry, 10*(2), 261-280.

Hostetler, K. (2005). What is "good" education research? *Educational Researcher, 34*(6), 16-21.

Iphofen, R. (2011). *Ethical decision making in social research: A practical guide.* Basingstoke, UK: Palgrave Macmillan.

Lather, P. (2001). Validity as an incitement to discourse: Qualitative research and the crisis of legitimation. In V. Richardson (Ed.), *Handbook of research on teaching* (4th ed., pp. 241-250). Washington, DC: American Educational Research Association.

Milner, H. R. (2007). Race, culture, and researcher positionality: Working through dangers seen, unseen, and unforeseen. *Educational Researcher, 36*(7), 388-400.

Wolcott, H. F. (2002). *Sneaky kid and its aftermath: Ethics and intimacy in fieldwork.* Walnut Creek, CA: AltaMira Press.

🗐 關鍵概念 🗐

audit trail	稽查紀錄
beneficence	善意
catalytic validity	觸媒效度
Collaborative Institutional Training Initiative	研究倫理教育訓練
consent form	同意書
convergence	聚斂
corroboration	協同佐證
credibility	可信度
crystallization	水晶化
dependability	可靠度
ethical issues	倫理議題
ethical practice	倫理實務做法
ethically important moments	倫理重要時刻
generalizability	可類推性
informed consent	知情同意
institutional review boards	研究倫理審查委員會
member checks	成員檢核

objectivity	客觀性
peer debriefing	同儕檢核
prolonged engagement	長期投入
reliability	信度
respect for persons	對人的尊重
searching for disconfirming evidence	找尋反證實的證據
social justice	社會正義
transactional validity	效度
transferability	可轉移性
transformational validity	轉化效度
triangulation	三角檢核
trustworthiness	可信賴度
validity	效度

第 *4* 章
質性研究的內涵「What」：
建立概念架構

什麼是研究？什麼是研究計畫？兩者之間如何相互關聯？就社會科學家來看，研究是針對人類經驗的複雜內蘊，提出根本性的問題，透過探尋歷程，從而取得愈來愈完善的理解。有些研究者目標則有別於前述的學術屬性，提問的是應用或實務的問題，希望有助解決當務之急的挑戰（譬如：護理或教育實務研究）。還有些研究則是根據獲得的理解，進一步找出可能付諸實施而且能夠產生實效的行動。研究者透過系統化的策略，有時也可能採取協同合作策略，蒐集關於行動與互動的資訊，反思結論評估，最後再做出詮釋（通常是透過書寫形式）。

　　期刊論文總給人一種乾淨俐落、條理分明的印象，這也就是所謂「重建過的科學邏輯」（reconstructed logic of science）（Kaplan, 1964）；但真實世界的研究卻常是渾沌糾葛、充滿挫折，過程也並非直線連貫前進。對此，Bargar & Duncan（1982）有不少批評。他們認為，期刊論文特殊的發表方式，看起來彷彿具有高度的順序與客觀性。「透過如此高度標準化的報告做法，科學家們不經意遮蔽了真實研究工作的內在戲碼，讀者因此也就看不見研究的直覺基礎，看不見停停走走、甚至時而停滯倒退的研究波折，也看不見諸多概念與觀點反覆不斷的大量丟棄與再回收。」（頁2）研究的這些內心戲充滿讓人驚豔的欣喜時刻，但不時也有心灰意冷的沮喪處境。

　　研究肇始於吾人被某些有趣、新奇或不尋常的現象吸引，開始有所觀察、發現，或是不得其解。這有些像偵探故事，或民族調查研究的報導：研究者試圖針對個人選擇的研究現象，展開解釋、描述、探索與／或批判。解放取向的研究（包括：批判研究、女性主義研究或後現代研

究），更是明白宣示研究意圖，乃是要透過行動改變壓迫情勢。不過，致力追求社會正義已經成爲質性研究的一種趨勢，目前幾乎所有類型的質性研究都已納入這方面的目標，不再只限於解放取向的研究。

　　總而言之，研究計畫顧名思義就是，爲了從事系統化探究而擬定的計畫，以便能夠更完善理解某些現象，與／或改善有問題的社會狀況。如同我們在第一、二章討論過的，完成的研究計畫應該展現如下幾點：(1)研究是值得去做的；(2)研究者具備執行該項研究的勝任能力；(3)研究計畫考量周到細心，能夠順利執行完成。

　　研究計畫代表研究者關於研究執行的諸多決定，主要包括：理論概念架構、研究設計與方法論，以便產生適切充足的資料，足以妥善解答研究問題，以及研究執行符合倫理標準。這些決定並非憑空而得，而是反覆涉及研究者的各種直覺、複雜理性思考、權衡諸多可能的研究問題、考量各種可能的概念架構（conceptual frameworks），比較各種蒐集資料的設計與策略，經過反覆龐雜的考量，各項決定才會逐漸浮現成形。在整個運思決定過程當中，主要考量三個層面：應行性、可行性、欲行性（參見第一章）。簡言之，質性研究的設計乃是一種具有辯證性質的複雜發展歷程。本章所要呈現的就是，在設計質性研究時，如何決定選擇研究問題、概念架構、研究取徑、研究場域，以及資料蒐集方法。在發展研究計畫時，需要「同時」考量上述所有元素。誠如第一章的說明，研究計畫發展過程遞迴而複雜，充滿智性挑戰，研究者必須同時考量諸多相互關聯的元素，以做出適切的決定和選擇。

　　但是，如何開始呢？俗話說，萬事起頭難，而這通常也是發展研究計畫的最大挑戰。短時間要給個答案的話，我們或許可以建議：「從當下所在出發。」多年以前，Anselm Strauss（1969）有此一說：「說出目標，行動就有了方向。」（頁22）他指出，用簡要句子把研究目標表述出來，將會給研究的前進帶來難以想像的強大驅動力量。

　　根據我們的經驗來看，研究興趣通常源自個人的興趣、專業的熱誠與關懷、引人入勝的理論架構、方法論的缺失，與／或長期困擾社會的問題。不論源自於什麼來源，研究者都必須將該等興趣轉化成具有說

服力的研究計畫，合理闡明諸多關鍵元素，並且展現研究者具有勝任能力。

研究計畫的組成元素

雖然不同類型的質性研究計畫各異其趣，不過，以典型的格式來看，大抵都包括下列三項組成元素：

1. 導言：包括整個研究計畫的綜覽概述、討論說明探究主題或焦點、研究問題、研究目的、潛在重要意涵，以及研究限制。
2. 探討相關文獻或「思潮」（Schram，2006，頁63）：從過去與當前有關該研究主題的論述當中，找到可以安置或切入該研究的位置，並且發展出可以承先啓後的學術傳統。
3. 研究設計與方法：詳細陳述研究的整體設計，研究興趣所在的場域或族群、資料蒐集的特定方式、初步討論資料分析與確保研究可信賴度的策略、研究者的自傳生命故事、研究執行過程可能發生的倫理與政治問題等。

所有研究的上述組成元素都是相互關聯的。質性研究計畫應該保持彈性，包括研究問題和研究設計，都可能隨研究進行而需要適度調整。事實上，研究計畫可以說就是，以最佳論證來支持研究問題的妥適合理性，以及辯護說明計畫如何找出該等問題的答案。下一節會提出若干策略，以供建立清楚的研究概念架構，同時也保留適度彈性。

■表4.1　質性研究計畫的組成元素

導　言
綜覽概述
研究主題與研究目的
潛在的重要意涵（對於學術、實務和政策問題，與／或行動）
概念架構與研究問題
研究限制
相關文獻回顧與評論
理論傳統與思潮，用以作為研究定位的概念架構
相關實徵研究的回顧與評論
專家與圈內人的論述和意見
研究設計與方法論
研究的總體取徑與辯護邏輯
研究場域或樣本母群的選擇，以及取樣策略
進接、角色、互惠、信賴、契合
研究者的個人傳記
倫理與政治因素的考量
資料蒐集方法
資料分析程序
可信賴度與可信用度的程序
附　錄（可能包括：協商聯繫進接的通信、資料蒐集與管理的細節資訊、取樣的策略、時間表、預算、試行研究的筆記）
參考文獻

建立研究的概念架構：主題、目的與重要意涵

　　研究計畫應該呈現令人信服的辯護，展現提擬的研究如何具有重要意涵，能夠有助於改善人類處境。在表4.1提供的研究計畫組成元素當中，導言部分即是綜覽呈現如此的論述，主要目的如下：

1. 陳述研究的實質焦點（亦即主題）與研究目的。
2. 將研究置放（定位）於更廣的理論、政策、社會或實務領域的架構當中，從而建立並凸顯該研究的重要意涵。

3.提出初始的研究問題。

4.預估在文獻回顧當中可能探討的文獻。

5.討論研究的限制。

撰寫導言時，應該妥善組織上述各種資訊，以便讀者清楚確認研究的本質。導言，連同後面的文獻回顧與評論，主要構成了研究的概念架構，告訴讀者研究的實質焦點與目的。在這方面，我們樂於和讀者分享Schram（2006）的建言，在建立概念架構的路上，研究者應該能夠說出：「這兒，是關於我如何把我的問題置放入某個理論領域；還有這兒，是關於為什麼如此定位的問題具有什麼重要意涵。」（頁62）概念架構不會憑空而降，也不會直接從理論家的書本冒出來，而是由研究者發展而來，Schram表示，這個任務乃是「從環繞你的問題的諸多理念，發掘其中有關聯與有問題的部分，形成新的連結，然後以新的形式來重新定位該等問題」（頁63）。然後，在研究設計的部分（請參閱第五章），則是描述研究如何執行，以及展現計畫提案者具備勝任能力。

雖然前述各組成元素的大綱說明，好像把導言與文獻回顧切割成兩個獨立部分；不過，在書寫這兩個部分時，都必須對相關文獻有徹底的認識與掌握，包括：相關理論、實徵研究、過往研究的回顧評論，以及專家相關論題的論述。仔細回顧相關文獻可以發揮三種功能：

1.提供證據，支持研究確實有潛在的實務與政策的重要意涵；另外也可能對某主題的論述有貢獻（通常所謂的「學術」貢獻）。

2.確認重要學術傳統或思潮，藉以發展概念架構，引導研究開展。

3.確認現存知識中的落差，通常是透過批判先前的研究，擴展既有的理論，或是指出實務和政策運行不彰之處。

這些元素構成了建立概念架構的基石，有助於優化修改研究問題，使其更具重要意涵，更切實可行。在書寫這個部分之前，研究者可能已經有些直覺感應，多少知道自己的問題是重要的，或有實務方面的理由來支持探究該等問題。等到寫完導言和文獻回顧之後，研究者的論述應該更能取信於人，讓自己和他人肯定該研究確實有更深遠的重要意涵。

因為研究計畫各組成部分乃是相互關聯，而且計畫的撰寫又具有逐步發展以及反覆辯證的遞迴歷程，因此，撰寫者可能會發現有必要在回

顧文獻之後，重新改寫研究問題或研究主旨；或在擬定研究設計之後，重新聚焦研究的重要意涵。我們早先引用Bargar & Duncan（1982）的那段陳述：「……新舊概念與觀點之間，反覆不斷的大量丟棄與再回收……」（頁2），就很巧妙捕捉到這種辯證歷程的神髓。我們的建議是，計畫撰寫者應該保持敏感度，敏銳覺察改變和變通彈性的必要性：做好心理準備，重新改寫文句好幾遍，不要急著寫下定論，還要樂於摸索文字處理程式的諸多功能。有時候，理想的研究構想很可能來自靈光乍現的點子；不過，好點子出現之後，還必須下苦工，努力整理相關的學術傳統，找出適合的探究方法，經過費心投入之後，好點子才有可能進一步開展、發光、發亮。

綜覽概述

綜覽概述是研究計畫的第一個組成部分，目的是為讀者提供綜覽整個研究的概述，也就是介紹研究主題、研究目的，以及概略陳述研究問題和研究設計。綜覽概述的書寫應該把握簡單明瞭的原則，激發讀者興趣，並且提綱挈領預告接下來各組成部分的概要大綱。簡介說明如後：

1. 介紹研究要探討的是哪些主題或問題，然後展現該等主題或問題和實務、政策、社會議題，與／或理論的關聯性，從而預估該研究的潛在重要意涵或可能貢獻。
2. 針對文獻回顧部分將會詳細討論的理論與相關文獻，概要點出範圍與大綱要點。
3. 概略描述研究設計，包括：特定的研究取徑、主要的資料蒐集技術，以及特別值得注意的獨特設計。
4. 最後結束之前，還必須總結與預告，以便承接下面針對研究的主題、研究的重要意涵，以及研究問題等的詳細介紹和討論。

介紹研究主題

初期激發質性研究者的好奇心，如上所述，通常來自真實世界的

觀察與體驗，然後隨著直接的經驗和心中逐漸浮現的理論、政治參與和實務工作，以及逐漸萌發演化的學術興趣等等之間的交互型塑。另外有些時候，研究者感興趣的主題也可能來自對於實徵研究與理論傳統的回顧與批判。研究新手應該特別留意專門刊載文獻回顧論文的期刊〔例如：《教育研究評論》（*Review of Educational Research*）、《社會學評論年刊》（*Annual Review of Sociology*）、《美國公共行政評論》（*American Review of Public Administration*）、《公共衛生評論年刊》（*Annual Review of Public Health*）〕；追尋政策導向的出版品，以瞭解個人所屬領域的當前發展、新興議題與挑戰；請教專家，徵詢他們對於關鍵議題的見解。研究新手也應該反思自己有哪些個人、專業與政治等層面的興趣，以及該等興趣之間相互重疊或交集的部分。

　　文獻回顧經驗不多者，不妨參考Bloomberg & Volpe（2012）的《質性研究學位論文必勝寶典》（*Completing Your Qualitative Dissertation*），此書提供簡單明瞭的「路線圖」，相當有助於研究新手拆解成若干比較容易處理的步驟，包括：運用不同理論的步驟，選擇與整合文獻評論的步驟，以及從文獻回顧進展到概念架構的步驟。

　　在研究發展過程中，理論、實務、研究問題與個人經驗之間，乃是以循環形式存在。研究構想可能開始於這個複雜歷程的任何一個環節上。比方說，考量可能的研究問題、研究場域，以及可能邀請參與研究的個人或團體，研究的焦點就可能逐漸浮現成形。再比方說，想像可能研究的場域，或個人與團體，就可能重新型塑研究的焦點。思考關於研究場域與對象的問題，也會激發研究者思考本身的角色定位，以及可能的資料蒐集策略。研究者可能知道，在某些場域可能有他感興趣的實務議題。研究計畫的發展進程，就是在各種可能的研究焦點、研究問題、場域、資歷蒐集策略等的交互型塑之下，持續辯證演進。

　　針對探究循環，Crabtree & Miller（1999）提供了一些有用的概念模式說明。他們論稱，藉由「建構論的濕婆探究循環」（Shiva's circle of constructivist inquiry）的隱喻說法，可以捕捉多數質性研究的發展歷程，濕婆乃是印度教主司舞蹈與死亡之神（請參閱圖4.1）。研究者帶著細膩的敏感度，進入詮釋循環，敏銳感受循環所在的脈絡細節，而不

是把研究目標擺在尋求終極眞理。研究者必須忠實於此一循環之舞，同時又與之保持距離，以便發掘與詮釋其間的「符號溝通與意義……，從而幫助我們維持文化生命」（頁10）。研究者還討論探究的批判／社會生態學法。研究者在此尋找日常生活的各種宰制、壓迫與權力作用或表徵。研究目的是爲了要揭開「錯誤或虛假意識」（false consciousness）的面紗，並藉由減除經驗的幻覺，從而創造出「賦權增能與解放的意識」（頁10）。他可能會受到使命趨策，而把增權賦能的目標（例如：批判的本土意識），融入研究目標之中。

　　Lee（2006）關於新墨西哥大學夏季領導計畫的研究，就是這樣的例子。思考此計畫的場域和其中涉及的議題和人士，有助於分析哪些研究問題比較有可能獲得實務方面的重大成果。研究問題決定之後，又會型塑關於資料蒐集的決定。不論哪種質性研究類型或研究目的，探究的循環都包含了研究問題擬定、研究設計、資料蒐集與發現、分析與詮釋等環節。而且整個循環的每個環節也都包含了理論運用，特別是在研究問題擬定，以及詮釋和解釋的環節，更是需要運用大量理論。

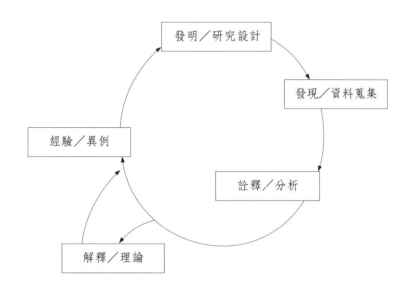

■圖4.1　建構論的濕婆探究循環

資料來源：Crabtree & Miller（1999，頁11），翻印許可。

　　對於體制俗民誌而言，日常生活世界的問題意識（problematic），就是意識到探究乃是起始於「人們生活的現實狀況，而研究調查的焦點則是關於他們如何參與，以及如何困陷於體制之中」（Smith，2005，頁107）。強烈的個人生命故事或自傳因素，往往是驅動研究興趣的主要源頭，尤其是在應用領域，例如：管理、護理、社區發展、教育與臨床心理學等。

　　舉例而言，有一位國際發展教育領域的學生，研究美國難民與移民團體的兩難困境，因為她從事的就是和類似團體有關的社區發展工作（Jones, 2004）。還有一位國際發展教育的學生，因為對於原住民政治議題相當投入，所以決定研究印尼農民對於土地使用的觀點（Campbell & Nelson, 1997）。另外，還有學生探索肯亞原住民部落HIV/AIDS孤兒和其他弱勢孩童因應生命困境的深層經驗（Ochiel, 2009）。最後一個例子是社會心理學的學生，他對於環保議題投入很深，因此決定從成人發展理論的觀點，來研究民眾對於環境的態度（Greenwald, 1992）。

　　個人的生命故事或自傳因素，經常是建立研究問題架構的來源、靈感與初始方法。質性研究通常會明白陳述個人生命故事或自傳因素的影響（雖然這類的陳述通常會擺在較後面「研究設計」的章節，請參閱第五章）。下列引述的例子可以提供讀者參考這方面的寫作：

　　　　我強烈相信，在美國，黑人、拉美人、亞裔與原住民的青少年如果要成功，就必須要有這些族裔的老師。不過，我也知道，我們許多人早已深受種族偏見教育系統的社會化，對我們個人、社區與其他非白人族群抱持諸多偏頗印象。（Kohli，2008，頁3）

　　然後，他根據個人經歷和過往研究發現，來描述該等偏頗信念的可能來源。透過個人生命故事或自傳的發展與納入，質性研究者讓讀者得以見識到，他們的研究焦點和興趣如何與個人的某些生命議題息息相關。稍後，我們會陳述說明這方面的書寫如何有所助益於研究設計（第五章）、資料分析（第八章），以及研究發現的呈現（第十章）。

在專欄5中，我們會看到研究生保羅‧弗里梭利（Paul Frisoli）如何思索有關西非青年實務與政策問題的挑戰，繼而將該等思索與他對於論文研究焦點的尋覓相互結合，從而發掘具有個人重要意涵的研究方向。「啊哈」頓悟時刻覺得研究方向之後，他就火力全開，積極投入搜尋文獻，找出適宜管理的資料蒐集策略。

專欄5

研究、研究者個人、真實世界相互交織的重要意涵

過去七年來，我隨著生活和研究工作走遍西非各地。這真是很棒的經驗，不過有時候還是會有些失落，感覺就像是過著多重分裂的生活。在居家方面，我是過著同性婚姻生活的男同志；在研究方面，我一直苦尋學位論文的研究主題。在西非的時候，我是專業人員，沒有對外公開性取向，也沒有透露我的居家生活。多重認同的衝突感已經傷透腦筋了，論文研究主題遲遲未能確定更是雪上加霜。我一直對於西非年輕人的議題很感興趣，也希望能以此作為論文研究主題，但還不確定從何著手。

「啊哈」頓悟時刻的降臨，就發生在我發現如何把我的同志／異性戀認同融入研究主題之中！在這個時間點上，全球各地頻繁出現與性取向有關的新聞：冰島出現了有史以來首位公開性取向身分的女同志總理。加州否決同性婚姻權益。美國主流電影將哈維米爾克（1970年代美國第一位公開同志身分的政治人物）生平事蹟搬上大螢幕，在全國各大城市公開播映。西非各地也常常出現同性戀的新聞：塞內加爾有劇場把同性結婚搬上舞臺，讓一般民眾知道西非確實有同志存在。甘比亞總統公開表示該國所有同性戀都該殺頭。另外，也是在塞國，有八位倡導HIV/AIDS權益的公共衛生工作人員，由於協助涉及同性性行為的男子，遭到逮捕判處觸犯雞姦法，從事罪犯行為，入獄服刑八年。

總結而言，在西非性向異於傳統的年輕男子頻頻遭受處決極刑，但是在此同時，某些國家的同志則贏得大選成為國家元首。於是，我有了如後的體悟：在我們居住的這個大千世界，我的多元認同可能也就見

怪不怪了。我想知道，其他有著類似性取向生活型態者的生命經驗。更具體而言，我想要問西非男人這些問題：生活型態不符合異性戀常態的人，過的是什麼樣的一種生活？這也就是我想要做的研究──以研究來理解西非性別與性取向異於霸權概念的青年男子的生活經驗。我的另一半布萊德告訴我，這個研究也是關於我個人發現自我的探索歷程；再者也肯定了我的一個信念：研究應該具有欲行性才算是真正的研究。

　　對於其他任何人，這些問題有什麼重要意涵？我能用什麼方式來進行如此的研究？在可能因為性取向而遭受威脅或牢獄之災的情況下，進行田野研究對於參與者和我自己可能都不安全。網路搜尋關鍵字：「同志」和「非洲」，結果找到若干年輕非洲男子的部落格。許多部落格談論認同和家庭、社交生活與職業生活的關係。我很快就體認到，網路具有安全、匿名、資訊豐富等優點，的確是表達自我的一種強而有力的管道。這些年輕男子似乎已經變成網路的同志倡權人士，他們透過網路分享個人性取向的經驗、故事和想法。他們有些人並沒有以「同志」自稱，不過他們談論有關發現自己性取向的過程。這些公開的部落格也使得對同志不怎麼友善的非洲人可以留言回應，有機會說出自己的心聲，抗衡普遍存在於學術著作與大眾媒體的政治與社會論述霸權。

　　目前，這還是研究甚少涉獵的未知領域！我想，這個研究的價值就在於，描述與分析現實存在的對於性取向霸權的種種抗衡，以便這群情意、教育、健康等需求有別於其他常人的男子得以發聲。我現在的想法是，這個研究應該做，可以做，而且我也確實想要做。

　　對於上述專欄的保羅，以及所有研究者，箇中挑戰就是必須展現這種個人的興趣──近來文獻稱之為研究者的角色定位（positionality）──不會預先限定了研究的發現，也不至於使研究流於偏頗。有鑑於此，我們建議讀者，對於方法論文獻當中，有關自我以及社會認同在執行研究、詮釋資料，以及建構敘事的論述的角色與相關議題探討，要有相當程度的敏感與自我覺察。另外，熟悉知識論當中有關知識或知識宣稱的構成等議題，特別是對於傳統研究當中權力與宰制的批判（請參閱

第二章有關批判俗民誌、女性主義研究、參與行動研究，以及後現代論的觀點），這些方面的文獻可能也有幫助。

　　直接經驗觸發初期的好奇心之餘，研究者接著就需要設法將好奇心轉化成為研究的問題。拿個比喻來說，就好像是概念漏斗一樣：漏斗大開口的一端，是一般性或「壯遊」（grand tour）的問題，經驗觀察所得就會成為未來研究探討的來源；漏斗小開口的一端，則是研究計畫所提出的聚焦的特定問題。圖4.2以漏斗圖形呈現了此一隱喻。

　　這個模式源自Benbow（1994）的研究，探討主題是關於人們投入社會運動的發展過程。漏斗大開口的一端代表一開始泛泛留意一般性的事物或現象，例如：社會運動的普遍議題，以及社會運動在減輕壓迫環境的角色。漏斗中段以下，開口縮窄，這意味關注焦點縮小到若干積極投入社會運動的個人，或若干特定的社會運動現象。最後，漏斗小開口的一端，關注焦點更是縮窄，幾乎就是可以著手進行研究的問題，例如：哪些生活經驗促使個人成為積極投入社會改革的社運人士。透過這樣的漏斗模式的練習，可以幫助研究者把模糊或一般性的問題，縮小成為比較容易管理而且可能付諸實作的研究問題。

　　傳統上都是用正式理論來發展研究問題，也用來作為漏斗或透

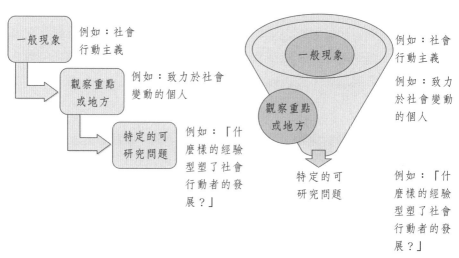

■圖4.2　概念漏斗

鏡檢視研究興趣的主題。不過，還有另一種意涵的理論——個人理論，這是人們對於日常事件發展的實用理論，或默會理論（Argyris & Schone, 1974），以便減低該等事件的歧義，或解釋弔詭的事物或現象。不過，如果研究靈感來自實用理論或默會理論，就必須要有諸如既存的理論或實徵研究的引導，才能夠成為系統化的探究。默會理論（基於個人理解的理論）與正式理論（基於文獻回顧取得的理論），可以協助把問題、有趣的現象或問題，被噤聲或邊緣化的族群，或是有爭議的問題，予以聚焦，進而提升到可以類推的觀點。

　　舉例而言，一開始，問題意識可能是發生在真實世界的某種困擾或觀察體驗（例如：教師反思：「不論提供何種獎勵，孩子上課總是不願意主動參與」）；然後，形成個人理論（例如：教師覺得：「孩子可能比較在乎其他同學的看法，而不那麼在乎成績」）；提出正式理論（例如：教師考量做研究，使用動機發展理論作為思考問題的概念架構）；從文獻找尋可能適用的概念、模式（例如：教師—研究者找出有關「學生次文化的非正式期待對於課堂參與行為之影響」的研究文獻）；最後，總結形成具有研究概念架構的研究主題或問題焦點：「學生次文化對於課堂參與有什麼樣的期待？」Schram（2006）寫道：

> 　　理論是一種提問的方式，透過你的探究，將叢雜集聚的理念和議題帶來焦點……〔並且〕給天馬行空的靈感、謬思，以及其他形式的初階理論發展想法，提供某種取得合法化知識地位的聚焦作用。（頁61）

　　圖4.3可以幫助綜覽研究之概念化、架構化與問題聚焦的複雜歷程。一開始，問題意識通常發軔於個人定義的問題，或是個人辨識到的難題。然後，透過回顧文獻，其他學者和實務工作者對於該等主題的研究發現或見解，將個人的觀察轉化成為系統化的探究，從而建立研究的理論邏輯與概念架構。有了這些引導之後，研究問題得以精細修訂，研究設計也更緊密的聚焦，並且決定研究場域、對象、目標事物或現象，以及如何進入真實世界展開更具體明確的觀察。當研究反覆來回於這諸

多階段之間，圖4.3提供的路線圖模式，可以幫助視覺化箇中歷程的移動：個人的觀察→概念架構→特定焦點→連結文獻和真實觀察的有用與／或有創意的問題。這個模式也可以幫助視覺化研究設計：可以在什麼地方研究？研究誰？如何展開資料蒐集？如何規劃資料分析與報告？

個人理論、直覺、好奇心

我如何從隨性的觀察，轉向有系統化的探究？是否有哪些先前的研究、既存的理論架構、關心這類現象的陳述、或是來自當事人呼籲改變問題狀況的訴求，可以讓我的研究聚焦？

以文獻來架構化研究問題與研究設計

引導的問題與焦點

現在文獻回顧既已揭顯在處理類似問題的先前研究當中，使用過的各種研究場域、樣本母群、方法論傳統等等，我該決定以什麼為焦點呢？哪些研究問題會是最有創意，而且又有用？想像研究這些問題的話，我會看到什麼樣的結果？我該選擇觀察哪些場域與樣本母群，從中蒐集資料，以便探索該等問題？我會特別留意檢視什麼？我如何將文獻中的概念連結到自然場域的行為與互動？我如何取得進接？怎麼記錄資料？如何決定是否該轉移到其他研究場域，或是改變不同的資料蒐集策略？

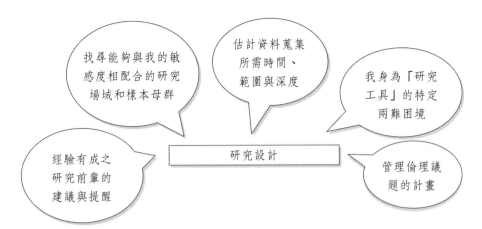

研究設計、資料蒐集、管理

蒐集資料之後，我會採用哪些策略來組織資料？我如何能夠逐步確認資料隱含的諸多樣式？我如何能夠有系統地作業，確保可以找到有用又有重要意涵的主題，並且能夠寫出可信賴的報告？

報告研究發現、結論

哪種模式的報告比較合乎倫理考量？對我的生涯發展比較有利？比較能夠發揮助人的效果？我的報告應該發揮何等程度的創意？哪種傳統的質性研究報告方式最能夠彰顯我的研究目的？我如何向讀者展現我的研究發現可以類推或適用於其他狀況？我又如何向讀者展現我的研究限制，以及研究當中發掘的新的研究挑戰？我是否應該根據研究結果而提供特定的改革建議？

報告？影片？多媒體？戲劇？詩歌？

█ 圖4.3　研究歷程的架構化

研究歷程的架構化

　　不過，研究歷程並不像圖4.3呈現的那樣直線前進。比方說，當研究者在規劃此圖中的最後「泡泡」（研究發現的範疇、主題和樣式）的時候，他會問自己可能有哪些主題和文獻如何可能幫助他。還有，到了最後階段《報告與發表》，當他斟酌報告的形式和訴求對象時，他會回到最初的階段，回想最起初的隨性觀察與關懷，或是追求改變的欲望。

　　圖4.3這些問題都是研究者在這些過程中可以自我提問，或是可能有其他人提出來問研究者。這個架構具有普遍適用的特性，可以轉用到不同的場域或情境，例如：市郊社區、立法團體、印尼西帝汶農村、新移民社群等等。也適用於不同領域的研究主題，諸如：醫療衛生、人類情感、領導力、經濟、社區發展、部落或宗教儀式等。

　　在研究初始，構思研究概念架構是最困難的部分，也是研究計畫最耗費心智的挑戰。此一過程充滿混亂、困惑，還有反覆難定的辯證，各種可能適用的架構（學術傳統）必須一再檢驗比較，以決定哪種架構最有可能啟發並且洞視研究問題的焦點與結構。如前所述，雖然本階段主要是在構思研究的概念架構，不過也會涉及研究設計與資料蒐集策略的抉擇。也就是說，當研究者在思索如何聚焦研究主題的同時，也必須考慮割捨那些可能很吸引人但卻不太可行的主題或問題。雖然這必然會有所損失，但也能夠保護研究者不至於陷入漫無邊際而又不切實際的迷途險境。專欄5研究生保羅就有這樣的體會：不假思索就去西非訪談和觀察男同志，不但可能造成當事人遭殃，而且很可能根本就行不通。

　　在這個階段，直覺的角色絕對不容低估。針對傑出科學家思考歷程的研究發現，創造性洞視或直覺扮演了核心角色（Briggs, 2000; Hoffman, 1972; Libby, 1922; Moone, 1951）。當科學家容許各種想法慢慢孵化，保持健康的尊重態度，讓心智隨興重組或重建，結果往往能演化出更豐富的研究問題。這些見解倒也不是貶低分析式思考的價值，而是要凸顯創意行動該有的地位。Bargar & Duncan（1982）特別提醒，研究近似宗教歷程，研究者虔誠運用各種邏輯分析，作為批判的工具以優化想法：

不過，該等想法的起源卻完全不是這麼理性，反而是充滿
了意象、隱喻、直覺、第六感、肢體感覺，甚至是夢想、或是
夢幻的狀態。（頁3）

透過初始的各種洞視，再加上持續循環思索諸多研究概念，研究的
架構就會逐漸成型。在這過程當中，研究的概念架構也會開始與理論、
政策、實務，以及社會議題等產生重要意涵的關聯。此外，也會開始確
定研究的參數（界定研究是什麼，或不是什麼），從而讓研究的主題扎
根於相關理論或研究傳統的發展脈絡。

描述研究目的

研究者也應該陳述研究意圖。一般做法是在討論研究主題當中，
一併呈現研究意圖（通常只是一、兩個句子，不過重要意涵卻不容小
覷），告知讀者該研究大概預期完成何種成果。傳統上，質性研究的
方法論學者列出三種主要研究目的：探索、解釋或描述。其他同義詞還
包括：理解、發展或發現。許多質性研究屬於描述和探索目的，主要是
針對文獻未曾探索的複雜情狀，建立豐富描述。有些則明顯屬於探索目
的，旨在揭顯事件之間的關係（通常是參與者感知的關係），以及該等
關係蘊藏的諸多意義。不過，這些傳統式的研究目的，並不提及行動、
運動、增權賦能或解放。非傳統的研究目的比較常出現在批判、女性主
義或後現代觀點的研究。此類研究可能會主張包含「付諸行動」的研究
意圖，例如：行動研究。也可能會肯定賦權增能為研究目的，雖然實際
上可能頂多討論探究如何可能創造賦權增能的機會（參見表4.2）。

在討論研究目的與研究主題當中，也會說明分析的單位，也就是研
究將要聚焦於何種探究的層級。質性研究的典型分析單位通常聚焦於個
人、雙人、團體、歷程或是組織。討論研究分析單位是屬於哪個層級，
有助於後面討論資料蒐集的決策時比較容易聚焦。

■表4.2　相互適配的質性研究目的與研究問題

研究目的	適配的研究問題
探索型研究 調查鮮為人知的現象 確認或發掘各種重要的意義範疇 形成可供未來進一步研究的假說	在該社會方案中，有什麼事情發生了？ 對於參與者而言，有哪些突出的主題、樣式或意義範疇？ 該等樣式之間，彼此有何關聯？
解釋型研究 解釋與問題所探討之現象相關聯的各種可能樣式 確認型塑該現象的各種可能關係	該現象是由哪些事件、信念、態度或政策塑造成型的？ 該等因素的作用力是如何交相互動，以至於形成此現象？
描述型研究 載錄與描述研究興趣所在的現象	在此現象當中，發生了哪些突出的行動、事件、信念、態度，以及社會結構、歷程？
解放型研究 創造機會並激發意志，積極投入參與社會改革行動	參與者如何對於本身周遭處境產生問題意識，進而採取積極的社會行動？

描述研究的重要意涵與可能貢獻

　　要說服讀者，使其相信研究的重要意涵，就必須設法證實提案的研究確實和理論觀點、政策議題、實務、或是影響日常生活的重大社會議題等有相當的關聯。提案者可以藉此機會來討論研究可能的貢獻。想想看，哪些人可能對於此研究結果感到興趣？哪些團體可能分享研究的結果？是學者、決策者、實務工作者、或是其他類似團體的成員？還是通常無聲或邊緣化的個人與團體？

　　此處的挑戰就是如何定位研究，以處理特定的重要問題。基本上，研究問題的定位也就決定了研究的重要意涵。舉例而言，臨床心理學家在研究隔離心理的文獻中找到一個理論的缺口，於是將研究主題定位為：長途卡車司機的俗民誌研究，並預期對該理論缺口的補充有所貢獻；但對於政策和實務可能就相對沒有關聯了。女性主義社會學家可能把研究架構聚焦於企業主管的歧視觀點，希望解決長期存在工作場合

性別歧視的政策與現實問題。另外一個研究，主題是探究福利改革對於成人基本教育學習者的生活影響，研究可能聚焦於政策議題，也可能聚焦於長期社會問題對於這些人的影響。對於這樣的研究，重要意涵必須透過可能解決的問題來加以凸顯；相對地，理論貢獻就比較不是關切重點。有些研究者志在促進行動，因此，研究的重要意涵就會納入政策與實務方面的行動。傳統研究的政策與實務觀點往往忽略了意義與需求脈絡縱橫交錯的廣度和深度，質性研究者希望提供一種全面關照的呈現，把研究作為呼籲行動的工具（Bustelo & Verloo, 2009; Lee, 2006; Wronka, 2008）。

研究贊助機會通常都會聚焦於某特定問題。例如：「從社福救助到就業」的研究贊助計畫，徵求的主題就是能夠針對提供「難以謀職者」服務的方案進行跨場域的評估。類似這種研究贊助徵求的主題，已經有明定受惠或利益相關對象，也有直接的政策重要意涵。不過，研究者對於這種贊助機會必須小心以對，因為贊助單位制定的研究議題很可能是以服務權勢或菁英階級為主（Ball, 2012; Marshall, 1997a; Scheurich, 1997）。請參考第一章討論的明顯帶有意識型態的研究。相關議題的進一步論述請參閱Smith（1988）。

研究對於知識、實務和政策、重要社會議題或多或少都有貢獻。不過，貢獻通常會有所偏重，因此，在陳述研究主題時，就必須強調特別偏重哪方面的貢獻。舉例而言，特殊學童融入普通班的教育研究可能對於政策與實務都很重要。如果研究定位是政策導向，主題很可能就必須放置於全國或全州特殊教育的政策辯爭。另一方面，如果定位強調實務的重要意涵，可能就必須著重從結構方面來探討融合班級教育如何獲得支持。在此，研究者面臨的挑戰就是要提出令人信服的辯護理由，證實研究確實能夠達成預期目標，對政策或實務有所貢獻。重要意涵與潛在貢獻的定位，也會連帶影響文獻回顧與研究設計。

一、對於知識的重要意涵

討論研究對於知識或理論的重要意涵，通常是極具挑戰、刺激，而且非常耗費心力的智性之旅。研究計畫撰寫到了這個階段，應該能夠概

略描述該研究對於基礎知識的潛在貢獻。對於理論重要意涵的陳述，通常是展現該研究如何以一種創新而又具有洞視性的方式，切入社會科學或應用領域的某理論傳統，從而對該等傳統或基礎文獻有所貢獻。

通常會從文獻找出可以作出貢獻的缺口。如果該研究領域，理論已經發展相當成熟，那麼重要意涵可能就在於理論的擴展。可能運用既有概念，或過去研究使用過的問題。不過，資料蒐集策略可能有所更新，例如：選擇不一樣的場域、樣本母群與時間。如此，研究結果就可能有助於擴展理論，包括擴大類推的範圍，精修或微調理論的細節。

在構思研究主題與研究問題的時候，也可能刻意避開先前做過的研究，尋找其他領域的理論，以及由這些理論衍生的相關研究。這類的研究取向，其理論重要意涵通常建立在廣泛而且極富創意的文獻探討。因此，在陳述研究主題和研究問題的部分，通常會整合引述相關文獻或文獻摘要，凸顯潛在的理論重要意涵。等到文獻回顧的部分，再進一步完整處理研究可能產生的理論貢獻。一般而言，透過回答「此研究能有什麼重要意涵？」這樣的問題，通常就能展現出研究創意所在。

理論的發展通常是透過無數精心構思的研究概念架構，以及嚴謹實施的研究工作，累積無數小小的知識貢獻進展。大多數研究使用理論來引導研究工作，將研究定位在較大的學術傳統，或探索特定概念在某些理論傳統脈絡的詳細地貌。另外，有些研究可能打破理論的疆界，重新界定問題的概念架構，或把問題轉移到不一樣的領域，從而推出開創性的研究。比方說，Bronfenbrenner（1980）在構思研究概念架構時，將生態學應用來探討兒童學習歷程，開創了生態學模式的兒童發展理論。Weick（1976）以「鬆散耦合系統」的隱喻來描述學校，提供一種創新概念架構，對於教育組織理論發展產生深遠的影響。研究者通常遵循理論實用主義，亦即採取「無可厚非的折衷」態度，來處理跨領域概念的創造性應用（Rossman & Wilson, 1994）。

二、對於實務與政策問題的重要意涵

這方面的重要意涵要如何構思與呈現呢？不妨試著從討論特定領域的政策發展開始著手，以資料呈現問題發生的頻率，以及問題衍生的

代價或損害。比方說，要展現大學女性教授生涯研究對於政策的重要意涵，研究者可以呈現統計資料，顯現女性教授薪水長期低於同職等的男性同僚；而這背後成因與相關議題正是該研究計畫探討的主題，從而鋪陳出研究對於大學施行補救措施的可能貢獻。再比方說，陳述最近福利法規的變革，論述改革根本無視那些受影響最深的人，而該研究計畫即是從這個角度出發，探討這些人和福利法規改革之間的問題。潛在貢獻就在於可促成進一步的福利法規改革，因此應該有系統的深入探究。

決策者與專家有時會針對重大議題，列出值得研究的問題，呼籲各界展開研究。藉由摘要整理這類文件，也可以論稱研究對於政策的重要意涵。除了專家呼籲之外，當務之急或持續性問題的統計資料，也能展現某些研究主題確實有其重要意涵，值得相關領域的決策者重視。在應用領域，例如：教育、健康政策、管理、區域規劃、臨床心理等，呈現研究對於政策的重要意涵（包括：國際、全國、區域、或是機構的政策），尤其特別重要。

討論研究的實務重要意涵，陳述邏輯其實也類似於討論政策重要意涵的方式，應該可以依賴文獻探討挖掘值得關懷的議題，包括：引用專家、先前研究，以及摘要事件資料。回憶一下，前述特殊學童融入一般教育的研究。如果研究希望著重實務層面，就應該透過文獻探討，詳細討論教師如何因應特殊學童需求的議題，潛在貢獻就是可能增進融合班級教師的課堂實務做法。Shadduck-Hernadez（1997）學位論文研究計畫，主題是探討移民與難民大學生的種族認同感。研究計畫摘要呈現大學課程與修課學生資料，以此凸顯大學鮮少提供該等學生種族文化經驗關聯課程，即便有，該等學生也很少選修。然後，研究者就根據此種情況，詳細說明研究對於改善大學教學實務的可能貢獻。

三、對於社會議題與行動的重要意涵

最後，研究的重要意涵可能在於能夠詳細陳述某些特殊社會議題的生活情形。此種研究的貢獻可能不在於影響政策，對學術有所貢獻，或是改善實務做法；而是著眼於能夠藉由深刻的描述，從而澄清研究興趣所在的特殊生命經驗的豐富肌理，進而激發實際行動。行動研究與參與

行動研究都把能夠激發實際行動視爲核心目標。在這類研究當中，研究者應該論稱提案的研究與其連帶促成的行動，對於研究參與者，以及投入該項議題的人士，都有相當的價值。撰寫研究計畫者面臨的挑戰，就是必須呈現該項研究如何可能促成這些有價值的實際行動。

Marguire（2000）受虐婦女的參與行動研究，主要貢獻並不著眼於是否能夠增進學術、政策或實務，而是參與這項行動研究的婦女本身，以及其他投入這項減輕受虐婦女困境的社會運動人士，其重要意涵就在於聚焦處理一件重大的社會議題。與此相對的，Brown（1987）探討受虐婦女殺死施虐者的社會議題，其重要意涵與潛在貢獻則是在於，批判司法制度對於受虐婦女提供太少保護，進而可能促進保護受虐婦女運動。Lather & Smithies（1997）協同HIV婦女的研究，則邀請讀者進入這些婦女的生命，創造新的連結，激發實際行動的可能性。

總而言之，研究計畫在撰寫重要意涵的時候，可以藉由相關文獻的探討，依次闡述研究主題，以及該等主題將會如何有所貢獻於學術、政策、實務、或是對於重大社會議題有更深刻的理解。此部分的陳述也會說明，哪些人可能會對該項研究有興趣或是從中受益。如此，也陳述了該研究如何可能作出哪些方面的貢獻。

當然，如果要申請研究贊助，在準備提計畫案時，就應該針對贊助單位的需求與優先考量，將研究的重要意涵陳述適作調整。如果機構是以贊助行動研究爲榮，那麼他們希望看到的研究計畫就比較會傾向有可能直接幫助人，或改變有問題的情況。另一方面，如果贊助機構是希望擴展學術與理論（例如：國科會），那麼就應該強調，研究將會探究尚未發展或尚待解決的理論謎題，以展現在學術方面的重要意涵。

概念架構與研究問題

質性研究獨具的特性使其特別適合發掘不可預期的問題，以及探索新領域。因此，研究計畫必須具有彈性，以便隨著逐漸微調修正的研究問題而配合調整資料蒐集的策略。不過，這就帶來了兩難困境。一方面，研究問題與研究設計都應該充分陳述清楚，以便讀者可以判斷該計

畫的可行性；另一方面，又應該保留一定程度的彈性，這可是質性研究的註冊商標。這就意味著，研究問題應該有足夠的普遍性，容許進行彈性化的探索；但是，研究問題又必須有足夠清晰的焦點，以便研究不至於漫無止境。要同時滿足這兩方面的需求，可不是簡單的事。

　　最理想的方式，是以漸進發展的方式，將初始的普遍性主題逐漸聚焦特定問題。也就是藉由持續討論相關文獻，找尋可茲界定研究的概念架構，並藉此聚焦與微調研究的特定主題。通常，主要的研究目的是要發掘那些最具有探測性與洞視性的問題。只是，往往都是在研究過程中，相關聯的理論概念才會逐漸發展成形。話雖如此，不過，研究計畫者還是得基於對文獻的知識，嘗試擬出可能的研究主題。

　　初始問題應該要能夠連結到研究主題與其重要意涵，並且預告文獻回顧部分要探討的文獻。初始問題可能是理論性的，可能選用數個不同場域或不同樣本。或者，也可能聚焦某特定樣本母群或階級，當然也可以在不同場域來研究。最後，某些特殊計畫或組織的獨特性使然，因此，研究問題也應該具有該等場域的特定性。比方說，本章先前提及的移民與難民大學生經驗的研究（Shadduck-Hernandez, 1997, 2005），應該也可以用來研究其他有類似新住民的場域，因為驅動該等研究的理論興趣並不是只連結到某一特定組織。然而，針對某模範性別教育計畫的研究，則只能在該特定場域來研究，這是因為該計畫發現的問題乃是屬於該特定場域的特定實務問題。因此，提擬的研究問題必須緊扣該等特定實務問題，如此一來，也就限定了可能選擇的研究設計。

例子　關於理論性的初始研究問題：

1. 遊戲如何影響兒童的閱讀準備度？通過哪些認知與情意的歷程而促成該等影響？扮演某些特定角色（例如：領導者）的兒童，是否因而學得比較快？如果是這樣，導致這種學習差別的是什麼？
2. 在專業生涯當中，師徒關係的社會化歷程，對於女性是否有不同的作用？對於少數族群或個人呢？其中涉及了哪些運作機轉？
3. 醫事人員與外行人「正向思考」的態度對癌症治療的影響有什麼假設呢？

例子　聚焦特定樣本母群的初始研究問題：

1. 面對自己手中掌握患者的生死，以及許多病人救不活的現實，神經外科醫師如何學會處理？

2. 菁英MBA研究所的女性會有什麼遭遇？有什麼樣的生涯之路？

3. 長途卡車司機的生活是什麼樣子呢？

4. 校長如何管理與校董事會的關係？他們使用哪些影響歷程？

5. 對於身為改革種子的教師而言，在職業生涯當中，她們可能會有什麼樣的遭遇？組織社會化的過程是否會改變她們，或是淘汰她們？她們是否會因為心力耗盡而提早結束教師生涯？

6. 出身貧戶的女性博士，她們有什麼樣的人生經驗和生涯經驗？

例子　關於場域特定與政策聚焦的初始研究問題：

1. 為什麼這個學校的性教育計畫成效良好，但是其他學校卻成效不彰？這些人有什麼特別？這項計畫有什麼獨到之處？有什麼不同的支持或資源？這項計畫的脈絡背景又有什麼特徵？

2. 明星私立學校和家長社區關係，和鄰近公立學校有何不同？這種社區關係的差異和學校的辦學理念，以及辦學結果，又有什麼關聯？

3. 遊說團體在哪些方面影響麻州汙染防制政策的立法？

4. 北卡羅萊納州大學校方人員與有色人種學生，對於《肯定少數族群政策》的效能，為什麼有不同感受？怎麼解釋如此的感受落差？

　　上述例子都是研究計畫初始擬出的典型問題。提供研究可茲探究的範圍界限，但又不至於太過侷限，而使研究動彈不得。研究問題聚焦於社會文化系統的歷程與組織的各種互動，從而連結到重要研究文獻與理論，但仍然密切扎根於日常生活現實。研究計畫在這個部分的主要目的是要陳述研究問題，進而聚焦研究主題，然後預告下一部分的文獻探討。下面專欄6是改編自一項試行研究的計畫，這兒呈現的是該計畫初始階段發展研究導論的狀況。

專欄6

擬定初始的研究導論

　　博士班中國留學生范怡紅（Fan Yihong, 2000）極度關注教育基本目的，特別是大學教育的基本目的。中國與美國兩地的大學求學經驗，讓她看到許多組織實踐——程序、常模、學門領域分野——對於人類精神與創造力的嚴重戕害。她潛心鑽研組織理論、科學與技術、「新科學」的發展、東方哲學關聯的複雜系統理論。這條探尋之旅，最後讓她走向全像宇宙觀（holographic universe）和革命意識（holotropic mind）的理論（Capra, 1975, 1982, 1996; Senge, 1990; Wilber, 1996）。該等理論強調人、事、自然、世界的整全性，以及心智本能乃是以全觀的方式來理解現實。根據這些興趣為基礎，她擬出了四方面的研究問題，以期整合研究架構涵蓋的諸多複雜的學術傳統：

　　1. 促動人改變世界觀的是哪些契機與前提條件？
　　2. 什麼樣的轉化歷程讓人得以改變認知的方式，進而改變行為的方式，再進而改變存有的方式，最後徹底轉化成為全新的人？
　　3. 上述改變的歷程有哪些特徵？
　　4. 個人覺醒，明白有改變的必要性，如何幫助產生集體與組織的轉化？

　　本研究的潛在重要意涵在於，透過豐富描述與傳統迥異的個人與組織，能夠幫助更深刻理解個人與組織如何可能發生轉化。因此，可望對於理論與實務有所貢獻，建立有關轉化歷程的詳細而周延的分析。

　　如同上述專欄所述，范怡紅（Fan Yihong, 2000）介紹了一項研究主題——桎梏化vs.自由化的教育環境問題，提出簡短的研究主題討論，擬定初步的一般性研究問題，預測研究的重要意涵。雖然她的取徑一點也不典型，但確實也能夠和她的理論架構和個人的知識論、宇宙論相互整合。接下來，再舉兩則導言的例子，每一則都包括了主題陳述、目的討論、分析單位的界定，以及研究重要意涵的預測：

導言範例一

　　肢體障礙的學童對於本身往往有一種獨特的「身體感」。本研究扎根於現象學探究，目的在於探索與描述五位學童身體感的深層內在意義。藉由這些孩子自述他們與運動之間關係的故事，本研究預期產出豐富的描述。身體感的核心概念將透過孩子的用語，予以澄明與闡述。肢體障礙學童工作者，以及負責相關計畫決策者，都可從本研究當中得到有益或有價值的收穫。（摘錄自Rossman & Rallis, 2003）

導言範例二

　　鄰里藝術中心位於美國麻州橘郡，服務對象包括所有社區成員，推出的計畫曾贏得多項獎項。本研究目的是要解釋該計畫何以能夠成功把藝術帶入這個低收入的鄰里。本研究採用俗民誌的設計，尋求詳細解釋此計畫成功的原因。本研究將有助於決策者與募款者設計類似的計畫，以促成傳統上藝術能見度較低的團體，能夠熱烈投入參與藝術活動。（摘錄自Rossman & Rallis, 2003）

描寫研究的限制

　　研究計畫多少都有限制，不可能完美無缺。誠如Patton（2002）指出：「沒有完美無缺的研究設計，其中總是存在若干權衡取捨。」（頁223）討論研究的限制可以展現研究者明白現實，不會無所節制宣稱，研究結果是絕對無誤的定論，可以類推到所有情況。

　　限制可能來自概念架構與研究設計。研究計畫階段，針對這些可能的限制加以討論，可以提醒讀者注意研究是與不是什麼（亦即研究的範圍界限），以及注意研究可能與不可能達到的貢獻。透過定位研究於特定概念架構或理論傳統，可以讓研究有所界限。比方說，印尼土地運用的研究，可以定位為發展經濟的研究議題；經由提醒讀者該項研究的定位，應當有助於減輕各種不相干的批評。進一步而言，研究的整體設計

可以讓讀者明白，研究結果可能有多廣的應用價值。雖然質性研究並不能作統計意義的類推，但研究發現還是可以有某種轉移效益。討論研究限制，可以提醒讀者注意研究是限定在特定的範圍或脈絡。明白這點之後，讀者就可自行判斷，研究發現對於其他情境脈絡的效用。

　　我們承認，質性研究在類推方面可能有其限制；但我們也別忘了一個重點，質性研究有非常不同的目的與長處。誠如先前幾章討論過的，選擇質性取徑是要從參與者的觀點來理解現象，去探索與發掘，去進入深層與脈絡，而這些都是預先設定假設的研究可能無從獲得的成效。所以，傳統研究的「黃金標準」，諸如：類推性、複製性、控制組等，都不是我們應該追求的目標，因此也就沒必要為了達不到該等標準而妄自菲薄。我們在第九章會再回來針對這點詳細討論。話雖如此，當我們在發展概念架構、研究設計、場域、取樣、資料管理等任務時，還是會設法藉由預測可能的障礙與挑戰，以期最大化我們的研究價值。

　　比方說，當我們要探索、發掘男性被診斷患有攝護腺癌的反應類型，我們將會面臨下列的挑戰：如果樣本只選取容易進接的中產階級、口條清晰的男性，或是德州奧斯丁市的男性，又或是樣本只找患者，而不找患者的配偶和醫生，這樣的研究限制可能會有什麼缺失？再比方說，當我的研究目的是要發掘懷孕青少年或小爸爸、小媽媽扶助計畫「成功」的關鍵要素，我的樣本是否必須廣納大小預算規模的扶助計畫？但是如果研究那麼多計畫，我的研究經費又不多，如何可能完成我需要的深入參與觀察和訪談？如果我接受其他人的「成功」定義，焦點會不會太窄？這些都是棘手的問題，我們在第六章和其後數章會再回來詳細討論。研究計畫發展初期，我們頂多只能透過猜測和希望，來暫時回應上述之類的問題。待若干時日之後，在設計研究、規劃時間和預算，也許在研究場域，這些猜測和希望就會逐漸確定下來。

　　以草稿或大綱模式來寫導言，等到寫完文獻探討，導言的許多細節就會逐漸明朗化。到最後，當研究計畫的其他部分都寫完了，導言終究會跟著作必要的修改。到那時候，也唯有那時候，才能夠寫下真正的導言。儘量保持簡短扼要，畢竟，導言應該是要發揮「暖身」的功能，引導讀者大致認識研究計畫的梗概全貌。時間緊迫（或懶惰）的讀者應該

得以只讀導言，就能夠大致知道計畫要做的研究是什麼。

文獻回顧與評論

　　周延而有洞視性的文獻討論，可以給研究建立起一個邏輯的架構，有助於將研究定位到某種探究的傳統，並且界定相關研究的脈絡。文獻探討有四項主要的功能：

1. 展示研究問題背後的假設。如果可能，應該呈現該研究遵循的研究典範，並且描述研究者對於從事研究秉持的預設與價值觀。
2. 展現研究者對於相關研究與環繞該項研究主題的學術傳統具有相當的認識。
3. 展示研究者有確認出過去研究當中存在的缺口，而且該項計畫提案的研究將會有效補足該缺口。
4. 將研究問題置放於更廣泛的研究傳統，從而將研究問題精修與重新界定。

我們可以這麼說，文獻探討就像是研究者和相關文獻之間的對話。

從理論傳統找尋研究問題的脈絡框架

　　首先，文獻探討就是要探尋研究問題的概念架構，也就是嘗試從理論傳統和相關研究裡，找尋可以置放研究的脈絡位置。在初始的時候，可能是直覺的嘗試若干位置，通常是基於研究者看待世界的一些預設，看看研究問題是否能夠和該等世界觀相互接合。當研究者探索文獻之後，他應該就會開始辨識出可茲接合研究問題的某些理論架構，並且以該理論架構來陳述他對於研究問題的預設看法。可能是兒童發展理論、組織理論、成人社會化理論、批判種族理論、或是其他任何適合的理論。文獻回顧與評論的這個部分就是要提供研究的概念架構，以及確認該研究意圖拓展的知識領域。

相關文獻的回顧與評論

接下來，文獻探討的第二個部分，就是名如其實的文獻回顧與評論，也就是要回顧評論與研究問題相關的研究和學術著作。文獻評論的結果應該使研究問題的陳述更為精確，因為必須明確標示出尚未充分探索的領域，或是指出比先前研究更為妥適的研究設計。如果研究主題的概念架構在重新界定之後，揭示出某一重大面向的重要意涵，那麼該等面向也正是值得進一步探究的焦點所在。Cooper（1988）討論了有關文獻回顧的焦點、目標、觀點、涵蓋範圍、組織與閱聽人等議題。

專家的論述觀點

在文獻探討這個部分，呈現的是實務從業人員的觀點，乃至新聞記者與決策者的說法。這兒也提供機會，呈現學術界與期刊論文之外的觀點，包括：呼籲找尋解答某些問題的必要性、對於問題原因的探索，以及看待問題的不同方式。舉凡政府的報告、遊說團體的主張、新聞報紙的文章、乃至街頭路人的說法，都可以收錄在內。對於學術界的讀者而言，這些來源的資料，其可信度或許不如有同儕審查的文獻。不過，這類資料因為是基於直接的個人經驗與圈內人的見解，因此有其獨特的可信度。所以，引述州議會議員或工聯通訊報紙社論，對於失業勞工健康問題的觀點，可以強化或深化學術觀點關於失業問題的洞視。

將文獻探討摘要總結為概念架構

研究者在文獻探討發展論述，確認有用的文獻，指出某些文獻已經過期、有所侷限、或是遺留某些問題沒有解決。這些論述支持研究使用的概念架構，以及研究將要探討的問題。圖4.4擷取瑪歇爾研究計畫的文獻探討（Marshall, 2008），包括：組織理論、領導理論、學校行政生涯的現實，以及政府和專業組織對於學校行政人員短缺和倦怠的憂慮。這個架構是創造來支持研究計畫的辯護論述，研究需要發掘什麼樣

的組織經驗以支持和吸引健康、投入而且有創造力的學校行政人員。

例子一：構想多名研究員與多重焦點之研究的模式

此架構用圖文模式展現文獻探討發展的論述，以及確認七大類相互關聯的研究問題。讀者可以清楚見識，這些問題的概念架構彼此相互協調，指向可能的研究場域和焦點，並且釐清對於決策者（苦思學校行政人員短缺和倦怠）的重要意涵。最後，此架構也展現大型研究案化解決策者憂慮的潛力，將問題擴大，指出相關的政策議題思考應該考量如何營造支持和吸引健康、投入而且有創造力學校行政人員的環境。

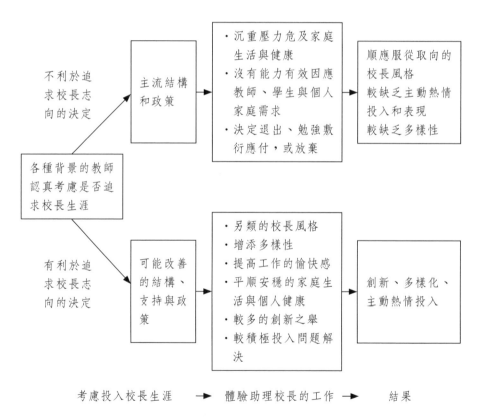

■圖4.4　構想多名研究員與多重焦點之複雜研究的模式

例子二：簡單的研究概念架構

有些研究者發現圖形模式（pictorial model）相當有用，可以幫助確認領域和關係（例如：概念圖的應用）。這類的圖形模式並不是用來預測研究發現，而是用來呈現研究者在研究計畫階段對於研究的構想。圖4.5呈現的就是一個簡單的研究概念架構圖，可以幫助研究者構思影響病人進接醫療服務因素的問題概念架構。

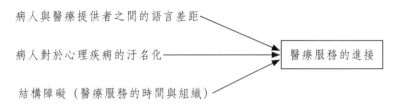

病人與醫療提供者之間的語言差距

病人對於心理疾病的汙名化　　　　　　　醫療服務的進接

結構障礙（醫療服務的時間與組織）

■**圖4.5　構想簡單的研究概念架構的範例**

資料來源：Schensul（2008，頁519），翻印許可。

專欄7的例子，詳細呈現如何在研究計畫中，將研究重要意涵的界定與文獻探討的各部分相互整合。請注意，文獻探討如何引導Marshall（1979, 1981, 1985b）找出新的可能方向來探索研究擬定的問題。

專欄7

藉由文獻建立研究的重要意涵

瑪歇爾（Marshall, 1979）研究主題是女性學校行政人員。在文獻探討，她首先回顧過往的研究。在她之前，已經有許多研究者做過調查研究，確認女性學校行政工作人員的特質、職位，以及女性學校行政人員的百分比。此外，少數研究者也已經確認出若干型態的歧視。

瑪歇爾決定和這些過往的研究傳統分道揚鑣，她賦予自己的研究一個全新的概念架構。她把研究重新定位在成人社會化的領域，然後著手找尋生涯社會化方面的理論。她開始回顧有關學校行政生涯的理論，結果發現了若干有用的概念，包括：角色限制、師徒提攜、志向形成等

等。從回顧這些理論文獻，以及教育行政生涯的相關實徵研究，包括：徵員、訓練、選任歷程，以及女性工作與生涯等，瑪歇爾找到了一個可以重新定位研究問題的概念架構。她問道：「女性學校行政工作者有什麼樣的生涯社會化歷程？」「女性的生涯抉擇、訓練與獲得支持的機會、克服障礙、升遷等，其中涉及哪些歷程？」

此一重新定位概念架構來自於提問下列關於重要意涵的問題：誰在乎這項研究呢？這樣的問題促使她回顧過往研究，結果發現，該等研究已經解決過許多問題，也顯示女性和男性一樣有能力可以勝任學校行政工作。但是，批判的文獻探討辯稱，這些研究探討的是不同的問題。瑪歇爾論稱，她的研究的重要意涵就在於聚焦描述一種過往研究只有略知一二，卻未曾真正探究過的歷程。這項新的研究將會探索在男性主宰的職業當中，女性的生涯社會化歷程，從而為理論增添新頁。如此一來，也建立了此研究計畫在增進知識方面的重要意涵。

瑪歇爾的文獻探討也綜覽回顧了「肯定少數族群行動方案」（affirmative action）與其他平等議題，從而建立研究對於實務與政策的重要意涵。如此一來，研究問題、文獻探討，以及研究設計，都緊密呼應這些有關重要意涵的問題。整個研究計畫必須要回應這些問題，讓讀者清楚看見，確實存在著這麼一個重要的知識與實務領域，亟待探索，而質性方法正是最適合用來進行這項探索目標導向之研究的選擇。

上面專欄7顯示，文獻探討可以確認知識傳統，更重要的是還能夠建立研究主題的重要意涵，發掘新的問題，以及從新的角度來探索老問題。文獻探討的這種「啟新功能」（initiating function）（Rossman & Wilson, 1994），可能具有相當的創意。它幫助嘗試「if-then命題判斷式」，以及「思考實驗」（Schram，2006，頁67），研究者用遊玩的心情，嘗試想像理論和資料蒐集發現之間可能有的鏈結和關係。比方說，上述專欄7的瑪歇爾（Marshall, 1979）在一次思考實驗中，提出了一個主導研究的「if-then」假說：「if」如果，女性預期會因為母親角色和行政工作的雙重負擔而有角色限制，而且也懷疑女性可能沒辦法扮

演「強硬的」領導者，「then」，她們就可能會壓抑任何想要成爲學校領導階層的志向。因此，這樣的思考實驗就產生了主導研究的假說，也讓研究者有若干線索得以想像如何提出問題，還有如何敏銳感受資料當中的主題；而且她也更有信心，能夠從枯燥的文獻探討往前邁向資料蒐集當中充滿生命活力的眞實人物和眞實人生。

再者，文獻探討也提供黏接劑給整個研究計畫，也就是顯現出各個組成部分概念的相互關聯性。如果沒有文獻的知識，就不可能論述研究的重要意涵。如果沒有討論一般性的研究主題，也不可能描述研究設計。論文計畫之所以需要分成這些組成部分，乃是出於傳統約定俗成的要求，但是這種分法本身並沒有什麼點石成金的魔法。對於如何組織複雜的研究主題，以及回應一開始所提出的三項關鍵問題，表4.1提供的組織方式非常值得推薦。接下來，專欄8的例子將會示範如何融合傳統不相干的文獻，從而寫出既有創意又令人興奮的研究概念架構。

專欄8

具有創意的文獻回顧

當研究問題探索新的領域，單一體系的理論與文獻可能就有所不足，難以建構可供該研究參照的概念架構。舉個例子來說，Shadduck-Hernandez（1997, 2005），她是國際發展教育系的研究生，透過搜尋文獻的方式，來找尋可供研究參照的概念架構，以茲展開有關某大型研究大學社區服務學習創新計畫（服務對象是該大學的難民／移民青年和大學部學生）的研究。

Shadduck-Hernandez埋首搜尋文獻，包括：社區服務學習，以及高等教育機構和服務社區之間的關係。結果發現文獻當中存在一個重大缺口。過往的研究確認並描述社區服務學習計畫參與者的人口學資料，主要就是中產階級的白種人大學生提供服務給有色人種的社區新住民。不過，有些人批判這樣的計畫骨子裡埋藏著霸權實踐，並且呼籲挑戰質疑持續存在於大學和社區關係的歐美中心價值觀。很清楚地，過往的研究概念架構並沒有從主流大學論述邊緣化的弱勢（有色人種的社區新住

民）觀點，來持續批判大學體制。

確認研究定位為有關社區服務學習和大學社區關係的學術論文研究寫作之後，Shadduck-Hernandez仍然覺得有些不完整。文獻幫助她建立研究的脈絡，但是並沒有提供理論概念或命題，所以還是沒能幫助澄明學生的經驗。於是，她轉向批判教育學的文獻，希望能夠建立起更完整的概念架構，以便澄明該等社區服務學習計畫的諸多原則。她也討論情境學習理論，包括：脈絡、同儕關係與實踐社區等箇中關鍵概念，以茲提供分析該計畫學習環境的洞視觀點。最後，她依賴人類學的知識基金概念——「少數族群低收入家庭學生與社區擁有的策略和文化資源」（頁115-116）。再者，Shadduck-Hernandez把這種創新的理解，和其他類似的弱勢族群的社區服務學習對照比較，以檢視其有效性，並且發展對於大學體制溫和但深刻的批判。

專欄8讓我們看見，研究計畫如何透過創意巧思，融合原本不甚相關領域的文獻，建立別出心裁的概念架構。文獻的整合協助型塑研究的焦點，對於學術以及大學的政策和實務都頗有貢獻。藉由關於高等教育機構和社區的歷史知識，以及廣泛參閱各種理論文獻（theoretical literature），包括：批判教育學、情境學習理論、知識基金等，奠定了豐厚的理論基礎，運用創意擬出跨領域的綜合研究主題。Shadduck-Hernandez並沒有狹隘聚焦於單一主題，而是廣泛搜尋其他學門的文獻，建立更具有啟發性的研究構念。雖然費時耗力，過程充滿渾沌、曖昧不明的障礙，但是整體而言，在其投入創意文獻回顧的過程當中，就已經提早將其研究工作水平提升到了真正學術研究的境界。

文獻探討可以發揮許多功能：(1)文獻探討可以展現並支持研究主題的重要性；(2)文獻探討可以支持描述型研究結果的真實性；(3)文獻探討可以對於資料蒐集與資料分析階段的解釋產生引導作用，特別是那種尋求解釋、評鑑與呈現事件關聯的研究；(4)在扎根理論的發展過程中，文獻探討可以提供初始理論構念、範疇與特質，以供組織研究產生的資料，從而發掘理論與真實世界現象之間的新連結關係。

　　本章討論至此，我們已經認識了研究計畫的若干主要組成元素，包括：導言、主題與目的之討論、重要意涵、研究問題，以及文獻探討。這些元素總合起來，就構成了研究計畫的概念架構。研究計畫發展至此階段，主要（與次要）的研究理念已經初具雛形，這些概念的學術根源也已呈現並加以批判；另外，也呈現並批判其他研究者的相關主題論述和研究。所有這些努力都是希望能夠讓讀者知道：(1)研究主要是關於什麼（主題）；(2)誰會關懷此研究（重要意涵）；(3)哪些人曾經對此主題有過論述或結論（學術的根源）。這三方面的目的相互交錯，融入研究計畫的諸多組成元素之中。

　　研究計畫的最後一個主要組成部分，就是研究設計與方法，必須銜接前面建立的部分，並且順著其中的概念架構與邏輯，這個部分的討論請參閱第五、六、七章。在研究設計與方法的部分，研究者根據計畫的概念架構，建立一個示範案例或個案，讓讀者明白計畫擬用的特定樣本、方法、資料分析技術，以及研究報告的模式。總之，研究設計與方法的部分應該建立辯護理由和論據，爭取讀者支持其選擇的設計和資料蒐集法。在這兒，研究提案人應該藉此示範說明，來爭取讀者支持其選擇質性研究的決定。這些主題也會在第五、六、七章討論。

　　雖然質性研究和傳統量化研究計畫乍看有些相似，但根本上還是有頗大的差別。在發展質性研究計畫時，首要之務就是引導讀者認識研究要探究的主題。請注意，這並不等同於宣告研究問題或命題，也不是陳述研究檢驗的假說。正確而言，質性研究計畫之初，研究主題的介紹比較像是針對某項迷團、難題、未曾探索的議題或群體，所進行的一般性討論。通常在文獻探討之後，研究主題可能會逐漸明朗而聚焦。文獻探討最好包含若干不同的方向或領域，因為對於探索型的研究而言，很難預先確定哪一方面的文獻才是最有關聯的。

　　有些時候，文獻探討可能產出頗為合理而且有用的定義、構念、概念、甚至資料蒐集的策略，而且進一步開花結果，形成初探的「引導假說」（guiding hypotheses）。在這兒，策略地借用「引導假說」這個屬於傳統量化研究的用語，希望讀者比較容易接近。不過，請必須謹記，質性研究必須解釋這種引導假說只是一種工具（而不同於量化研究

那種有待印證的理論標的）。主要用途是輔助推出研究問題，以及輔助找尋具有特定樣式的現象；而且在後續研究進展中，一旦研究的領域確定了，或是出現更有意思的現象，就得捨棄原先的引導假說。這可以讓研究者保持必要的彈性，容許研究焦點隨著研究進展而演化。由於引導假說並非固定不變，所以研究者得以保留探索權利，從中推出各種新的研究問題。引導假說可以提供讀者線索，辨識研究者可能採行的研究方向；但是，研究者仍然可以自由探索其他可能的現象或樣式。

專欄9

潘夢遊（學術）仙境：論述評論

知識需要有求知者。走進圖書館，需要解密其中的文字，否則的話就跟身處於一堆廢紙中沒兩樣。圖書館館藏的「知識」由那些懂得閱讀、解釋、評估文字的求知者背書（MacIntyre, 1981; Steedman 1991，頁53）。

我不知道自己在這裡坐了多久，肯定在椅子上打瞌睡好一陣子，背好疼，眼睛好痠；環顧四周，剛剛還坐在我附近看書的人都已經不在原地。中午透過窗戶斜照進來的陽光也不見了，這時候小房間裡的氣氛讓我覺得有點詭異，不太自在。昏暗的燈光下，一排排的大書櫃看起來陰森森的，好像地牢裡的高牆，感覺好像有人躲在後面偷窺。但是，在還沒看完這些書之前，我不想離開圖書館，趕緊把這些愚蠢的畫面趕出腦海。

站起來伸伸懶腰，走向對面角落準備開啓燈光，此時我看到一群人安靜地坐在書桌旁。這些人是誰？為什麼要坐在黑暗中交談呢？圖書館裡的魅影嗎？突然背脊一顫，全身的雞皮疙瘩都起來了，我不知道該逃離這個房間還是趕快走過去把燈打開。在我採取任何行動之前，我聽到有人說：「要不要加入我們呢？」我嚇得不敢動，另外有人跟我揮揮手，催著我說：「請把燈打開，然後加入我們吧！」雖然很怕燈打開後，這些人就消失了，我還是趕緊把燈打開。

還好，這些人沒有消失。在柔和的燈光下，這些人影原來是七位

看起來很像學者的男男女女——正確的說是五位女性、兩位男性，此時正對著我微笑。原來他們不是鬼魂。雖然他們看起來很眼熟，可是我想不起來在哪裡見過……有個坐在白鬍子老人右手邊的高加索男性催促我說：「來加入我們的對談吧。」跟這些人對話？我的天啊！他們看起來充滿學問、知識滿滿的感覺。我要跟他們說些什麼呢？坐在白鬍子老人左手邊。一個慈善、看起來像個媽媽的人指著旁邊的椅子說：「來吧，坐在我旁邊，這裡有張椅子……」

當我坐下時，馬上自我介紹：「我叫潘，是國際教育中心的博士生，正在寫論文，任職於泰國的非典教育部門。一般工作圍繞著社區發展的教育，對於發展、非典教育間的關係，還有泰國女性受教權等感興趣，我想要……」

「等一下，」在我說完之前，白鬍子老人打岔：「你該不會想要研究這麼多主題吧？」我搖搖頭，短髮女人問了個我不敢面對的問題：「你的重點到底放在哪裡？」我垂下眼光，看著桌子，慚愧地承認：「還不太確定。」當我抬起頭時，看到每個人臉上都充滿著憐憫的表情。我聽到有人輕語：「菜鳥學者」，頓時尷尬到耳根發紅。在我想到為自己辯解之前，坐在我右手邊的黑髮女性提議：「我們何不問問看她為什麼想要知道這些主題，想要從這些論述中獲得什麼？這些論述對她的論文主題有什麼幫助？接下來我們才可以給她些建議。」她轉向我說：「你可以回答這些問題嗎？」好幾道充滿疑問的眼光緊盯著我，瞬間我的臉色發白。

我們無意暗示，研究計畫的開展是依直線前進。專欄9的例子展現了創意。事實上，第一章就已經特別註明過，構思研究概念架構以及研究設計，目標都是希望研究架構與設計能夠清楚而富有彈性，便於管理；然而，過程卻是反覆辯證，有些混亂，說白一點，根本就是勞心勞力的苦差事。當研究者嘗試把玩各種概念與理論架構，經常會把不同的研究設計拿來玩看看，然後評估個別設計處理研究問題的優劣。舉例而言，在考量研究總設計時，如果選擇俗民誌、個案研究或深度訪談，其

後形成的研究問題往往也會各異其趣。隨著概念架構與研究設計細部愈來愈清晰，研究計畫各部分的關聯也會愈趨融合成爲一體。總之，研究計畫在擬定研究主題、研究問題之後，就是要設法找到可以配合的研究設計與方法，建立合乎邏輯的關聯。

作者書簡

葛蕾琴：我發現這個概念化的「東西」非常令人興奮，架構的不同改變了研究問題與設計等等。我就是喜歡跟學生們利用黑板一起來討論。我發現如果一個班級「凝聚」成一個小型社會時，學生們可以充分互相協助支援，提出非常有趣且值得深思的問題與見解，讓我們更深入思索研究的概念化。

凱瑟琳：我認爲對於想要抄捷徑的人來說，這種概念化過程非常可怕、困難，所以很多人都不知道一開始先有直覺的架構，然後藉由文獻來擴展，接著再隨著分析與解釋來進行修改。

學友書簡

嗨，凱倫：

當我愈來愈接近研究的尾聲時，不禁回想起過程中對自己的質疑，包括：研究設計、研究問題、概念架構與主題的顯著性等等。爲了要描述我的掙扎與研究的非線性特質，最近才感覺到自己的論點非常有說服力！終於感覺到自己可以將理論與概念等各方面連結在一起。但是，我還是覺得另外有其他十種方法可以做研究！

我不知道你的狀況，可是我常常發現自己需要點空間，重新思考論點與方法的基礎。我常需要抽離——出去跑步、洗碗或是睡個覺。通常這可以讓我在反覆的過程中求得寧靜，讓我有動力繼續往前。我相信凱瑟琳與葛蕾琴稱這個時刻爲「思考時間」。很幸運地，我的個人與職業興趣有助於維持這種必要的「滿腔熱血」。

你是否在研究途中遇到過類似的沮喪或挫折呢？

保重！

卡拉

親愛的卡拉：

　　好笑的是，邊看著你的信，我邊想著：「我也是，我也是。」事實上，我的床邊放有筆記本與筆，通常我在入睡前，甚至半夜的時候，都會有突發靈感；思索了整天的問題往往在奇怪的時刻明朗化。

　　還記得有一次上完暑期的研究方法課程後，對於自己的研究成果感到非常的不安。現在，我覺得所有讀過的理論文章都值得了──每個新知識都有助於我縮小研究參數。我用參數這個詞而非問題，因為我還是不太能夠提出問題。我猜我用研究參數作為橋梁，將研究興趣與可研究的問題連結在一起。

　　我還是多用點理論好了！

凱倫

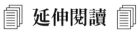 延伸閱讀

Anfara, V., & Mertz, N. T. (2006). *Theoretical frameworks in qualitative research*. Thousand Oaks, CA: Sage.

Barbour, R. (2008). *Introducing qualitative research: A student's guide to the craft of doing qualitative research*. Thousand Oaks, CA: sage.

Bloomberg, L., & Volpe, M. (2012). *Completing your qualitative dissertation* (2nd ed). Thousand Oaks, CA: sage.

Cheek, J. (2008). Funding. In L. M. Given (Ed.), *The Sage encyclopedia of qualitative research methods* (pp. 360-364). Thousand Oaks, CA: Sage.

Cheek, J. (2011). The politics and practices of funding qualitative inquiry: Messages about messages about messages.... In N. K. Denzin & Y. S. Lincoln (Eds.), *The SAGE handbook of qualitative research* (4th ed., pp. 251-268). Thousand Oaks, CA: Sage.

Coley, S. M., & Scheinberg, C. A. (2013). *Proposal writing: Effective grantsmanship* (4th ed.). Thousand Oaks, CA: Sage.

Crabtree, B. F., & Miller, W. L. (Eds.). (1999). *Doing qualitative research: Multiple strategies* (2nd ed.). Thousand Oaks, CA: Sage.

Creswell, J. W. (2013). *Qualitative inquiry and research design: Choosing among five approaches* (3rd ed.). Thousand Oaks, CA: Sage.

Creswell, J. W. (2014). *Research design: Qualitative, quantitative, and mixed methods approaches* (4th ed.). Thousand Oaks, CA: Sage.

Egbert, J., & Sanden, S. (2013). *Foundations of education research: Understanding theoretical components*. London: Routledge.

Glesne, C. (2010). *Becoming qualitative researchers: An introduction* (4th ed.). Boston, MA: Pearson.

Janesick, V. J. (1994). The dance of qualitative research design. In N. K. Denzin & Y. S. Lincoln (Eds.), *Handbook of qualitative research* (pp. 209-219). Thousand Oaks, CA: Sage.

Kohli, R. (2008, April). *Breaking the cycle of racismin the classroom: Critical race reflections fromfuture teachers of color*. Paper presented at the meeting of AERA, San Diego, CA.

Lee, T. S. (2006). "I came here to learn how to be a leader": An intersection of critical pedagogy and indigenous education. *InterActions: UCLA Journal of Education and Information Studies, 2*(1), 1-24.

Locke, L. F., Spirduso, W. W., & Silverman, S. J. (2013). *Proposals that work: A guide for planning dissertations and grant proposals* (6th ed.). Thousand Oaks, CA: Sage.

Madison, D. S. (2005). *Critical ethnography: Method, ethics, and performance.* Thousand Oaks, CA: Sage.

Marshall, C. (2008). *Making the impossible job possible.* unpublished grant proposal, University of North Carolina at Chapel Hill.

Maxwell, J. A. (2005). *Qualitative research design: An interactive approach* (2nd ed.). Thousand Oaks, CA: Sage.

Piantanida, M., & Garman, N. B. (1999). *The qualitative dissertation: A guide for students and faculty.* Thousand Oaks, CA: Corwin Press.

Ravitch, S. M., & Riggan, M. (2012). *Reason and rigor: How conceptual frameworks guide research.* Thousand Oaks, CA: Sage.

Schram, T. H. (2006). *Conceptualizing and proposing qualitative research.* Upper Saddle River, NJ: Pearson.

Silverman, D. (2005). *Doing qualitative research* (2nd ed.). Thousand Oaks, CA: Sage.

Smith, D. E. (2005). *Institutional ethnography: A sociology for people.* Lanham, MD: AltaMira Press.

Strauss, A. L. (1969). *Mirrors and masks.* Mill Valley, CA: Sociology Press.

Strauss, A., & Corbin, J. (1990). *Basics of qualitative research.* Newbury Park, CA: Sage.

Weis, L., & Fine, M. (2000). *Speed bumps: A student-friendly guide to qualitative research.* New York: Teachers college Press.

Wronka, J. (2008). *Human rights and social justice: Social action and service for the helping and health professions.* Thousand Oaks, CA: Sage.

Ybema, S., Yanow, D., Wels, H., & Kamsteeg, F. (2009). *Organizational ethnography: Studying the complexity of everyday life.* London: Sage.

● 作者特選

Bloomberg, L., & Volpe, M. (2012). *Completing your qualitative dissertative* (2nd ed.). Thousand Oaks. Sage.

Crabtree, B. F., & Miller, W. L., (Eds.). (1999). *Doing qualitative research: Multiple strategies* (2nd ed.). Thousand Oaks, CA: Sage.

Janesick, V. J. (1994). The dance of qualitative research design. In N. K. Denzing & Y. S. Lincoln (Eds), *The SEGE handbook of qualitative resarcn* (pp. 205-219). Thousand Oaks, CA: Sage.

Piantanida, M., & Garman, N. B. (1999). *The qualitative dissertation: A guide for students and facuity.* Thousand Oaks, CA: Sage.

Weis, L., & Fine, M. (2000). *Speed bumps: A student-friendly guide to qualitative research.* New York: Teachers College Press.

關鍵概念

conceptual framework	概念架構
conceptual funnel	概念漏斗
focusing	聚焦
guiding hypotheses	主導研究假說
personal biography	個人傳記
personal theories	個人理論
pictorial model	圖形模式
problematic	問題意識
related research	相關研究
significance for knowledge	知識方面的重要意涵
significance for practice and policy	實務與政策方面的重要意涵
theoretical literature	理論文獻

第 **5** 章

研究的途徑「How」： 建立研究設計

研究計畫有個部分是專門用來陳述研究設計與方法，主要功能有三：

1. 呈現研究的執行計畫。
2. 展現研究者具備執行該項研究的勝任能力。
3. 肯定有必要保留研究設計彈性，並擬出保留策略。設計彈性是質性研究最重要的標誌，保留彈性也是撰寫計畫最具挑戰的部分。

質性研究計畫的研究設計與方法部分，大抵涵蓋八大主題：(1)質性研究類型、總體策略、辯護理由或論證（rationale）；(2)場域選擇（site selection）、樣本母群選擇、取樣（sampling）；(3)研究者進場（entry）、研究者角色（role）、研究倫理（ethics）；(4)資料蒐集法；(5)資料管理；(6)分析策略；(7)可信賴度；(8)管理計畫或進度表。

整體而言，完成上述八大挑戰就是要發展出一份清楚可行的研究計畫，具體陳述相關細節，同時還必須維持變通彈性。之後，本章後半段將依序討論上述(1)～(3)分項主題。第六、七章陳述資料蒐集的主要與次要方法。第八章討論管理、分析與詮釋質性資料的策略。第九章介紹研究進度管理（研究管理計畫、預算與進度表），以及資料蒐集與管理的組織做法。第十章提供質性研究報告撰寫與發表模式的建議。

迎接挑戰

質性研究計畫必須迎接的挑戰就是，設法保留研究設計必要的變通彈性，確保研究實施「如同瀑布一樣自然開展、順勢而降、大江滾滾、

破浪湧現」（Lincoln & Guba，1985，頁210）；在此同時，還能確保計畫符合邏輯、簡明扼要、周延、切實可行。研究設計應該向讀者展現：(1)研究的整體計畫妥適而周全；(2)研究者具備勝任能力，可以順利執行擬定的各種研究方法；(3)研究者擁有足夠的興趣與自知之明，能夠堅持到底完成研究。研究設計與計畫者的辯護說明必須禁得起質疑考驗。畢竟，研究設計必須說服審查人員，使其信服研究者能力足以處理箇中複雜歷程與個人問題，還得經常做出隨機應變的決策，面對研究場域「自然開展、順勢而降、大江滾滾、破浪湧現」的態勢。

此外，還必須讓讀者明白，研究者應該保有修改原始設計的權利，以因應研究的演化。建立研究設計的應變彈性，是撰寫質性研究計畫相當關鍵的挑戰。可以藉由下列做法來達成此一挑戰：(1)說明採用該等質性方法來探究特定研究問題，乃是合乎邏輯的適切選擇；(2)盡可能納入傳統研究的多樣組成元素。不過，研究者還是保有權力，得以在資料蒐集期間修改實施方式。如前所述，這個部分的主要任務應該是要提出理由、論證與邏輯說明，以辯護所選用的特定質性研究類型、整體策略，以及研究設計元素。不過，必須提醒讀者注意，有時候在聚焦辯護特定質性研究類型與取徑之前，可能還需要針對質性研究提出一般性的辯護。有鑑於此，接下來先討論如何辯護一般性的質性研究，然後再聚焦討論特定質性研究類型與取徑的辯護。

辯護說明質性研究的正當性

近年來，在某些領域，質性研究的價值與信譽已經獲得相當的肯定。不過，長久以來，社會科學研究一直受到傳統量化研究模式的主導，再加上當前美國聯邦政府的保守風氣，因此，研究人員在聚焦辯護特定的質性研究類型與取徑之前，很可能必須先為質性研究提出一般性的辯護。因此，研究者應該設法展現，為何與如何探究該等研究問題的最理想方式就是：採用探索型的取徑在該等問題發生的自然場域來探究。在此，我們整理出幾種最能凸顯質性研究價值的研究，計畫提案者

應該設法向讀者闡明，為什麼這些類型的研究特別適合採取質性研究取徑（Lincoln & Guba, 1985; Marshall, 1985a, 1987）：

- ·尋求文化描述與俗民誌的研究
- ·探討多元建構實在的全觀研究（holistic studies）
- ·探索默會知識與主觀理解和詮釋的研究
- ·深入發掘複雜性與歷程的研究
- ·探索所知甚少之現象或創新系統的研究
- ·試圖探索政策與地方知識或實務相互扞格癥結所在的研究
- ·探討組織中非正式或非結構化歷程與關聯性的研究
- ·探究組織的實際目標（相對於宣告的目標）的研究
- ·礙於現實因素或倫理考量而無法付諸實驗的研究
- ·探索新奇、受忽略或邊緣化族群的研究
- ·探索尚未被確認之相關變項的研究
- ·探索經驗理解的研究

除了可以列舉上述例子來凸顯質性方法的獨特價值之外，也可以參考許多優秀的質性研究入門書，當中都有介紹質性研究的特色與優點，讀者不難從中找到更多支持選用質性研究方法的理由（請參閱第一章延伸閱讀）。援引上述各種支持質性研究的理由，計畫採用質性研究取徑來探究特定場域（例如：病房或社服機構）的研究者就可以辯護說明，人類的行動會受到所在場域的重大影響，因此，最理想的研究做法就是在該等行為發生的真實環境中來探究。社會情境與物理情境（時程表、空間、薪水與報酬），以及內化的常模、規範、傳統、角色與價值，這些都是真實環境的關鍵面向。脈絡對於質性研究很重要。研究者可以論稱，研究場地必須選擇在脈絡要素複雜性長期充分運作與展現的自然環境，並且可以蒐集到多元版本現實的資料。

另外，研究如果是聚焦個人生活經驗，研究者也可以論稱，除非有去理解參與者賦予其行動的意義，否則就不可能真正理解人類的行動。因為行為必然會涉及思想、感覺、信念、價值與設想的世界等深層面向，所以，研究者有必要透過面對面的互動與觀察，以便捕捉該等行為

涉及的諸多深層面向。

　　批判和展現實證主義、量化研究取徑的缺陷，也是辯護支持採用質性方法的絕佳策略。研究者可以論稱，一般所謂客觀的科學家，當他們用預先擬定概念化定義將社會世界編碼成為可操作的變項，在此同時也就把自己侷限的特定世界觀強套到研究對象的身上（我們認為，所有的研究都要避免如此的強套做法，而不只限於質性研究），如此一來也就不可避免地摧毀了許多寶貴的資料。

　　研究者還可以進一步批評實驗取徑的研究模式，可以強調決策者與實務工作者，有些時候根本就無法從實驗研究結果擷取任何有用或有意義的發現。實驗模式採用的技術或工具本身也會影響研究發現。實驗室與問卷等已經變成人造產物，研究受試者不免抱持懷疑或憂心的態度。還有些受試者根本就看穿了研究者想要得到的結果，並且努力迎合或討好研究者。再者，研究者可以描述量化方法對於故事（個人生活經驗的複雜敘事）遮蔽或更糟的錯置的情形。

　　總而言之，研究計畫應該展現質性研究的優點在於，特別適合用在探索或描述型研究，以及凸顯脈絡、場域和參與者的參照觀點。說理周延而有說服力的質性方法辯護解釋應該提供簡潔且強而有力的理由和論證，穩固立基於研究概念架構，以及證成特定的資料蒐集方法。兩個例子闡明這點。Glazier（2004）俗民誌研究以色列境內阿拉伯和猶太教師協同合作對於兩個族群相互理解的影響，強力辯護說明為何應該採用三角檢核質性資料，以便確認多元觀點。Mishna（2004）也提出強力的辯護說明，為什麼校園罷凌訪談兒童和成人的研究有必要採用質性方法，以便捕捉脈絡、個人詮釋與經驗。Mishna（2004）指出，

　　　質性資料……賦予個人生活經驗優先地位……增進我們對
　　於兒童和成人兒童之觀點的理解，這是發展有效介入做法的關
　　鍵要件……我們對於校園霸凌關係的動態所知微乎其微……當
　　我們努力想確認有問題的同儕關係涉及的歷程時，首當其衝就
　　必須先弄懂兒童的觀點。（頁235）

請注意，這位研究者如何先呈現已知的部分，然後指出還有什麼需要知道的，接著再說明為什麼探究如此的主題需要採取質性研究取徑。

質性研究的類型與總體取徑

雖然質性研究被接受的程度已經愈來愈普遍了，不過，有些時候仍然有需要為選擇採用某特定的質性研究類型提出理由申辯。在此，請讀者回想先前第二章的討論，我們當時曾經論稱，依照研究的焦點目標而論，質性取徑的研究可以概括分為三大範疇：(1)聚焦「個人生活經驗」；(2)聚焦「社會和文化」；(3)聚焦「語言和溝通」。辯護採用質性研究取徑最強而有力的理由就是，質性研究取徑具有如後的優點：(1)適合用於探索或描述性的研究；(2)重視脈絡、自然情境的價值；(3)能夠深入理解研究現象在參與者生活經驗當中的豐富意義。

所有質性研究類型都具有一項共通預設：個人會對於其生活某些層面表達意義。這一點乃是依循Thomas（1949）關於人類經驗的一項經典論旨：「如果人們定義某情境為真實，則該等情境就會產生真實的後果。」（頁301）對於有關人類經驗的研究而言，根本要務就是要瞭解人們是如何定義自己所處的情境。

總之，研究計畫這個部分應該設法闡明質性研究類型、總體策略、研究問題、研究設計、研究方法之間具有強而有力的邏輯關聯性——這也就是要達到所謂的知識論的統整性（epistemological integrity）——若能達成這點，那麼質性研究的辯護就可算是相當具有信服力了。

總體策略

質性研究的總體策略（overall strategies）極為繁多（相關討論請參閱第二章），分析整理之後，可以歸類出三大範疇，參見表5.1：

質性研究類型與總體策略

1. 深度訪談（in-depth interview）：聚焦個人生活經驗的研究類型通常會採取此類策略，主要目標就是透過參與者本身的話語或文字，來捕捉其本身經驗的深層意義。另外，或許會補充其他型態的資料（例如：研究參與者的日誌），作爲輔助策略。

2. 個案研究（case study）：聚焦於團體、計畫或組織的社會和文化的研究類型通常會採取某種形式的個案研究，作爲總體策略。研究者必須融入研究場域，深入探索研究者和參與者的世界觀。

3. 微觀分析（micro-analysis）、論述分析（discourse analysis）或文本分析（textual analysis）：聚焦語言和溝通的研究類型通常會採取此類的總體策略。記錄（通常是用錄影）與分析各種言說事件，包括文本與細微的互動。

每一範疇的總體策略都有適配的研究類型和研究問題，研究焦點目標，以及資料蒐集的總體取徑。

■表5.1　質性研究的類型與總體策略

研究類型	主要的總體策略	研究的焦點目標
個人生活經驗	深度訪談	個人
社會和文化	個案研究	團體或組織
語言和溝通	微觀分析或文本分析	言說事件與互動

在選擇總體策略時，可以考量若干因素來幫助決定。首先，這三大範疇的研究總體策略之間的區別，主要反映在以下兩個向度的高低水準：(1)研究設計的複雜程度（complexity of design）；(2)研究者和參與者之間的互動密切程度（closeness of interaction）（請參見圖5.1）。

1. 研究設計的複雜程度：深度訪談的研究設計最爲簡潔，主要就是依靠訪談作爲資料蒐集的唯一方式。相對於深度訪談而言，微觀分析通常包含更複雜的脈絡細節，資料蒐集方式主要依賴某種形式的觀察，通常還會以訪談爲輔助。至於個案研究的設計則是這三類當中最複雜的，通常需要運用多元方法，包括：訪談、觀

察、歷史與文件分析，乃至於各種問卷或調查。

2. 研究者和參與者之間的互動密切程度：訪談策略需要研究者和參
與者之間密切的人際互動，而且通常需要投入頗長的時間。相較
而言，個案研究比參與觀察較少有親近的互動（詳見第五章討
論），參與觀察通常需要建立親近的關係。至於微觀分析，由於
其焦點偏向觀察，所以，互動密切程度介於其他兩類策略之間。

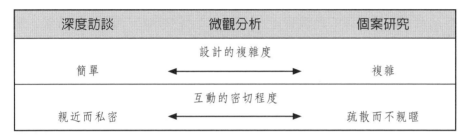

深度訪談	微觀分析	個案研究
	設計的複雜度	
簡單	←————————→	複雜
	互動的密切程度	
親近而私密	←————————→	疏散而不親暱

■圖5.1　研究設計的複雜程度與互動密切程度

　　總體策略就像路線圖，是從事系統化探索的藍圖，而研究方法則是
執行探索的特定工具。深度訪談選用訪談作為主要資料蒐集方法。個案
研究與微觀分析因為得依據擬定的研究問題，綜合使用多種方法，所以
情況比較複雜。比方說，探究福利改革的個案研究，涉及若干城市的社
福機構，可能需要仰賴多種方法，包括：深度訪談、長時期的工作紀錄
文件分析等等。再比方說，有關數學課學生上課的研究，可能會選用教
室互動的微觀分析策略，資料蒐集方法可能包括：直接觀察（錄影），
輔以訪談師生，以及學生作業分析。總體策略透過界定研究類型定位，
以及確認分析焦點，從而確立了研究的架構。當研究者選擇了某一類的
研究總體策略時，其實也反映他們的若干重大決定，從而判斷最適合的
取徑，來配合聚焦探討研究概念化部分提出的研究問題。

　　在發展總體策略時，必須考量資訊充足度（information adequacy）
與效率（efficiency），以及相關倫理考量（Zelditch, 1962）。

　　研究設計是否能在不傷人或不嚴重干擾研究場域下順利進行？能
否以體貼當事人的方式，取得足以充分解答研究問題的資料？這項策略

能否導出研究者探求的資訊？（第一章提過的關於研究可行性的問題）在種種限制（包括：時間、經費、進接，以及參與者和研究者的種種付出）之下，該項計畫是否能夠讓研究者蒐集到充足的資料？

除了上述兩組因素之外，還必須再加上倫理因素的考量。計畫採用的策略會不會侵犯參與者隱私，或是不適當的擾亂他們的日常生活世界？參與該研究會不會導致他們置身不利或危險處境？研究會不會有某方面侵犯到他們的人權？（本章稍後會更完整討論這些倫理的議題）質性研究策略可選擇的範圍其實並不大，決定選擇哪一種策略的時候，還得配合考量研究問題、研究類型、倫理，以及可投入的時間。

在研究計畫這個部分，除了建立強有力的辯護理由來支持特定的研究類型與總體策略之外，也應該肯定主張保留權力，在研究進程當中，視需要調整研究的設計。對於研究現象的初探也可以用來展現維持彈性的好處。例如：Geer（1969）關於在田野最初幾天（first days in the field）的描述，就是闡明此點的絕佳例子。她描述質性研究者融入研究場地的情形，研究者一開始只有過往研究確認的分析概念，依照理論架構和相關研究問題來引導，幫助決定哪些情況該觀察、哪些人該訪談，以及該問些什麼問題。在研究場域待過最初幾天之後，新的洞視開始釐清樣式，並形成聚焦的相關主題，研究者就應該進一步決定研究的精確焦點。不過，肯定應變彈性的必要性之餘，也必須經常將改變向論文審查主席報告確認。重大改變可能需要重新呈報研究倫理委員會（Institutional Review Board，或Internal Review Board，簡稱IRB）。

展現對於質性研究傳統的熟悉

研究計畫陳述研究設計的一個目的，就是要展現研究者具有執行質性研究的能力。因此，在研究設計部分應該從質性研究方法論課程、個人獨立研讀的參考讀物當中引述資料，或是摘要其他研究者的作品，以便展現研究設計有遵循應該注意的事項。引述這些資料並不是要用來誇耀自己讀了多少文獻，而是要提供扎實的證據佐證，研究者確實有進入相關質性研究方法論的關鍵對話。這可以展現研究者確實能夠理解與掌

握質性探究方法論歷史與當前的重要論述，尤其是關於計畫選擇採用的特定質性研究類型。目前已經有愈來愈多的研究者提供有關演化式研究設計的辯護理由和論據，有興趣的讀者可以自行參閱本書末尾附錄的參考書目，其中包括各領域的經典著作，以及最新出版的作品。

　　一旦總體研究取徑以及支持該取徑的辯護都已經呈現之後，研究計畫就可以著手擬定一份引導綱要，規劃說明研究興趣所在的場域或樣本母群，並且進一步擬定取樣計畫，以茲選取所要研究的特定人物、場地與事件。該等大綱可以讓讀者大致明白研究計畫的規模範圍，也可以讓讀者據以判斷預計蒐集的資料，其內涵質量、數量和豐富程度是否足以有效解答研究問題。在這兒，研究者還可以設計展示圖表來呈現計畫要探索的問題，可能蘊含豐富資料的場域，以及特定的資料蒐集策略，從而展示該項研究設計的邏輯合理性。

❧ 試行研究

　　試行研究（pilot study）非常有用，不僅可以用來測試總體策略，也可進一步辯護支持特定的質性研究類型與總體策略。針對試行研究加以描述與評估，並且提供有趣的初探研究結果，相當有助於支持研究者宣稱自己有能力勝任該項研究的說法。誠如Sampson（2004）所言：

> 　　雖然試行研究可用來改進諸如問卷、訪談大綱等研究工具，不過，更大的用途還在於可以提供前影作用（foreshadowing），預告研究問題和可能遭遇的困境，幫助引導俗民誌取徑的資料蒐集，凸顯資料蒐集的落差和浪費，以及思索影響層面更廣的重大議題，諸如：研究的效度、倫理、再現，以及研究者的健康和安全。（頁383）

　　試行訪談有助於瞭解研究者的角色。試行也有助於發現方法來消除研究障礙，諸如：對於錄音的抗拒，對於研究意圖的不信賴〔Smith（1999）社工人員的恐懼〕。試行研究或初步觀察可以強化研究計畫。

就算沒有試行研究，也可以藉由陳述初步觀察或訪談，從中找例子來說明自己確實擁有管理質性研究的能力。試行研究或初步觀察與訪談，這類經驗通常會揭顯一些相當有意思的問題與模式。針對初步觀察的描述，不只可以展現管理研究的能力，同時也可彰顯特定研究類型格外具有激發研究問題的長處。因此，在研究計畫當中納入試行研究或是初步觀察的描述，絕對是非常有利於增強研究計畫信服力的做法。

具體陳述研究場域、場地、樣本母群或現象

除非研究的規模或範圍非常小，否則不太可能徹底深入探討全部的相關情境、事件或人物。因此，取樣就成為不得不然的做法。對於研究設計而言，首要之務，而且是攸關全面性的決定，也就是選擇研究興趣所在的場域、場地、樣本母群或現象。這些重要的決定乃是研究初期奠基的引導指南，對於後續各種有關研究設計的選擇與決策也會產生型塑的作用。因此，這些決定必須清楚陳述，並且證成其正當性。

場地特定的研究

有些研究問題屬於場地特定（site specific）：另外有些則可以在許多場地來探究。比方說，研究問題如果是「經過何種歷程，女性研究終於納入大學的正式組織？」，就必須聚焦有這類情形發生的特定場地。相對地，若是要探索「新創的單位經過何種歷程，而得以正式納入教育組織？」，就有較多場地以及不同的新創單位可供選擇。比方說，如果研究是要探索「經過何種歷程，和平團義工得以促成社區長期衛生改善？」，就可以選擇全世界各地來研究。決定研究聚焦某特定場地（例如：麻州大學的女性研究學程），會受到相當高的限制：研究必須依照該場地來界定，並且和該場地緊密關聯。相對而言，決定聚焦某特定的樣本母群（例如：大學女性研究學程的師資，或是街頭幫派分子），其限制則比較少：可以在符合條件的場地來實施。至於選擇探究某一特

定現象（例如：新進教師的專業化過程，或是青少年對於親和關係的需求），對於研究場地或樣本母群的選擇限制就更低了，研究者可以選擇兼具目標導向與具有樣本代表性的取樣策略。

如果研究是關於特定的計畫、組織、地方或地區，那麼研究計畫在此很關鍵的要務，就是必須提供讀者關於該等場域的背景描述。另外還必須提供辯護理由，解釋為何該場域比其他場域更適合執行此研究。該場域有何獨特之處？又有哪些不尋常的特徵？在此，研究計畫必須清楚描述這些初期而且重要的決定，並且證成其正當性。有可能的話，還應該提供備份場域，以備不時之需（例如：原選的場域沒辦法取得進接，或有所延誤）。聰明的研究者會辨識較多選擇餘地的研究問題。

比方說，Kanter（1977）想要研究「組織的職位對於個人意識和行為的型塑作用，以呈顯男人和女人都是個人所處情境的產物」（頁xi）。她可以選擇許多場域來從事這項俗民誌研究。最後，她決定聚焦英德格工業零組件公司（假名代稱），因為她已經有進接該公司，而且對於組織理論的思考和先前觀察，也讓她覺得應該有把握可以在該公司蒐集到豐富的資料（不同時間點廣泛類型的行為和職位）。她的研究問題和研究設計並不侷限於英格德公司，甚至也不限於公司行號的組織。然而，她的設計和選擇的場域，容許她得以發掘和描述個人獲得「熱門職缺」的機率如何型塑行為、志向、乃至於職業生涯流動性。

自家後院的研究

自家後院的研究（research in your own setting）好不好呢？這是指在你工作或生活的地方從事研究。你本來就是該場域的在地人，所以場域的進接自然沒有任何問題。不過，以下相關的議題還是需要慎重考量：研究者很可能因為對於該等場域和人事物太熟悉，而抱持若干預設或期待；如何從在地熟人的角色轉換成研究者的角色；倫理和政治的兩難；可能有危險揭開潛在傷害的知識；親近和封閉之間的掙扎（Alvesson, 2003）。當然，自家後院的研究也有優點：相對容易進接參與者；縮短資料蒐集的時間；方便可行的研究場所；比較可能建立信

賴關係。誠如Kanuha（2000）所言，「自然回歸去研究『自己人』」
（頁441）。和在地人與現象透過緊密互動而形成的親近關係，可以提
供主觀的理解，大幅增進質性資料的品質（Toma, 2000）。

　　務實可行的場地具有下列特徵：(1)有可能進接；(2)很有可能大量
出現研究感興趣的歷程、人物、計畫、互動與結構；(3)研究者很有可
能和參與者建立信賴關係；(4)研究者可以合理確信，能夠獲得不錯的
資料品質，以及良好的研究可信度。雖然這樣的理想可遇不可求，不過
研究計畫還是必須陳述，為什麼選擇特定場地乃是合理妥適的。某一場
地可能是理想的，因為具有代表性、豐富意涵，而且充分涵括研究興趣
現象的例子。但是，如果無法順利進接場地，或是無法充分進接場地內
的諸多群體與活動，研究就不可能成功。類似道理，如果研究者在場地
非常不舒服，或可能身陷危險，這樣的研究多半也會中途夭折。

　　研究者先前工作地點也有其優缺點：進接應該比較不至於構成問
題，研究者應該能夠相對容易建立和參與者的契合關係（rapport），
研究者可以假裝成工作同仁，研究者和參與者之間的相互關聯應該頗有
助於彼此的互相瞭解，進而有助於做出比較正確的詮釋（Yeh & Inman,
2007）。缺點則包括：研究者的偏見、主觀性，以及比較不能把自己和
研究區隔分離。

研究邀請信函與腳本

　　開口問某人，「我可以觀察你嗎？」或是「我可以訪問你嗎？」真
的是非常困難的事情！獲得允許請人對研究坦言暢談自己的故事，或是
進入某場域蒐集資料，通常就需要透過書信、電子郵件或是電話等方式
來接觸組織的守門人。在徵詢的時候，應該要清楚說明人、事、時、地
與理由，還有參與者可能的收穫，以及需要參與者配合的具體細節。請
參閱表5.2的電子郵件研究邀請信函（entry letter）範例。

■表5.2　電子郵件研究邀請信函範例

> ### 你是否有月經前情緒障礙？
>
> 　　如果你在月經前的一星期，感到有憂鬱、焦慮、煩躁易怒、或是心情起伏等症狀，而且干擾到你的正常生活或人際關係，那麼你可能罹患了重度經前症候群。合乎資格參與XX大學婦女健康中心的一項研究（研究者姓名與資歷）。
>
> 　　我們徵求有以下情況的女性：
>
> 　　1. 只有在月經前有情緒障礙，但是月經期間則無。
>
> 　　2. 沒有其他生理或某種心理疾病。
>
> 　　3. 年齡介於18至50歲之間，月經週期正常。
>
> 　　4. 目前沒有服用任何藥物，包括抗憂鬱的藥物以及避孕藥。
>
> 　　如果你符合以上情況，你可能有資格參與我們的研究，你可以獲得診斷與醫療評估，也有資格可以加入治療的研究，並可獲得最高420美元的補助金。如果你有意願參與研究，請來電洽詢聯絡人Trudy，電話號碼：×××。

　　收到研究邀請信函的收信者可以知道自己是否適合該項研究，也能夠自行評估參與研究的利害得失。電子郵件便宜而且簡單，但是非常沒有人情味，而且很容易就被直接刪除！比較有人情味的邀請通常較有可能獲得潛在參與者同意的回應。

　　較大的組織或機構可能會設置研究倫理委員會，通常會規定研究者必須提出較多資訊，甚至會針對研究邀請書函進行法務審查。不論守門人是校長或幫派首領，研究者都應該仔細準備好研究邀請書函或腳本，以便有效化解各種疑慮。認真把腳本和邀請書函寫好，有助於釐清研究者接下來的步驟。稍後，本章會提出討論有關進場與角色的問題。

什麼場域？多少場域？

　　一個研究不可能無所不包，任何時間、場地和事物全部一網打盡。研究者必須選擇要研究什麼樣的特定場域，還有取樣哪些時間、場地、人物和事物。當研究焦點是某特定族群，研究者應該提出策略，說明如何針對該族群進行取樣。比方說，在一項關於強行終止心理治療的研究，Kahn（1992）的策略是在當地諸多社區張貼徵求研究參與者的告示。計畫口試的時候，審查委員果然針對這種做法提出不少質疑。

Kahn提出過去的成功經驗，顯示曾經透過此種方式順利徵求研究參與者，審查委員同意了。最後實施結果也證明這項策略確實相當成功。

　　質性研究取樣的多寡或大小，還得看許多複雜的因素而定。比方說，個案研究可能是針對單一個人，例如：《校長室的男人》（*The Man in the Principal Office*）（Wolcott, 1973）；或單一組織，例如：《企業男女》（*Men and Women in the Corporation*）（Kanter, 1977）。選出典型或代表性個案，然後長期參與觀察。也有針對同一場域長時期取樣，包括其中諸多角色、互動、感性反應等。例如：《雞尾酒女服務生》（*Cocktail Waitress*）（Spradley & Mann, 1975），針對一家酒吧長時期取樣研究，藉此揭露不限於該特定酒吧的普遍現象。在醫療衛生研究（通常比較可能取得充裕的經費贊助），個案研究與混合方法研究平均取樣一至四位資訊提供者。焦點團體研究平均取樣十個團體。觀察取向研究通常包含16至24個月的田野研究工作（Safman & Sobal, 2004）。《曖昧的賦權增能：女校長的工作敘事》（*Ambiguous Empowerment: The Work Narratives of Women School Superintendents*）（Chase, 1995）取樣的規模與範圍包括：訪談決策者、校董會董事、校長的錄音帶（共92卷），再加上校長工作場域的觀察。

　　樣本大小除了受限於可用經費和時間之外，更重要的考量還是關於研究目的與研究問題。如果是想探索未知的文化或專業，那可能需要長期深入投入的個案研究或俗民誌。如果是要研究新手媽媽對於哺乳訓練的接受情形，那可能需要大量的樣本，包括：多元化的場域、樣本母群、充裕的研究經費，以及龐大的研究團隊。小樣本可能適合用來產生特定文化的厚描述。如果是考量到研究結果的可轉移性，那麼多元化的場域和參與者的大樣本可能會比較適合。

取樣影響可信度、可信賴度與移轉能力

　　研究計畫應該預測有關研究發現的可信度與可信賴度等問題。拙劣的取樣決策可能會損及研究發現的可信度或可信賴度。要證成樣本選擇確實適切，必須先明瞭研究母群之整體樣貌，以及其變異性，然後根據其中與研究有關聯的全部變數來進行取樣。不過，這其實是不可能達成

的。退而求其次，就是在合理程度內，儘量選擇足以反映該等現象、場域或人物之各種可能變異的樣本（Dobbert, 1992）。

很久以前，社區研究的學者就已經處理過許多有關取樣的議題。當時，華納（W. Lloyd Warner）在發表素負盛名的美國北方洋基城研究之後，需要再找個美國南方城市作為對照組。如何確認一個足以代表美國南方的城市，就成為必須認真面對的重要議題（Gardner主筆報告，載於Whyte, 1984）。華納初步選取了若干符合大小、歷史等判準的城市之後，陸續拜會這些城市的社區領袖，建立聯絡關係，最後選擇Natchez作為研究場地，完成了《南方：種姓制度與階級的社會人類學研究》（*Deep South: A Social Anthropological Study of Caste and Class*）（Davis, Gardner, & Gardner, 1941）。Natchez可以讓研究團隊有效進接種姓制度的各個不同層面。

研究團隊包括兩對夫妻檔，其中一對是黑人夫妻，另一對是白人夫妻。這樣的組合可以化解協商進接可能遭遇的阻礙。四人全都是南方出生長大，很熟悉種姓制度各種行為規範，因此，可以很自然觀察、訪談和參與各種代表Natchez社區各個不同種姓階級的活動、互動與情感。

調查報告顯示，Natchez雖然不完全像其他美國南方社區，但是也並非一個非典型的社區。研究團隊設定抽象判準，然後前往各個可能的研究場地考察，審慎協商、規劃進接相關事宜，透過這些做法，確保選擇的研究場域可以達到以下要求：(1)研究團隊可以在該社區到處走動蒐集資料；(2)該社區不至於只是不具代表性的研究者口袋樣本。

上述例子說明了研究者如何找出適當的場地，以便進接範圍涵蓋極廣的各種行為與觀點，取得最大量的變異性，從而提升比較分析的效益。從這個例子，我們可以清楚看到，場地與樣本的選擇是非常關鍵的。

接下來，讓我們再舉一個社區研究的例子，「榆木鎮」（假名代稱）是一個典型的中西部社區。由於與該社區公民領導建立聯繫關係的過程感覺頗為自在，研究團隊因此決定採用社區完整成員（full member）的身分，從事這項研究。他們透過對於青少年「品格發展」的關懷與興趣，而得以進接學生家長與各機構的負責人員。他們受邀前

往各種社區組織演講，結果又接觸認識了更多的人。他們也花相當多時間在非正式的場合和年輕人相處。該所高中上課之前、午休期間，還有放學之後，他們都待在學校裡頭。他們參與大多數的學校活動、教堂事務、童軍集會、舞會、派對等等。他們去溜冰、打保齡球、撞球、打牌，總之就是經常在這些青少年出沒的場地「閒晃」。「觀察技術著重於盡可能和他們經常聚在一起，不去批評他們的活動、說教、講大道理、或是出面干涉。這樣子，幾個星期下來，也就克服了他們原先抱持的懷疑心態。」（Hollingshead，1975，頁15）

　　善於融入社群，和當地居民打成一片，這樣的能力有助於提升研究者順利進接各種不同群體與活動的可能性。選擇場地與研究對象應該考量實際的因素，例如：研究者是否感到自在舒服？有無能力融入其中順利扮演參與觀察的角色？能否廣泛進接各種次級團體與活動？對於某些研究計畫而言，尤其是涉及跨場地以及多位研究員的研究，或是有關組織的研究，更是需要採取更加細膩的取樣決策模式，這往往是必要而且比較明智的做法。我們將在下一節探討這方面的議題。

取樣：人物、行動、事件與／或歷程

　　一旦初步決定了研究要聚焦某一特定場地、樣本母群或現象之後，後續各種取樣策略也就隨之概略決定了。在此，研究計畫要描述的就是引導這些取樣策略的計畫。取樣計畫乃是在正式展開研究之前就必須加以構思，而且計畫者必須謹記在心：保持取樣計畫的應變彈性。誠如Denzin（1989）所言：「所有取樣活動都是帶有理論設想的。」（頁73）因此，文獻探討的敏感化概念和研究問題就可提供場地和樣本選擇的焦點；不然，至少也應該明白寫出取樣決策依據的程序與判準。

聚焦單一樣本母群與單一場域的取樣

　　任何妥適而周延的研究計畫必然要有完善的取樣決策。取樣決策必

須依據合乎邏輯的判斷，而且還得提出合理的辯護論證，以便能夠建立研究提案所要呈現的總體個案。再者，資料蒐集方法的選擇，乃是與人物、事件等的取樣決策同步發展的，因此也必須在研究展開前就一併綜合考量，而不是臨時才選擇（第六、七章會介紹若干資料蒐集方法以供參考選擇）。比方說，Alvarez（1993）研究女性經理人對於電腦媒介溝通的觀感，她必須事先決定箇中複雜關聯的諸多因素，哪些個人與事件對於研究是最重要的，從而一併決定取樣策略與資料蒐集方法。

專欄10

聚焦人物與事件的取樣

引導Alvarez（1993）研究的一般性問題就是：電腦媒介溝通，尤其是電子郵件如何改變人們在組織脈絡的溝通。研究有兩方面的興趣：(1)電子郵件溝通具有何種潛能，能夠促使組織內不同地位者趨於權力平等？(2)電腦媒介信息的收、發減低相當多的社會性線索，在這種特殊溝通脈絡下，信息當中究竟還保留了哪些社會性或情緒性的內容？

一開始，取樣策略乃是尋找可能提供豐富資訊的個案，亦即選擇足以強烈呈現出研究興趣現象的個人（Patton, 1990）。文獻探討結果顯示，男女在使用電腦方面可能有難易不同的差異，因此，取樣有必要納入兩性的參與者。找到參與者並徵得同意參與之後，接著就必須決定選擇哪些事件來觀察或探索。就理解來看，光是觀察發信或收信並不會有太多的收穫，因此，她請參與者分享通信的內容，以及參與兩次深度訪談。然而，請人們分享涉及個人私事與／或工作事務的信件，乃是極為敏感的不情之請。因此，她再三保證研究會保密到家，並且仔細示範說明如何在不洩漏收信者身分的情況下，直接將電子郵件副本寄給她。透過這樣慎重的做法與尊重的態度，Alvarez順利建立參與者對她的信賴，終於取得頗多信件，足以充分供應後續內容分析之用。

邏輯與系統化取樣

很多時候，在研究最具探索性的階段，只能用猜測的方式來擬定取樣策略。如本章先前所述，Geer（1969）描述指出，在田野最初幾天（in the first days in the field），研究者對於場地、人物、行為、節奏、甚或是最有意思的研究焦點，所知其實都還不是很足夠。在這種情況下，研究設計部分仍然充滿了「視情況而定……」的說法，並且有保留應變彈性的必要性。如果被迫勉強給個說法，研究設計者只能針對資料蒐集的地點、時間長短、內容豐富度、蒐集工具或方法，提供最佳猜測。

不過，當研究逐漸聚焦特定場地、樣本母群或研究問題，這時候就有可能根據某種邏輯和系統化的取樣計畫來進行資料蒐集。如果未來讀者可以在研究報告中讀到有關場地和取樣策略的描述，就可大幅提高研究結果的可信用度和可轉移性（請參閱第九、十章）。再者，對於多場地或多位研究員的研究設計而言，很關鍵的要務就是要有系統取樣的計畫。在這方面，Miles & Huberman（1994）提供了相當出色的指南。專欄11和表5.3示範說明，涉及多名研究員之跨場域研究如何妥善規劃多場地的取樣（multisite sampling）。這個例子取自一項有關教師專業發展的研究計畫（Rallis, Keller, & Lawrence, 2013），首先陳述有關研究特定主題的深度思考，接著是如何蒐集資訊來說明研究問題。

專欄11

協商場域選擇

Rachel Lawrence

2013年的時候，我身為麻州大學安姆斯特分校研究團隊的一員（Rallis, Keller, & Lawrence），調查新英格蘭開普托城（假名）教師專業發展活動與學生成就的關聯。團隊中的成員之前研究過開普托學校專業發展政策的效能與滿意度，因此引起我們對探究這層關係的興趣。

這個政策落實於教師合約中，將專業學習的參與與加薪連結起來。上個研究有個有趣的現象：教師們相信這個制度有助於他們獲得提升學生學習成果的技巧。此外，有些文獻指出設下目標的教師專業發展有助於學生獲得成就。因此，我們回到開普托城，看看系統化蒐集的面談與觀察資料是否支持教師專業學習與學生學習成就相關。在規劃這個研究時，我們討論如何「開啟黑盒子」，理解教師如何藉由教學方式的改變、學生回答的改變等與成績提高的關聯。蒐集資料時必須要非常小心地設計與規劃。

當我們規劃蒐集資料時，與地方工會代表碰面——這些人是制定原始政策的關鍵人物。我們先解釋研究目的，徵詢他們有關研究場地的原則——我們不僅僅只想回答自己的問題，還希望能跟這些領導者合作，一起解決他們在政策執行時所遇到的問題。他們馬上就提供專業發展的資料庫，詳細記載教師們的專業學習活動。接著討論特定的研究場地時，我們將範圍縮小到四個小學。最後，地方工會代表希望能夠知道參與專業發展的老師是否有助於學生在「語言文學」方面的學習成效。

我們開始利用這個資料庫，研究四個學校的教師專業發展活動，包括：活動種類（例如是大學課程或是區域性課程）與課程主題（例如是語言文學或是數學）。我們注意到有兩個學校有些有趣的模式，於是我們決定實際到校解開「黑盒子」裡的祕密。這兩間學校的老師會結伴一起參加各種課程。一起參與進修的老師是否比較有可能會合作共事、互相分享教學方法與資源呢？如果是的話，會如何展現於行動上呢？地方工會代表將我引薦給兩所學校的校長與文學科老師，協助我們找出可能會參與研究的老師。

老師們很樂於說明專業學習活動，描述自己如何運用所學來改善教學。他們參與某個課程的專業發展，學習特定的教學策略以吸引學生——他們也想知道這是如何運作的。教師們提供自己學到的具體學習策略與技巧案例，邀請我們進到教室裡，觀察他們是如何運用這些知識來規劃、設計教材。他們在教學的時候，我們見證了教師們的學以致用。學校的牆壁上貼滿了學生的作品，展現出特定的學習目標與策略。

雖然一開始研究輪廓不是那麼清楚，藉由與地方工會代表的建設性對談，我們得以找出學校裡願意參與的老師，找出證據支持我們的論點。

表5.3　資料蒐集的取樣計畫

	整併師生需求	全校合作	領導支持	共享指導語言	共同的策略方法
專業發展背景					
專業發展日誌	X	X			
組長	X	X	X	X	X
教練	X	X	X	X	X
校長	X	X	X	X	X
教師學習					
教師	X	X	X	X	X
專業發展事件	X	X	X	X	X
團體聚會	X	X	X	X	X
課程規劃聚會	X	X	X	X	X
校長	X	X	X	X	X
教師行動					
課堂	X	X		X	X
課堂計畫	X	X		X	X
學生作業與評量					
寫作案例	X			X	X
標準化測驗成果	X				
形成性測驗成果	X				
教室／學校					
教師製作視覺指引	X	X		X	X
會面時間	X	X	X	X	X
公開展示學生的進步	X	X		X	X

資料來源：由Rachel Lawrence為本書設計。

＊　　＊　　＊　　＊　　＊

資料蒐集：取樣計畫

從專欄11的例子與表5.3，我們可以看到，該取樣計畫試圖確保可以觀察到每個場地的各種事件、儀式、資源與互動。質性研究通常會納入立意取樣（purposive sampling）與理論取樣，也就是透過理論架構與概念來引導取樣。比方說，有關專業文化的研究就可能建議研究者應該從入行的初期階段來選取個人、事件與感性現象等樣本。不過，很多時候，研究者通常會選取方便進接的場地，然後再展開後續有關人物、事件等等的取樣（此即方便取樣）；或是根據初期資料蒐集結果發現的洞視或關係，再著手選取其他樣本（此即滾雪球取樣）。

Miles & Huberman（1994）描述了許多取樣的取徑，相當具有參考價值（請參閱表5.4）。雖然這種計畫經常由於田野研究現實條件的變動而必須有所更改，不過在研究計畫階段，取樣計畫確實可以展現研究者已經充分考量過場域的各種複雜情況，而且也初步決定時間的配置。比方說，研究者可以主張，初期階段採用「最大變異量」取樣，以便檢視各種類型的行為或人物；但是隨著資料足夠分析確認次級類型之後，就會轉而採用「分層立意」取樣。再比方說，研究者一開始可能採用「理論立基」取樣（例如：根據社會正義領導理論，來引導研究者去訪談適合的人物），然後再轉而採用「滾雪球」取樣，找尋該等已受訪者建議的人選。如此的取樣計畫也顯示，研究者已經考量過這些方法的資訊充足度和效率等問題。

但是要牢記，轉向量化探究（有目的的隨機取樣）原則時，一定要謹慎地使用，因為量化探究追求的並非隨機採樣。場地／採樣的決策影響到研究的實用性。例如在說明成為排名世界第一的網球選手或是連續殺人凶手的成因要素，極端、異常的案例非常有用，但是背後的涵義是未來的可轉移性。拉斐爾（Rafal Nadal）和山姆之子（Son of Sam，美國的連續殺人凶手）的案例或許不是那麼好轉移，有助於設計體育課程，或是斷定壓扁昆蟲的小孩就可能會成為恐怖的罪犯。相類似的採樣

或許可以描述9至12歲的血癌病患，但是我們可能會懷疑這個採樣是否可以轉移、應用在前列腺癌病患的治療和分析上。如專欄12 Marshall和Dalyot的研究所示，混合、漸進的採樣很常見。

專欄12

漸進式採樣以解開謎題

Catherine Marshall & Dalyot

　　謎題如下：為什麼政府政策無法遏止性騷擾？我們先將這個問題縮小範圍，決定先採樣某群人，詢問他們：大學女性遇過性騷擾的經驗，以及如何定義性騷擾？接著利用便利性與雪球抽樣，我們選了四所非常不同的大學，試著找出各式各樣的受訪者——不同的家庭背景、大學主修與種族。女性批判政策分析的概念讓我們從女性的角度來解開謎題，而不採用傳統的調查與政策。

　　研究小組的成員有三位，發展出一套訪談議程，先各自檢視資料，然後再一起探討，不斷地提出問題，例如：在主題範圍內，有沒有看到什麼不同？如何得知負面情況？這樣聚焦、密集的訪談讓我們從19個案例中找出共通的主題——例如：騷擾的定義很廣、模糊不清；對於大學政策一無所知或所知甚少；自責。

　　採樣的確會有所取捨、引發質疑——為什麼不採樣男性？其他大學呢？如何確保並非所有的採樣都是極端的案例呢？如何將此轉化成其他環境下的騷擾呢？這種採樣框架得出的結果反映出大學文化中的女性地位，政策並未讓女性感覺更安全。大量的採樣很有成效，因為政策調查並未透露出將騷擾視為理所當然的文化意涵。

　　場地和採樣決策當然得結合現實的考量，例如：效率、資源、准許進入，以及研究者的倫理議題。

■表5.4　質性研究取樣策略分類學

取樣類型	目　的
最大變異量取樣	載錄多元個案的變異情形，以及確認重要的共通樣式
同質取樣	聚焦、降低、簡化、促進團體的訪談
關鍵個案取樣	容許邏輯類推，以及最大程度應用到其他個案
理論立基取樣	發掘合乎理論構念的例子，藉以闡釋與檢視該理論
證實／否證個案取樣	闡釋初始分析，找尋例外或是變異的情形
滾雪球或連鎖式取樣	請訊息提供者建議其他可能提供豐富訊息的個案
極端或異常個案取樣	從中發掘具有高度不尋常意味的現象
典型個案取樣	凸顯常態或平均的樣式
密集度取樣	具有豐富資訊而且密集展示現象的個案，但並非極端個案
重要政治意涵個案取樣	吸引渴求的注意，或是避免吸引不想要的注意
隨機立意取樣	當潛在目標的樣本太大時，可用來增加樣本的可信度
分層立意取樣	清楚區分次級類別的個案，輔助比較分析
效標取樣	包含所有符合判準或效標的個案，有助於確保品質
機遇取樣	追隨新的線索，善加利用預料之外的個案
混合型取樣	包含三角檢核，具彈性應變，可符合多元旨趣與需求
方便取樣	節省時間、金錢與人力，但是付出資訊與可信度的代價

資料來源：Miles & Huberman（1994，頁28），翻印許可。

研究者角色：進場、契合、互惠、個人生命故事與倫理的議題

研究者的身分認同、聲音與偏見

　　研究設計應該包括關於個人身分認同（identity）的反思，以及研究者對於聲音（voice）、觀點、預設、敏感度的覺察意識。這些都是研究計畫選擇研究問題時應該提出討論的關鍵要素。我們在第四章曾經

指出，源自個人身分認同、經驗、價值（偏見）（biases）的熱情、興趣和洞視，可以激發研究的想法。但是還必須進一步闡述這些有關個人認同的因素與下列研究計畫要項的關聯，包括：研究者角色、進接、進場（請參閱本章稍後討論），資料管理、分析和報告（請參閱第八至十章）。這些一旦具體陳述出來，就會變得比較能夠管理，研究報告的讀者也比較能夠藉此衡量該等元素對於研究可能的影響。圖5.2呈現研究計畫和研究報告應該反思的問題。這個圖可以作為指南，幫助研究計畫者「洗淨」任何可能影響研究的預設、先前的觀察看法或聯想，以及可能有用的個人歷史、或可能被認為有害的偏見。

不論研究者的出現或在場是長期深入的（例如：長期的俗民誌研究），或是相對短暫但個人化的（例如：深度訪談研究），研究者都會進入參與者的生活世界。即使是短暫的訪談也會打亂參與者的日常作息。影響所及，就帶來了各種有關策略、倫理與個人層面的議題（相對

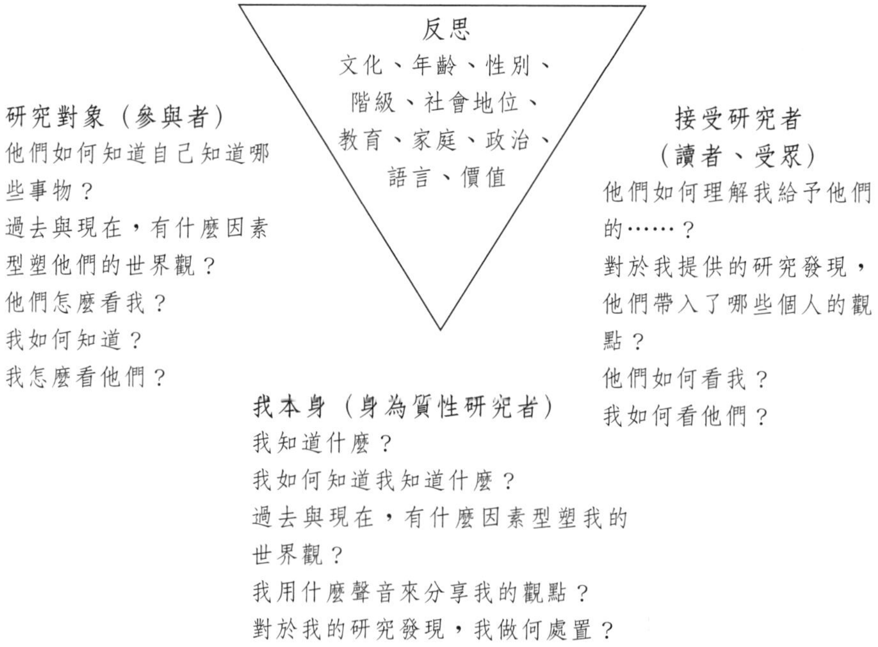

圖5.2　反思問題：三角檢核研究

資料來源：Patton（2014，頁72），翻印許可。

地，量化取徑的研究則比較沒有這方面的問題）（Locke, Spirduso, & Silverman, 2000）。研究計畫應該詳細討論這些可能發生在田野研究場域的兩難議題，並且擬出因應計畫，妥善應用前輩學者的建議和經驗。這些議題主要可區分為兩大類：(1)技術因素方面，考量有關進接與研究者角色效率的議題；(2)人際互動方面，考量研究過程當中倫理與個人兩難困境的議題。在這些考量當中，我們可以很明顯看到相互之間有頗多重疊之處。不過，為了清楚討論每一項議題，我們決定將這些議題各自分開來，逐次介紹如後。我們建議，研究計畫撰寫者也應該採取如此的分項撰述寫法。

田野筆記

　　一旦研究開始之後，這部分的內容可以作為田野筆記（field notes）的自我反思（self-reflections）。這些筆記可以用來記錄研究者的各種反思，關於取得進接、進入場域、維持進接、研究倫理、資料蒐集等做法是否得宜。這些反思可以幫助研究工具的維持。至於反思記載的內容則可以簡單如：「下一次記得帶瓶水，還有換穿的乾淨衣裳」，或是「訪談過程我感受到怨懟和不信賴，所以這次訪談取得的資料，我應該謹慎評估。不過，分析資料的時候，他們的怒氣爆發也讓我有機會深入看見背後壓抑著我和他們權力不對等關係積累的困惑情緒……」，因此，情緒、激情、偏見就轉而變成研究的工具（Copp, 2008; Kleinman & Copp, 1993）。

　　把研究者個人的經驗擱置到括弧裡，清楚區隔研究者個人見解與蒐集資料之間的分野，這是很重要的，因為這讓研究者得以「像是頭一次看見一樣，全然清新」（Moustakas，1994，頁34）。話雖如此，身為質性研究者還是很難徹底擱置個人的經驗。

　　質性研究當中，研究人員就相當於研究工具。質性研究的一個根本特色就是：研究者出現在受邀參與研究者的生活當中。如同第一、二章指出，不同取向的研究類型，各自相異的預設可能會影響研究者的角色與立場。傳統取向的質性研究傾向維持「同理心的中立」（emphatic neutrality）立場（Patton，2002，頁49），來進行資料蒐集和描述客觀

再現的報告。批判和後現代取向的質性研究則是主張，所有知識都帶有政治意涵，研究者不是中立的，因為他們的終極目標在於倡權和行動。

角色的考量

在研究計畫階段，必須正視與解決的技術問題包括：決定研究者時間與其他資源的配置，以及協商進接等議題。

一、研究者的角色定位

Patton（2002）發展了一套連續向度模式，可用來思考質性研究者的各種角色。本節的討論主要即是取材於該項模式。此模式包含四個向度：(1)參與程度；(2)顯露程度；(3)密集度與廣延度；(4)研究焦點。研究計畫可以根據這四個向度來考量研究者的角色定位。

參與程度（participantness）

研究者的角色可能隨參與研究場域日常活動的涉入程度而有所差異。一方面是全面參與，如同當地人一樣，完全融入當地的日常生活；另一方面則是徹底旁觀者的角色，研究者完全不涉入當地的社交互動，甚至連研究的世界也全然不涉入。當然，界於這兩個極端之間的任何混合型態都是研究者可能採取的角色。

依我們的經驗而言，某種形式或程度的參與通常是必要的，對於關係的建立和維持尤其重要。比方說，研究者幫忙跑腿、打雜之類的小差事（或是比較大些的事情），或是想要更深入瞭解某些特定的活動，或是感覺不得不參與以便滿足互惠的要求，在諸如此類的情況下，就必然得有某種形式或程度的參與。這樣的互動雖然是非正式的研究活動，但是通常也會給研究者帶來不少頗有價值的資訊。

顯露程度（revealedness）

研究者的角色可能隨參與者知悉研究目的之程度而有所差別。一方面是完全公開，另一方面則是徹底隱瞞。Patton（2002）建議，「完全

公開，隱瞞欺騙或事後託詞解釋，都是無濟於事的，就算一時得逞，也不會維持太久。」（頁273）不過，據實告知研究目的可能會促使參與者表現出不自然的行為，因而損及質性研究目的和原則。研究計畫應該討論關於揭露或隱匿研究目的相關議題，並且擬定相關決策的計畫，包括：研究初期決定如何徵詢同意進入場域觀察和蒐集資料，以及研究後期決定如何請教諸如下列的問題：「你有發現這樣或那樣的醜聞嗎？」或是：「你還想知道哪些你沒有問我的事情？」

隱蔽研究（covert research）的做法有著相當多的倫理爭議，這些爭議追根究柢也就是：「為了可能促進知識的進展而使用欺瞞手段，這樣做是否值得呢？」（參閱Taylor & Bogdan，1984，在該書第三章有相當尖銳的討論。）許多研究者遵循Taylor & Bogdan（1984，頁25）提出的建議：「信實但是模糊」（truthful but vague）的方式，向參與者陳述研究目的。研究者在研究計畫當中，應該陳述與討論有關揭顯或隱匿研究目的等議題。

密集度（intensiveness）與廣延度（extensiveness）

研究者的角色可能隨研究的密集度與廣延度而有所差別。所謂「密集度」是指，研究者每天待在研究場域的時間；而「廣延度」則是指，研究者待在研究場域的總共時間長度。不同密集度或廣延度的研究，對於研究角色的考量就會隨之而有所不同。比方說，密集度或廣延度比較高的研究，要求研究者在研究初期必須付出較多時間，以便儘早建立和參與者的互信關係。在初期階段，最主要的考量就不在於能否蒐集到適切的資料。另一方面，如果研究者只打算短期逗留，而且也希望將介入程度降到最低，那麼互信關係的建立與資料的蒐集最好是同步進行。不過，請讀者注意，依我們的看法，這種同步並進的方式對於研究新手可能是相當難以達成的挑戰。

研究焦點

研究者的角色可能隨研究焦點的明確或籠統程度（specific/dif-fuse）而有所區別。如果研究問題已經建立得相當明確，而且也確定應

該蒐集哪些資料，研究者就可以採取比較有管理效率的角色，以能夠妥善運用時間資源（包括：研究者和參與者的時間）。不過，即使已經確定研究問題，也必須要有妥善的研究設計，保持適度彈性，以確保能夠因應突發或迫切的問題，以及各種擾人的狀況。另一方面，如果研究問題比較籠統或屬於探索性質，研究者的角色安排就應該確保能夠盡可能進接較多的事件、人物，以及研究興趣關切之現象的諸多觀點。

我們同時也強調：保有時間與角色的彈性以因應突發事件（例如：原訂20分鐘的訪談卻花了2個小時、預計一天的研究卻變成一整年）。抽樣560個使用訪談的博士質性研究發現這些訪談的平均樣本數量為31個（Mason, 2010）。扎根理論認為只有達成資料／專題理論飽和時，抽樣才算充足。我們將於第八章再詳述，但是場域與抽樣計畫必須與資料分析計畫密切相關，而且支持研究的可信用度、可轉移性與效用。

值得慶幸的是，若干採用參與觀察的研究者，鉅細靡遺地陳述擬定好的各種計畫、辯護理由論述，以及實際的情形和經驗。其中，特別值得注意的是，有些研究者自述本身研究施行的反思，以及對於自己研究者身分的反思。有關這方面的著作，請參閱本章的延伸閱讀書目。

二、協商進場、化解緊張、角色維持

研究計畫在研究設計部分的陳述，應該要包含有關處理協商進接研究場地與／或研究參與者的議題。協商進接的交涉對象包括正式或非正式組織的守門人，所謂的組織可能是都市黑幫，也可能是長春藤盟校。我們建議，質性研究者應該以真實身分現身，坦然告知自己的研究興趣，而不要假裝身分或遮掩研究目的。質性研究者不會採用控制或淨化的手段，試圖讓自己好像是不存在於研究場所一樣。

個人對於研究主題或對象的高度興趣（這在傳統研究當中往往被視為「偏見」）能夠帶來很強的感染能量，非常有助於順利取得進接。進接並不是一次談完就可以置諸高閣，研究者在研究場域活動的時候，隨時隨地都可能遇到需要協商進接的情形。研究者應該展現自己具備敏感性，能夠敏銳察覺參與者對自己的各種試探，也能夠感知他們對於參與研究的猶疑卻步，並且應該不加質疑地尊重他們有不參與研究的權力。

關於協商進接的議題，在一般討論質性研究的書籍，已有相當不錯的文獻可供參考，請讀者參閱本章的延伸閱讀書目。

長期俗民誌與角色維持

對於長期研究特定團體的俗民誌研究者而言，往往得面對特別的挑戰。在某些情況下，最好的進接方式就是由局內人充當引介人，減低自己給當地人的脅迫感。不過，這種引介關係也可能招致副作用，反而更難接觸組織內的其他團體。對於從事組織研究者而言，要取得進接的許可，或許格外需要更多的恆心與毅力，反覆和組織內部的各級主管或負責人周旋。專欄13就是描述這樣的情形。

專欄13

進接脆弱族群的協商與維持

研究社會邊緣化婦女（曾經是毒癮性工作者，感染HIV/AIDS之後，開始積極投入政治運動）需要很高的敏感度。Berger（2003）發現，協商進接脆弱族群（vulnerable population）需要洽詢許多機構的主事者，諸如：街友庇護之家、法院、衛生局，以及藥物濫用保護管束機構。這些機構的守門人並不總是會爽快同意參與研究。他們通常會想保護患者（他們確實也應該如此），也會防衛他們本身對於相關議題的觀點。因此，當Berger說她想要瞭解藥物濫用的相關行為，以及性工作者的生活，該等守門人都不太願意合作。很明顯地，他們認為，吸毒本身就說明了該等婦女的大部分行為，還有賣淫更是危險而且下賤的事情。在他們來看，研究瞭解箇中社會世界諸多錯綜複雜的隱晦細節，根本沒有什麼明顯可見的益處。雖然他們很習慣接受問卷調查研究，但實在看不出動輒好幾個小時的口述史研究（對他們）有何價值。但是，研究一定需要有這些守門人的協助。她該怎麼辦呢？

Berger換了新的進接協商方式，另尋其他機構的守門人，她也把介紹研究的說法改變如後：透過這些婦女自述的故事，可以用來證實守門人對於該等婦女坎坷人生的看法，很多時候，她們感覺自己是社會大環

境的受害者，也覺得自己深受毒癮擺布。她說道：「鉤子如果短小、簡單，那就好用多了……讓她們〔在自述故事當中〕嘗試找到新的方式，來看待這種被拒絕的……〔並且〕準備好可以去反駁或逆轉那些想法……這樣對她們應該會有很大的幫助。」（頁67）

雖然在這些守門人眼裡，她還是陌生的不速之客，但是到後來他們總算認可她是鄰家「黑人好女孩」（頁67）。這種虛構的親近身分讓她可以比較順利融入，也比較能夠鼓勵參與者真情流露，幫助她向外面的世界說出她們不同於電視刻板印象的真實人生故事。

不論涉入時間長短，都有可能引發研究者和參與者之間的緊張。我們建議，研究者必須預測可能發生的緊張，並且擬定化解的因應策略。在這方面，人類學家提供了相當精彩的描述，說明如何涉入與化解此類的緊張情勢。一瓶小心暗藏的松子酒，以及退避城內的放假計畫，幫助Brown（1964）維持某種程度的安定感，使她不必終日惶惶不安，擔心西非部落戶外廁所的曼巴蛇或是酋長的拒絕。Paul Rabinow（1977）在研究摩洛哥複雜的婚姻傳統、階級、儀式當中，有關維持進接的豐富描述，頗可以幫助研究者參考規劃複雜文化場域的參與觀察研究。

研究者需要設計策略來維持自身（請記住，質性研究者本身就是研究的一種工具）。研究設計應該包含保護研究者身體與情緒健康、安全的因應策略，諸如：安排若干安靜的地方，以便可以不受干擾的寫筆記、重新評估自己的角色、暫時離開研究場地、或是反思研究的走向等等。有些情緒問題可能大得難以招架，這時候就需要有因應的策略，例如：書寫日誌、同儕解惑、個人心理諮商，當資料蒐集可能「讓你心碎」（Rager，2005，頁23），這些方式就可以幫忙維持平衡。在某些場合，安全問題可能比舒適或壓力紓解與否更需要費心考量。「街頭俗民誌」研究者必須做好保護人身安全的計畫。在不熟悉的場域，陌生人是不受歡迎的，研究過程可能會觀察到違法的活動，研究者的種族或性別可能讓自己遭受敵意，這些都需要研究者審慎敏感因應（Lee, 1995; Warren, 2001）。預測諸如此類的潛在困境，研究計畫應該引述先前研

究者的經驗，應用來仔細思索研究者角色定位的策略。本章末尾延伸閱讀可以找到若干相當傑出的參考文獻。

取得進接的敏感性

取得進接場地的許可——獲得正式的許可，像是守門人的引介，或是校長的同意——除了需要時間、耐心之外，還必須有敏感性，能夠敏銳覺察與感受團體的各種常模規範與節奏。在研究計畫階段，至少應該擬好研究邀請信函（entry letter）或腳本；或是更理想的，清楚表明已經開始著手協商進接事宜，相當有可能取得正式同意，而且對於進接議題的隱微細節知之甚篤，也懂得以健康的尊重之道來對待參與者可能的擔憂。

專欄14舉例說明即使有審慎的進場與腳本，設想周到的人還是得對即將面臨的狀況有所準備。

專欄14

性騷擾研究中的角色與倫理

Keren Daylot

凱瑟琳·瑪歇爾邀請我參加女大學生對於性騷擾的認知與經驗研究。雖然這個研究主題有點敏感，我們構思從志願者身上蒐集資訊，提案也都符合研究倫理委員會的規定，沒有引發警告。

現在寄來蒐集資料吧！我們刊登廣告，從四面八方海選出不同的女大學生，我們考慮得非常周全：地點、錄音工具、停車與時間點。我們沒有預期到的是這些年輕女性所訴說的細節。

第一個訪談安排得很順利，年輕女性似乎樂於參與、分享看法與經驗。訪談的前半段討論她周遭的朋友遇到性騷擾的經驗、整個學校的氛圍，同時她也分享了親身的經歷。我的田野筆記上寫著：

我問她，是否曾經有人跟她說：「事情就是這樣運作的」？她回答說有的，當她告訴哥哥自己被性騷擾時，她的哥哥就是這樣說的，而且

她哥哥也在輕艇隊裡，她說這就是當時的氛圍。她沒有再說下去，我也沒有繼續追問。我很感謝她跟我分享這個經驗。

我震驚得無言以對，我沒有預期到這個！也不確定該如何因應。研究倫理委員會並沒有提供任何方法。稍後在研究團隊匯報時，我提到這個經歷，大家討論、激盪出一些適當的應對方法，支持這些參與研究的勇敢女性。我們同時比較另外一個案例：有位強而有力的男教授足以影響女學生的未來職涯，因此他提出的條件交換帶來了很大的困擾；遭遇性騷擾的研究所學生只好求助於系上唯一的女教授。這位女教授告訴她不要引起騷動，否則的話只是斷送自己的未來罷了！

研究中遇到的敏感性資訊層出不窮，日後當我遇到青少年談論自己在高中時被男孩子性騷擾時，至少我已經有所準備，練過「深感同情」、「不太震驚」的表情。

平常可以跟朋友練習試行訪談、角色扮演，以避免突發狀況時所受到的驚嚇。

三、效率問題

質性研究者應該徹底思考如何配置可支配的資源，以確保研究問題能獲得完滿解答。這方面的考量除了和資料蒐集的決策有所重疊之外，也與研究者角色的議題有所關聯。研究者應該審慎思考如何安排自己的角色，以便獲得最大的機會，得以蒐集到最豐富的資料。角色的考量必須和可茲運用的資源（主要是時間與精力）取得適度平衡。研究設計應該要有合理的規模和複雜程度，能夠在時間和精力範圍內順利完成（Bogdan & Bilken，2006，頁51）。換言之，這兒需要判斷決策。不熟悉質性研究傳統的研究者，可能會配置三個月，然後天真地以為可以完成十次訪談（每次一小時）、蒐集若干文件、分析和寫作，整個研究就大功告成。這樣的研究計畫不應該核准，因為有太多反對的理由！

在此，我們要特別提醒研究新手，研究計畫需要設下某些範圍限度。因為一旦研究開始，各種有趣而令人百思不解的問題或迷團，就像

雨後春筍一樣不斷冒出頭來。雖然研究者有權力去探索這些問題，但是仍然必須謹記其研究的主要目的。博士生通常需要旁人溫和點醒，以免研究範圍無限擴大而難以順利完成論文。針對研究範圍擬出一份暫行的陳述，也許會有幫助，比方說，討論研究目的與範圍限度（例如：五個生命史；以一年時間觀察一所學校），以及有關現實的提醒（例如：贊助經費縮水、必須找個「真正的」工作），都可以提醒研究者注意，研究必須是有所限制的。在第九、十章，我們也會討論確保資料蒐集和分析能夠相互配合的技術，以及如何使分析可以和結案報告配合。總之，研究設計應該「要有合理的規模和複雜程度，能夠在可資運用的時間和精力範圍內順利完成」。

❧ 契合與人際因素的考量

或許可以這麼說：質性研究的成敗主要取決於研究者的人際互動技巧。在討論質性研究方法的文本中，這通常是指建立信賴（trust）、維持良好關係、尊重互惠，以及敏感考量倫理議題。連帶需要有一種對於組織政治的覺察性，以及對於人際互動的敏感度。因為研究的執行往往仰賴於研究者和參與者之間建立的關係，因此，人際互動的技巧就成為攸關成敗的最重要因素。如果研究者缺乏與人輕鬆交談的能力與個性（包括：主動、有耐性、體貼聽眾、對於他人觀點有同理心，而且極度尊重），我們甚至會勸他們不要採用質性研究取徑。研究者如果不能忍受訪談出現沉默，老是覺得自己必須補充些什麼，或是提供自己的意見，或是展現自己的博學多聞，很可能就會失去蒐集到重要資料的機會。很重要的是，我們得承認，即使有提高敏感度的訓練課程或試行研究，有些人還是無法成為好的質性研究者。

更有甚者，有些社會科學的傳統建立了某種學術盔甲（academic armor），用來防止研究者產生親近的情感投入，但這卻往往是質性研究必須的（Lerum, 2001）。使用曖昧的學術語言（語言盔甲）（linguistic armor），專業化的穿著和言談舉止（外表盔甲）（physical armor），理論特權的預設（意識型態盔甲）（ideological armor），以

及努力避免「入境隨俗」（going native）（保持客觀和疏離），這些就構成了學術盔甲。卸下學術盔甲可以讓研究者獲得更親密的接納，更貼近參與者的日常生活與感性世界；超越表層的看見，深入肌理的理解（Denzin, 1997）。在關於大學美式足球的研究，Toma（2000）發現，在訪談的問答互動之間，契合（rapport）幫助參與者看見自己未曾思及的更深層的意義。親密、投入、參與，可以提高研究的豐富度。

還有，研究者有時也需要保護。研究者規劃自己的角色，以及涉入的程度——不論是關於性工作者、玩蛇的人，還是容許性騷擾的職場——有時都需要準備若干程度的學術盔甲（Lerum, 2001）。研究者對於參與者的尊重關懷，如果沒有適切把持，很可能會涉入太深而無法自拔（Wolcott, 2002）。本章稍後會討論相關的離場策略（exit strategy）。

在研究設計部分，討論個人在研究場域的角色，以及考量如此角色可能會如何影響參與者投入反思的意願，這些做法可以幫助提供證據，證明研究者確實足夠瞭解該研究場域與人物、例行作息，以及他們的環境，因此知道如何順利融入其中展開研究。研究者慎重考量有關自己角色的議題，可以讓自己受益匪淺，因為大部分參與者都會察覺不真誠或虛偽的人，並且拒絕與之打交道。

除此之外，也可能有必要讓參與者明白研究者扮演的角色。研究者的在場，可能會讓參與者感覺不自在，覺得他們是間諜、評鑑人員或是新來的義工助手！研究者應該準備好向參與者描述他們在研究場域可能會做哪些事，他們有興趣想知道哪類的事情，蒐集資訊可能運用到哪些用途，還有參與者如何投入參與該項研究。互惠的常模建議，研究者不可能只是像海綿一樣的觀察者。Thorne（1983）在研究1960年代反戰的反思日誌當中，就生動描述了當時有許多人根本不理睬或不信任那些不願意表明立場的研究者。專欄15描述Rosalie Wax（1971）在進行美國印第安人的研究過程中，如何費盡心思建立研究對象對她的信任。

專欄15

建立信賴關係

人類學家Rosalie Wax（1971）一再極力強調，研究者應該特別重視對於研究對象的初步接觸。研究對象乃是場域的主人，他們和研究者的主客互惠關係，有助於研究者避免日後做出蠢事、羞辱人或是潛在危險行為；也有助於建立寶貴的聯絡關係，以及瞭解人際互動禮尚往來的合宜模式。根據Wax（1971，頁47）的看法：「田野研究者可能犯下的最嚴重錯誤」就是，理所當然地認為，主人的容忍就意味他們對研究者的極度尊重與接納。

在美國印第安保留區的俗民誌研究中，Wax發現，這些婦女總是不好意思開放自己家徒四壁的住處，讓研究人員入內查看。然而，她們的信任與合作對於Wax的研究工作是不可或缺的，因為她的研究目的就是想要瞭解家庭呈現的文化模式，和孩子們在學校適應不良或低成就表現，這兩者之間可能存在的關聯。她將自己緩步解決這些問題的過程寫成了描述性的報告，讀者從中可以看到，她究竟是運用了哪些方法，從而得以讓其他人能夠安心自在。比方說，她容許小孩子可以把玩她的打字機。另外，她還請一些婦女幫忙負責訪談其他參與者。避免社工或是印地安人事務局「專家施惠者」的形象，Wax以尋常女人家相處的方式和她們自然互動，她總是抱著探索、請教與相互學習的態度，而且出發點總是著眼於這些婦人子女的福祉。

專欄15讓我們看到，研究者應該要能耐得住性子，敏銳感知時間必然會有所流失或虛耗，對於自己的角色則要保持彈性，因為信任並非一蹴可幾，而是需要透過長時間、複雜的交往、互動，才可望逐漸形成。隨著時間過去，角色與關係確實會逐漸浮現出來。不過，在研究計畫階段，還是得呈現邏輯性的計畫，以便展現研究者能夠在尊重時間彈性的需求之下，順利建立起適宜的信賴關係。光說信賴與關係很重要，這樣是不夠的。研究者應該展現自己具備相當的技巧和敏感度，能夠妥善處

理田野研究關係當中必然會浮現的各種複雜問題。

互惠

　　考量周延的研究計畫也應該展現出研究者對於互惠議題的敏銳覺察。質性研究介入之後，研究者的出現，必然會對研究場所的生活或活動造成某種程度的影響或干擾。這些人可能需要挪出一些時間來接受訪談，或是協助研究者瞭解該團體的各種規範或常模，所以，研究者必須有回報的計畫。比方說，當人們為了協助研究者而調整生活或工作的作息以及優先順序，或者甚至只是容忍研究者的在場，諸如此類都是一種施惠。研究者確實是受惠的一方，應該要有所感念，而不是遲鈍不以為意。研究者互惠的做法包括：撥時間幫忙、提供資訊的回饋、煮咖啡、當個好聽眾、或是當家教。當然，互惠也必須合乎研究倫理與個人倫理的限度，並且維持在研究者的角色之內，而不是勉強去做超出這些範圍的事情。研究計畫應該納入若干表達感謝的禮物或方式：餅乾、書籍、感謝卡、或者除草、掃落葉、照顧小孩一個小時等等。最後提醒：要事先想好互惠的範圍限度，這樣可以避免不必要的尷尬情況發生，例如：要求研究者代寫誇大不實的求職推薦信，或是要求私下約會。

倫理

　　成功質性研究者的一項重要條件就是，在面臨道德抉擇時，能夠敏銳感知潛在的各種倫理議題。如同第三章的介紹，倫理考量不只限於知情同意（informed consent），以及參與者的匿名保護。研究設計部分應該預測可能發生的倫理挑戰。誠如Lerum（2001）所言，情緒投入的研究者應該持續評估和建構自己的行為。如果能在進入場域之前就先預測大寫的倫理議題（請參閱第三章），情緒投入的過程就會比較可能管理。研究計畫部分有事前規劃討論可能發生的倫理挑戰，到了田野研究現場就比較不會臨時手足無措；同時也可提供機會，提前思索可能有助於化解諸多兩難困境的做法。

　　若干學者探討過，從事質性研究時親身遭遇的倫理兩難困境，以及必須考量的倫理議題。所有研究場域，都必須審慎考量有關角色、互惠、倫理等議題；在涉及敏感與禁忌議題的場域，尤其要特別注意這些議題。在發展研究計畫討論有關角色、互惠等議題時，質性研究者應該徵引前輩研究者的建言與經驗，然後預測各種可能遭遇的議題，舉凡協商進接、互惠關係、角色維持（role maintenance），以及接受度等等，並且真誠遵守研究倫理的各項原則。

　　在計畫當中，應該展現出研究者具有相當敏感度，能夠感知質性研究涉及的諸多複雜倫理議題。呈現出來的研究計畫既合乎實際可行性，又有滿足倫理要求。如果會用到欺瞞的做法，那就應該證明不會對參與者造成任何傷害。如果有必要請求參與者改變作息，或是挪出時間來參與研究，那麼就必須證明參與者都是自願的。某些場所可以接受的做法，換到另一些場所可能就會造成傷害；某些場所，自願的行為，換到另一些場所可能就會有所保留。研究者不可能預知所有事情，但至少必須顯示自己對於研究倫理的各項原則確實有所意識、深刻體認，並且允諾恪守。有不少學者已經廣泛而深入探索過這些議題，讀者請參閱本章延伸閱讀書目（請特別注意其中「個人、政治、倫理兩難」部分）。接下來幾個專欄，我們也可以看到這些議題的討論。

專欄16

倫理與俗民誌田野研究工作

　　傳統上，俗民誌的研究往往是在「異國風情」的場域：也就是說，選擇從事俗民誌研究的地方，當地文化和研究者所屬的文化最好能有極度強烈的對比。研究目的是要如實描述該等異文化的各種符號與價值，而且不會以研究者個人的文化背景為判斷標準來妄加評定。不過，索洛威與華德斯（Soloway & Walters, 1977）也指出，當研究是關於一般認定的犯罪行為時，倫理兩難的重大困境就會浮上檯面：「當研究者決定進入他們的世界從事研究，必然會遭遇到道德、倫理與法律等方面的深層危機，嚴重挑戰其個人的生命意義。」（頁161）

關於罪犯次文化的研究，有一種選擇做法就是，在監獄或勒戒中心等機構來進行研究。對於這種做法，索洛威與華德斯有頗多批評，其中特別指出：「如果是在醫療院所研究毒癮者，那就是關於病患的研究。如果是在獄中研究毒癮者，那又成為關於囚犯的研究。」（頁163）

為了要瞭解毒癮，索洛威選擇進入毒癮人士平常出沒的場合（自然場域）。由於他和一項美沙酮治療計畫的工作關係，再加上幼時曾經住在附近的地緣關係，所以得以順利進接該等場域。在每週分發美沙酮的時候，他接觸的對象其中有一位叫作馬力歐。他是索洛威的老鄰居，目前正在接受該治療中心的療程。

馬力歐認為可以藉著和索洛威的關係，讓自己在該中心與街頭取得特殊地位。他甚至在一次分發美沙酮的時候，故意發作藉以測試這層關係。當時他的毒癮發作，護士拒絕給他美沙酮，於是他就去找索洛威，要他向護士代為說情。結果，索洛威不只拒絕幫忙，甚至還斥責他：「我可不是城裡來的軟腳社工，你根本就是毒癮發作，大家都清楚得很。」（頁165）即使這種做法很可能破壞研究者與消息提供者的關係，但後來結果證明，冒這個險還是挺值得的。最後，馬力歐終於介紹索洛威認識其他吸毒者。透過這樣的接觸與投入，他得以貼近觀察海洛因毒癮人士在日常環境當中的生活。在這其中，除了「毒蟲」之外，他們還有其他更多不一樣的身分與面貌。

索洛威是否利用他和馬力歐的友誼來達成自己的利益？參與觀察的研究者是參與者的朋友嗎？研究者是否可能既是觀察者，又是朋友呢？在陌生人的客觀，以及朋友的關懷之間，又該如何取得平衡？就索洛威與華德斯的看法而言：「面對倫理問題的時候，俗民誌研究者不論採取何種角色，總都是綁手綁腳。無論是觀察者或是朋友角色，俗民誌研究者都無法完滿維持其個人的倫理要求。」（Soloway & Walters，1977，頁166）當研究者目睹或是涉入犯罪行爲的時候，什麼樣的反應才算合乎倫理要求呢？Polsky（1969）堅持：只要是在自然情境研究成人罪犯，那麼研究者勢必得「在某個時刻，做出道德抉擇，因爲自己必然會

面臨某種情況，而不得不做出違法犯紀的行為」（頁133-134）。

在與馬力歐的交流互動之中，研究者試圖運用相對主義原則來取得平衡。根據相對主義原則，俗民誌研究者並不需要放棄個人所屬文化型塑的良知，但是也不該把該等價值投射到研究對象。「在實際操作上，相對主義可以防止兩類危險：一方面是俗民誌研究者本身的族群文化中心主義；另一方面則是同等危險的逆轉的文化中心主義——這意思是說，徹底入境隨俗，完全認同研究對象的價值體系。」（Soloway & Walters，1977，頁168）

Manning（1972）描述指導學生設計警察工作的研究計畫。他指出，學生可能和警察稱兄道弟，搭乘警察巡邏車，甚至跟著警察前往執行逮捕勤務。然而，他畢竟不是警察，不能穿上警察制服，冒著出生入死的危險，不可能動手逮捕犯人，也不可能完全採取警察的觀點。面對社會生態迥然不同於自己的對象，研究者如何能夠贏得信任與合作呢？研究者是否必須改採有別於本身的身分認同？根據Westley（1967）的觀點，在所有警務人員心中，保守祕密乃是一項極為重要的規範：

> 所有菜鳥警員都會被諄諄教導這項規範，大家都必須恪遵不悖，凡有違背者一律會遭受嚴厲撻伐，切斷重要消息來源，遇到緊要關頭時，同袍也會拒絕伸出援手。祕密意味著，警員絕對不可向外人談論警察事務。（頁774）

因此，他必須考量，鼓勵警察談論本身的工作，是否符合倫理的要求。如果他看到警察施暴，他必須預測可能面臨的兩難處境：遵守法律舉發該名警察，但是卻可能因此毀了該項研究？抑或是保持沉默，以便取得該名警察的信任，作為日後周旋的籌碼？最後，在事前已經有所斟酌衡量之下，他選擇了保持沉默。

不是所有質性研究都可能遇上如此戲劇化的倫理兩難困境，但是如果事前沒有做好準備，遇到需要決定研究者角色的事件時，臨時可能會很難維持自己的立場。研究者必須預備隨時可能遇上其他比較常見的倫理難題，以期能夠當機立斷做出合乎普遍倫理原則的抉擇（這方面的討

論，請特別參閱Christians, 2000, 2005; Welland & Pugsley, 2002）。閱讀其他研究者關於倫理難題的討論，以及藉由個案來討論處理假設性的倫理難題，有助於說明標準的倫理考量，也可增進研究者思辨倫理問題的能力。專欄17的例子是關於墨美女性俗民誌研究者薇蘭娜的倫理困境。她研究的是英系男士占有主導權位的拉美社區，而她發現自己正處於被該等英系領導男士收編的處境。面臨如此迫切的政治與倫理方面的兩難困境，她應該怎麼做，才可能順利完成研究目標，同時又能夠尊重該等研究參與者呢？

專欄17

倫理、權力與政治議題

　　薇蘭娜（Villenas, 1996）在研究報告中描述自己深陷錯綜複雜的困境：她的身分是墨美女性俗民誌研究者，研究的是邊緣化的拉美社區，而該社區主導權位的則是英美男士集團。研究檢視北卡羅萊納州鄉間小社區「希望之城」，新移民拉美母親的教育經歷，聚焦敘說這些婦女如何創造教育小孩的典範。

　　研究初期，薇蘭娜把注意力擺在克服該拉美社區對於她的印象：出身貴族大學的俗民誌研究學者。然而她卻忽略了當地主導權位的英美男士正透過各種方式來收編她，以便合法化他們對於拉美家庭教育與教養方式的看法：不僅問題叢生，而且根本就是「缺乏」教育與教養。由於她和這群英美人士使用相同的語言，再加上她未曾對此提出挑戰，結果她發現自己也因而成為鞏固這種負面看法的共謀者。

　　在研究初期階段，薇蘭娜為了順利取得進接社區領導男士的機會，所以每當和他們講話的時候，她會特別注意自己的措辭，不會指正他們帶有種族偏見的用語，也不會糾正他們鄙視拉美社群的講法。此外，這些社區領導男士也都認定她和他們自己一樣，對於那些有色人種與窮人也都抱持一種戒慎恐懼的態度，並且把拉美社區看成是「問題」的化身。由於該社區領導階層沒有任何其他的拉美男士或女士，因此，她變成社區領導接受的唯一拉美人士。如此的角色雖然得到英美社群的認

可，接受她為圈內人；在此同時，卻也使她被拉美社群視為圈外人。

　　為了平反這種被收編的角色處境，她開始「展開小規模的顛覆策略，以及各種小型的反抗行動」（頁725）。比方說，接受社區領導邀請到集會演講的時候，她會呈現拉美社群的正面形象。還有一回，她刻意不坐在特別為她保留的貴賓席（和其他社區領導同桌），而選擇和她結識的拉美社群朋友坐在一般聽眾席。

　　專欄17顯示，研究者可能會被權位人士收編。雖然研究是要展現某文化的正向形象，但是如果缺乏反思，也很容易就被當權階層利用，成為負面描繪邊緣化群體的共謀者，而將他們描述為「問題」的所在。

計畫退場

　　討論進入、進接、角色、互惠與倫理的議題之餘，很自然也應該討論研究者的退場策略，不過這方面的議題卻往往備受忽略。退場是需要計畫的，不論是20分鐘訪談結束後，說聲謝謝和再見，或是一整年融入研究場域，扮演各種角色之後，正式退場結束研究關係。對於所有徵詢參與研究的對象，初期的進場協商最起碼應該解釋研究成果會是什麼樣子，並且讓參與者明白研究關係乃是暫時的，研究結束之後，研究者就會退場，研究關係也會隨之結束。話雖如此，長時間投入密切互動，分享、提供協助、送禮物、吐露心聲，很容易就會忘了時間一到就會面臨退場。研究者必須做出決定。有些人決定選擇維持某種程度的關係，譬如：寄生日賀卡、變成朋友、擔任諮詢顧問，甚至成為受僱的員工。

　　不論研究者的選擇是終止關係，或是以某種形式繼續維持關係，最基本的倫理要求就是要尊重人與關係。沒有人應該抓了資料，然後拍拍屁股一走了之。最起碼的程度，對於提供機會讓研究者進接，以及開放個人日常生活與觀點的參與者，研究者應該計畫漸進的退場，談談研究案完成的情形，提供研究報告的樣本，送些小禮物、口頭感謝和致謝卡片之外，也可以提供協助。請對方把自己列入電子郵件名單，撥時間寄送有意思的文章或是照片，以及其他個人的筆記，這些做法多少可以化

解潛在的埋怨或是被遺棄的感覺。還有，在長時間廣泛投入與聚焦研究之後，研究者在離開研究場域的時候，最有可能感受到分離、孤單與失落的強烈感覺。預測這些感覺對於重視社交、關係取向的研究者尤其關鍵。有些人一直沒能抽離，順利過渡到單打獨鬥的分析與寫作階段。

最後，研究者的角色管理計畫應該納入自我照護策略（self-care strategies），以因應研究者疲乏（researchers' fatigue）、「同情心的壓力」（compassion stress），以及其他強烈的情緒（Rager, 2005）。知道如何預測田野研究的情緒是研究設計應有的組成要件，可以放在討論角色、進場與倫理的部分提出討論。知道如何把個人的情緒看成研究者的寶貴工具〔而不是「糟糕的主觀性」（bad subjectivity）〕，就是朝向質性研究的思考邁進一大步。就像Copp（2008）說的：「長久以來，有關建立和維持研究契合關係的大量文獻，記錄了角色取代情緒（諸如：信賴與同理心）的關鍵重要性。」（頁251）知道如何在田野筆記當中反思有關憤怒、憎惡或猜疑的感覺，可以提升資料的可信賴度，以及防止草率做出情緒化的結論。

更換研究場地，另起爐灶，也是處理困難處境（包括：政治性困境與倫理兩難）的另外一種方式。有些時候，即使事前規劃完善，但還是有可能無法順利進接原先選定的研究場地，專欄18就是這樣的例子。

專欄18

轉移陣地，另起爐灶

瑪歇爾（Marshall, 1992）的研究是要探索：社群的政治要求與婦女及有色人種進接成為學區領導之間的關聯性。為此，瑪歇爾設計了比較個案研究，並且擇定兩個研究場地——位於美國同一區域的兩個城市，各自擁有類似的政治文化、人口組成結構，而且相對而言，都有頗多婦女與有色人種擔任學區領導。選擇這兩個場地乃是因為它們在上述層面具有類似的特質，而且在本研究關懷的一個層面則存在顯著差異：「改革之城」有明顯跡象顯示該城市正在經歷著相當程度的政治結構變革；相對地，「亞城」的政治氣候則是相對平穩。

一開始，瑪歇爾在「亞城」遭遇到典型的官僚障礙。行禮如儀寫信給層層把關的守門人；拜會學區負責審核研究的主管；保證遵守學區對於研究的規範。她應付起來還算駕輕就熟，結果也頗為滿意，於是，她開始著手「改革之城」的協商進接事宜。她訂閱當地報紙，以便瞭解該地區的政治氣候。然後，打了幾通電話給學區主管。這位主管是來自外州、新上任不久的非裔美人。幾個星期過去，然後又過了幾個月，音訊全無。她很有禮貌地繼續打電話，而最後收穫也僅止於和祕書的通電之誼！她改試其他策略，比方說，在信中討好該名主管、重申研究對於該地區的價值、訴諸名人或重要人物的關係、使用大學正式信簡、強調該研究和國立學校領導研究中心的關聯。不過，迄今仍然毫無下文。

後來，瑪歇爾私下打聽才發現，這名主管對於某些爭議性的議題相當敏感，尤其是涉及資源分配、有色人種擔任行政領導職位，以及動員支持白人行政主管的政治角力等議題。面對如此挑戰，反而激起瑪歇爾更大興趣。所以，她決定搬出最後一招：主動出擊！她從該主管的祕書打聽到小道消息，知道該名主管將會出席某場研討會。她設法取得邀請函，然後藉著會議休息茶敘時間，終於等到機會接觸該名主管。她試著談論該場研討會的相關議題，然後技巧地順勢提及希望能夠和他談談在其學區進行研究的事宜。他表現得頗為親切，對於該項研究也似乎頗感興趣，並且允諾等下一次休息時間再續談。看起來，好像很有希望！一個小時過後，他的助理來通知她，由於辦公室來電，有急事需要該主管回去處理，所以他已經先行離去了。就這樣，又泡湯了。

不過，瑪歇爾不死心，她再接再厲，繼續打電話、寫信。最後，仍舊毫無回音。事情發展到這種地步，也該是放開自尊與面子的時候了。她的研究主題：有色人種位居領導地位的諸多政治性爭議，對於該名主管顯然太沉重了，因此他選擇拒絕與迴避。明顯地，他不可能願意冒險讓自己參與這項研究而身陷政治風暴。瑪歇爾瞭解她應該尊重對方的這些考量，而她也只好重新再去找尋另一個可行的「改革之城」。

有些時候，因為研究場域內部的敏感爭議實在太高了，搞得進場、

角色、倫理兩難窒礙難行，研究人員逼不得已，只好選擇放棄，轉移陣地，另起爐灶。研究人員遇到各種阻撓進接的障礙時，剛開始可能還會想辦法克服，但是如果真的無法克服，那就只能痛下決心，放棄原先選定的場地。再則，研究者也必須尊重關鍵當事人拒絕接受研究的意願。如果研究主題具有相當高的政治性與敏感性，研究者應該備妥若干替代選擇的場地名單，以備不時之需。

預測審查人員關切的問題

研究者應該預測審查人員關切的問題（reviewers' concerns）。研究設計是否行得通？研究者能否處理可能發生的倫理兩難（ethical dilemmas）？研究者如何知道應該到什麼地方、用什麼方法蒐集資料？如何能夠讓人們的言談和行事如實展現？如何能夠從蒐集到的大量資料整理出一番道理？研究設計在這一部分，應該設法徵引其他研究者對於該等議題的相關引言，以支持該項研究設計的選擇決定，化解可能無法管理場域兩難困境的疑慮。可以參考引述特別顯現倫理敏感度的研究者，比方說，引用Krieger（1985）研究女同志的經驗，應該可以收到相當的效果。或者也可以引述Chaudhry（1997）研究巴基斯坦回教徒移民的兩難困境，說明角色兩難（role dilemmas）涉及的複雜層面。

Lifton（1991）思索如何進接廣島原爆倖存者，也是很值得引述的例子。他展現了倫理敏感度，「在安排訪談時，我清楚意識到自己的無所適從，甚至有種卡夫卡的超現實感覺——我以美國精神科醫師的身分來探問他們關於原子彈的感覺。」（頁8）他持續詳述如何在中間人協助之下，戰戰兢兢協商進接，說服當事人，真正需要的不是鬆散印象與半吊子真相，而是有系統的研究，希望如此的研究能讓我們認識該等武器，避免再度派上戰場，同時也能夠對人性有更深刻的理解（頁9）。

然後，研究者可以從自己的概念架構和文獻探討，摘取若干的引文或概念，來建議可供執行分析資料的範疇或主題。

最後，在情況適合下，也可在研究設計部分納入初始或暫時的訪

談問題清單，以及觀察和編碼參照的範疇清單。許多大學的研究倫理委員會可能會規定必須附上這類資料。這些清單可以透過試行研究或文獻探討來發展建立。這些做法可以展現研究者有能力將文獻探討的敏感性概念，實際融入研究設計當中。同時也強調研究者理解如何著手蒐集資料，以及初步分析。接下來，專欄19示範說明，Basit（2003）在探討英國穆斯林女孩志向的研究計畫中，如何描述有關資料分析的實施計畫。

專欄19

預測初始的編碼範疇

　　在預測歸納思考、推理和理論化涉及的充滿創意的艱難動態歷程，Basit知道事前做好資料編碼做法的規劃是很重要的。她埋首苦讀Miles（1979）、Gough & Scott（2000）和Delamont（1992）的所有警告和建議，總之一句話就是切記不要走捷徑。當她準備描述如何處理「資料濃縮」和「資料提煉」（Tesch, 1990），她知道必須提供若干具體例子來說明實際執行過程。她回憶：「範疇名稱可以擷取自其他領域或專業的研究者提出的概念，或是借用技術報告文獻，或是資訊提供者使用的說法。」（Basit，2003，頁144）她從訪談青少年女孩、家長和老師的資料，擷取出了67種編碼和主題：民族、語言、自由、控制、性別、家庭型態、婚姻和生涯、進修教育、家庭作業、不切實際的志向等等。以這些初始編碼和主題作為開端，她參考文獻探討找尋可用來產生深層連結的概念。就這樣，她的編碼範疇就由文獻探討和訪談資料逐漸演化成形，其中訪談資料還提供了脈絡，以及改變、提煉和精煉主題的做法。

　　有了清楚的初始主題（initial themes），再加上對於質性資料的非結構化與非量化本質的肯定信念，給了Basit殷切需要的引導方向和信心，讓她得以心無旁騖投入資料蒐集和分析工作。她信心十足地回答如後的問題：「你要如何管理這麼大量的豐富資料？」「文獻探討的哪個部分提供分析資料的概念架構？」

　　當研究計畫充分提供各式具體的規劃，來說明有關研究設計管理的決策，這就能夠有效說服審查者，使其確信研究者有切實遵循質性研究傳統，能夠預測必須處理的眾多議題，也有能力預知田野研究現場要做些什麼。研究計畫必須完整而清楚地陳述研究的整體做法，一旦這些基本概括介紹清楚之後，接下來就要聚焦說明研究設計的特定細節決策。

＊　　　＊　　　＊　　　＊　　　＊

　　走筆至此，希望讀者多少都已瞭解，研究計畫如何確立研究的整體取向；我們看到了，研究者如何反覆考量許多有關研究方法論的判斷、選擇與決定；我們也看到了，他們如何建立辯護各項方法論決策的邏輯正當性。另外，諸多例子也討論到研究場地與參與者的取樣與進接議題，對於研究者角色、進接的思考，研究者如何互惠回報參與者提供進接和協助，以及研究執行過程的倫理議題。接下來兩章的主題是：資料蒐集的方法，分為首要方法與次要方法兩大類。這些討論的內容將可具體答覆：「我如何真正蒐集資料，以及我的資料看起來會是什麼樣子？」

作者書簡

凱瑟琳：當我拿自己的田野筆記給學生當作範例時，發現到此時學生才體認到筆記除了包括資料以外，還有自我反思、分析等，這些都有助於資料分析的洞察力。學生們理解到進行資料分析時，可以用這些筆記來監控資料與詮釋的品質。具體的實例最有用了，是嗎？

葛蕾琴：沒錯，具體是最好的。定位和角色也一樣。如果定位和角色不夠清楚的話，就算是有具體案例，班上的同學也會嚴重懷疑研究的可信用度。過去這些東西都被遺忘或認為不重要。

學友書簡

卡拉好，

在我們討論從事、撰寫質性研究的過程時，我心理想著該有多少的自我反思。就像你說的，我們必須要為自己騰出空間去思考、再思考、反覆思考我們的工作——從研究設計到撰寫。但是我發現自己往往受限於理論與研究，而「外溢」影響到生活。很多朋友都不喜歡我針對女性主義和／或教育上的性別平等發表長篇大論。

你是否覺得這樣的反思與投入是質性研究的特色呢？我的確認為某些學科在用到質性方法時，需要量化方法所不需的判斷與解釋。

另外還有一個困擾我的議題是身為研究者的定位與角色。因為我非常投入於研究中，而且也非常重視理論，因此我必須要適度保持學術上的距離，避免過度參與。

你對於這些議題有什麼看法呢？我很久沒有跟同儕們一起討論這些了。

希望你的論文寫作順利。

凱倫

凱倫，你好！

你用「外溢」這個詞讓我大笑出聲！我也是一模一樣！或許質性研究就是這麼孤單的過程。

我也認為你提出的反思這個議題非常重要。在研究過程中，我持續不斷的分辨外人／內部人員的身分。因為我自己的價值觀、看重後殖民理論，因此我對於權力與北方統治的範圍比較敏感。因此在必要時我會出聲；甚至還會以我丈夫為例，談些認同我想法的奇聞軼事，一開始我也覺得不妥，但事實上這個做法的確提供了我研究的深度——列出贊成的看法，同時讓讀者更加明瞭我的立場。

同時我要提一下評審委員會與知情同意。在資料蒐集期間，我很驚訝的發現到研究參與者似乎對知情同意不太有興趣。他們很高興跟我對談，卻不希望將這種互動制度化。對我來說，這反而促使我更加重視倫理、謹慎處理他們的貢獻。

先說到這兒——保重！

卡拉

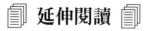 延伸閱讀

● 辯護理由論據與演化設計

Becker, H. S., Geer, B., Hughes, E. C., & Strauss, A. L. (1961). *Boys in white: Student culture in medical school*. Chicago: University of Chicago Press.

Brantlinger, E. A. (1993). *The politics of social class in secondary schools* (1st ed.). New York: Teachers College Press.

Campbell, A. (1991). *The girls in the gang* (2nd ed.). Cambridge, UK: Blackwell.

Chase, S. E. (1995). *Ambiguous empowerment: The work narratives of women school superintendents*. Amherst: University of Massachusetts Press.

Dicks, B., Soyinka, B., & Coffey, A. (2006). Multimodal ethnography. *Qualitative Research, 6*(1), 77-96.

Janesick, V. J. (1994). The dance of qualitative research design. In N. K. Denzin & Y. S. Lincoln (Eds.), *The Sage handbook of qualitative research* (pp. 209-219). Thousand Oaks, CA: Sage.

Lesko, N. (1988). *Symbolizing society: Stories, rites, and structure in a catholis high school*. New York: Falmer.

Olesen, V. L., & Whittaker, E. W. (1968). *The silent dialogue: A study in the social psychology of professional socialization*. San Francisco: Jossey-Bass.

Valli, L. (1986). *Becoming clerical workers*. Boston: Routledge & Kegan Paul.

Wasserman, J. A., & Clair, J. F. (2010). *At home on the street: People, poverty, and a hidden culture of homelessness*. Boulder, CO: Lynne Rienner.

Whyte, W. F. (1981). *Street corner society: The social structure of an Italian slum* (3rd ed.). Chicago: University of Chicago Press.

● 場地與樣本

Polkinghorne, D. E. (1989). Phenomenological research methods. In R. S. Valle & S. Halling (Eds.), *Existential-phenomenological perspectives in psychology* (pp. 41-60). New York: Plenum Press.

● 個人反思

Brizuela, B. M., Stewart, J. P., Carrillo, R. G., & Berger, J. G. (Eds.). (2000). *Acts of inquiry in qualitative research* (Reprint Series No. 34). Cambridge, MA: Harvard Educational

Review.

deMarrais, K. B. (Ed.). (1998). *Inside stories: Qualitative research reflections*. Mahwah, NJ: Lawrence Erlbaum. 中文譯本：《透視質性研究——18位研究者的反思》，李政賢譯。臺北市：五南（2007）。

Geertz, C. (1988). *Works and lives: The anthropologist as author*. Palo Alto, CA: Stanford University Press.

Gitlin, A. (Ed.). (1994). *Power and method: Political activism and educational research*. New York: Routledge.

Glesne, C., & Peshkin, A. (2010). *Becoming qualitative researchers: An introduction*. (4th ed.). Bocton, MA: Pearson.

Golde, P. (1970). *Women in the field*. Chicago: Aldine.

Kanuha, V. K. (2000). Being native versus going native: Conducting social work research as an insider. *Social Work, 45*(5), 439-447.

McLaughlin, D., & Tierney, W. G. (1993). *Naming silenced lives: Personal narratives and processes of educational change*. New York: Routledge.

Piotrkowski, C. S. (1979). *Work and the family system: A naturalistic study of working-class and lower-middle-class familie*s. New York: Free Press.

Toma, J. D. (2000). How getting close to your subjects makes qualitative data better. *Theory into practice, 39*(3), 177-184.

Van Maanen, J. (2011). *Tales of the field: On writing ethnography* (2nd ed.). Chicago: University of Chicago Press.

Weis, L., & Fine, M. (2000). *Speed bumps: A student-friendly guide to qualitative research*. New York: Teachers College Press.

● 協商進場與進接

Collins, M., Shattell, M., & Thomas, S. P. (2005). Problematic interviewee behaviors in qualitative research. *Western Journal of Nursing Research, 27*(2), 188-199.

Dewing, J. (2002). From ritual to relationship: A person-centered approach to consent in qualitative research with older people who have dementia. *Dementia, 1*(2), 157-171.

Donelson, R., & Rogers, T. (2004). Negotiating a research protocol for studying school-based gay and lesbian issues. *Theory Into Practice, 43*(2), 128-135.

Feldman, M. S., Bell, J., & Berger, M. T. (Eds.). (2003). *Gaining access: A practical and theoretical guide for qualitative researchers*. Walnut Creek, CA: AltaMira Press.

Lifton, R. J. (1991). *Death in life: Survivors of Hiroshima*. Chapel Hill: University of North Carolina Press.

Patton, M. Q. (2002). *Qualitative research and evaluation methods* (3rd ed.). Newbury Park, CA: Sage.

Symonette, H. (2008). Cultivating self as responsive instrument: Working the boundaries and borderlands for ethical border crossings. In D. M. Mertens & P. E. Ginsberg (Eds.), *The handbook of social research ethics* (pp. 279-294). Thousand Oaks, CA: Sage.

Yeh, C. J., & Inman, A. G. (2007). Qualitative data analysis and interpretation in counseling psychology: Strategies for best practices. *The Counseling Psychologist, 35*, 369-403.

● 個人、政治、倫理兩難

Bowen, E. S. (1964). *Return to laughter*. Garden City, NY: Doubleday.

Brainard, J. (2001). The wrong rules for social science? *Chronicle of Higher Education, 47*(26), A21-A23.

Christians, C. G. (2011). Ethics and politics in qualitative research. In N. K. Denzin & Y. S. Lincoln (Eds.), *The Sage handbook of qualitative research* (4th ed., pp. 61-80). Thousand Oaks, CA: Sage.

Copp, M. A. (2008). Emotions in qualitative research. In L. M. Given (Ed.), *The Sage encyclopedia of qualitative research methods* (pp. 249-252). Los Angeles: Sage.

Everhart, R. B. (1977). Between stranger and friend: Some consequences of long-term fieldwork in schools. *American Educational Research Journal, 14*, 1-15.

Fine, M. (1994). Negotiating the hyphens: Reinventing self and other in qualitative research. In N. K. Denzin & Y. S. Lincoln (Eds.), *The Sage handbook of qualitative research* (pp. 70-82). Thousand Oaks, CA: Sage.

Glesne, C. (1989). Rapport and friendship in ethnographic research. *International Journal of Qualitative Studies in Education, 2*, 43-54.

Kleinman, S., & Copp, M. A. (1993). *Emotions and fieldwork*. Newbury Park, CA: Sage.

Krieger, S. (1985). Beyond subjectivity: The use of self in social science. *Qualitative Sociology, 8*, 309-324.

Lincoln, Y. S. (1997). Self, subject, audience, text: Living at the edge, writing in the margins. In W. G. Tierney & Y. S. Lincoln (Eds.), *Representation and the text: Re-framing the narrative voice* (pp. 37-55). Albany: State University of New York Press.

Olesen, V., & Whittaker, E. (1967). Role-making in participant observation: Processes in the research-actor relationship. *Human Organization, 26,* 273-281.

Punch, M. (1994). Politics and ethics in qualitative research. In N. K. Denzin & Y. S. Lincoln (Eds.), *The Sage handbook of qualitative research* (pp. 83-97). Thousand Oaks, CA: Sage.

Rabinow, P. (1977). *Reflections on fieldwork in Morocco.* Berkeley: University of California Press.

Spradley, J. S. (1979). *The ethnographic interview.* New York: Holt, Rinehart & Winston.

Thorne, B. (1983). Political activist as participant observer: Conflicts of commitment in a study of the draft resistance movement of the 1960s. In R. Emerson (Ed.), *Contemporary field research: A collection of readings* (pp. 216-234). Prospect Heights, IL: Waveland.

Van Maanen, J. (2001). The moral fix: On the ethics of fieldwork. In R. Emerson (Ed.), *Contemporary field research: A collection of readings* (pp. 269-287). Prospect Heights, IL: Waveland.

Wax, M. L. (2001). On field-workers and those exposed to fieldwork: Federal regulations and moral issues. In R. Emerson (Ed.), *Contemporary field research: A collection of readings* (pp. 288-299). Prospect Heights, IL: Waveland.

Welland, T., & Pugsley, L. (2002). *Ethical dilemmas in qualitative research.* Hants, UK: Ashgate.

Wolcott, H. F. (2002). *Sneaky kid and its aftermath: Ethics and intimacy in fieldwork.* Walnut Creek, CA: Alta Mira Press.

● 研究倫理審查委員會

Boser, S. (2007). Power, ethics and the IRB: Dissonance over human participant review of participatory research. *Qualitative Inquiry, 13*(8), 1060-1074.

Cheek, J. (2007). Qualitative inquiry, ethics, and politics of evidence: Working within these spaces rather than being worked over by them. *Qualitative Inquiry, 13*(8), 1051-1059.

Iphofen, R. (2009). *Ethical decision making in social research: A practical guide.* New York: Palgrave.

Koro-Ljungberg, M., Gemignani, M., Brodeur, C. W., & Kmiec, C. (2007). The technologies of normalization and self: Thinking about IRB's and extrinsic research ethics with Foucault. *Qualitative Inquiry, 13*(8), 1075-1094.

Lincoln, Y. S., & Tierney, W. G. (2004). Qualitative research and institutional review boards.

Qualitative Inquiry, 10(2), 219-234.

● 關於特殊族群的研究者角色、進接、研究倫理議題

Dewing, J. (2002). From ritual to relationship: A person-centered approach to consent in qualitative research with older people who have dementia. *Dementia, 1*(2), 157-171.

Holmes, R. (1998). *Fieldwork with children*. Newbury Park, CA: Sage.

Hood, Jr., R. W. (2000). A phenomenological analysis of the anointing among religious serpent handlers. *International Journal for the Psychology of Religion, 10*(4), 221-240.

Jackson, B. (1978). Killing time: Life in the Arkansas penitentiary. *Qualitative Sociology, 1*, 21-32.

McLarty, M. M., & Gibson, J. W. (2000). Using video technology in emancipatory research. *European Journal of Special Needs Education, 15*(2), 138-139.

Peek, L., & Fothergill, A. (2009). Using focus groups: Lessons from studying daycare centers, 9/11, and Hurricane Katrina. *Qualitative Research, 9*(1), 31-59.

Pepler, D. J., & Craig, W. M. (1995). A peek behind the fence: Naturalistic observations of aggressive children with remote audiovisual recording. *Developmental Psychology, 31*(4), 548-553.

Thomas, S. P., & Pollio, H. R. (2002). *Listening to patients: A phenomenological approach to nursing research and practice*. New York: Springer.

Turner, W. L., Wallace, B. R., Anderson, J. R., & Bird, C. (2004). The last mile of the way: Understanding caregiving in African American families at the end-of-life. *Journal of Marital & Family Therapy, 30*(4), 427-488.

Wenger, G. C. (2003). Interviewing older people. In J. A. Holstein & J. F. Gubrium (Eds.), *Inside interviewing: New lenses, new concerns* (pp. 111-130). Thousand Oaks, CA: Sage.

● 作者特選

Becker, H. S., Geer, B., Hughes, E. C., & Strauss, A. L. (1961). *Boys in white: Student culture in medical school*. Chicago, IL: University of Chicago Press.

Brantlinger, E. A. (1993). *The politics of social class in secondary schools*. New York: Teachers College Press.

Lifton, R. J. (1991). *Death in life: Survivors of Hiroshima*. Chapel Hill: University of North Carolina Press.

Piotrkowski, C. S. (1979). *Work and the family system: A naturalistic study of working-class* *and lower-middle-class familie*s. New York: Free Press.

Spradley, J. S. (1979). *The ethnographic interview*. New York: Holt, Rinehart & Winston.

Whyte, W. F. (1993). *Street corner society: The social structure of an Italian slum* (3rd ed.).
　　Chicago, IL: University of Chicago Press.

📑 關鍵概念 📑

academic armor	學術盔甲
access	進接
biases	偏見
case study	個案研究
closeness of interaction	互動的親密程度
complexity of design	設計的複雜度
discourse analysis	論述分析
efficiency	效率
emotions	情緒
empathy	同理心
entry	進場
entry letter	研究邀請信函
ethical dilemmas	倫理兩難
ethics	倫理
ethnocentrism	文化中心主義
exit strategy	離場策略
field notes	田野筆記
first days in the field	在田野的最初幾天
identity	身分認同
in-depth interview strategy	深度訪談策略
informational adequacy	資訊的充足適切度
informed consent	知情同意
initial themes	初始主題
institutional review board	研究倫理審查委員會

"It depends"	「視情況而定」
microanalysis	微觀分析
multisite sampling	多場域取樣
participantness	參與者
pilot studies	試行研究
politics	政治
positionality	定位
power	權力
rapport	契合
rationale	辯護理由論據
reciprocity	互惠
relativism	相對主義
research in your own setting	自家後院的研究
researcher as instrument	研究者作為研究工具
revealedness	揭顯
reviewers' concerns	審查人員關心的議題
risk	危險
role	角色
role boundaries	角色界線
role dilemmas	角色兩難
role extensiveness	角色的廣延度
role intensiveness	角色的密集度
role maintenance	角色的維持
sampling	取樣
self-reflections	自我反思
site selection	場地的選擇
site specific	場地的明細規格
textual analysis	文本分析
trustworthinoss	信賴
voice	聲音
vulnerable population	脆弱的族群

第章

基本資料蒐集

質性研究採用的資料蒐集方法，主要有四種：(1)自然場域參與；(2)直接觀察；(3)深度訪談；(4)文件分析與物質文化分析。個別研究對於這些方法各有偏重。質性探究的核心就是由這些方法構成，質性研究者應該具備執行這些方法的基本技能。除此之外，還有若干輔助性質的次要方法或專殊化方法。本章簡要討論這些主要方法，次要方法則安排在下一章介紹討論，以供發展研究設計參考。目前已有不少優秀著作，針對個別方法提供深入介紹討論（讀者請自行參閱本章延伸閱讀）。本書此處的簡介並不是要取代這些作品，而是希望能夠：(1)引導研究計畫撰寫者思考，如何選擇適合的資料蒐集方法；(2)協助讀者明白，各種資料蒐集方法產生的資料如何能夠回答計畫擬出的研究問題。此外，個別方法討論結尾處，也會配合介紹討論與該方法相關的倫理議題。

　　研究人員如何決定該使用哪些方法呢？這通常得考量若干因素。先前在第一章，我們概略介紹過質性研究的若干預設。在這兒，我們進一步提出Brantlinger（1997）摘要整理的七大類有關質性研究的預設，這些預設可以用來作為選擇資料蒐集方法的參考。請注意，下列各項預設的描述乍看可能會給人二分法的印象，但其實並非如此，最好能夠以連續漸進的向度來看待。我們在表6.1使用←→的符號，就是希望能夠凸顯這個特性。

　　Brantlinger（1997）摘要整理的七大類有關質性研究的預設如下：

1. 研究人員如何看待「研究的本質」：探究被視為技術性、價值中立，而且傾向遵循傳統？抑或是爭議性、批判性，並且明顯帶有政治訴求的意圖？
2. 研究人員如何自我定位和「參與者的關係」：對於參與者，研究

者採取什麼定位？是保持距離、客觀的第三者？抑或是密切涉入參與者的生活？

3. 「注視方向」：研究人員是向外注視「他者」（把研究的問題視為外在的問題，或他者的問題）？抑或是包含明顯的內在審視與自我反思？

4. 「研究目的」：主要是為個人專業考量（例如：為了增進個人的生涯發展）？抑或是希望能夠提供資訊、幫助解決參與者或研究場域的問題？

5. 研究的「目標閱聽人」（與第4項有密切關聯）：是學術社群？抑或是參與者？

6. 研究人員的「政治立場」：保持立場中立？抑或是明白宣稱推動政治性的訴求？

7. 研究人員對於「主體能動性」（agency）的觀點：認為研究者自己和參與者本質上乃是被動的？抑或是「主動投入參與在地實踐」（engaged in the local praxis）？（頁4）

■表6.1　質性探究的預設

預設的向度	預設的偏向
研究的本質屬性	技術性與中立性←→爭議性與批判性
和參與者的關係	保持距離與客觀←→親密與涉入
注視方向	向外，朝向他者←→向內，內在審視與反思
研究目的	專業與私人←→有益於參與者和場域
目標閱聽人	學術社群←→參與者本身
研究者的政治立場	中立←→外顯的立場
研究者對於主體能動性的觀點	被動←→主動投入在地實踐

資料來源：改寫自Brantlinger（1997）。

　　研究者上述七項問題的偏向，將會決定他們對於特定方法的觀點，也會影響他們會如何實際執行運作。因此，正視這些問題，並且毫無隱諱地陳述自己的偏向，可以有效強化研究計畫整體的邏輯正當性。

　　許多介紹討論質性研究資料蒐集方法的書籍與文章，對於聽障、

視障、肢體障礙，以及其他身體或感官障礙的研究者，通常都是隻字未提。在下面各項方法的討論，我們會盡可能保持敏感度，具體說明如何運用各種體感與其他感官知覺。在這兒，我們強調，研究計畫應該大致說明可能遭遇的體感或感官知覺等方面的挑戰，以及有哪些策略可用來克服該等挑戰，以確保能夠順利蒐集到可靠而適切的資料。

觀　察

觀察（observation），是構成質性研究的核心要素。觀察一詞涵蓋諸多不同活動，包括：研究場域逗留閒晃、認識當地人、弄清楚例行作息，乃至於使用嚴謹的時間取樣來記錄行動與互動，以及使用檢核表（內含預先定義的項目）來勾選是否有出現某些事項。不論非形式化（例如：逗留閒晃），或形式化（例如：使用檢核表），觀察都涉及系統化關注與記錄社會場域的各種事件、行為與文物（artifacts）。

觀察一定要記錄，文字或錄音記錄都可以。觀察記錄通常稱為田野筆記（field note），應該遵守三項原則：具體、詳細、非判斷，也就是要鉅細靡遺描述觀察所見的具體事項，而且盡可能不帶有觀察者的價值判斷。很少研究只採用觀察作為唯一方法（請參閱第七章有關互動分析的討論），因為研究者遲早會意識到，單靠觀察取得的資料，很難詮釋行動與互動的意義，因此有需要尋求參與者的內在觀點，而這通常就是採用訪談。再者，質性研究者也已經有所體會並承認，詮釋必然涉入研究者的意識型態與立場，甚至必須公開主張。觀察也不止於視覺管道，也可以透過其他知覺感官。視覺有困難的研究者可以運用聽覺、觸覺、嗅覺等方面的技巧，來提供關於特定場域的洞察入微描述。

質性研究初期，研究者可以帶著廣泛興趣進入場域，不需預先擬好觀察的範疇，或是嚴格定義觀察項目檢核表。這種立場偏向也就是第三章提到的，預先規劃的研究（prefigured studies）或開放的研究（open-ended studies）。偏向開放研究者，可以從行為與關係當中，觀察發掘反覆浮現的某種模式。等到初步分析田野筆記，確定該等模式確實存

在，並且適度描述之後，再進一步擬定引導後續觀察的檢核表，如此應該比較適切，也比較能敏銳反應脈絡。等到研究後期有了較多觀察心得之後，就可以使用聚焦觀察，通常是用來檢核分析主題，以便查看該主題是否能充分解釋長時間、不同場地的該等模式之行為與關係。

觀察是所有質性探究極為根本而且重要的方法。觀察可以用來發掘社會場合自然的複雜互動。甚至在深度訪談的研究，觀察也扮演了重要的角色。藉由觀察，研究者得以記錄訪談參與者言談內容以外的身體語言和情感反應、聲調語氣，還有其他附語文（paralinguistic）訊息。當研究觀察者仰賴視覺以外的其他感官時，動作和聲調語氣就格外重要。不過，觀察法對於研究者的要求是相當吃重的。舉凡不安感、倫理兩難、人身安全、保持相對非介入角色的困難，還有既要觀察入微（密切觀察大量瞬息萬變的複雜行為），又得避免見樹不見林的挑戰等等，這些不過是眾多挑戰的一小部分而已。

聚焦觀察要做得遠超過「逗留閒晃」。好玩、反思的觀察者會系統化運用觀察（DeWalt & DeWalt, 2001）。在研究計畫階段，研究者應該描述觀察目的，還要陳述哪個階段使用觀察最可能得到豐富的收穫，以及說明如何分析田野筆記的資料來回應研究問題。

當研究者想要觀察性的資料時，可以查閱文獻、進行修正，截取研究重點。例如：Shoenfeld（2013）發現觀察教室的方案。他的研究團隊希望這個方案能夠應用於大型計畫之中，同時能將數學教室的觀察筆記有效率地、快速地轉化成確定的分數。質性研究常常使用這種已經畫好的觀察圖表，這些圖表有可能是先前的研究或是早期的探究觀察。

田野筆記不是零散抄寫的雜記，雖然一開始可能會這樣。Emerson, Fretz, & Shaw（1995）用「隨筆」（jottings）（頁19）來形容研究者臨場當下的筆記。然後，它會經過修飾整理而成為完整的田野筆記，作為可供後續分析的有用材料。在規劃觀察實施程序的時候，研究計畫撰寫者應該陳述用來組織和管理筆記的策略，讓讀者知道他有能力觀照場域發生的行為和互動，並且把該等觀察轉化為可供研究使用的田野筆記。圖6.1提供一個「清理過」的田野筆記樣本。這是關於幼稚園老師的一項研究。在這個樣本當中，O'Hearn-Curran（1997）規劃在左側欄

位放置描述性的記錄，右側欄位則保留給觀察者評述，包括她對於觀察所見行為的若干浮現的分析洞視。觀察者評述通常可以提供豐富資訊，導出寶貴的分析洞視，也可能提供線索，以便更為聚焦的資料蒐集（請參閱第八章）。也可以提供重要的問題，作為後續訪談參考題材。

田野筆記樣本	
1997年11月13日星期二，12：40 PM	
觀察	觀察者評述
房間內有17名兒童。有3名成人，分別是老師、課堂助理、學生老師（年紀稍長的婦人）。	
這房間位於學校地下室，學校是一棟磚造建築，約莫九十到一百年的歷史。房間大約長40英呎，寬30英呎。地上鋪了地毯，家具將空間隔成若干區域，左後方角落有一些大本的書，以及一張圖表。旁邊有一個架子，擺了一些小書本、錄音帶，還有幾套精裝本的套書。在過去一點，一個小小的區域，有玩具廚房用具和洋娃娃。在廚房區域的前方是另外一個區域，裡頭有幾張桌子。桌子上頭擺了許多張翻過來的小椅子。房間前面部分，有一張鋪了沙子的桌檯。房間左前方角落有一張半圓形的桌子。牆壁貼了許多學童作品，色彩很豐富。其中一面牆上貼了好幾幅蘋果圖畫。另外一面牆張貼學童的照片和名字。房間有幾扇小窗戶，日光燈似乎是主要照明來源。	老師似乎花了很大心思，把這個房間布置得相當溫馨。空間本身倒是不是非常理想。
學童們剛進到屋內，將外套和背包掛在走廊的掛勾上。	大部分的學童似乎都知道這個規矩

■圖6.1　田野筆記樣本

參與觀察

參與觀察（participant observation），主要是從文化人類學與質性社會學發展出來。參與觀察既是質性研究的一種總體類型，也是一種資

料蒐集的方法。幾乎所有的質性研究，或多或少都會涉及參與觀察。顧名思義，參與觀察需要研究者同時扮演觀察者和參與者的雙重角色，親身投入研究興趣所在的社會世界。融入研究場域，可以讓研究者親身聽與看，就如同當地人或當事者的親身經驗一樣。如果研究者某一種感官有困難，可以改用其他感官知覺來描述，例如：教室的諸多紛雜聲音、人們透過眼睛接觸尋求上司贊同的細微表情。在理想情況下，研究者會在該場域花上相當可觀的時間，認識瞭解當中人們的日常生活。這樣的融入可以讓研究者有機會直接親身體會理解箇中生活。這種親身經驗的反思，對於逐步浮現分析社會族群的質性研究，乃是不可或缺的要素，因為它提供了新的觀點和機會，一方面讓陌生的變熟悉，另方面讓熟悉的變新鮮（Glesne, 2010）。

對於所有質性研究，參與觀察乃是一種非常根本的資料蒐集方法。使用參與觀察法的時候，研究人員必須考量研究者角色或立場的問題。有關這方面的議題，可以參考Brantlinger（1997）關於研究人員自我定位和參與者的關係的論述，請參閱表6.1。有關角色定位的議題，我們在前面第三章已經比較全面探討過了。我們在此重申一遍，在研究計畫階段，闡明參與的程度或範圍（諸如：投入參與的性質可能是什麼樣子，向參與者揭露研究目的之深淺程度、研究人員出現或在場的廣泛程度、參與的聚焦程度等等），對於研究計畫的辯護論述頗有幫助。還有很重要的一點，研究者應該陳述這些不同程度或範圍的參與，如何能夠提供獨特的觀點。總之，研究者應該說明清楚，他的參與將可以帶來什麼樣的資料，從而提供充分資訊回應研究問題。表6.2表列呈現研究者角色和資料蒐集方法之間的關係。

■表6.2　觀察者角色關聯的資料蒐集法

資料蒐集方法	角色			評論
	第一類型—參與者擔任觀察者	第二類型—觀察者擔任參與者	第三類型—觀察者不參與	
觀察與記錄敘述性資料	＋	＋	＋	對第一類型觀察記錄有大綱提要的互動與情意，特別有用
記錄情意反應的直接引述	＋	＋	＋	同上
非結構式訪談	＋	＋	＊	如果研究者技巧很好，結構就會逐漸浮現
結構式訪談大綱	―	＊	＋	對調查工作最有用（例如：問卷普查）
詳細互動大綱	―	―	＊	對小團體研究最有用
互動頻率計數	＋	＋	＋	領導力研究的意義
紙筆測量				在特定情況下對於特定目的之研究非常有幫助
問卷	＋	＋	＋	
量表	―	―	＋	
成就或能力測驗	―	―	＊	
文字記錄				對於第一類型角色極為重要，尤其是在檢核觀察資料的可信度
報紙	＋	＋	＊	
正式會議記錄	＋	＋	＊	
書信	＋	＋	＊	
演講稿	＋	＋	＊	
廣播與電視報導	＋	＋	＊	同上

資料來源：Lutz & Iannaccone（1969，頁113），翻印許可。

注釋：＋，代表很有可能使用；＊，偶爾有可能使用；―，很難或不可能使用。

觀察和參與觀察的倫理議題

倫理議題主要環繞在對人的尊重原則。參與者是否知道有研究正在進行，而他們自己是其中的一部分？他們是否同意？隨著研究進展，是否有持續與他們協商，取得同意？研究者必須勤加確認參與者確實知情同意。誠如第一章指出，知情同意的協商很複雜，並不是單一次的手續或儀式，而是需要持續再確認的過程。當研究焦點涉及團體時，倫理議題也會變得比較複雜。本書作者羅絲蔓回憶，有博士論文的行動研究，探討某小學課堂的人權意識。其中有一位家長不同意孩子參與研究。由於該名學童一定會出現在課堂上，這位研究者該如何進行觀察呢？在這種情況下，田野筆記又該如何寫，以確保能夠聚焦其他學童之間的互動？再者，和參與者建立的關係也會涉及對人尊重的原則。一般而言，和參與者建立的關係應該要符合善意、非操縱、互惠等原則，才算是倫理的做法。諸如此類的問題，研究計畫應該都要提出妥善討論。

深度訪談

質性研究人員使用深度訪談（in-depth interviewing）的情形相當普遍。Kvale（1996）描述，質性訪談乃是「一種知識建構的場域」（頁2），在其中，兩人以上共同討論「互相有興趣的主題」（Kvale & Brinkmann，頁2）。訪談可以作為質性研究的一種總體策略，也可以作為質性研究採用的多項資料蒐集方法當中的一種。質性研究的訪談不同於新聞採訪或電視談話節目的訪談，主要的區別是廣度的差別，而比較無關於深度的差別（Wengraf, 2001）。不過，現代社會生活中各種訪談幾乎無所不在，這促使方法論學者（以及其他社會觀察人士）形容我們是生活在「訪談社會」（請參閱Gubrium & Holstein, 2003; Holstein & Gubrium, 2003; Silverman, 2000）。

就訪談進行的結構，以及訪談者回應問題或自找話題的自由度而言，不論是電視談話節目、約會遊戲或研究運用的訪談，都有很大的

差別。長久以來，方法論者的立場多半偏向研究者擁有主導訪談問題的權力。Brown & Durrheim（2009）則是據理力爭支持「行動訪談」（mobile interviewing），也就是「移動行進（走路與／或開車）」的訪談（頁911）。這種結構寬鬆、較不正式化的訪談，打破了傳統關於「訪談進行方式、訪談者與受訪者的主客角色關係」的根深柢固概念。

再者，Kvale & Brinkmann（2009）也提出了呼應上述批判的若干隱喻說法，他們形容研究者對於訪談的立場可分為礦工、旅人兩類（頁47-50）。採取礦工立場的研究者認為，理念和知識存在訪談的夥伴；訪談者的責任是「從受訪者的純粹經驗，開採其中的知識礦砂」（頁48），披沙瀝金，冶石成金。相對地，採取旅人立場的研究者則是協同訪談夥伴，共同啟程前往「遙遠的國度」，去探訪「未知的地帶，或是按圖索驥」（頁48）。礦工立場傾向採取保持距離的客觀角色；旅人立場則是比較傾向採取協同建構知識的角色（請參閱表6.1）。

訪談取徑的一個重點，就是應該讓受訪者明白，她們本身的觀點是有價值、有用、值得受重視的。訪談的生產和創造力相當程度取決於訪談夥伴，以及她們對於投入深談研究興趣主題的意願。誠如Kvale & Brinkmann（2009）指出：「訪談（interview），顧名思義，就是兩人之間的意見交流（inter view）。」（頁2）不過，訪談者還是應該有若干技巧和敏感度。準備是很關鍵的，同樣重要的還包括：應該預測訪談夥伴會如何看待訪談者，還有可能會發生哪些倫理議題，請參閱第三章以及本章稍後的相關討論。訪談者與受訪者的約會也可以畫成一種關係，Seidman（2013）討論了一些在發展這種關係時可以做與不可以做的事情。「訪談者可以無視定義、分類與壓力，設計與參與者之間的關係，就像是島嶼間的互換一樣。但是，個別的訪談關係應符合社會規範。」（頁97）他提出一個方法，踩到友善與友誼之間的細線：

> 我試著要達到平衡，說得恰到好處，讓人知道我是生動、有反應的；但又不能說太多，以確保參與者的匿名，同時讓人聚焦於受訪者的經驗，而不是我的。（頁98）

Seidman用尊重、有趣、重視與禮貌來定義他對這層關係的理解。

研究者應該定下策略，規範自己遵守資料蒐集反應的紀律。圖6.2提供一份修潤補述的訪談筆記，取自一項社區學院有色人種學生的研究。注意到這個研究者對細節的闡述，這些都可能影響到資料品質或是型塑日後的解釋。

訪談記錄樣本	
1997年10月15日，1：30至3：40PM 訪談DC	DC是某科系的學生顧問。此次訪談係透過該科系主任安排。
場景：DC在該科系的辦公室。室內明亮，充滿生氣。其中一面牆上掛了色彩絢麗的織錦畫，另外幾面牆上則是貼了好些海報。一張大型海報主題是「我很OK」。書本和論文到處都是。書桌角落擺了一些木製玩具、棋盤、金字塔等等。 DC個子嬌小，膚色偏黑，頭上綁滿細長辮子。她戴了一副大眼鏡，粉紅色的口紅，和她容光煥發的膚色相互搭配。她活力充沛，臉上總是掛著微笑，動輒開懷大笑。說起自己嬌小的身高，她自我解嘲：「我的學生個頭都比我還高，所以啊，沒有任何學生會感受到我的威脅啦！」	
我（KK）向她解釋我的研究興趣和計畫。我告訴她，我希望能夠從她這邊得到三方面的資料：第一，她覺得好老師應該具備什麼特質，還有她的有色人種的學生對此又有何看法；第二，有哪幾位老師可能具有這些特質；第三，我應該訪談哪些學生。	DC非常專注聆聽。
DC：「好啊，沒問題，請開始問吧！」 KK：「請你說一說，你都做些什麼事情？」	這一刻，我和她都有些尷尬。我不確定該怎麼辦，她似乎有些驚訝，我怎麼會問如此一般性的問題。

（續）

DC：「我是這兒的學生顧問，我們設法讓學生不要在街頭遊蕩，免得惹上麻煩。他們明白大家對他們的苦心，我就會很高興。」 DC：「教育計畫不只安排課程，也包括社團和其他學生活動。還有學生要參加的顧問聚會活動。」 DC回來。 KK：「你有多少學生呢？」 DC：「大約有一百個。」	她遞給我一份表格，是她手邊正在處理的一位學生的案宗。這時候正好有人走進來，告訴她有一通重要來電，必須她親自去接聽。她離開大約十分鐘，我因此得以四下觀看。
KK：「一百個！你能夠和這麼多的學生建立起關係嗎？」 DC：「我覺得我是很用心捍衛學生權益，只要能夠幫助他們度過難關，我一定會拼命去做。我總是告訴他們，不需讓自己背太多負擔，輕鬆一點……我想，誠實對待學生是很重要的。如果我真的不懂，我會老實告訴他們。但是，總有辦法一起上網去查出來吧！」	這兒，我不記得她確切的答覆。好像是說，保持聯絡之類的。

■圖6.2　訪談記錄樣本

　　追問、要求補充說明的技巧，也是攸關訪談成果豐碩與否的關鍵要素。我們認為，訪談的豐富性，相當程度取決於追問或刺探問法。Rossman & Rallis（2003）討論介紹三類：(1)開放式補述（open-ended elaborations）；(2)開放式釐清（open-ended clarifications）；(3)細節補述（detailed elaborations）（頁184）。

　　Patton（2002）將訪談區分為三類：(1)非正式會話訪談；(2)一般性訪談大綱法；(3)標準化開放訪談（頁341-347）。除此之外，我們提議增列(4)協同建構訪談或對話訪談（Rossman & Rallis, 2012）。

　　1. 非正式會話訪談（informal conversational interview）：隨著當

場的個人與／或小團體自發或隨機展開的交談。

2. 一般性訪談大綱法（general interview guide approach）：結構化的程度比較高些，訪談有預先安排時程，訪談者準備好主題或問題清單（亦即訪談大綱，可以選擇在訪談前和受訪者分享，也可以選擇不分享）。這是質性研究最常使用的訪談類型。

3. 標準化開放式訪談（standardized open-end interview）：有準備縝密擬定的訪談「腳本」，依照特定順序提問特定的問題，有無後續追問皆可。常用在多場域個案研究或較大樣本的研究。

4. 協同建構訪談或對話訪談（co-constructed, or dialogic interview）：有無安排時程皆可，訪談夥伴共同產出新意義。

對於這些類型的訪談，我們不妨可以用「談話時間」的分配情況來加以區別（關於各種訪談的談話時間分配情況，在訪談逐字稿當中，往往有相當戲劇化的顯現）：在非正式訪談與對話訪談，訪談者和夥伴平分談話時間；在主題或大綱引導的訪談，訪談夥伴的談話時間較多，標準化的訪談也是如此。

典型的質性訪談——主題或大綱引導的訪談——研究者探索若干一般性的主題，以幫助發掘參與者對於該等主題的觀點；不過，研究者仍會尊重參與者，使其保有相當的自由空間，可以自行決定對答的概念架構與結構。事實上，這一點也正是質性研究的一項根本主張：應該讓參與者從自身角度，逐漸浮現而揭示他們對於研究興趣所在現象的可能觀點，而不是從研究的角度（或依循事先預設的概念架構）來加以開展。在某些情況下的研究，例如：跨越多場地的個案研究，或是多位受訪者的訪談研究，另外在分析、詮釋階段，當研究者檢驗聚焦和結構化訪談的發現，諸如此類的情況，可能就有必要將提問的方式適度系統化。

訪談有其特殊的優點。通常一次訪談就可以迅速取得大量資料。當參與者不只一人，集體訪談可以一次蒐集多位參與訪談者各自陳述的包羅萬象的資訊。這是只研究少數幾個研究參與者無法取得的結果。當然，當中也會涉及廣度與深度得失權衡的問題。訪談者可以立即追問和要求釐清、補述、說明。訪談結合觀察（看、聽、聞、觸），可以容許研究者理解人們日常活動的意義。訪談者如果有視覺障礙，可以安排手

語詮釋者協助，或是透過書寫問答方式，這些做法都可以容許即時而且直接的追問補充說明。

不過，訪談也有其限制與缺點。由於訪談涉及親密的互動，因此信賴就成了很重要的條件。在有限的時間內要建立信賴，挑戰性很高。某些情況下，訪談夥伴可能不情願或是感到不安適，因此很難如研究者所願，毫無保留地分享研究者希望探索的事情。他們也有可能沒察覺到自己生活當中某些反覆出現的模式。另一方面，研究者也可能因為不熟悉當地的語言或是欠缺技巧，所以提出的問題無法有效引發訪談對象侃侃而談。同樣的緣故，研究者也可能因此無法敏感理解或詮釋訪談對象的回答，或是對話當中的某些元素。而且有些時候，接受訪談者也可能有正當理由不據實以告（相關討論請參閱Douglas，1976）。

訪談者應該具備卓越的傾聽技巧（或手語技巧），能夠有技巧的因應人際互動、框架問題，以及溫和促使訪談參與者補充說明。訪談固然可以取得大量資料，不過分析如此多的資料可是相當耗時。資料的品質也是問題。當研究者使用深度訪談作為唯一的資料蒐集方法，他應該透過概念架構展現說明，研究目的乃是要揭示與陳述參與者對於某些特定事件的觀點；也就是說，研究關心的重點就是參與者的主觀觀點（或個人理論）。在此，參照表6.1關於質性研究的連續向度，研究如果是傾向中立或技術性的預設，那就需要另外輔以其他方法蒐集的資料，然後針對這些不同來源的資料，連同訪談的結果，施以三角交叉檢核。最後，因為訪談乍看似乎很像日常交談對話，研究者有時候使用起來可能會流於輕忽，缺乏理論的敏感度，彷彿訪談夥伴一定可以提供「一種觀看心理或社會現實無庸置疑的視窗」（Wengraf，2001，頁1）。

行動俗民誌（Brown & Durrheim, 2009）是指在俗民誌研究中追隨參與者的活動。在現今不斷變化、需要大量視覺與聽覺的環境下，固定的問答式訪談已經不太合宜或是過於正式。讓參與者自由聯想地回答這種「漫遊式」的做法有助於「重新蒐集與產生知識」（Anderson，2004，頁254）。當研究者隨意漫步，隨意地展開對話時，有助於產出可信的資料。

研究者的角色延伸，成為一個觀察參與者的人，同時探索研究中的

權力關係。James & Busher（2006）在研究專業身分時利用非同步的電郵訪談，克服無法面對面或電話訪談的距離與時差問題。鼓勵參與者探索、重新檢視自己的洞見觀瞻，還可以來來回回地看看自己的敘述。藉由這些不同的資料蒐集方法，質性研究容許創新的策略。

這種彈性並非意味著研究者不需要在訪談前針對要提問的問題預作準備。預先準備好訪談主題可以讓計畫審查者確保研究者有研究方向和重點。而且，研究計畫應該要指出研究者在試行研究、小規模探究和其他完善地研究中所學到的事項。這些都有助於訪談的設計、執行、分析與代言。

如果計畫過於仰賴訪談，而研究者缺乏適當的技巧與經驗的話，計畫就必須修正。並非所有人生來就擅長這些事。Roulston（2001）提出一些有用的建議，例如：考量受訪者的時間限制、準備筆記或錄音，強化計畫。

除了深度訪談之外，還有一些特殊化的訪談類型：俗民誌訪談、現象學訪談、焦點團體、生命史、敘事探究、數位敘事。特定樣本母群的訪談，諸如：菁英、兒童青少年，以及跨社會身分認同的訪談（新興的訪談做法包括：網路訪談和電腦應用，請參閱第七章）。

俗民誌訪談

俗民誌訪談（ethnographic interviewing），基礎建立於認知人類學領域，可以取得引導參與者世界觀的認知結構。Spradley（1979）經典著作中，形容俗民誌訪談是「一種特殊類型的言說事件」（頁18）。研究者使用俗民誌訪談來蒐集文化性的資料。俗民誌訪談是由一系列結構化訪談構成的闡論系統，用來引出參與者的文化知識。Spradley（1979）從各種俗民誌問題當中歸結出三種主要類型，分別是：

1. 描述性的問題：通常是相當廣泛的問題，可以讓研究者蒐集認識參與者對於「個人經驗、日常活動、生活周遭人事物等的觀點」（Westby, Burda, & Mehta, 2003）。

2. 結構性的問題：可以發掘參與者使用哪些分類法（範疇），來組

織具有個人重要意涵之文化知識（注意，不是對研究或訪談者具有重要意涵）。最有助於產生豐富答案的問題包括：「嚴格包含、說明理由、方法—目的鏈的問題」（Westby等，2003）。嚴格包含問題（strict inclusion questions），可以釐定顯著意義範疇的界線。說明理由問題（rationale questions），聚焦參與者給特定事件或狀況的理由；方法—目的鏈問題（mean-end questions），捕捉參與者觀點所見的因果關係。

3. 對比性的問題：透過參與者解釋說明某事物像什麼，以及不像什麼，從中對照比較分析，進而理解與釐清該用語的確切意義。

俗民誌訪談的價值主要在於，透過參與者的觀點，以及第一手的邂逅，聚焦探索特定族群的文化（廣義建構的文化）。這種取徑特別適合用來取得參與者賦予事件與行為的意義，也有助於建立意義的分類範疇，亦可亮點彰顯文化當中的細微特色。使用這種方法時，在研究計畫初期型塑暫行假說比較有彈性。而且由於具有非常豐富的敘事描述，因此能夠避免描述與分析過度簡化的問題。

不過，這種方法也有一些缺點。首先，俗民誌研究者可能會把自己的價值觀強加到問題的措詞或是資料的詮釋當中。其次，如果研究參與者不具有該文化團體的代表性，後續的分析也就不太可能有什麼價值了。最後一點是，這個方法的成功與否，也像其他所有類型的訪談一樣，極度仰賴研究者的人際技巧。

現象學訪談

現象學訪談（phenomenological interviewing），是一種特殊類型的深度訪談，理論根源來自現象學傳統。現象學訪談的研究主題包括：個人的「活的」經驗（lived experiences），以及個人如何理解該等經驗，從而發展成為世界觀。現象學訪談依據的預設基礎是，假定人們共同的經驗當中存在一種結構與本質，可以透過敘事而呈顯出來。現象學訪談的目的，就是要陳述若干個人共同分享之概念或現象的意義。

Seidman（2006）建立的現象學探究，乃是由三段式的深度訪談組

合而成。第一次訪談，聚焦過往經驗當中研究興趣所在的現象；第二次訪談，聚焦當前的經驗；最後，第三次訪談，綜合前兩次訪談敘事，來陳述該等現象當中的個人經驗本質。

　　不過，在開始訪談之前，現象學研究者必須徹底描述自己該等現象的親身經驗，以便將自身經驗排除到括弧之外，以免滲入括弧之內應該純屬受訪者的經驗。這個階段就是所謂的「放入括弧或擱置」（epoche）階段。這種自我檢視，目的是為了讓研究者澄清本身先入為主的各種概念，而且這種自我檢視乃是一種「持續進行的歷程，而不是一次解決了事的單一事件」（Patton，1990，頁408）。

　　第二階段，就是所謂的「現象學還原」（phenomenological reduction）；在這兒，研究者確認現象的本質（Patton，1990，頁408）。然後，依照描述「經驗素材」（textures of the experiences）的諸多主題，將資料進行群聚分類（Creswell，1998，頁150）。最後，第三階段，就是「結構綜合」（structural synthesis）：投入想像探索「所有可能的意義，以及分歧的觀點」（Creswell，1998，頁150），最後綜合總結成為關於該現象本質與深層結構的陳述。

　　現象學訪談主要優點就是，可以明顯聚焦研究者和受訪參與者彼此融合的個人經驗。這種方法聚焦事件對於個人所產生的深度生命意義，並且假定意義會引導個人行動，以及人際互動。然而，這種方法實施起來非常耗時費力，而且需要研究者具備高度自我反思的心理素質，這也不是很容易達到的條件。運用現象學訪談成果出色的研究主題，舉例有：教師社會化（Maloy, Pine, & Seidman, 2002），以及難民身分認同發展面臨的挑戰（Mosselson, 2010）。

 ## 焦點團體訪談

　　焦點團體訪談（focus group interviewing），主要用於行銷研究；近年來也推廣到社會科學與應用研究領域。焦點團體通常由7到10人組成（也可縮小為4人，或擴大為12人）。團體成員彼此互不相識，取樣標準是具有與研究問題關聯的若干共通特徵。訪談者創造支持性環境，

提出聚焦的問題，鼓勵團員討論、表達各自不同的意見或觀點。焦點團體訪談可以進行許多次，而且每次都由不同成員參與，如此可以容許研究者透過細心的系統化分析，揭顯存在於團體印象、感受、意見的共同趨勢或模式（Krueger & Casey, 2008）。和許多方法一樣，焦點團體訪談也可以在網路專屬部落格進行，這就是所謂的虛擬的焦點團體，可以不受時間或地點的限制，能夠容許來自世界各地的許多參與者。

這種方法假定，個人的態度與信念乃是社會建構的，而不是形成於真空。人們通常需要聆聽、參考其他人的意見與理解，以便形成自己的看法。一對一的訪談可能有所侷限，因為單一參與者可能未曾反思過該項主題、感覺準備不足、不知如何作答。通常焦點團體使用的訪談問題表面看似非常簡單，然而，箇中奧妙就在於，這樣的問題可以創造出支持性的討論情境，促使所有參與者盡情發表個人的觀點。

焦點團體訪談的優點是，特別適用於探索社會情境，也就是探究參與者在比較自然的環境（而非人造或實驗操控的情境）的反應，而且比一對一訪談更容易保持輕鬆自在的氣氛。焦點團體訪談結合參與觀察，特別適合用來取得進接、聚焦場域與樣本的選擇，甚至用來檢核暫行結論，這方面效果都非常理想（Morgan, 1997）。運作形式容許引言人擁有充分彈性，可以從容探索討論過程意料之外的議題。焦點團體訪談有相當好的表面效度，這是因為這種方法很容易瞭解，其結果也似乎頗為可信。再者，成本相對較低，短時間內就能獲得結果；而且一次訪談多人，也可增大研究樣本（Krueger & Casey, 2008）。

在行動研究和計畫設計與評鑑，焦點團體特別有用。比方說，HIV/AIDS感染者焦點團體可以用來蒐集關於各種特定需求（諸如：壓力、家人的醫療健保、宗教靈修、未來希望等等）的意見和觀點，以茲設計就業服務計畫（O'Neil, Small, & Strachan, 1999）。

另外，焦點團體也特別有助於建立社會支持網絡。Peek & Fothergill（2009）介紹三項研究案，以茲討論焦點團體訪談的優點與挑戰：(1)都會地區安親班教師、學生和家長的研究；(2)美國回教徒移民子女對於911事件和後續影響的反應；(3)卡崔納颶風後，兒童青少年的協同研究。在這三項研究案當中，研究者發現，焦點團體訪談有助於

化解進接協商的潛在阻力，而且更重要的是，在研究案結束之後，參與者仍然維持發展社會支持的網絡關係。

焦點團體訪談當然也有必須克服的挑戰。首先而且最重要的，就是焦點團體的權力動態議題。如果研究者決定採用焦點團體，就必須能夠敏銳感知團體當中的權力動態，而且能夠運用技巧來促成團體討論順利開展。此外，訪談者對於團體的控制顯然不如個別訪談，因此，有時候可能走入死巷或是偏離主題，導致時間上的浪費。另外，由於必須考量諸多訪談參與者的反應各有其特殊的脈絡背景，資料分析起來也格外困難。再者，這種訪談需要使用特殊的空間安排（或專屬的討論場地），還需要受過良好訓練的討論引言人。再者，團體之間差異極大，很可能不容易集合。最後，為了要獲得品質良好的質性資料，就必須做好訪談對話的管理，而這也意味必須處理各種棘手的後勤問題。

我們也應該注意，近年來，相對便宜和操作簡易的錄影技術日益普及，焦點團體討論錄影的情形也愈來愈常見。和互動分析一樣（請參閱第七章），錄影產生了幾乎「永久記錄」的資料，相當方便保存和分析。不過，錄影和照相等資料也帶來了若干有關參與者身分保護的倫理議題，請參閱下一段的相關討論。

焦點團體訪談的倫理議題

焦點團體訪談可能發生的倫理議題主要環繞在團體中的權力和影響力運作（包括：現場的團體或網路虛擬的團體）。對於箇中動力，研究者必須發揮極高的敏感度，並且靈活運用技巧來協助討論的進展。是否應該錄影？個人隱私和身分的保護都是不容輕忽的重要議題。我們知道，IRB研究倫理委員會有規定，知情同意書必須附帶說明，清楚陳述研究報告使用照片、錄音、錄影的處理方式。這些資料的呈現可能會使參與者身分馬上曝光，因此，知情同意書需要附上更審慎的聲明，清楚陳述使用的方式，以確保參與者充分知情。事實上，我們認為，使用個人或團體的照片或錄音、錄影，必然會違反尊重個人匿名隱私的倫理原則。在數位時代，這是個棘手的倫理議題，未來還有得爭議。

諸如此類的議題，也會發生在敘說個人生命故事的研究類型，包

括：生命史、敘事探究、數位敘事，以及使用回憶錄等等。下一節，我
們就來介紹討論這些研究類型，以及個別方法可能發生的倫理議題。

生命史、敘事探究、數位敘事

　　生命史與敘事探究是深度訪談的方法，可用來蒐集、分析與詮釋人
們自敘個人的生命故事。這些方法主張，人們的生活就是把「故事化的
生命」活出來，透過敘說個人的生命故事有助於理解自我，以及創造自
我意識。故事固然重要，如何說故事也同樣重要（Riessman, 1991）。
研究者和參與者緊密合作，探索其生命故事，並記錄之。生命故事與敘
事分析普遍應用於各種社會科學領域的研究，特別適合應用來給予讀者
關於某文化或某時代的局內人觀點。這類的方法可以說是將傳記的原則
應用到社會科學。另外，還有一種與此有關聯的方法就是數位敘事，個
人或團體透過數位內容（圖像、聲音與錄影），來敘說故事。數位敘事
可以結合訪談，也可以不用訪談，我們把它歸到這兒來介紹，是因為它
和生命史與敘事探究的焦點都在於敘說故事。

🌿 生命史

　　生命史（life history），尋求「檢視與分析個人的主觀經驗，以及
所建構的社會世界」（Jones，1983，頁147）。生命史探究的基本預
設：個人對於生活世界的理解與該世界本身之間，存在著複雜的互動。
因此，生命史特別適合用來陳述個人如何透過社會化歷程而融入某文化
場域，並且釐定其中的理論意涵（Dollard, 1935）。所以，透過個人在
某特定文化的發展史或生命史，可以捕捉個人的感覺與觀點，從而理解
該等文化。生命史經常是關於個人如何進入某個團體的陳述，亦即陳述
個人如何經歷社會化而融入該團體。這樣的生命史包括：學習滿足該團
體有關性別、階級或年齡等社會期許。生命史強調，個人的經驗，也就
是著重於個人如何因應社會，而比較不是著重於社會如何因應一連串的

個人（Mandelbaum, 1973）。

　　生命史可以聚焦決定命運的關鍵時刻。生命經驗隱微細節的過程當中，捕捉重要意涵的猶豫不決、困惑、矛盾（Sparks, 1994）。生命史特別有助於釐清社會化的定義，以及探究機構或專業的涵化和社會化。生命史的價值主要在於呈顯，個人如何在所生活的文化當中創造意義，而不只是如同歷史陳述一樣，僅是提供過往事件與習俗的具體細節訊息。生命史對於研究歷史過程的文化變遷有相當大的價值，可以瞭解文化常模與該等常模的逾越，也可以得知該文化內部在地人的觀點。生命史也有助於捕捉文化模式的演化，以及捕捉該等文化模式與個人生命的連結關係。在標準的俗民誌研究當中，通常是不會呈現出這類的觀點（Atkinson, 1998）。

　　生命史的優點包括：(1)可以捕捉個人生命相當大的部分，有助於讀者進接該等經驗；(2)提供豐富來源的有趣研究問題，可供未來聚焦研究；(3)描述社會上各種人的行動與觀點，可供比較研究分析。使用這種研究方法需要具備高度的敏感度和同理心，深切關懷研究對象（Cole & Knowles, 2001）。生命史經常應用在女性主義的研究，提供免於男性中心偏見的理解方式，揭開女性生命與生涯的演化（Lawless, 1991）。

　　Jones（1983，頁153-154）提出評鑑生命史研究的五項判準：

1. 個人應該被視為特定文化的成員；生命史「陳述與詮釋行動者對於自我在該共通意義世界的生命發展」。

2. 應該捕捉他者在「傳遞社會界定的知識」所扮演的重要角色。

3. 應該描述與分析存在於特定文化世界當中的各種行為規範、規則、迷思與儀式，從中揭顯隱藏的預設。

4. 應該聚焦於歷史過程中的個人經驗，以茲捕捉「個人在該歷程當中的發展過程」。

5. 應該持續將研究的文化世界連結到個人生命故事的開展。

　　生命史遭受的主要批評包括：(1)難以類推應用；(2)可供選擇參與者的取樣參考原則極為有限；(3)能夠被接受作為引導分析的理論概念仍然不多。一旦明白了這些可能的限制與缺點之後，研究者就可以設法

避免，或許可以用深度訪談來補充，以及其他來源的敘事。比方說，官方記錄可以提供佐證資訊，或是闡明個人敘事當中缺少的若干文化面向。再者，研究者也可以訪談敘事者生命當中的其他人，以便具體釐清個人生命史呈現的若干意義。比方說，Sutherland & Conwell（1983）在出版《職業竊賊》（*The Professional Thief*）之前，特別將書稿寄給四位職業竊賊和兩位警探，以檢驗可能存在的偏頗成見，確保他們所做的詮釋能夠適切呼應其他職業竊賊與相關人士對此主題的理解。

任何質性研究當中，加入了生命史的陳述，都可以增添其深度，並且可以提供具體而鮮明的例子說明。就如同其他質性研究類型一樣，生命史的研究也會產生相當可觀的資料，因此，在進入資料分析之前，必須先著手展開初步的資料管理與縮減。至於生命史呈現的方式，除了最普遍的依照時間順序來加以詮釋之外，其他替代的選擇還包括：(1)聚焦呈現個人生命的關鍵面向；(2)聚焦呈現生命當中的主要轉捩點，以及介於轉捩點之間的生命情境；(3)聚焦呈現具有個人特色的適應方式（Mandelbaum, 1973）。

敘事探究

敘事探究（narrative inquiry），與生命史密切相關，屬跨領域的方法，以全觀（holistic）的方式來看待生命，淵源於文學理論、口述歷史、戲劇、心理學、民俗故事（folklore）、影片哲學（film philosophy）等傳統（Connelly & Clandinin, 1990）。敘事探究主張，生命現實（reality）乃是透過敘說個人故事而建構的。研究者探索參與者自述的故事，然後記載分析。敘事分析可以應用在任何口述或文字書寫的敘述，例如：深度訪談的敘事。在期刊《敘事探究》（*Narrative Inquiry*）的網站首頁，有如後的聲明：此方法「給經驗和生命賦予輪廓，概念化和保存回憶，或是把經驗、傳統和價值傳遞給未來世代」（www.clarku.edu/faculty/mbamberg/narrativeINQ）。

敘事探究的必要條件是：參與者和研究者彼此之間要保持極高的開放心態與互信。敘事探究應該是互信而真誠的合作，透過長時間全面參

與的過程，反覆敘說與重新體驗個人的經驗故事，從而建立彼此真心關懷、近乎友誼的關係。這種探究還需要有密集而積極主動的專注傾聽，能夠讓敘說者充分發聲。而且，由於敘事探究強調的是雙方面的協同合作，因此，彼此的聲音都應該充分展現。

敘事探究最受批評之處就是太過於聚焦個人，而忽略社會脈絡因素。就如同生命史以及任何依靠參與者敘述的方法一樣，敘事探究也可能受制於許多類似的缺點，例如：選擇性回憶、聚焦於某些部分的經驗、推論填補記憶的空白處，以及對過去的重新詮釋（Ross & Conway, 1986）。再者，敘事探究也很耗時費力，而且需要專業訓練（Viney & Bousefield, 1991）。研究者已經發展出若干評量敘事探究的判準（請參閱Connelly & Claudinin, 1990; Jones, 1983; Riessman, 1993）。

雖然直到最近，社會科學與其他應用領域才開始應用敘事探究，但在人文學科已有相當悠久的傳統，主要原因就在於敘事探究非常善於引出「聲音」（voice）。敘事探究重視語言當中的記號（sign）、象徵符號（symbol），以及情感表達；另外，也重視證實敘事者建構意義的歷程。敘事探究對於發展女性主義與批判理論，特別有用（Eisner, 1988; Grumet, 1988; Riessman, 1993）。對於下列主題的研究，成果尤其出色：探索社會變遷、因果關係、社會認同（Elliott, 2005），探究暴力、重大創痛或種族屠殺當事人的經驗（Keats, 2009）。

敘事探究的資料來源包括：日誌、攝影、書信、自傳、電子郵件，以及其他資料。典型而言，研究者會和敘事者分享田野筆記或訪談逐字稿，並且可能透過協同合作來完成文字記錄的資料重建與分析。對於敘事探索，有一項普遍公認的看法：研究者乃是協同合作建構敘事者的生命現實（reality），而不只是被動記錄與報導而已。Connelly & Claudinin（1990）主張：研究者必須「做好準備，發揮敏銳的嗅覺，緊追事實細節，重新建構探究的敘事」（頁7）。就效果而言，這也就變成了重建敘事（recounting）的方法論。

數位敘事

數位敘事（digital storytelling），是敘說故事的一種新興方式，使用數位影音材料來支持故事內容。這種方法崛起於1990年代中期，透過數位敘事，一般人也有能力敘說個人的故事，因此具有賦權增能與／或解放的意識型態，鼓勵人們為個人的生命經驗發聲。Educause Web 網站指出，「基本上，數位敘事乃是新瓶裝舊酒，應用日益普及而且愈來愈精進的新工具，來完成歷史悠久的個人生命經驗故事的分享。」（Educause, 2007）

數位敘事者借助影音編輯應用程式，諸如：iMovie(tm)（Macs版）或MovieMaker(tm)（PC版），先書寫腳本或大綱，建構敘事，然後再加入靜態影像、影音短片等等來補強敘事。這些數位元素可能來自敘事者個人的檔案，也可能擷取自網路公開的資訊。將敘事發展和這些數位元素有效而完美的融合，代表了數位敘事的技藝和藝術。

數位敘事已經廣泛應用於社區發展專案與教育場域，對於年輕世代特別有吸引力，他們很能夠優遊自在地摸索各種新奇的軟體，創造引人入勝的故事。不過，這種高創意過程的開放性以及器材的費用，可能讓某些人望之卻步。目前已經有若干大學與社區組織提供數位敘事工作坊，創造支持實驗與學習的環境。終端產物——數位故事——通常都相當簡短，約4到8分鐘長度左右。

生命史、敘事研究、數位敘事的倫理議題

生命史或敘事研究的倫理議題，與許多類型的訪談一樣，主要環繞在研究者和參與者的關係。尤其是聚焦單一個人的訪談，研究者必須格外細膩、敏感，以免參與者揭露太多而感到不舒服。這需要參與者和研究者比較高程度的協同合作，來共同建構生命史或敘事，如此可避免參與者揭露太多所牽涉到的倫理問題。與此相關聯的一個倫理議題就是，個人身分和私生活諸多事實的徹底保護。這是需要非常細心應付的棘手挑戰，應該在研究計畫提出徹底討論說明。

另外，數位敘事有不同的倫理挑戰，這是因為故事的產生是掌握

在敘事者的控制之下。可能發生的倫理議題主要環繞在，未經授權上傳高度個人化的數位故事到網路。研究者應該時刻謹記在心，除非取得授權，否則不得傳播這類的數位故事。接下來，我們要討論菁英、兒童青少年、跨社會身分的訪談研究法，以及相關倫理議題。

🌿 訪談菁英

訪談菁英（interviewing elites），在社會學與組織研究當中有很悠久的歷史。所謂「菁英」乃是指普遍公認具有影響力的顯要人物，與／或組織、社群中見多識廣、消息靈通的人士。選擇菁英訪談的對象主要是著眼於具有與研究領域相關的專長，以及擁有特定組織、社區或專業領域（例如：財經或衛生政策）的獨到觀點。

Delaney（2007）引用若干組織研究學者的著作，整理出下列菁英類型，以及取得菁英地位的來源：

菁英類型	定義或例子	菁英地位的來源
慈善家菁英	好善樂施的富豪	財富與社會責任
政治菁英	民選或官方派任的政治人物	勝選或取得官位
超級菁英	例如：諾貝爾獎得主或奧運選手	公認的學術成就或運動成就（獲頒獎項）
組織菁英	企業執行長或總裁	擔任組織高階職位

菁英訪談有許多優點。因為菁英在社會、政治、財經或行政等領域握有特殊地位，所以，訪談他們可以取得極為寶貴的資訊。以組織菁英為例，他們擁有縱橫商場的經驗的視野，通常能夠提供有關某特定組織或與其他組織關係的至高觀點。他們擁有綜覽組織法務或財務結構的宏觀視野。菁英也比較可能從特殊的角度來陳述組織的政策、歷史，以及未來的發展計畫等事項。例如：Bennis & Nanus（2003）訪談90家企業主管的研究。菁英也可能針對政策發展或是社會科學學門的未來，提供宏觀而獨到的見解。例如：Stephens（2007）訪談總體經濟學家，請他們發表關於領域轉變的見解，從而發掘菁英與超級菁英如何理解他們

的領域。訪談政治的研究也很多。其他菁英,諸如:宗教領袖、幫派大老、地下社會集團首腦、工聯領袖、部落長老或頭目等等,也都是能夠收穫良多的訪談人選。

菁英訪談也有若干挑戰。菁英通常很難進接,因為他們往往行程忙碌,不太容易安排訪談時間。初步接觸也常常是很困難的挑戰。雖然其他非菁英的訪談,諸如:忙碌的學校老師、農作與家務工作繁重的農村婦女、衛生醫護人員等等,也難免會有這方面的挑戰。但是,一般而言,菁英似乎特別難約訪,所以,研究者可能得透過贊助關係、推薦、介紹等協助,才比較有可能安排和菁英約訪。

另外還有一個挑戰,訪談者可能必須臨場調整原先規劃好的訪談結構,以配合訪談對象的個人希望或偏好。雖然所有的深度訪談或多或少也都有這方面的限制,但是訪談菁英時,尤其需要考量他們往往深諳媒體採訪之道,因此對於訪談流程的管理相當精明老練。他們也可能要求主動和訪談者有所互動。由於菁英人士往往善於面對公眾,通常也習慣主控場面,因此很可能會反客為主,主導訪談的進行。如果訪談者和菁英之間存在可觀(而且明顯)的地位落差,上述的諸多挑戰可能就會更形嚴峻。在如此情況下,誠如Delaney(2007)問道:「誰在控制訪談?」她提供了一個因應之道,就是柔道的「借力使力」(頁215)。廣度、深度,而且挑戰性的開放問題,往往可以讓菁英自由發揮知識與想像力,得到的結果通常具有極高的價值。

訪談菁英乃是挑戰性極高的任務,研究者必須展現自己對於訪談主題具有相當透澈的理解,訪談問題的措詞與提問技巧也必須非常高明,以便能夠精確無誤地表達問題的概念。雖然訪談者的付出極為可觀,不過到最後還是會有相當豐碩的回報,也就是獲得高品質的資訊。菁英可能對訪談的主題,貢獻不少獨到而精湛的寶貴見解。但是,話說回來,菁英不是萬事通,有時候也有可能和其他非菁英受訪者一樣,對某些研究場域觀察有限,因而只有籠統含糊的理解。

訪談與研究兒童、青少年

　　在介紹討論本節主題之前，我們必須先指出一點很遺憾的現況：有關兒童、青少年訪談與研究的文獻或網路資訊，大部分是寫給諮商輔導人員、心理學家、警察、衛生醫護人員、法醫專家和律師，主要探討的議題是：性侵犯、家庭暴力、虐待兒童、監護權訴訟。這些現象反映的是對於美國社會的沉痛批評。不過，我們此處的焦點不在於社會病態，也不是相關立法、執法議題；我們感興趣的是，在什麼情況下，質性研究者萌發興趣投入訪談兒童、青少年（interviewing children and youth），探索理解他們周遭生活世界的諸多面向。這樣的焦點應該會比前面指出的社會病態、立法議題等來得更為良善。

　　當研究者為了想要更全面瞭解探究的問題時，兒童或青少年就可能成為首要焦點，或是和其他許多族群並列成為研究重點。近年來有愈來愈多人呼籲，要求探討兒童、青少年的研究應該納入他們自身的觀點，因為孩子自己發聲的觀點不但切身而且洞察入裡，可以讓研究者更深刻體會關於他們世界的諸多面向。這種訴求獲得了來自「新童年社會學」（new sociology of childhood）（Ajodhia-Andrews & Berman, 2009, 引述Greene & Hill, 2005）的支持，他們呼籲「從事關於孩子生活的研究時，應該傾聽他們本身的聲音」（Ajodhia-Andrews & Berman，2009，頁931）。尤其在教育領域，更應該如此。因為教育政策與教育計畫的決策當中，影響最深的就是學生；但是在教育決策的過程、考量與研究當中，學生的觀點卻總是不見聞問。

　　質性研究計畫涉及兒童時，若干特殊考量必須審慎面對：(1)孩子的慣用或偏好溝通模式；(2)年齡；(3)角色關聯的權力動態關係。

　　慣用手語或圖片、音樂溝通的孩子，有時可能需要特殊化的溝通輔具。Ajodhia-Andrews & Berman（2009，頁933）研究主要以「肢體動作、手勢、發聲」溝通的孩子「伊安」。他們發現，透過圖片等輔具，能夠有效引發伊安表達對於上學的觀感。這兒的重點是，不論遇到的是什麼特殊情況，研究者都應該竭盡可能尊重孩子，配合採用符合他們特

殊需求的溝通方式或輔具，以便能夠更貼近認識他們的生活世界。

　　年齡也是需要認真考量的重要因素。比方說，訪談學齡前兒童和訪談青少年，顯然就有極大的差別。訪談這兩種年齡層的對象，各有其獨特的挑戰與收穫。幼童通常比較好動；青少年則多半有很高的自我意識。3歲大的孩子正在探索各種新鮮的語言技巧，沒完沒了的問題（往往是相當精熟的問題！），很可能搞得訪談者難以招架；相對地，青少年則很可能沉默寡言，愛理不理。期望幼童安靜乖乖坐著完成訪談，乃是不切實際的想法；不過，如果能夠藉由某些聯合活動來帶動他們，或許有可能讓他們開始聚焦「聊天」。對於幼童，或許可以考慮心理治療場合常用的「演戲」的投射技巧；相對地，有些青少年在同儕團體訪談當中可能會感覺比較自在，另外有些青少年則可能比較偏好一對一訪談的那種私密感。曾經有派說法認為孩童是積極的，持續地建構他們在世界中的地位。諸如書籍討論、藝術、孩童導覽、非正式訪談與玩偶等讓孩子居於主導地位（Green, 2012; Phelan & Kinsella, 2013; Warin, 2011）。

　　關於如何蒐集不同年齡層訪談資料的決定，需要具有相當的敏感度，能夠敏銳感受孩子獨特的需求、心理發展階段的議題，也需要具有應變的彈性。營造自然的脈絡是很關鍵的，至於如何才算「自然」，就得視參與者的年齡而定。

　　成人研究者在研究兒童採取的角色，可依照兩個向度來加以描述：「(1)成人與兒童之間良性正向接觸的程度；(2)成人直接施加權威在兒童身上的程度。」（Fine & Sandstrom，1988，頁14）根據這兩個向度，他們區分出如下數種角色：監督者、領導者、觀察者、朋友。在這些角色當中，他們認為，朋友的角色是最有助於研究成果的。朋友角色的研究者以一種「最深得信賴的方式，不帶有明顯的權威角色」，和孩童融洽互動（頁17）。不過，他們也提醒，成人與兒童之間，年齡與權力落差總是非常顯著，因此，無論研究者如何審慎敏感對待，孩子終究還是不太可能完全沒有感覺成人的權威。

兒童、青少年訪談的倫理議題

訪談兒童、青少年可能發生的倫理議題主要環繞在，如何保護他們免於因為參與研究而遭受傷害、保密身分與隱私，以及勤於確保他們知情而願意繼續參與研究。研究倫理的重要原則：「首要之務，就是不傷害」（primum non nocere），兒童、青少年研究者必須特別審慎以對。由於兒童特別脆弱，容易受傷害，所以必須格外謹慎，提高保護層級。如果研究有涉及兒童，就必須向計畫審查者保證會特別敏銳覺察研究者與兒童之間的權力動態關係，而且會額外努力確保兒童不受身體或心理的傷害，以及有獲得家長或監護人持續支持兒童的參與（簽署知情同意書是必要但非充分的）。

跨社會身分訪談

本書英文第五版發行以來，已經出現相當多文獻探討跨社會身分研究（research across differences in social identities）涉及的複雜議題。有關種族、民族、母語、性別、性取向、身心殘障等社會身分差別的研究與理論，在質性研究法的論述已處於核心地位。有些人主張，應該由女性訪談女性，男性是沒有辦法做好的。另外，也有人反駁，訪談雙方如果社會身分相同或類似，研究者可能會逕自假設太多默會的潛知識，反而不利研究。當然，還有些人則是認為，箇中議題牽連甚為複雜，絕非單一立場可以有效因應。這也是我們認同並採取的立場。

立場表態完畢，接下來在研究計畫階段，還有許多事項需要考量。簡短討論可能遭遇的有關研究參與者的若干議題，能夠強化研究計畫的說服力，讓讀者肯定研究者對於這些議題確實有周延考量，並且審慎敏感因應。其中有兩種情況必須特別注意：(1)研究者和參與者社會身分相同，例如：性別相同，研究者應該特別小心，切勿因為自己也是男人，所以就逕自認定自然能夠瞭解訪談夥伴的經驗；再者，也必須防止訪談夥伴抱持如此想法。(2)不應該只因為社會身分不同，因而逃避研究某些場域或參與者。

　　舉例而言，當訪談雙方擁有相同專業身分，本書作者羅絲蔓曾訪談中小學老師有關學校改革的主題，羅絲蔓以前也擔任中小學老師。有位老師在回答有關學校日常狀況的問題時，給了這樣的回答：「你自己也曾經待過，應該知道都是那麼一回事。」羅絲蔓很快反應，隨即跟進追問：「沒錯，但是每所學校都有不一樣的地方，所以請你談談這所學校是怎樣的情況。」如果她沒有追問，很可能就會空手而歸了。

　　以下兩個例子，可以清楚體會這個議題的影響。芙絲特（Foster, 1994）的經典研究，探索種族、性別、地理、年齡等議題。她發現，同樣身爲美國黑人的身分，並不代表雙方就必然有相同的理解。性別、地理（美國北部或南部）與年齡的異同，對於訪談可能是助力，也可能是阻力。明顯可見的相同社會身分，例如：同種族，並不足以確保訪談能夠順利進行。她的文章標題：〈知一未足以概全〉（The Power to Know One Thing Is Never the Power to Know All Things），巧妙捕捉了社會身分差異導致訪談複雜化的議題，尤其是研究者認爲，在該項研究中，訪談雙方都是黑人應該就足夠了。黎絲曼（Riessman, 1991）生命史訪談研究，聚焦探討婦女的離婚經驗。研究者和參與者都是女性，但是在社會階級、母語、出生地等社會身分方面，則有相當的差異。中產階級白人女性的研究者訪談中產階級白人女性，過程進行相對順利；但是，訪談中南美的勞動階級婦女，過程就沒那麼順利了。黎絲曼分析聚焦受訪婦女敘事風格的差異。她原本認爲同是女人應該就足夠了，可是訪談過程卻屢屢發現自己（中產階級白人的身分）捉摸不定中南美受訪婦女的敘事風格。（正所謂「知一未足以概全」！）於是，她回顧有關酷兒理論的討論，其中提及該等理論闡述，身分認同乃是流動的，不可以自動認定自己有「置身處地」完全瞭解某特定族群。就好像開同款車子的兩個人，不一定代表彼此就會有相同或相似的開車經驗！酷兒理論正視確認身分認同的多元性，以及多元身分認同之間的互動與相互影響，並且挑戰共通身分認同的簡單化理念。

　　身分認同、女性主義與酷兒理論強調身分的多重性、如何互動與互相影響，對單純的身分互享提出挑戰。爲了要管理這些細微的差異，研究者必須在計畫中闡述自己的定位，然後在自己和參與者之間存在

許多差異之下說明自己該如何監控進場、資料蒐集、分析與詮釋。最好是在計畫中借鏡前人的研究指導，例如：引述Qjeda, Flores, Meza, & Morales（2011）對文化協議的反思來整合拉丁文化價值，或是用研究南亞居民的模型來研究哮喘（Rooney等，2011），計畫提案人可以規劃獲取前人對於藥物試驗的警告，利用當地語言文字寫下「哮喘的」標籤等等。

訪談研究的倫理議題

　　訪談顯然會涉及某種程度的介入，誠如Patton（2002）指出：「好的訪談不只打開訪談者的思想、感覺、知識和經驗，受訪者亦然。」（頁405）因此，訪談可能發生的倫理議題主要就環繞在研究者和訪談夥伴之間的關係。該等關係是否帶有操縱性？有沒有發展成互惠的可能性？受訪者分享痛苦經驗之餘，有否可能因此深陷痛苦或招致傷害？合乎倫理的研究計畫必須仔細考量該等情況，並提出因應的方法或策略。而且在研究全程與報告撰寫中，研究者當然必須徹底保護訪談夥伴的身分。

　　接下來，我們要來討論典型質性研究不可或缺的物質文化資料，包括：文件、物件、歌曲、圖畫等等。在研究計畫階段，撰寫者必須清楚論述為什麼需要以及如何納入這類的資料，以輔助參與者對於研究問題的回應，乃至於增益整體的資料分析與詮釋。

文件與歷史分析

　　物質文化研究的人造物件包括：個人、組織、家族、機構、鄉鎮或其他較大型的社會團體，產生的文件與其他物件（例如：圖畫、衣服、陶器、垃圾等等）。質性研究尤其著重文件的探究。有許多類型的文件可以提供背景資訊，有助建立支持選擇某特定場域、計畫或族群的辯護邏輯。比方說，研究者可以蒐集人口學資料（個人基本資料）或描述地理與歷史的特殊資訊，從而證成選擇某特定場域乃是妥適的。當研究者

回顧舊時的財產交易，瀏覽近日的新聞社論，或是從網路擷取有關某組織的資訊，這些都算是蒐集資料的行動；但是，這些資料是用在研究計畫當中，說明選擇某特定的場域或情境可以提供有效回應研究問題的豐富資料。另外還有一種用途，可以在研究計畫中，把蒐集的文件作為一種深度資料。比方說，會議紀錄、法庭案件的卷宗或是私人書信，都是很值得蒐集的資料。此外，研究計畫也可以提出蒐集參與者寫的文件：日記或是個人書寫樣本。這兩種文件都是很有價值的質性資料。除了文件之外，研究者也可以擬定計畫蒐集和探索有關場域的物件。

　　蒐集與分析各種文件資料，可以用來補充參與觀察、訪談與觀察等方法所蒐集的資料。文件資料可能是產生於日常事件的自然過程，也可能是特別為了手邊進行的研究而建構的。因此，文件分析（analysis of documents）具有相當潛能，能夠具體而微地描繪參與者的諸多價值與信念。舉凡會議紀錄、工作日誌、公告、政策宣令、信件等等，都是極有用途的文件資料，可以用來發展關於特定場域、組織或團體的理解。相似的道理，研究日誌，以及隨性書寫的關於研究主題的一些文字，也可能提供相當有價值的資訊。Rosenberg（2006）博士學位論文研究成年人識字學習（其中有些參與者是學習第二或第三外國語）的相關主題。她使用成年參與者初學識字的習作樣本，擬定訪談大綱。該等資料特別有助於提供洞視，發掘成年人識字學習過程面臨的諸多挑戰。

　　檔案資料（archival data）——通常是記錄官方事件的正式文件——針對某一社會、社群或組織，定期蒐集的紀錄。檔案資料可作為輔助其他質性方法的資料。舉例而言，田野研究發現墨西哥某族群的多種婚姻型態，可以藉縣政府或州政府相關單位的婚姻紀錄予以對照檢驗。關於擬定經費順位的決策描述，可以有（也可能沒有）結合預算分配的佐證支持。如同其他方法論的抉擇一樣，是否要納入蒐集、分析文物或檔案資料，也必須密切考量能否適配研究概念架構與研究問題。再進一步而言，文物、檔案資料的分析與詮釋應該要審慎處理，因為推論跨度（inferential span）很長；這也就是說，該等資料的意義從來就不是透明的，而可能會有推論過度跳躍的問題。在研究計畫中，研究者有必要清楚說明，如何透過其他方法來佐證文物資料推論取得的意義。

　　歷史，乃是關於過往事件或若干事件組合的一種陳述。歷史分析（historical analysis），則是使用記錄與陳述來分析、詮釋過往事件的方法。對於質性研究而言，歷史分析特別適合用來建立研究的基礎線，作為後續實施參與觀察或訪談的背景資料。依資料來源分類，歷史資料或史料一般可分為主要與次要兩類。主要史料包括：目擊者口述證詞、文獻檔案、紀錄與遺跡。次要史料包括：轉述目擊者的二手說法、史書或百科全書的摘要節錄。

　　歷史分析特別適合用來探索過去尚未檢視的領域、重新檢視尚未妥善解答或徹底解決的問題，或是尚無定論的爭議。這種方法容許研究者直接針對資料進行有系統的分類處理。歷史分析已經建立了許多探究程序，能夠細膩而有效的完成以下數種目標：(1)提高歷史陳述的可信用度；(2)建立事件之間的關係；(3)決定可能存在的因果關係。事實上，許多研究都有歷史作為基礎或脈絡，有了系統化的歷史分析就可以增進研究的可信賴度，以及可信用度。

　　由於歷史文本的產生總會受到社會脈絡觀點的影響，因此在歷史分析當中，多少都會存在當代詮釋與歷史詮釋之間的辯證張力。歷史分析無法使用直接觀察，也沒有辦法直接檢證有關歷史假說的真假。此外，歷史資料的分類與分析做法也存在若干挑戰。研究者務必留意，檔案文獻有可能經人刻意造假，或是遭到記錄者不正確的詮釋。舊紀錄當中使用的文字、用詞，目前也可能有了不同的意義。再者，如前所述，歷史文物的意義必然帶有記錄者、分析者的觀點與詮釋，因此，研究者對於史料必須保持適度的質疑態度。

　　文件與檔案的使用，通常會配合應用內容分析（content analysis）。內容分析的原始材料通常是文書類型（諸如：教科書、小說、報紙、電子郵件、政治講稿）。在過去，內容分析被認為是一種客觀中立的方法，用計量的方式來描述各種形式溝通的內容，因此，計算資料內容當中各種特定字詞出現的次數，乃是內容分析法的核心任務（Berelson，1952，頁18）。不過，隨著研究方法論逐漸演化的結果，研究者如今聚焦分析「……字詞、概念的出現、意義與關係，進而做出關於該等訊息的推論」（Busch等，2005）。時至今日，對於內容分析的看法也已經

比較寬鬆，傾向看做是描述與詮釋某社會或社會團體的一種方法。

物件與物質文化的人造物件

　　使用文件與其他文物的最大長處，或許就在於不會干擾到自然場域進行中的事件。研究者可以在不干擾場域的情況下，完成該等資料的蒐集。等資料蒐集結束之後，才決定要把焦點擺在哪兒。不過，還是有潛在的缺點，那就是如前所述，推論跨度可能過度跳躍。比方說，在針對文書資料或照片、服裝等文物進行分析時，就需要研究者加以推論詮釋；同樣地，互動場合蒐集的資料，例如：會議紀錄與Nike球鞋，這些也不會為自己說話。因此，詮釋文物的意義時，就必須要特別謹慎，以免推論跨度過度跳躍。

　　蒐集、分析其他非文字型態的人造物件，也可能帶給質性研究豐碩的成果。事實上，經典俗民誌研究焦點往往包含許多文物，例如：宗教或神像畫像、服裝、住宅申請表格、食物等。研究者可能會發現，聚焦場域的若干文物可以讓蒐集資料豐富不少。比方說，O'Toole & Were（2008）發現，在他們關於一家技術公司的研究，加入空間與物質文化的檢視，使他們得以深刻洞察該公司內部的「權力、身分認同與地位」（頁616）。再舉個例子，教室課堂研究也可以收錄學生的藝術作品、壁報、教室裝飾、服裝等。照片也可以納入（請參閱稍後討論）。

　　不起眼的資料蒐集或許需要尋找積累——也就是尋找堆積出些什麼，好比當露營者離開時，從煤炭堆積中可以找出他們煮了些什麼東西。而且，不張揚的蒐集資料有時也是磨損的證明，例如：特別有名的藝術展覽前的瓷磚往往磨損最多。發揮你的想像力，但是不要只依賴這些不起眼的資料。光看穿Nike球鞋的人數或是垃圾桶內的酒瓶數量來進行推斷的話，可能會犯下愚蠢的錯誤。

使用文件與物件的倫理議題

　　使用文件與物件的倫理議題主要環繞在，該等資料的公開程度有多

高。一般而言，使用公開的文物或許不至於造成傷害；但是，研究者還是應該斟酌是否有可能傷害到組織或個人（即使沒有具體指出傷害的是哪些特定的組織或個人）。針對該等文物的分析與書寫是否會汙衊其生產者？造成什麼樣的汙衊？研究者是否被認為是偷偷摸摸刺探某一文件或物件的「盜獵者」？間諜？使用比較屬於個人隱私的文物，應該要受到更嚴密的倫理考量檢視。即便參與者有同意寫日誌以供研究之用，萬一日誌暴露可能造成當事人困擾的資訊，研究者應該如何因應？總之，在整體考量使用文件與物件的倫理議題時，研究者應該自問：「如果使用這些文物，該文物的生產人是否可能感覺個人私事被暴露了，或是隱私被侵犯了？」

* * * * *

對於深度質性探究而言，綜合運用若干種主要研究方法乃是相當典型的做法。在接下來的專欄20，我們將介紹Shadduck-Hernandez（1977）精心設計的一套研究設計，其中就融合了數種上述的主要研究方法。她的這項研究計畫是探討「移民難民領導育成中心」（Center for Immigrant and Refugee Community Leadership and Empowerment, CIRCLE）的參與型研究案，參與者包括：新住民（第一代移民／難民）大學生和研究生，以及移民、難民社群的成員。

專欄20

綜合使用多種方法

想像在一個冰天凍地的週末上午，12名大學生隨意躺臥在教室裡，地板上散滿了草稿紙，他們正在共同構思一項研究計畫。鴉雀無聲中，偶爾傳來幾陣笑聲，還有熱烈的討論聲。這是一門大學部的研討課，主題是有關社區發展的跨文化經驗，參與者包括來自中國、柬埔寨、越南、寮國與韓國的新住民學生。

本研究承認，任何質性研究免不了有緊張的情況發生。某些研究模

式可能比較僵化，就好像單行道，研究者可能引導參與者進入一種被動配合的探究歷程，研究者成為主導分析與詮釋資料的唯一負責人。本研究透過運用參與研究取徑，有意識地努力避免類似情形發生（Maguire, 2000; Reardon, Welsh, Kreiswirth, & Forester, 1993）。學生參與者是以「研究者」的身分投入探究，並且是研究團隊極為重視的研究夥伴，協力合作來建立有助於促進社會改革的知識。

　　我向來對於推廣參與研究不遺餘力，目前這項研究即是屬於協同取徑。這項研究是由學生們還有我合作的社群，逐漸共同發展演化而成的。在發展關鍵的學習環境的過程當中，合作參與產生了資源庫，以及共享專家才能，進一步促成統整與聯合行動。合作、行動與反思，提升了每一位參與者知識的合法性（Brice Health & McLaughlin, 1993），而其中開拓累積的各種基礎，也為本項研究多元資料蒐集的策略運作，奠定了理想的出發舞臺。

　　在發展CIRCLE課程、社區推廣活動，以及支持肯定、倡權、行動等教育理念的過程中，逐漸演化出若干主要的資料來源，總共有六大類，簡述如後：(1)日誌與反思紀錄；(2)焦點團體訪談八位大學部學生；(3)深度訪談十位學生；(4)錄影與照相紀錄；(5)口述歷史訪談：由學生與社區青年彼此訪談；(6)過去四年多以來，我投入參與CIRCLE專案的研究田野筆記、反思紀錄，以及課程作業和研討會文章。這些資料提供我批判省視我個人在理論方面的發展，以及反思我在這項研究當中研究者角色的得失。

　　本章一開始的時候，我們曾經提到，研究計畫選擇的資料蒐集方法應該能夠適配研究者對於研究的本質、目的、接受者、政治立場等方面的預設。在上面專欄中，Shadduck-Hernandez（1997）針對不同來源質性資料的討論（其中有些是CIRCLE專案產出的資料，有些是為了她的學位論文研究而產出的資料），與她對於該項研究的本質、目的、接受者、政治立場等方面的預設，彼此相當適配。讀者應該可以注意到，她計畫使用若干種方法來蒐集資料：日誌紀錄、反思寫作，以及課程作

業與研討會（包含她自己發表，以及學生發表）而撰寫的文章；一場焦點團體訪談；若干深度訪談；錄影與照相（我們在本書把錄影與照片資料列為次要或專殊化的資料蒐集方法，討論請參閱下一章。不過，請注意，也有單獨使用錄影與照相作為主要資料蒐集法的研究）。

※　　　　※　　　　※　　　　※　　　　※

　　這一章，綜覽介紹質性研究資料蒐集的主要方法，以及個別方法可能發生的倫理議題。我們也討論了有關逐字稿轉謄和翻譯應該考量的議題。在研究計畫階段，撰寫者應該考量，選擇的某特定方法如何能夠有效解答計畫擬定的研究問題，從而擴展與深化該等主題的知識。為了方便讀者評估，如何從各項主要方法當中選出最適合研究計畫的方法（或綜合應用其中若干方法），我們特別彙整了表6.3和表6.4，分別列出各項主要方法的優點，以及實施可能遭遇的挑戰，以供參考評估選用。
　　對於選擇採用的方法提出扎實的辯護論證是很重要的，這可以向研究計畫審核委員展現該等選擇有周延考量配合概念架構，並且有過往理論、實證和方法論等知識的扎實基礎。這些考量也適用於第七章討論的專殊化的方法。

■表6.3　主要資料蒐集法的優點

優　點	參與觀察	觀察	訪談	焦點團體訪談	物質文化含文件	敘事探究
促進研究者和參與者面對面互動	x		x	x		x
有助於發掘參與者觀點	x		x			x
自然場域資料蒐集	x	x	x	x	x	x
輔助即時追問釐清	x		x	x		x
適合記載重大事件、危機、衝突	x			x	x	x
有助於探索不自覺的想法、行為	x				D	D
有助於描述複雜互動	x	x		x		x
有助於取得非語文行為與溝通資料	x	x	D	D		D
輔助發掘文化隱微細節	x	x	x	x	x	x

（續）

優　點	參與觀察	觀察	訪談	焦點團體訪談	物質文化含文件	敘事探究
提供擬定假說所需的彈性	x	x	x	x	D	x
提供脈絡訊息	x	x	x	x	x	
輔助分析、實效性檢驗、三角檢核	x	x	x	x	x	
鼓勵協同合作	x	D	D	x		
資料方便處理與範疇化分析					x	
迅速取得大量資料		x		x		
廣納多元類別的資料和參與者	x			D	D	
行政管理方便、有效率					x	
容易量化、轉成統計分析					x	
容易類推應用					D	
可應用現成研究工具					x	
可廣納遠距參與者					x	

注釋：x代表有這項優點；D代表視實際使用情況而定。

■表6.4　主要資料蒐集法的挑戰

挑　戰	參與觀察	觀察	訪談	焦點團體訪談	物質文化含文件	敘事探究
導致研究者見樹不見林	x	x		D	x	x
由於文化差異，詮釋可能失誤	x	x	x	x	x	x
需要特殊訓練		D				
有賴少數關鍵人物合作	x		x			x
容易觸動倫理兩難	x	x	x			
難以複製	x	x	x	x	x	x
資料較容易受到觀察者在場影響	x	x	x	x		D
材料與設備昂貴						
可能造成研究者不安、甚或危險	x					
格外仰賴參與者坦然開放與誠實						x
詮釋過分藝術化可能妨礙研究	x	x	x	x		x
高度仰賴擬定初始研究問題功力		x		x	D	
高度仰賴研究者人際互動技巧	x	x	x	x	x	x

注釋：x 代表有這項挑戰；D 代表視實際使用情況而定。

作者書簡

凱瑟琳：大部分的人，包括我，很自然地就會愛上蒐集訪談資料的社會面向，但是我們往往遺忘了從普查、其他調查資料、或是免費網站中發現豐富資源的樂趣。我熱愛焦點團體資料蒐集，但是後勤很難安排。我在州政府做研究時，熱愛菁英訪談。我沉迷於俗民誌訪談，但是要做對的話，好像很複雜！在文件分析中，我已經分析了州法的法條法規，真是枯燥無趣的主題。不過我開始研究總統談話與競選平台的文件分析新計畫。你喜歡些什麼呢？

葛蕾琴：我最近開始迷上所謂的「另類」訪談、觀察與文件評論。影片、圖畫或照片啟發法——我有些學生最近都在用——非常有趣迷人，讓我想到幾年前我們試著讓AREA年會更加生動。套件、表演廳開始變得比較常見。但是現在好像不太多——或許有朝一日會再出現。

學友書簡

卡拉好，

　　我知道自己該開始思索蒐集資料的方法，從最容易獲取資料的地方開始，然後我又想：「接下來我還需要什麼？該如何取得呢？」你是從何下手的呢？

凱倫

凱倫，你好，

　　對於蒐集資料的方法，我總是有個疑問：你怎麼知道自己需要多少研究設計的方法呢？我想這取決於本章前面所提到的假設。我先前提到過我主要是用參與者觀察、半結構化訪談／焦點團體和文件評論法。這些方法在田野過程中完美的互補，可見有多少不同的方法與技巧啊！

　　如同往常一樣，期待你的看法。

卡拉

📑 延伸閱讀 📑

● 觀察與參與觀察

Adler, P. A., & Adler, P. (1994). Observational techniques. In N. K. Denzin & Y. S. Lincoln (Eds.), *Handbook of qualitative research* (pp. 377-392). Thousand Oaks, CA: Sage.

Brock, K., & McGee, R. (2002). *Knowing poverty: Critical reflections on participatory research and policy.* Sterling, VA: Earthscan.

Delamont, S. (2001). *Fieldwork in educational settings: Methods, pitfalls, and perspectives* (2nd ed.). London: Routledge Falmer.

DeWalt, K. M., & De Walt, B. R. (2010). *Participant observation: A guide for fieldworkers* (2nd ed.). Chicago, IL: Universicy of Chicogo Press.

Emerson, R. M., Fretz, R. I., & Shaw, H. L. (2011). *Writing ethongraphic fieldnotes* (2nd ed.). Chicage, IL: University of Chicago Press.

Kanter, R. M. (2008). *Men and women of the corporation.* New York: Basic Books. (Original work published in 1977)

Lee, R. M. (1995). *Dangerous fieldwork.* Thousand Oaks, CA: Sage.

Lofland, J., & Lofland, L. H. (1995). *Analyzing social settings: A guide to qualitative observation and analysis* (3rd ed.). Belmont, CA: Wadsworth.

Nordstrom, C., & Robben, A. (1995). *Fieldwork under fire: Contemporary studies of violence and survival.* Berkeley: University of California Press.

Sunstein, B. S., & Chiseri-Strater, E. (2012). *FieldWorking: Reading and writing research* (4th ed.). Boston, MA: Bedford/St. Martin's.

Whyte, W. F. (1993). *Street corner society: The social structure of an Italian slum* (4th ed.). Chicago: University of Chicago Press.

● 類型深度訪談

Galletta, A. (2013). *Mastering the semi-structured interview and beyond: From research design to analysis and publications.* New York: New York University Press.

Gubrium, J. F., & Holstein, J. A. (Eds.). (2002). *Handbook of interview research.* Thousand Oaks, CA: Sage.

Gubrium, J. F., & Holstein, J. A. (2003). *Postmodern interviewing.* Thousand Oaks, CA: Sage.

Gubrium, J. F., Holstein, K. A., Marvasti, A. B., & McKinney, K. D. (2012). *The SAGE handbook of interview research: The complexity of the craft* (2nd ed.). Thousand Oaks, CA: Sage.

Holstein, J. A., & Gubrium, J. F. (Eds.). (2003). *Inside interviewing: New lenses, new concerns.* Thousand Oaks, CA: Sage.

Kvale, S., & Brinkmann, S. (2009). *Interviews: Learning the craft of qualitative research interviewing* (2nd ed.). Thousand Oaks, CA: Sage.

Patton, M. Q. (2002). *Qualitative research and evaluation methods* (3rd ed.). Thousand Oaks, CA: Sage.

Peace, S. D., & Sprinthall, N. A. (1998). Training school counselors to supervise beginning counselors: Theory, research, and practice. *Professional School Counseling, 1*(5), 2-9.

Riessman, C. K. (2002). Analysis of personal narratives. In J. F Gubrium & J. A. Holstein (Eds.), *Handbook of interview research* (pp. 695-710). Thousand Oaks, CA: Sage.

Rubin, H. J., & Rubin, I. S. (2011). *Qualitative interviewing: The art of hearing data* (3rd ed.). Thousand Oaks, CA: Sage.

● 俗民誌訪談

Bateman, B. E. (2002). Promoting openness toward culture learning: Ethnographic interviews for students of Spanish. *Modern Language Journal, 86*(3), 318-331.

Crivos, M. (2002). Narrative and experience: Illness in the context of an ethnographic interview. *Oral History Review, 29*(2), 13-15.

Edmondson, R. (2005). Wisdom in later life: Ethnographic approaches. *Ageing and Society, 25*(3), 339-356.

Montgomery, L. (2004). "It's just what I like": Explaining persistent patterns of gender stratification in the life choices of college students. *International Journal of Qualitative Studies in Education, 17*(6), 785-802.

Spradley, J. S. (1979). *The ethnographic interview.* New York: Holt, Rinehart & Winston.

Turner, W. L., Wallace, B. R., Anderson, J. R., & Bird, C. (2004). The lastmile of the way: Understanding caregiving in African American families at the end-of-life. *Journal of Marital & Family Therapy, 30*(4), 427-488.

Westby, C., Burda, A., & Mehta, Z. (2003, April 29). Asking the right questions in the right ways: Strategies for ethnographic interviewing. *The ASHA Leader Online.* Retrieved February 25, 2009, from http://www.asha.org/publications/leader/

archives/2003/030429/f030429b.htm

● 現象學訪談

Collins, M., Shattell, M., & Thomas, S. P. (2005). Problematic interviewee behaviors in qualitative research. *Western Journal of Nursing Research, 27*(2), 188-199.

Hood, R. W., Jr. (2000). A phenomenological analysis of the anointing among religious serpent handlers. *International Journal for the Psychology of Religion, 10*(4), 221-240.

Lackey, N. R., Gates, M. F., & Brown, G. (2001). African American women's experiences with the initial discovery, diagnosis, and treatment of breast cancer. *Oncology Nursing Forum, 28*(3), 519-527.

Maloy, R., Pine, G., & Seidman, I. (2002). *Massachusetts teacher preparation and induction study report: First year findings* (National Education Association Professional Development School Research Project Teacher Quality Study). Washington, DC: National Education Association.

Mosselson, J. (2006). *Roots and routes: Bosnian adolescent refugees in New York.* New York: Peter Lang.

Roulston, K. (2010). *Reflective interviewing: A guide to theory and practice.* Thousand Oaks, CA: Sage.

Seidman, I. E. (2013). *Interviewing as qualitative research: A guide for researchers in education and the social sciences* (4th ed.). New York: Teachers College Press. 中文譯本：《訪談研究法》，李政賢／譯。臺北市：五南（2009）。

Thomas, S. P., & Pollio, H. R. (2002). *Listening to patients: A phenomenological approach to nursing research and practice.* New York: Springer.

Van Manen, M. (1990). *Researching lived experience: Human science for an action sensitive pedagogy.* Buffalo: State University of New York Press.

● 焦點團體訪談

Allen, L. (2006). Trying not to think "straight": Conducting focus groups with lesbian and gay youth. *International Journal of Qualitative Studies in Education, 19,* 163-176.

Botherson, M. J. (1994). Interactive focus group interviewing: A qualitative research method in early intervention. *Topics in Early Childhood Special Education, 14*(1), 101-118.

Hennink, M. M. (2007). *International focus group research: A handbook for the health and social sciences.* Cambridge, UK: Oxford University Press.

Hennink, M. M. (2008). Emerging issues in international focus group discussions. In S. N.

Hesse-Biber & P. Leavy (Eds.), *Handbook of emergent methods* (pp. 207-220). New York: Guilford Press.

Krueger, R. A., & Casey, M. A. (2008). *Focus groups: A practical guide for applied research* (4th ed.). Thousand Oaks, CA: Sage.

Linhorst, D. M. (2002). A review of the use and potential of focus groups in social work research. *Qualitative Social Work, 1*(2), 208-228.

Morgan, D. L. (1997). *Focus groups as qualitative research* (2nd ed.). Thousand Oaks, CA: Sage.

Peek, L., & Fothergill, A. (2009). Using focus groups: Lessons from studying daycare centers, 9/11, and Hurricane Katrina. *Qualitative Research, 9*(1), 31-59.

● 生命史、敘事探究、數位故事敘說

Adams, T. E. (2008). A review of narrative ethics. *Qualitative Inquiry, 14*(2), 175-194.

Atkinson, R. (1998). *The life story interview.* Thousand Oaks, CA: Sage.

Bell, J. S. (2002). Narrative inquiry: More than just telling stories. *TESOL Quarterly, 36*(2), 207-213.

Center for Digital Storytelling [Web site]. Accessed October 24, 2009, at www.storycenter. org/index1.html

Clandinin, D. J., Huber, J., Huber, M., Murphy, M. W., & Orr, A. M. (Eds.). (2006). *Composing diverse identities: Narrative inquiries into the interwoven lives of children and teachers.* New York: Routledge.

Conle, C. (2001). The rationality of narrative inquiry in research and professional development. *European Journal of Teacher Education, 24*(1), 21-33.

Crivos, M. (2002). Narrative and experience: Illness in the context of an ethnographic interview. *Oral History Review, 29*(2), 13-15.

Etter-Lewis, G., & Foster, M. (1996). *Unrelated kin: Race and gender in women's personal narratives.* New York: Routledge.

Gluck, S. B., & Patai, P. (Eds.). (1991). *Women's words: The feminist practice of oral history.* New York: Routledge.

Goldman, R., Hunt, M. K., Allen, J. D., Hauser, S., Emmons, K., Maeda, M., et al. (2003). The life history interview method: Applications to intervention development. *Health Education & Behavior, 30,* 564-581.

Goodson, I. (2013). *Developing narrative theory: Life histories and personal representation.*

London: Routledge.

Gubrium, A. C., Hill, A. L., & Flicker, S. (2013). A situated practice of ethics for participatory visual and digital methods in public health research and practice: A focus on digital storytelling. *American Journal of Public Health, 103*(10), 1606-1614. doi:10.2105/AJPH.2013.301310

Hodgson, K. (2005). *Digital storytelling: Using technology to tell stories.* Retrieved April 8, 2009, from www.umass.edu/wmwp/DigitalStorytelling/Digital%20Storytelling%20Main%20Page.htm

iMovie™ [Computer software]. Retrieved from www.apple.com/ilife/imovie/

Josselson, R. (Ed.). (1996). *Ethics and process in the narrative study of lives.* Thousand Oaks, CA: Sage.

Lambert, J. (2013). *Digital storytelling: Capturing lives, creating community.* London: Routledge.

MacDonnell, J. (2011). Gender, sexuality and the participatory dimensions of a comparative life history policy study. *Nursing Inquiry, 18*(4), 313-324.

Mandelbaum, D. G. (1973). The study of life history: Gandhi. *Current Anthropology, 14,* 177-207.

Martin, R. R. (1995). *Oral history in social work: Research, assessment, and intervention.* Thousand Oaks, CA: Sage.

Miller, R. L. (1999). *Researching life stories and family histories.* Thousand Oaks, CA: Sage.

Movie Maker [Computer software]. Retrieved from http://windows.microsoft.com/en-us/windowslive/movie-maker

Narayan, K., & George, K.M. (2003). Personal and folk narratives as cultural representation. In J. F. Gubrium& J. A. Holstein (Eds.), *Postmodern interviewing* (pp. 123-139). Thousand Oaks, CA: Sage.

Narrative Inquiry: The Forum for Theoretical, Empirical, and Methodological Work on Narrative [Web site]. at www.clarku.edu/faculty/mbamberg/narrativeINQ/

Riessman, C. K. (2002). Analysis of personal narratives. In J. F. Gubrium & J. A. Holstein (Eds.), *Handbook of interview research* (pp. 695-710). Thousand Oaks, CA: Sage.

Slim, H., & Thompson, P. (1995). *Listening for a change: Oral testimony and community development.* Philadelphia: New Society.

Smith, J. M. (2012). Reflection on using life history to investigate women teachers' aspirations and career decisions. *Qualitative Research, 12*(4), 486-503.

Stanley, L., & Temple, B. (2008). Narrative methodologies: Subjects, silences, re-readings and analyses. *Qualitative Research, 8*(3), 275-282.

Thompson, P. R. (2000). *The voice of the past: Oral history* (3rd ed.). Oxford, UK: Oxford University Press.

Wengraf, T. (2001). *Qualitative research interviewing: Biographic narrative and semi-structured methods.* London: Sage.

● 訪談菁英

Aberbach, J. D., & Rockman, B. A. (2002). Conducting and coding elite interviews. *PS: Political Science & Politics, 35(*4), 673-676.

Becker, T. M., & Meyers, P. R. (1974-1975). Empathy and bravado: Interviewing reluctant bureaucrats. *Public Opinion Quarterly, 38,* 605-613.

Bennis, W., & Nanus, B. (2003). *Leaders: The strategies for taking charge.* New York: Harper & Row.

Delaney, K. J. (2007). Methodological dilemmas and opportunities in interviewing organizational elites. *Sociology Compass, 1*(1), 208-221.

Figenschou, T. U. (2010). Young, female, Western researcher vs. senior, male, Al Jazeera officials: Critical reflections on accessing and interviewing media elites in authoritarian societies. *Media, Culture and Society, 32*(6), 961-978.

Harvey, W. S. (2011). Strategies for conducting elite interviews. *Qualitative Research, 11*(4), 431-441.

Hertz, R., & Imber, J. B. (1995). *Studying elites using qualitative methods.* Thousand Oaks, CA: Sage.

Marshall, C. (1984). Elites, bureaucrats, ostriches, and pussycats: Managing research in policy settings. *Anthropology and Education Quarterly, 15,* 235-251.

Odendahl, T., & Shaw, A. M. (2002). Interviewing elites. In J. F. Gubrium & J. A. Holstein (Eds.), *Handbook of interview research* (pp. 299-316). Thousand Oaks, CA: Sage.

Thomas, R. (1993). Interviewing important people in big companies. *Journal of Contemporary Ethnography, 22*(1), 80-96.

● 訪談與研究兒童

Cappello, M. (2005). Photo interviews: Eliciting data through conversations with children.

Field Methods, 17(2), 170-184.

Daniels, D. H., Beaumont, L. J., & Doolin, C. A. (2002). *Understanding children: An interview and observation guide for educators.* Boston: McGraw-Hill Higher Education.

Faller, K. C. (2003). Research and practice in child interviewing. *Journal of Interpersonal Violence, 18(*4), 377-389.

Green, C. (2012). Listening to children: Exploring intuitive strategies and interactive methods in a study of children's special places. *International Journal of Early Childhood, 44*(3), 269-285.

Greene, S., & Hogan, D. (Eds.). (2005). *Researching children's experiences: Approaches and methods.* London: Sage.

Hart, R. A. (1997). *Children's participation: The theory and practice of involving young citizens in community development and environmental care.* London: Earthscan.

Kortesluoma, R. L., Hentinen, M., & Nikkonen, M. (2003). Conducting a qualitative child interview: Methodological considerations. *Journal of Advanced Nursing, 42*(5), 434-441.

Lewis, A., & Porter, J. (2004). Interviewing children and young people with learning disabilities. *British Journal of Learning Disabilities, 32*(4), 191-197.

Moore, T., McArthur, M., & Noble-Carr, D. (2008). Little voices and big ideas: Lessons learned from children about research. *International Institute for Qualitative Methodology, 7*(2), 77-91.

Phelan, S. K., & Kinsella, E. A. (2013). Picture this ... safety, dignity, and voice: Ethical research with children: Practical considerations for the reflexive researcher. *Qualitative Inquiry, 19*(2), 81-90.

Warin, J. (2011). Stories of self: Tracking children's identity and wellbeing through the years of school. *Education and Health, 29*(1), 19-20.

Wilson, J. C., & Powell, M. (2001). *A guide to interviewing children: Essential skills for counsellors, police, lawyers and social workers.* New York: Routledge.

● 跨社會身分訪談

Bell, J. S. (2002). Narrative inquiry: More than just telling stories. *TESOL Quarterly, 36*(2), 207-213.

Bloom, L. R., & Munro, P. (1995). Conflicts of selves: Non-unitary subjectivity in women administrators' life history narratives. In J. A. Hatch & R. Wisniewski (Eds.), *Life history and narrative* (pp. 99-112). London: Falmer Press.

Dunbar, C., Jr., Rodriguez, D., & Parker, L. (2003). Race, subjectivity, and the interview process. In J. A. Holstein & J. F. Gubrium (Eds.), *Inside interviewing: New lenses, new concerns* (pp. 131-150). Thousand Oaks, CA: Sage.

Edmondson, R. (2005). Wisdom in later life: Ethnographic approaches. *Ageing and Society, 25*(3), 339-356.

Foster, M. (1994). The power to know one thing is never the power to know all things: Methodological notes on two studies of Black American teachers. In A. Gitlin (Ed.), *Power and method: Political activism and educational research* (pp. 129-146). London: Routledge.

Kong, T. S. K., Mahoney, D., & Plummer, K. (2002). Queering the interview. In J. A. Holstein & J. F. Gubrium (Eds.), *Inside interviewing: New lenses, new concerns* (pp. 239-258). Thousand Oaks, CA: Sage.

Milner, H. R. (2007). Race, culture, and researcher positionality: Working through dangers seen, unseen, and unforeseen. *Educational Researcher, 36*(7), 388-400.

Ojeda, L., Flores, L. Y., Meza, R. R., & Morales, A. (2011). Culturally competent qualitative research with Latino immigrants. *Hispanic Journal of Behavioral Sciences, 33*(2), 184-203.

Reinharz, S., & Chase, S. E. (2003). Interviewing women. In J. A. Holstein & J. F. Gubrium (Eds.), *Inside interviewing: New lenses, new concerns* (pp. 73-90). Thousand Oaks, CA: Sage.

Riessman, C. K. (1991). When gender is not enough: Women interviewing women. In J. Lorder & S. A. Farrell (Eds.), *The social construction of gender* (pp. 217-236). Newbury Park, CA: Sage.

Rooney, L. K., Bhopal, R., Halani, L., Levy, M. L., Partridge, M. R., Netuveli, G., & Sheikh, A. (2011). Promoting recruitment of minority ethnic groups into research: Qualitative study exploring the views of South Asian people with asthma. *Journal of Public Health, 33*(4), 604-615.

Ryen, A. (2003). Cross-cultural interviewing. In J. A. Holstein & J. F. Gubrium(Eds.), *Inside interviewing: New lenses, new concerns* (pp. 429-448). Thousand Oaks, CA: Sage.

Schwalbe, M. L., &Wolkomir, M. (2003). Interviewing men. In J. A. Holstein & J. F.

Gubrium (Eds.), *Inside interviewing: New lenses, new concerns* (pp. 55-71). Thousand Oaks, CA: Sage.

Subedi, B., & Rhee, J. (2008). Negotiating collaboration across differences. *Qualitative Inquiry, 14*(6), 1070-1092.

Wenger, G. C. (2003). Interviewing older people. In J. A. Holstein & J. F. Gubrium (Eds.), *Inside interviewing: New lenses, new concerns* (pp. 111-130). Thousand Oaks, CA: Sage.

Wieder, A. (2003). White teachers/white schools: Oral histories from the struggle against apartheid. *Multicultural Education, 10*(4), 26-31.

● 歷史文件、文物與物質文化

Barzun, J., & Graff, H. F. (2004). *The modern researcher* (6th ed.). Belmont, CA: Wadsworth.

Berg, B. L. (2004). *Qualitative research methods for the social sciences* (5th ed.). Boston, MA: Pearson.

Brooks, P. C. (1969). *The use of unpublished primary sources.* Chicago, IL: University of Chicago Press.

Edson, C. H. (1998). Our past and present: Historical inquiry in education. In R. R. Sherman & R. B. Webb (Eds.), *Qualitative research in education: Focus and methods* (pp. 44-57). New York: Falmer Press.

Hodder, I. (2000). The interpretation of documents and material culture. In N. K. Denzin & Y. S. Lincoln (Eds.), *Handbook of qualitative research* (2nd ed., pp. 703-716). Thousand Oaks, CA: Sage.

Krippendorff, K. (2012). *Content analysis: An introduction to its methodology.* Sage.

Neuendorf, K. A. (2007). The content analysis guidebook online. Retrieved March 2, 2009, from http://academic.csuohio.edu/kneuendorf/content

Rosenberg, L. (2006). *Rewriting ideologies of literacy: A study of writing by newly literate adults.* Unpublished doctoral dissertation, University of Massachusetts Amherst.

Storey, W. K. (2004). *Writing history: A guide for students.* New York: Oxford University Press.

Zurbriggen, E. L., & Sherman, A. M. (2010). Race and gender in the 2008 U.S. presidential election: A content analysis of editorial cartoons. *Analyses of Social Issues & Public Policy, 10*(1), 223-247.

● 作者特選

Harvey, W. S. (2011). Strategies for conducting elite interviews. *Qualitative Research, 11*(4), 431-441.

Kanter, R. M. (2008). *Men and women of the corporation*. New York: Basic Books. (Original work published in 1977)

Riessman, C. K. (1991). When gender is not enough: Women interviewing women. In J. Lorder & S. A. Farrell (Eds.), *The social construction of gender* (pp. 217-236). Newbury Park, CA: Sage.

Riessman, C. K. (2002). Analysis of personal narratives. In J. F Gubrium & J. A. Holstein (Eds.), *Handbook of interview research* (pp. 695-710). Thousand Oaks, CA: Sage.

Spradley, J. S. (1979). *The ethnographic interview*. New York: Holt, Rinehart & Winston.

Whyte, W. F. (1993). *Street corner society: The social structure of an Italian slum* (4th ed.). Chicago: University of Chicago Press.

關鍵概念

artifacts	文物
digital storytelling	數位故事敘說
ethical issues	研究倫理議題
ethnographic interviewing	俗民誌訪談
field notes	田野筆記
focus-group interviews	焦點團體訪談
historical data	歷史資料
in-depth interviewing	深度訪談
interviewing children and youth	訪談兒童與青少年
interviewing elites	訪談菁英
life histories	生命史
material culture	物質文化
narrative inquiry	敘事探究
observation	觀察

participant observation	參與觀察
phenomenological interviewing	現象學訪談
positronality	定位
research across differences in social identities	跨社會身分認同的研究
unobtrusive data collectron	非介入性資料蒐集

第 **7** 章
資料蒐集：次要與專殊化方法

除了上一章介紹的主要方法之外，在選擇資料蒐集方法時，還可以考慮搭配若干次要或專殊化的方法。下列描述的次要或專殊化方法，都可以作爲獨當一面的研究方法，也都有參考文獻說明方法論特色與細節。在某些例子，資料蒐集方法和研究報告方法可能會使用相同名稱，平添不少困擾。比方說，有時候，我們會聽到某人說，她在「做個案分析」，意思可能是指，使用個案分析的方法來蒐集資料；但更多時候，也可能是指，用個案分析的模式來撰寫研究報告或專論書籍。再比方說，有時候，俗民誌工作者也會用「做俗民誌」來描述他們所使用的資料蒐集方法，但是俗民誌也可能指稱一種文字作品的類型。從俗民誌英文ethnography的兩個字根來看，ethno = 文化，graphy = 誌書。例如：美國人類學家Shostak（1983）的《妮薩：一個昆族婦女的生命自述》（*Nisa: The Life and Words of a !Kung Woman*），這是一本俗民誌的著作，主題是關於一名非洲昆族婦女的生命史，書中自稱資料蒐集方法爲生命史，而具體的資料蒐集方法則包括長期的參與觀察和深度俗民誌訪談。沒錯，如此莫衷一是的混亂用語，眞是讓人好生困擾！

　　和上一章介紹主要方法一樣，以下各種次要方法的介紹也必然會比較簡化扼要，而且無可避免會有遺珠之憾。研究者如果有使用的話，請務必謹記：次要或專殊化方法或許可以用來輔助主要方法，但是要發掘和理解脈絡緊密關聯的現象模式，還是必須仰賴主要方法（觀察、參與觀察、訪談，以及文件和文物分析）。再者，讀者也應該記住，有些次要或專殊化方法乃是由上述主要方法演化而來的。

　　以下，我們介紹討論五大類的次要或專殊化方法：(1)網路與數位應用；(2)多模型方法；(3)多元查詢，包括錄影（videos）與照相

（photographs）；(4)互動分析（interaction analysis）；(5)兩難分析
（dilemma analysis）。當然，這些只是擇要介紹，還有許多其他方
法，本書未及納入，也可供質性研究者考量選擇使用，前提是必須在研
究計畫說服讀者，對於該等方法有充分理解，有勝任能力，也有興趣和
熱情可以貫徹到底，並且恪守倫理原則。

網路與數位應用

本書英文第五版發行以來，電腦軟體與網路技術在研究應用持續爆
炸發展。無庸置疑地，網路和相關硬體設施（諸如：桌上型個人電腦、
筆記型電腦、掌上型電腦、手機和iPod等等）仍然不斷爲社會科學研究
的方法論帶來重大變革。舉例而言，上網搜尋相關資源（最普遍的就是
上網Google一下）；運用錄音逐字稿轉謄輔助軟體（software to assist
in transcribing audiotapes），管理引述段落，以及執行資料分析；透過
電子郵件、Skype或是網路專屬討論區，執行訪談；把網路作爲研究場
域，研究線上對話和互動。諸如此類的新興做法，已經大舉進入社會科
學與應用領域的研究。除此之外，諸多新興科技也融入了各種敘事研
究的實施（請參閱本書第六章「數位敘事」）。先前第二章已經指出，
這些新興方法主要可分爲三大類：(1)使用網路蒐集資料；(2)輔助謄
寫錄音與分析資料的套裝軟體；(3)把網路作爲研究場域，網路俗民誌
（internet ethnography）即是主要範例。

這些年來，質性研究領域電腦與網路技術應用的演變情形，
可以從《質性研究手冊》三個版本（Denzin & Lincoln, 1994, 2000,
2005）略見端倪。第一版收錄專章〈電腦在質性研究的應用〉（Using
Computers in Qualitative Research）（Richards & Richards, 1994），
描述輔助管理和分析質性資料的軟體程式。第二版（2000）也收錄了
類似的一章〈軟體與質性研究〉（Software and Qualitative Research）
（Weitzman, 2000）。在此階段，這個新興的領域有了專有名稱：質性
資料分析（Qualitative Data Analysis，簡稱QDA）。不過到了第三版

（2005），就不見專章介紹QDA，取而代之的是Markham主筆的〈網路俗民誌的發表呈現方法、政治、倫理〉（The Methods, Politics, and Ethics of Representation in Online Ethnography），內容聚焦於網路俗民誌，這反映出網路作為身分認同再現與建構的場域。手冊的第四版包括了一個名為「質性研究與科技：進行中的革命」（Davidson & di Gregorio, 2011）的章節，包含利用科技與各種不同的平台來蒐集資料的策略。所以，從第四版手冊明顯地看出網路使用的演變、進化，主要是利用電郵、研討部落格與社群媒體平台等直接蒐集資料。從這本手冊的第三版出版之後，利用這些方法的頻率大幅增加。

使用網路蒐集資料

　　近年來，使用網路蒐集資料的做法急速成長。這邊有兩個差別：資料是「自然發生或是由研究員發起的」？（Paulus, Lester, & Dempster，2014，頁70）研究員發起的資料包括用不同方法所進行的線上調查、利用電郵或聊天軟體（例如：Skype或Google Chat）訪談、利用各種不同的錄影設備（包括：iPhone）來照相或拍影片、從部落格或YouTube蒐集資料等等。

　　大規模的調查研究，採取諸如SurveyMonkey之類的應用軟體，已經相當普遍。應用這些軟體的調查研究通常會採用開放式問卷題型，這對於質性研究也是比較合適的。很多時候，訪談的後續追蹤往往借助電子郵件或是其他技術，容許研究者可以「和參與者，尤其是距離遙遠的人士，進行匿名對話」（James & Busher，2006，頁403），進一步釐清或補充說明訪談留下的若干疑點或不足之處。除此之外，也有專屬的部落格討論區，或是上一章探討過的「虛擬」焦點團體訪談。

　　網路的應用衍生許多挑戰與問題：透過部落格討論區蒐集資料，其豐富程度是否不下於當面訪談或焦點團體？蒐集過程，如果沒有親眼看見或透過其他感官直接接觸到參與者，是否有什麼線索會因此漏失？可能失落哪些直觀的推論？再者，如果使用線上蒐集資料，如何保護資料來源者的匿名性？又如何辯護網路使用者（通常需要具備相當程度的

電腦素養、對於電腦與網路相對自在、擁有電腦與網路管道）是恰當的樣本？雖然有這麼多的挑戰，不過電腦中介的資料蒐集確實提供了有別於當面訪談的替代管道，而且最適合搭配某些研究專案。因為當前社會電腦的使用日益普及化，Seymour（2001）特別探討若干殘障人士（例如：脊髓傷害造成身體麻痺、大腦麻痺、視覺障礙、手腳截肢）使用網路可能遭遇的問題，希望瞭解他們在網路溝通是否有受排擠的感覺。

　　當研究者聚焦於線上社群時，就會自然產生資料。前面提到過，社會網絡的無所不在迫使社會科學家不得不試著理解這個現象。如同Paulus等人所提（2014）：「社會科學家必須要瞭解討論群、部落格、社群網站與虛擬世界等互動方式。」（頁76）如第二章和第六章所提，很多學者都已著迷於利用網路社群與部落格來從事研究，催生出新的質性研究類型——網路俗民誌。尤其是傳播與文化領域，大量使用網路研究，反映出變動的社會身分、社群與文化（詳Baym, 2000; Gatson & Zwerink, 2004; Hine, 2000; Kendall, 2002; Miller & Slater, 2000）。著迷於網路研究的起因之一在於後現代浪潮，檢視、質疑身分認同的建構。網路是不見其人，社會身分（性別、社會階層、性別取向等等）得以隱藏，因此產生了利用純文字來研究身分認同建構的可能性。如Markham（2005）所言：「雖然我們體認到現實中需要用話語來進行溝通，但是現在身分認同與文化的對話特質往往仰賴電腦輔助環境。」（頁795）質性研究可能只專注於某一特定部落格，像Gatson & Zwerink（2004）專注於研究《魔法奇兵》電影粉絲網。

　　誠如第二章指出，使用網路蒐集資料的一個主要優點就是，樣本可以真的擴及全世界。有些族群原本對於當面訪談有所疑懼，或不太願意接受當面訪談，電腦中介溝通提供了一種比較安心接受訪談的管道。研究計畫階段必須提出扎實的理由，說明為什麼必要採用網路蒐集資料，就像對於選擇採用任何方法的辯護一樣，應該設法闡明該等策略乃是最適合研究概念架構與研究問題的合理選擇。研究計畫提案者也需要讓讀者信服，自己確實能夠勝任使用網路完成資料蒐集。

使用電腦與網路技術的倫理議題

使用網路科技蒐集資料、使用軟體程式、使用網路作為研究場域，各自有特殊的倫理議題需要考量。透過網路蒐集資料，尤其需要關切保護匿名與隱私的問題。由於訪談數位化的趨勢愈來愈普遍，研究者幾乎不可能有十足把握，在研究結束之後，訪談資料一定徹底銷毀（這是一項普遍規定）。電腦檔案仍然很容易遭到駭客入侵；即使研究者有最良善的用心，但是沒有人可以確定伺服器自動備份的檔案有真的「銷毀」，永遠可能有被第三者讀取使用的疑慮。因此，在研究計畫階段，審慎考量這些倫理議題就變得非常關鍵。使用應用軟體轉謄錄音逐字稿，也可能面臨類似的挑戰，箇中核心就是如何呈現訪談參與者才能夠達到對他們個人的尊重。對個人的尊重乃是所有研究必須審慎考量的根本倫理原則，而不只是使用應用軟體才必須關切的特殊倫理議題。

最後，網路俗民誌則會面臨另外一些不同的倫理議題。全部參與者是否都知道有研究在進行？他們是否有自願同意參與？如果他們是以虛擬人物或網路分身（avatar，可能是代表個人的3D人物，或是相片、圖案、文字符號等等）的身分現身在網路上，研究者能否輕易徵得他們同意複閱逐字稿或分析草稿？把網站當成研究場域進行研究，這過程是否改變了網站原本的自然互動，以至於實質上，網路俗民誌不再是原先擬定的關於該部落格參與者自然互動的研究，而變成關於部落格參與者投入某特定研究的研究？當質性研究看似漸入佳境，愈來愈有把握把人間世事探討出一番道理，然而卻猛不防地冒出網路這麼個讓人不知所措的嶄新世界，也激盪出更多更渾沌難解的棘手問題！

Paulus等人（2014）提出一個矩陣說明從網路社群蒐集資料時，評估如何、何時使用知情同意（詳圖7.1）。必須要考量、權衡的面向有四個：(1)社群比較公開或比較私人；(2)主題的敏感性；(3)與網站參與者的互動程度；(4)參與者的脆弱程度。針對這四個方面的評斷就組成最後的欄位：是否必須要同意，或是不太需要。這些面相有助於研究者在愈來愈模糊不清的網路環境中思索知情同意的議題。

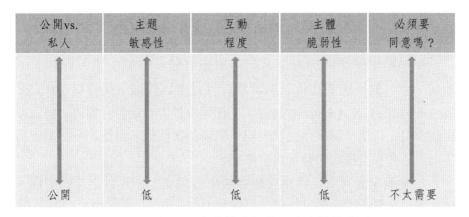

資料來源：Paulus等（2014，頁77）摘錄自McKee & Porter（2009，頁88）；Buchanan（2003，頁56）。經授權許可使用。

多模型方法

數位時代的多媒體資料

Rachael B. Lawrence

數位時代下的質性資料管理系統已進步許多，網路創造許多新平台讓人們工作、學習與玩樂；質性研究者可以利用許多種媒體當作資料來源，這些媒體包括照片、影音、圖像、素描與工藝品等。質性研究者往往透過多媒體蒐集資料，但傳統上仍以文字、語言為主：

> 明顯地，田野資料的本質包含了各種媒體（有可能包括聲音、物體、視覺設計、人類行動與身體等等）。因此，資料一定包含了各式各樣、範圍不定的媒體。（Dicks, Soyinka, & Coffey，2006，頁78）

以前研究者會在田野筆記上做觀察紀錄，現在可能藉助多媒體來蒐集、儲存、分析與整合研究。

管理與實體空間的新平台創造出超媒體（互動文本、影音），因此，今日的研究者比以前的同儕容易從多媒體處取得資料（Dicks, Mason, Coffey, & Atkinson, 2005）。任何質性方法或設計都可以整合多媒體資料，包括：傳統俗民誌、現象學與個案研究。但是，多媒體資料多出現於多模型探究與藝術本位探究。

多模型探究利用多媒體與超媒體來分析文字、語言之外的溝通，而且質性與量化方法都可以用（見O'Halloran & Smith, 2011，和Jewitt, 2009）。起源於溝通研究，這種探究檢視肢體語言、小冊子上有什麼圖案、或是質地透露出什麼訊息，人們如何與3D物體互動等溝通方式（Norris, 2004; Pink, 2011）。多模型有時結合多媒體資料蒐集，但是重點會放在這個研究想要獲取的資訊種類。

藝術本位探究也可能會用到多媒體資料，但是主要並非分析溝通，而是透過美學來找尋意義。多媒體資料有助於創造文學、表演藝術、互動藝術、拼貼畫、音樂、詩歌等藝術創意，讓更多觀眾瞭解研究成果（Barone & Eisner, 2012; Butler-Kisber, 2010; Pink 2011; Stanley, 2009）。多模型與藝術本位探究對於傳統文字之外的溝通都感到興趣——在藝術研究中，研究主力聚焦於美學，而非分析。表7.1列出不同的研究方法可使用的媒體。

■表7.1　質性研究的媒體

媒體	多模型	藝術本位	「傳統」質性研究
照片	藉由姿勢來分析，於背景、移動時產生溝通	有助於拼貼、激發畫畫創意、用作話劇背景、作詩等	記錄發生的事件，顯現出用了什麼技術，或是協助指認參與者或人群
素描	可用來擷取3D情境下的溝通觀察	如果由參與者創作的話，可作為資料來源；可用來呈現研究成果	可用來描述自然主義探究的場景

（續）

媒體	多模型	藝術本位	「傳統」質性研究
影片	可用來分析姿勢、背景溝通、移動、手語等	可用來呈現研究成果，錄下片段成為話劇等等。可以是資料蒐集或最終成果	可用來記錄訪談或事件，有助於日後的抄本和分析
圖像	可用來分析姿勢、移動、手語等	可以是最終成果的一部分，或是構成最終成果的一部分資料	傳統的質性方法比較少用，但是還是可以合併著用
錄音	可以與文本結合創造超媒體，可以用語調、抑揚頓挫來分析	可以是資料蒐集的一部分，創造戲劇或是文學；可以成為音樂作品等	可用來記錄訪談或事件，有助於日後的抄本和分析
文本	通常不會單獨考量，會與其他媒體一起進行溝通（公開、微妙的）	可用作創意作品的一部分、資料蒐集的一部分；也有可能因為藝術研究者的關係，這並非主要的重點所在	傳統質性研究的「命脈」；通常是訪談的筆記或抄本
超媒體	可以用來作為資料來源（例如：網站上「可點選的」文本）或呈現資料	可以用來作為資料來源（例如：網站上「可點選的」文本）或呈現資料	雖然並未包含在傳統的質性研究方法中，可以用來作為資料來源（例如：網站上「可點選的」文本）或呈現資料

資料來源：Rachel B. Lawrence.

🌿 錄影與照相

　　數位相機問世以來，由於不但可以拍照，也能夠拍攝短片，相當容易就能記錄研究場域發生的事件，以及參與者的互動。在此同時，影片分享網站YouTube的出現，也使得影片的上傳和分享變成人人可為的全球運動。這些新興發展固然帶來了前所未有的機會，但同時也衍生

不少倫理方面的危機（請參閱稍後的討論）。錄影和照像（videos and photographs）的運用在質性研究發展歷史，可追溯到人類學與其他社會科學領域的悠久傳統，以及若干備受推崇的經典紀錄片。至於和數位敘事的關聯，請參閱本書第六章的討論。

在人類學研究領域，影片與照相的應用已有相當悠久的歷史，一般通稱為「影像人類學」（visual anthropology，或譯「視覺人類學」），或「影片俗民誌」（film ethnography），主要是藉由影片與照相，有系統記錄人們的互動或活動，以茲捕捉特定文化族群或事件。美國影像人類學會（Visual Anthropology Society）已有成立官方網站，輔助分享該領域的經典與新知發展。目前有諸多不同類型的影片可提供許多功能之用，包括：資料蒐集、組織、詮釋，以及研究的實效性檢驗（Szto, Furman, & Langer, 2005）。舉例而言，Banks（2001）的研究，除了拍攝當代印度各種社會階級的結婚典禮影片，還融合了歷史相片、檔案文件，由此提出若干關鍵的研究問題，探討經濟與手工藝、聘禮、嫁妝等傳統之間的交互關聯，以理解該特殊社會制度的文化現象。

目前已經有許多學門使用錄影與照相，作為研究工具，包括：溝通傳播、文化研究、人類學，以及許多應用領域。研究焦點主要是把視覺媒體當成分析的場域，以及透過視覺影像作品的製作來呈現研究分析成果。舉例而言，Hurdley（2007）採取一種儼然文化研究的觀點，探討客廳壁爐擺設的照片。Hurdley論稱，這種照片擺設可說是一種「居家展示」（頁355），箇中流露出美國家庭「『做』家庭文化之複雜性表達」（頁355）。錄影和照相具有獨特的能力，可以捕捉人眼可見的現象。在表面上，錄影和照相捕捉的內容似乎是一種客觀的呈現，但其實就如同其他形式的觀察一樣，都是透過拍攝者特定立場的觀點。拍攝者——觀察者——必須決定拍攝的焦點是什麼，然後決定如何詮釋拍攝的資料（不論是在影片提出詮釋，或是在田野筆記寫下詮釋）。

晚近還出現一種新興的照片啟發法，帶有明顯的賦權增能的意識型態（請參閱Wang & Burris, 1997; Wang & Pies, 2004）。論者形容這是一種「參與行動研究的方法論」（Wang & Pies，2004，頁95），社區居民可以透過拍攝照片，記載描述所居住的社區。此法融合了拍照與社

會行動，鼓勵社區居民建立社區意識，投入改造社區行動。若干網站有提供此方法的描述介紹，請參閱本章延伸閱讀。

研究使用照片或錄影有若干明顯可見的優點。視覺影像的呈現能夠喚醒過往事件的記憶，還可能發揮震撼人心的感動力量。錄影和照相可以記載儀式典禮，文化事件的影像紀錄，傳承給未來世代。也可以記載社會衝突（法庭訴訟、公開演講、國會會期議程等等）。錄影對於非語文行為與溝通模式（諸如：臉部表情、手勢與情緒）的記錄功能，效用尤其強大。視覺紀錄可以幫助保存獨特的、消失的、稀罕的事件。不過，和其他形式的觀察以及檔案與文物分析一樣，影片中的影像詮釋也可能充滿問題。因應對策可以試著和參與者分享影像，邀請他們分享個人的詮釋，作為成員實效性驗證（member validation）。

在此，推薦幾部傑出的俗民誌影片。《教育彼特》（*Educating Peter*）（Home Box Office Project Knowledge, 1992），描繪嚴重認知障礙的男孩就讀普通班的故事。《高中歲月》（*High School*），描述1970年代初期一所綜合高中的校園生活紀事（Wiseman, 1969）。《撞車記》（*The Crash Reel*）是最近的一個案例（Walker & Cautherly, 2013），是一部有關世界級單板滑雪選手Kevin Pearce的紀錄片──他的成功、激烈競爭和悲劇的意外。

不過，研究人員應用各種形式的影像也會面臨許多挑戰。觀看者可能會感覺錄影和照片是「真實」而且「準確」的，卻沒有注意到看到的影像其實都是拍攝者個人立場角度的呈現。拍攝者可能有哪些專業主觀性與個人旨趣？再者，高品質的拍攝器材價錢可能相當昂貴，而大部分研究的預算通常相當有限。製作方面也可能面臨不少問題，尤其是如果要完成一部乾淨俐落的影片或照像作品，穿插文本、圖案設計，或許還有配樂，需要投入的心力與物力就更多了。研究者可能需要具備技術應用的專業能力，雖然目前已經有若干軟體（譬如：Pinnacle Studio 12™），可以提供不錯的技術支援，就算是研究新手也能相對駕輕就熟完成高品質的錄影作品。在過去，礙於製作技術方面比較難克服，因此不容易在書本、期刊論文或學位論文放進錄影和照相；但是，隨著燒製CD的工具與相片數位化的技術愈來愈普及，學位論文或書籍附錄一片

CD，或是文字報告收錄數位相片，已經變得愈來愈普遍。

錄影與照相的倫理議題

最常出問題的就是關於被拍攝者個人身分的保護。參與者是否知道自己被拍照或錄影？還有最重要的是，他們是否充分知情同意被拍照或錄影？再者，如果是數位化的照片或影片，也有可能在研究者不知情的情況下不經意流散出去。在研究計畫中應該明確指出會採取何種做法來保護參與者身分，而且也會作好準備，確保視覺影像媒體的運用會有很高的敏感度，執行過程也都會合乎研究倫理。

用藝術來蒐集資料

Rachael B. Lawrence

前面第二章提到過藝術可以得知質性研究設計中的步驟（Barone & Eisner, 2012; Butler-Kisber, 2010; Knowles & Cole, 2008）。藝術本位探究的文獻大多著重於以藝術、文學或其他文藝創造來產出、呈現知識，但是藝術也可以用來產生或蒐集資料。藝術本位的資料有助於提出各式各樣的研究問題，例如：「孩童如何詮釋經驗？」、「這是如何隨著時間而改變呢？」等等。這些資料的產出與創意本質可以指出研究問題，這是文字本身無法做到的。藝術用於蒐集資料的方法有兩種：藉由觀察所畫出來的資料與藝術品間的互動，由研究者或參與者所產出的藝術得知研究問題。此外，藝術有助於資料蒐集時的想法、概念示意。

接下來舉例說明質性研究者如何使用藝術來蒐集資料。與藝術互動的資料有：

- 逐字轉謄藝術品的「訪談」（Sullivan，2010，頁204）
- 逐字轉謄對藝術品的反應（Sullivan，2010，頁205）
- 對藝術珍品進行量化與分類（Rose, 2012）
- 訪談參與者對於照片的看法（Laplenta, 2011）

以資料蒐集為目的所創造出來的藝術有：

· 重新拍攝以記錄變遷（Rieger, 2011）
· 蒐集影像、畫像、螢幕截圖等藝術品（Rose, 2012）
· 參與式藝術（話劇、繪畫、拼貼）反應參與者的生活經驗
　（O'neill, 2012）
· 素描以利視覺記憶（Sullivan, 2010）
· 蒐集孩童畫作（Ganesh, 2011）
· 視覺人類學（MacDougall, 2011）
· 照片日記（Chaplin, 2011）
· 社區製圖（Grasseni, 2012）

示意概念或想法的藝術有：

· 將概念、關係或政策製圖示意（Butler-Kisber, 2010）

　　這個名單並不完善，但可以作為研究者的起始點，啟發新奇的方法來蒐集資料、提出研究問題。

藝術本位資料蒐集的倫理議題

　　對研究者來說，在蒐集別人的資料時，無論是藝術媒體、虛構的故事或是解釋照片，資料的所有權是最關鍵的倫理考量（Barone & Eisner, 2012）。與影片或照片共事會帶來更多的倫理考量，從中擷取片段或是放在錯的地方都有可能引起參與者的尷尬或誤解（Butler-Kisber, 2010）。參與者是否充分瞭解你將如何使用他們的藝術作品（或是評論藝術的文字）？你是否取得他們的授權？使用這種方式蒐集資料時，這是最重要的考量。

互動分析

　　互動分析（interaction analysis），是一種跨領域研究取徑，焦點

在於人際或人與環境之間自然發生的互動。許多互動分析的研究焦點是關於「人類活動，諸如：對話、非語文互動、文物和技術的使用、確認例行流程與問題癥結，以及找出解決的資源」（Jordan & Henderson，1995，頁39）。此一取徑源起於俗民誌（聚焦參與觀察）、社會語言學、俗民方法論（ethnomethodology，研究人們如何達成有秩序的社會互動）、對話分析、人體動作／體態學（kinesics，研究人類如何使用非語文手勢、體態、動作來傳達溝通訊息），以及空間關係學（proxemics，研究人們如何透過人際之間不同的距離來進行互動）。同樣都是以人類互動為研究目標，互動分析的專殊之處在於仰賴影音記錄，以及採取非介入（noninterventionalist）的態度來進行資料蒐集。因此，互動分析研究者以不侵入（unobtrusive）的方式觀察自然發生的互動，錄影記錄，然後用特殊的分析透鏡來分析該等錄影資料。一般而言，在互動分析研究的自然場域當中，研究者和參與者之間都不會有直接的對話或訪談。

　　互動分析最早是在1920年代用來研究組織內小團體的互動，後來逐漸演變成為觀察課堂的重要方法（Rex & Green, 2008; Rex, Murnen, Hobbs, & McEachen, 2002; Rex, Steadman, & Graciano, 2006），也被廣為應用來輔助教師訓練（Flanders, 1970）。近年來，夫妻關係研究也開始應用互動分析，研究焦點主要是建立編碼系統，以便強力分析對偶互動關係（dyadic relationship）的行為動力型態。此外，互動分析也被應用於各種組織或場所的微觀政治研究（諸如：學校理事會或董事會、州議會、就業輔導機構、企業組織、街頭幫派，以及公共場所兒童遊戲區等），藉以揭顯組織或場所內部的權力動力。這類研究有助於探索理解，組織或場所內的衝突如何化解，箇中宰制權勢如何維持不墜，還有意識型態又是如何在個人不知不覺之中強趨而行（Corson, 1995）。

　　因為互動分析廣泛運用於教育研究領域，尤其是課堂互動研究，因此接下來，我們先簡要討論課堂互動分析，然後再介紹人體動作／體態學和空間關係學，這是兩類特殊形式的互動分析，在互動分析研究法的發展歷史占有相當關鍵的地位。

課堂互動分析

課堂互動分析（classroom interaction analysis），淵源悠久，通常聚焦於課堂使用的語言互動，以及該等互動如何影響、複製與型塑廣泛的社會歷程，諸如：課堂、種族、性別的權力動力。典型的課堂互動分析研究通常會「檢視教師與學生的行為和使用的策略……〔以及這些因素如何〕和學生的學業成績或其他學習指標產生相關」（Rex & Green，2008，頁571）。研究者通常會仰賴錄音和錄影，來製作課堂互動的永久紀錄資料。

瑞克絲等人的研究（Rex等，2002）堪稱課堂互動研究的代表，她們用錄影作為資料蒐集的主要方法，探究老師在課堂講述的故事。她們論稱，老師敘說故事的頻率、時間長短、種類、場合，這些因素都會促使學生認為應該怎麼做才算是好學生，也會影響學生對於合格知識的認知，以及學生在課堂應該如何表現才是合乎期許（頁768）。瑞克絲與研究生助理每天將老師在課堂的「講話」錄影，然後編碼，並特別註明：「老師以類似建構故事的方式來上課。」（頁773）這種研究做法的理論基礎是認為，研究牢牢嵌置在課堂故事建構的架構，相當有助於取得富有生產力（generative）的資料提供分析之用。

最近幾年，互動分析也出現了一種新興的研究做法，就是教室的姿態研究（gesture research）。此類研究聚焦探討，教—學互動中的各種姿態是如何協助意義構成。背後的假設是，姿勢與各種非語文的動作傳遞了相當豐富的意義，可能提升或減損語文訊息傳遞的意義（請另行參閱稍後討論的人體動作／體態學）。這個領域的研究主要聚焦在中學生科學概念與技巧的學習（Singer, Radinsky, & Goldman, 2008），以及幾何概念的學習（Alibali & Nathan, 2007）。

互動分析的一個優點是，錄影或錄音資料可以留下永久的紀錄。這有助於保存原始資料，但是也可能衍生倫理問題（請參閱下面的討論）。互動分析的分析範疇如果夠聚焦，而且也有需要的話，分析結果可以產生量化的資料。互動分析特別適合用來檢驗在參與觀察與訪談的初期階段確認的模式。

很清楚地，最能發揮互動分析優點的做法應該是，針對互動的豐富脈絡進行系統化分析，取得範疇，作爲後續觀察的焦點。不過，如果帶有太多文化偏見，或研究者先入爲主的觀念，或是沒有特別針對研究場域量身設計，那麼該等範疇可能就不太能促成豐富的研究成果。

互動分析的倫理議題

實施互動分析可能遭遇的倫理議題，主要是關係到對於研究參與者的保護和尊重。在目前的時代，沒有人可以確保電腦、磁碟或隨身碟的數位化資料確實有徹底刪除，不會外流而導致參與者遭受不必要的傷害。駭客入侵電腦的事情時有所聞，因此資料的保護，還有更重要的，參與者的保護，就成了必須特別關切的重要議題。再者，發表研究報告時使用錄影帶片段，這樣的做法很難讓人抗拒，不過卻也很可能違背了對於參與者匿名性的承諾。課堂互動分析的兒童，以及其他比較容易受傷害的脆弱族群，尤其應該特別小心這方面的倫理考量。

接下來，在互動分析的發展演進歷史當中，有兩種開發甚早堪稱祖師級的類型——人體動作／體態學與空間關係學，可以提供相當細膩聚焦的互動分析例子。接下來，我們就來討論這兩種研究法。

人體動作／體態學

如果研究不只是關注人們嘴巴說的話，也能夠探究他們的身體動作流露的意涵，那麼對於該社會的認識就可望更加深入。這就是人體動作／體態學（Kinesics）的基本預設。人體動作／體態學研究的是身體動作（包括：非語文手勢與姿態），以及該等動作傳遞溝通的信息。研究者透過系統化的方式來分析身體動作，從而確認、描述、瞭解與詮釋溝通過程中的重要模式。

Birdwhistell（1970）在其經典著作當中主張，非語文的身體行爲，其運作功能就像是重要的發音一樣，可以相互結合而形成如同字詞一樣的單元或複雜單位。身體動作包羅萬象，從單純的點頭，到一連串的手足姿勢，可以給口語表達增添額外的意義（還記得我們先前討論，

轉膳訪談逐字稿時需要注意的諸多身體姿勢嗎？）。所有的體態學研究都有一些基本預設：人們會不知不覺隨著他人的在場或活動，而持續調整自己的口語和非口語行爲。影響非口語行爲的因素包括：文化、性別、年齡，以及其他和心理發展與社會發展關聯的因素。

不過，要正確運用人體動作／體態學來理解身體動作的意義，則是相當具有挑戰性的工作。新手在解讀時，如果把人體動作／體態學視爲等同通俗心理學，很可能就會直覺作出錯誤（甚至有害的）詮釋。我們不妨來看看一本暢銷經典《瞬間思維》（*Blink*）（Gladwell, 2005）。Gladwell在個人網站指出「瞬間思維」是指，發生於轉瞬之間的一種特殊思維。當你初次與某人碰面，或是走進你有興趣想購買的房子，或是閱讀一本書開頭的幾個句子，就在這約莫2、3秒之內，你的心思會作出一連串的結論。是的，《瞬間思維》這本書探討的就是發生在這2、3秒內的事情，因爲我認爲這種轉瞬當下作出的結論非常強而有力，非常重要，而且很多時候往往是很好的結論（Gladwell.com, n.d.）。

另外，我們也要指出，1960年代以降，保羅·艾克曼與同僚發展與改良的「微觀表情」（microexpression）研究法（請參閱例如：Ekman, Campos, Davidson, & DeWaais, 2003; Ekman & Friesen, 1975）。這種研究法是擷取人體動作／體態學分析的基本原則，加以延伸與改良。分析焦點是微觀表情，這是一種稍縱即逝的不自主臉部表情。該等作者論稱，當人們試圖掩藏情緒時，就會出現這種微觀表情。根據艾克曼與同僚（Ekman等，2003）的模式，分析這些僅維持若干毫秒稍縱即逝的表情，就有可能捕捉到當事人說謊的瞬間。本書著筆期間，美國正在上演的福斯電視臺影集《看誰在說謊》（*Lie to Me*, 2009, 2011），即是參考改編他們的分析結果，而劇中主角其實就是以艾克曼爲範本改編創作的。

人體動作／體態學分析的一個優點是，可以提供關於特定場域互動的另一種觀點。小心運用的話，研究者可以透過檢視訪談參與者的肢體語言和說話內容的一致程度，更有把握衡量訪談口語資料的可信度。再者，蒐集訪談資料期間，研究者也可以監控自己的非語文行爲，儘量讓傳遞的訊息和非語文行爲保持一致。

人體動作／體態學分析也有其限制，因為身體動作或姿態傳遞的訊息並非放諸四海而皆準，研究人員對於其中存在的文化差異必須有所覺察。同樣手勢在不同文化，可能傳達出不同意義。比方說，在某些國家，上下點頭表示「不是」或否定的意思，左右搖頭則表示「是」或肯定的意思。總之，身體動作的詮釋必須心思細膩敏銳體察所在的脈絡，而且必須不斷根據新進的資訊加以修正，如此才是比較可靠的做法。

空間關係學

　　空間關係學（proxemics），是互動分析的另一種經典範例，主要是研究人們在文化與環境當中的空間使用情形。這詞最早是由Hall（1966）創立，然而他本身並沒有繼續投入這門學問的發展。大部分的空間關係學研究是在酒吧、機場、地下鐵，以及其他公共場所，人們交際互動的情形。研究焦點在於空間如何界定與管理，舉凡人與人之間的距離，乃至於家具的擺設，以及建築空間配置等等。舉例而言，人類學家使用空間關係學的技術，決定特定文化的領域概念習俗。空間關係學的應用頗廣，舉凡學生在教室的行為、接受婚姻諮商的夫妻或伴侶，諸如此類的研究，一直都有相當不錯的成果。

　　空間關係學方法有不少優點。首先，這種方法乃是非介入式的（unobtrusive），因此，研究觀察的對象通常不太有機會或有意識誤導觀察者。因為空間關係學關注的乃是非語文行為，除非被觀察者具有瞞天過海的「說謊」技巧，否則根本很難偽造非語文的感覺。空間關係學的主要用途在於探究個人對於在空間中與他人關係的反應，以及個人對於他人侵犯私我空間領域的反應。由於不同文化對於個人空間的定義與感覺不盡相同，因此，空間關係學方法也可以應用在跨文化的研究。最後，有關座位安排對於學生行為影響的研究，以及工作場所擁擠對於生產效率的影響，空間關係學的分析對於這些領域的研究也相當有用。

　　空間關係學方法作為資料蒐集的方法，最大的缺點就在於，研究者必須擁有高明的技巧，才能夠正確詮釋所觀察到的行為。比方說，假設研究者正在觀察研討會或商務會議，研究對象選擇座位的方式可能甚為

重要，但是更關鍵而且不是很容易做到的是，資料還必須審慎詮釋，否則根本就發揮不了潛在價值。如果單獨使用空間關係方法來蒐集資料，很可能會產生誤導的後果，因為分析結果可能會顯示根本不存在的關係。不過，空間關係學提供了一種清新的洞察觀點，如果有效配合其他方法，頗可以有助於發掘社會團體、族群或互動的某些饒富意涵的複雜面向與隱微細節。

代理學的倫理議題

利用代理來蒐集資料時，倫理議題主要發生在知情同意與表示。如果研究者在大型公共空間（例如：機場或購物中心）且未告知的情況下觀察人群，這是否符合倫理呢？公共空間是否「免受」研究倫理考量？研究者如何在不做任何毫無根據的假設之下來「表示」這些人的社會階級、種族等等？這些都是在利用代理進行提案時，應該深思考量的議題。

兩難分析

兩難分析（dilemma analysis），聚焦於探究參與者對於兩難處境的反應。所謂兩難處境，就是沒有正確解答的處境。此方法可作為訪談聚焦之用，尤其可用來幫助取得訪談各方的想法、衡鑑、評價、判斷。此種方法的開展與改良主要在發展心理學領域，不過也可調整應用於道德議題或實務決策歷程的研究。以下介紹兩種常見的兩難分析典型。

一、研究者提擬的假設型兩難（hypothetical researcher-generated dilemma）

這是最普遍的類型。研究者給予若干名參與者標準化的兩難處境，請他們回答面對該等處境時會怎麼做？什麼引導他們作出那樣的決定？著名的例子就是心理學家柯爾柏格（Kohlberg, 1981）用來建構道德發展理論的海恩茲兩難（Heinz dilemma）。研究參與者針對海恩茲兩

難，作出道德判斷。海恩茲的太太絕症末期，取得救命解藥的唯一途徑就是必須違犯天主十誡：毋侵占他人財物、毋行邪淫、毋偷盜。

　　後來，女性主義心理學家吉莉肯（Gilligan, 1982）針對柯爾柏格（Kohlberg, 1981）的理論與方法論提出批評。她論稱，柯爾柏格道德發展理論（Kohlberg's moral development theory）有明顯的性別偏見（gender bias），因為該研究的樣本清一色都是男大學生。針對這些缺失，她修改了資料蒐集策略，更強調反映脈絡，貼近真實生活處境，以及聚焦女性樣本。研究結果出爐，吉莉肯提出了迴異於柯爾柏格的道德發展結論。吉莉肯強調，研究者擬出的真實生活兩難危機應該擷取自歷史、典型職場、家庭生活情境，探討重點則聚焦在參與者面對該等兩難會作出何種抉擇，以及環繞該等抉擇的諸多個人想法和感覺。

二、研究對象提出的真實生活兩難（real-life respondent-generated dilemma）

　　鼓勵研究參與者描述個人最難或最掙扎的抉擇，例如：成長過程、工作職場、家庭生活。因此，這種兩難比較近乎自然情境。這樣的研究程序雖然聚焦，但是比較貼近自然的訪談，至少在相當程度上容許參與者可以選擇聚焦的議題。比方說，馬歇爾（Marshall, 1992, 1993; Marshall, Patterson, Rogers, & Steele, 1996）請副校長描述過去兩年校務方面發生過的兩難處境。她使用標準化的訪談問題提綱，來探討可能影響副校長抉擇的若干主要因素。在訪談中，訪談者同理而不帶判斷的自然態度，讓參與者得以深入暢談個人真實生活的兩難，這樣的過程似乎很有宣洩淨化的作用。蒐集到的資料甚為豐富，包括：礙於政策而拒絕提供學生服務、開除老師、為了避免破壞家庭穩定而婉拒升遷。雖然這樣的訪談可能蒐集到相當讓人讚歎的脈絡背景資料，但是要整合這麼些繁複的資料，順利完成分析與寫作，少不了需要花費更多的心力。

　　兩難分析可以相當好玩。通常每一次的訪談只聚焦一位參與者，這樣有利於主題一致性（thematic coherence）的形成，而不需要仰賴學術理論或研究者的靈感來提擬主題（Winter, 1982）。它可以開啟門窗通向最內在的想法，也可以設計來蒐集標準化的資料。研究者提擬的真實

生活兩難，如果適切參照相關研究發現，並且設計妥善（尤其是在可以適切搭配聚焦和標準化的資料蒐集的研究設計），確實有可能發揮極佳的效果。很多時候，使用真實生活兩難來蒐集資料可以讓人樂在其中。人們喜歡重述令人讚歎的英雄事蹟，尤其是如果有獲得圓滿解決。兩難分析本身也可能充滿兩難！就像海恩茲的兩難，人們可能不夠慎重以對，而這樣的心態可能就會在結果反映出來。再者，兩難與訪談問題的選擇也可能有所偏頗，以至於影響了參與者的抉擇，而產出「有趣味」的資料。除此之外，參與者提出的真實生活的兩難，蒐集到的資料通常具有相當高的個人色彩，要詮釋這樣的資料，還有和其他來源的資料進行對照比較，可能就會非常困難。

兩難分析的倫理議題

倫理議題主要環繞在研究促使參與者面對痛苦的情境，思考判斷抉擇，而引發情緒激動的反應。尤其是參與者提出的真實生活兩難，很可能會赤裸裸地掀起讓當事者心痛不已的瘡疤，令當事者痛哭失聲或怒火狂燒。在研究計畫階段，研究者應該闡明，他會如何以尊重當事人的方式來處理如此的狀況，並且敏銳體恤可能湧現的情緒反應。

＊　　　＊　　　＊　　　＊　　　＊

以上討論提供了多種資料蒐集方法，可供質性研究者選擇採用，以產出富有生產力的洞視資料。誠如我們在本書一再重申的，質性研究綜合採用多種方法的情形相當普遍。以下兩份表格，分別呈現了各種資料蒐集方法的優點（表7.2）與挑戰（表7.3），應該有助於研究計畫者從中挑選最佳的組合方式。下一節，我們要來討論，綜合運用數種資料蒐集方法時應該考量的面向。我們會用專欄的例子來說明，在研究計畫階段考量資料蒐集方法時，可能面臨的挑戰和抉擇。

■表7.2　專殊化資料蒐集法的優點

優　點	IDA	PVA	IA	DA
促進研究者和參與者面對面的互動			D	D
有助於發掘參與者的觀點				D
自然場域資料蒐集	x	x	x	
輔助即時追問釐清	x		D	
適合記載重大事件、危機、衝突	x	x		x
有助於探索不自覺的想法、行為		x	x	
有助於描述複雜互動	x	x	x	
有助於獲得非語文行為與溝通資料		x	x	
輔助發掘文化的隱微細節		x	x	
提供擬定假說所需的彈性		x	x	
提供脈絡訊息		x		D
輔助分析、實效性檢驗、三角交叉對照	x	x	x	x
鼓勵協同合作	x			
資料方便處理與範疇化分析	x		x	
迅速取得大量資料	D	x		
廣納多元類型的資料和參與者	x		D	
行政管理容易、有效率	x		x	
容易量化、轉成統計分析			x	
容易類推應用			x	
可應用現成研究工具	x		x	x
可廣納遠距參與者	x			

注釋：x代表有這項優點；D代表視實際使用情況而定。

　　　IDA＝網路與數位應用

　　　PVA＝照片、影片與藝術

　　　IA＝互動分析

　　　DA＝兩難分析

▓表7.3 專殊化資料蒐集法的挑戰

挑　　戰	IDA	PVA	IA	DA
導致研究者見樹不見林	x	x	x	
由於文化差異，詮釋可能失誤		x	x	x
需要特殊訓練		x		
有賴少數關鍵人物合作	x			D
容易觸動倫理兩難	x	x		x
難以複製		x		
資料較容易受到觀察者在場影響		D	D	x
材料與設備昂貴	x	x	D	
可能造成研究者不安、甚或危險	x		D	D
格外仰賴參與者的坦然開放與誠實	x			x
詮釋過分藝術化可能妨礙研究		x		
高度仰賴擬定初始研究問題的功力		x	x	x
高度仰賴研究者的人際互動技巧			x	x

注釋：x代表有這項挑戰；D代表視實際使用情況而定。

　　　IDA＝網路與數位應用

　　　PVA＝照片、影片與藝術

　　　IA＝互動分析

　　　DA＝兩難分析

綜合運用多種資料蒐集法

　　許多質性研究在執行研究過程當中，可能會綜合運用數種資料蒐集的方法。上一章專欄20介紹討論的Shadduck-Hernandez（1997）研究計畫，就是這樣的例子。研究者可以評估每一種方法的優點和挑戰，然後決定哪些方法比較適合研究問題和研究場域。草擬研究計畫時，應該考量所選的資料蒐集方法能否產出優質而豐富的資訊，以及該方法的成本效益是否理想。此外，在研究場域的若干狀況與因素，以及可資運用的資源的限制條件下，研究計畫者也需要衡量該等方法是否實際可行（可行性）。許多質性研究相對比較強調參與和直接互動，因此，某些類型

的資料蒐集方法可能就比較適合。不過，審慎選用次要和專殊化的方法，有時候特別能夠有效產出某些資料，對於洞視回應研究問題特別有助益。在辯護邏輯方面，資料蒐集方法的選擇應該注意要能夠和研究計畫的其他環節相互配合。

　　研究者可以藉助下列三類問題，以考量決定是否與如何綜合使用多種資料蒐集方法：(1)執行某特定方法時，應該採取開放（open-ended）彈性的方式，還是嚴格遵照預先規劃（prefigured）的方式？(2)不同方法之間，應該嚴格遵循預定的先後順序，或是隨機應變？(3)應該著重於廣度，抑或是深度？

　　綜合運用數種方法可以鼓勵研究計畫撰寫者考量上述問題，有助於發展出清楚而有彈性的執行計畫，多種方法的執行順序（先訪談，後觀察，或是相反）；聚焦偏向廣度（多數的事件，多數的參與者），或偏向深度（少數的關鍵事件，少數的個人）；關於進接訪談和觀察的決定，例如：廣角或聚焦。思考這些問題，以及闡明各項決策背後的理由論據，可以有效展現研究計畫者確實有徹底考量這些議題，而且心中已有清楚的計畫。研究計畫若能針對研究設計與執行提供強有力的說明和辯護，應該比較能夠贏得審核者的認可。

　　接下來，透過專欄21的實例細節描述，希望幫助讀者更貼近體會前面討論的概念。

專欄21

資料蒐集方法的選擇

　　對於長期居住在療養院的人而言，其個人的生命觀會產生什麼樣的變化呢？醫療照護管理學博士生卡妮絲（Kalnins, 1986）想要深入檢視相關脈絡、歷程與互動的隱微細節，以便探索該等因素是如何型塑療養者的觀點。幾經斟酌衡量之後，她認為，質性研究取徑應該是最適合的選擇，可以讓她貼近複雜社會結構的自然脈絡，充分發掘箇中諸多日常活動與互動。她相信，如此的資料蒐集收穫應當會相當豐富。

　　卡妮絲從類型繁多的資料蒐集策略當中，挑選出直接觀察、參與

觀察、半結構訪談等方法，加以綜合運用。研究初期使用直接觀察，研究者置身療養院各個不同區域，觀看療養者與院方工作人員，「親眼見證該等案主特別掛念的事情，或是顯有特殊象徵意涵的重要事情」（Schatzman & Strauss，1973，頁59）。這讓她可以獲得全觀視野（holistic view），從中蒐集的資料也可為後續訪談預作準備。

依照計畫，她要扮演參與觀察者的角色，也就是要在自然場域，觀察該療養院的療養者與工作人員。這樣的角色要求她「全神投入分享他們的日常生活經驗，從而取得和研究對象相同的觀點」（Denzin，1970，頁185）。卡妮絲預估，參與觀察和訪談將會同步進行。這種安排，容許她可以運用這兩種方式取得的資料，來互補充實各種事件的實質內涵，探索逐漸浮現的假說，以及協助決定後續研究的走向。選擇採用參與觀察者的角色意味著，卡妮絲必須融入研究對象的生活與活動。

在研究計畫中，卡妮絲展現出自己有瞭解參與觀察的互動—調適本質，也有反思田野觀察與浮現理論之間的複雜關係，以及這種關係對於未來資料蒐集決策的影響。她參考Wilson（1977）提出的可茲建立意義結構的五種資料類型：(1)參與者之間語文溝通的形式與內涵；(2)參與者和研究者之間語文溝通的形式與內涵；(3)非語文行為；(4)行動或不行動的模式；(5)遺跡、檔案紀錄、文物、文件，從而決定未來要蒐集哪方面的資料，以及運用哪些資料蒐集方法（頁255）。

為了產生相關事實、意見與洞視（Yin, 1984），卡妮絲計畫採用開放式結構訪談（以開放式問卷作為訪談結構化的架構），一方面可以探索許多主題，另方面又可聚焦文化的隱微細節、第一手的遭逢，以及他人的知覺印象、意義與詮釋。另外，也會蒐集各種文件與檔案資訊，以建立這項研究的歷史視野。

專欄21的例子說明，該研究人員明白，每一種方法都有各自的獨到優點，而且也都能夠幫助順利取得想要的特定資訊，所以，她決定選擇採取綜合多種資料蒐集方法的研究設計策略。透過這個例子，我們也可以清楚體認，資料蒐集策略或方法的選擇並非憑空決定；換言之，必

須配合研究計畫的其他組成要素作整體通盤考量，包括：密切考量各種可能的方法、試用並檢驗其潛在優缺點，以及查看個別方法能否適切配合研究問題、場地與樣本。除此之外，研究者還必須審慎斟酌個人的能力，判斷是否足以勝任所欲選用的總體研究類型或特定方法。

　　總之，研究計畫應該要說服審核者，研究者確實有審慎而周延思考過相關問題與細節，才決定採用該等資料蒐集方法，保證自己一定有能力與毅力貫徹執行該等計畫，並且會適時改善修正。如同我們在第一章的討論，研究計畫應該展現研究者具備充分的能力，足以勝任研究設計擬定的諸多任務，這也正是研究設計可行性的衡量重心所在。再者，讀者應該也不會忘了本書再三提醒的一項挑戰：研究計畫階段應該維持研究設計與執行的彈性，這也正是質性研究方法最根本的特質。因為研究問題可能隨著研究進展而有所轉變，所以，研究設計必須要有彈性應變的空間，以便適時調整因應探索新的研究方向。

　　接下來，專欄22就是關於研究設計應變彈性的例子。

專欄22

研究設計的彈性

　　研究生羅德里格想要探索州政府頒行的一項法令在當地學校議會的實施情形。研究初期，羅德里格計畫採用參與觀察法來觀察該等學校議會，另外再加上深度訪談學校議會成員。資料蒐集的計畫包含：觀察各個學校議會的日程表、訪談的目標，以及資料分析與後續追蹤的時間預估表。但是，初期資料蒐集與初步分析過程中，他發現，老師們對於議會的抱怨情緒顯然產生了一種原先沒預料到的負面後果。由於這項發現對於政策的發展可能有重大的影響，因此，羅德里格必須慎重考量，是要維持原先擬定的研究問題與資料蒐集計畫？或者應該改變研究設計，以便有機會發掘其他更具新意的發現？

　　幾經思索衡量，羅德里格認為，如果可以詳盡描述原本立意良善的政策為何出師不利，應該有助於決策人員瞭解箇中緣由，有助於相關人員在未來政策發展與實施過程作出適當調整。有鑑於這方面的可能貢

獻，因此，決定調整原先的研究設計，將後續資料蒐集轉而聚焦檢視老師的需求與州政府的強制政策之間的衝突。如此一來，他也必須轉向蒐集其他方面的文獻資料，例如：有關教師需求、教師參與決策或是教師工會等方面的文獻。另外，他也可能必須採取額外的資料蒐集方式（諸如：調查教師需求、觀察教師工會的會議，以及以歷史研究的方法，來建立教師遊說團體對於州政府強制政策之反應的背景資料）；再者，他可能還需要另外抽選若干場地或人士。隨著研究問題愈來愈聚焦，他原先規劃的研究設計與資料蒐集策略非常有可能需要進一步的大幅調整。

（注釋：本專欄的人物與敘事內容純屬虛構）

　　在專欄22的例子當中，該項研究計畫原本可能沒有包含有關遊說或是集體協商的資料分析。由於初期的資料蒐集結果可能浮現某些有趣而且重要的主題焦點，因此，研究者最好能夠修改該項研究計畫，以便彈性因應，這應該是比較理想的做法，事實上也是值得推薦的做法。其實，質性研究的主要長處就在於具有這種彈性應變的特性，容許（甚至是鼓勵）探索、發現與創意。

　　彈性應變選擇適當的資料蒐集策略之餘，研究者也必須正視與處理連帶產生的多元資料管理、記錄、分析等複雜歷程的問題。對於質性研究而言，這些歷程並不是線性序列的分立事件，而是不斷反覆交錯辯證的遞迴歷程。比方說，在確尋主題的同時、在釐清社會情境深層結構的時候，還有針對初始設計的後續調整時，在這些不同歷程當中，也都有涉及分析的工作。話雖如此，在研究計畫階段，研究者還是必須先清楚陳述有關資料管理、儲存的初始構想，並且提供若干有關資料分析程序的初步討論。下一章，我們將會針對這些議題詳加討論。

作者書簡

葛蕾琴：哇——專注聚焦的方法開始大流行了。有時覺得有點震驚，但是學生們讓我很有精神！我很高興看到學生寫下的小段落——他們對於各種不同的文獻都充分、即時瞭解。

凱瑟琳：我還是可以選擇自己所喜歡用的，例如：兩難分析。也常利用影像、網
　　　　路和數位，但我必須承認自己從未用這些方法來蒐集資料。
葛蕾琴：我發現用各種不同的藝術本位法很有趣，我還要進一步深入尋找這些方
　　　　法的研究案例。好多事要做！

學友書簡

凱倫好，

　　這些方法的討論將我帶回設計過程，當時我想了好久才決定專題論文該用什
麼研究方法。我必須在深度與參與者的限制（時間、預算等）間取得平衡。我必
須承認自己對新工具特別有興趣，未來可能會用到。例如：我想瞭解學生的心
聲，所以試著用相片啟發法，提供相機給學生照相用，然後在後續的焦點團體談
話中解釋這些相片。雖然這些方法肯定不算完美，但這個方法很好用，而且結果
也有助於整合其他資訊。這個方法也有助於開啟與孩童的對談。

　　你是否訝異有這麼多種不同的方法呢？我常常擔心自己做太多，用了這麼多
種方法，可能忽略了這些方法的交叉點。而且我發現到一旦上場，我預計只仰賴
於某一個方法，結果將大幅變化。例如：在田野研究時，我預計將老師作為焦點
團體，但是卻發現他們比較喜歡個別的會談。還好質性研究很有彈性，我可以隨
機應變！

　　請多多指教！

卡拉

卡拉好，

　　我很享受我們的小對話，讓我更加反思自己的工作！

　　因為目前正在進行研究計畫，資料蒐集方法的討論來得真剛好。這是個特別
重要的議題，因為我想要蒐集的資料屬於質性的。我希望將質性探究與像是世界
銀行等國際組織所公布的一些數字並列在一起。這很有挑戰性，我還不確定該怎
麼做。有關於質性資料的蒐集，我本來只想用設想訪談與菁英訪談法，但是我現
在還想觀察日常互動，甚至是參加員工會議。

　　過去兩年來，我在凱瑟琳的田野方法課堂上擔任助教，我學到的方法愈多，
便愈想要親自用看看。我的挑戰在於說明我為何要選擇最後的這個方法。我認為
在建構研究問題、決定資料方法的過程中，質性研究的反思本質會跟著呼應。

　　保重！

凱倫

📑 延伸閱讀 📑

● 電腦應用與網路技術

Anderson, T., & Kanuka, H. (2003). *E-research: Methods, strategies, and issues.* Boston: Allyn & Bacon.

Basit, T. N. (2003). Manual or electronic? The role of coding in qualitative data analysis. *Educational Research, 45*(2), 143-154.

Baym, N. K. (2000). *Tune in, log on: Soaps, fandom and online community.* Thousand Oaks, CA: Sage.

Beneito-Montagut, R. (2011). Ethnography goes online: Towards a user-centred methodology to research interpersonal communication on the Internet. *Qualitative Research, 11*(6), 716-735.

Best, S. J., & Krueger, B. S. (2004). *Internet data collection.* Thousand Oaks, CA: Sage.

Buchanan, E. A. (Ed.). (2004). *Readings in virtual research ethics: Issues and controversies.* Hershey, PA: Information Science.

Chen, S., Hall, G. J., & Johns, M. D. (Eds.). (2004). *Online social research: Methods, issues and ethics.* New York: Peter Lang.

Couper, M. P., & Hansen, S. E. (2003). Computer-assisted interviewing. In J. A. Holstein & J. F. Gubrium (Eds.), *Inside interviewing: New lenses, new concerns* (pp. 195-213). Thousand Oaks, CA: Sage.

Davidson, J., & di Gregorio, S. (2011). Qualitative research and technology: In the midst of a revolution. In N. K. Denzin & Y. S. Lincoln (Eds.), *The SAGE handbook of qualitative research* (4th ed., pp. 627-644). Thousand Oaks, CA: Sage.

Davidson, J., & Jacobs, C. (2008). The implications of qualitative research software for doctoral work. *Qualitative Research Journal, 8*(2), 72-80.

Driscoll, C., & Gregg, M. (2010). My profile: The ethics of virtual ethnography. *Emotion, Space and Society, 3*(1), 15-20.

Gajjala, R. (2004). *Cyber selves: Feminist ethnographies of South Asian women.* New York: AltaMira Press.

Garcia, A. C., Standlee, A. I., Bechkoff, J., & Cui, Yan. (2009). Ethnographic approaches to the Internet and computer mediated communication. *Journal of Contemporary*

Ethnography, 38(1), 52-84.

Gatson, S. N. (2011). The methods, politics, and ethics of representation in online ethnography. In N. K. Denzin & Y. S. Lincoln (Eds.), *The SAGE handbook of qualitative research* (pp. 513-527). Thousand Oaks, CA: Sage.

Gatson, S. N., & Zwerink, A. (2004). Ethnography online: "Natives" practicing and inscribing community. *Qualitative Research, 4*(2), 179-200.

Gough, S., & Scott,W. (2000). Exploring the purposes of qualitative data coding in educational enquiry: Insights from recent research. *Educational Studies, 26,* 339-354.

Hewson, C., Yule, P., Laurent, D., & Vogel, C. (2003). *Internet research methods: A practical guide for the social and behavioral sciences.* Thousand Oaks, CA: Sage.

Hine, C. (2000). *Virtual ethnography.* London: Sage.

Hughey, M. W. (2008). Virtual (br)others and (re)sisters: Authentic black fraternity and sorority identity on the Internet. *Journal of Contemporary Ethnography, 35*(5), 528-560.

James, N., & Busher, H. (2006). Credibility, authenticity and voice: Dilemmas in online interviewing. *Qualitative Research, 6*(3), 403-420.

Kendall, L. (2002). *Hanging out in the virtual pub: Masculinities and relationships online.* Berkeley: University of California Press.

Kozinets, R. V. (2010). *Netnography: Doing ethnographic research online.* Thousand Oaks, CA: Sage.

Lee, B. K., & Gregory, D. (2008). Not alone in the field: Distance collaboration via the Internet in a focused ethnography. *International Journal of Qualitative Methods, 7*(3), 30-46.

Mann, C., & Stewart, F. (2000). *Internet communication and qualitative research: A handbook for researching online.* London: Sage.

Mann, C., & Stewart, F. (2002). Internet interviewing. In J. F. Gubrium & J. A. Holstein (Eds.), *Handbook of interview research: Context and method* (pp. 603-627). Thousand Oaks, CA: Sage.

Markham, A. N. (2011). Internet research. In D. Silverman (Ed.), *Qualitative research: Theory, method and practice* (3rd ed., pp. 111-128). London: Sage.

McKee, H. A., & Porter, J. E. (2009). *The ethics of Internet research: A rhetorical, case-based process* (Vol. 59). New York: Peter Lang.

Miller, D., & Slater, D. (2000). *The Internet: An ethnographic approach.* New York: Berg.

Sade-Beck, L. (2004). Internet ethnography: Online and offline. *International Journal of Qualitative Methods, 3*(2), Article 4. Retrieved March 2, 2009, from www.ualberta.ca/~iiqm/backissues/3_2/ pdf/sadebeck.pdf

Schrooten, M. (2012). Moving ethnography online: Researching Brazilian migrants' online togetherness. *Ethnic and Racial Studies, 35*(10), 1794-1809.

Seale, C. F. (2003). Computer-assisted analysis of qualitative interview data. In J. A. Holstein & J. F. Gubrium (Eds.), *Inside interviewing: New lenses, new concerns* (pp. 289-308). Thousand Oaks, CA: Sage.

Selwyn, N. (2002). Telling tales on technology: The ethical dilemmas of critically researching educational computing. In T. Welland & L. Pugsley (Eds.), *Ethical dilemmas in qualitative research* (pp. 42-56). Hants, UK: Ashgate.

Seymour, W. S. (2001). In the flesh or online? Exploring qualitative research methodologies. *Qualitative Research, 1*(2), 147-168.

Sixsmith, J., & Murray, C. D. (2001). Ethical issues in the documentary data analysis of Internet posts and archives. *Qualitative Health Research, 11*(3), 423-432.

Ward, K. J. (1999). Cyber-ethnography and the emergence of the virtually new community. *Journal of Information Technology, 14,* 95-105.

Williams, M. (2007). Avatar watching: Participant observation in graphical online environments. *Qualitative Researcher, 7*(1), 5-24.

● **軟體**

ATLAS.ti (Version 7.0 for Windows) [Computer software]. Trial copy available at http://www.atlasti.com

ATLAS.ti Mobile [Computer software]. Available at http://www.atlasti.com and the Mac App Store.

Dedoose (Version 4.5) [Web application]. Los Angeles, CA: SocioCultural Research Consultants, LLC. Available at http://www.dedoose.com

Dragon NaturallySpeaking (Version 13) [Computer software]. Retrieved March 19, 2014, from http://www.nuance.com/naturallyspeaking

e-Speaking [Computer software]. (2013). Retrieved March 19, 2014, from http://www.e-speaking.com

The Ethnograph (Version 6.0) [Computer software]. Retrieved March 19, 2014, from http://

www.qualisresearch.com

Express Scribe Transcription Software [Computer software]. Retrieved March 2, 2009, from http://www.nch.com.au/scribe

NVivo 10 for Windows [Computer software]. Trial copy available at http://www. qsrinternational.com

Olympus Digital Wave Player 2 [Digital recorder]. Retrieved from http://www. olympusamerica.com/cpg_section/software_results.asp?id=1272&os=w

Pinnacle Studio (Version 17.5) [Computer software]. Retrieved March 19, 2014, from http:// www.pinnaclesys.com/PublicSite/us/Products/studio

Qualtrics [Web application]. Retrieved March 19, 2014, from http://qualtrics.com/

Skype [Web application]. Retrieved October 26, 2009, from http://www.skype.com

SurveyMonkey [Web application]. Retrieved March 19, 2014, from http://www. surveymonkey.com

多模型方法

Bezemer, J. (2013, March 24). Multimodal theories and methods. *Mode: Multimodal Methodologies*. Retrieved from http://mode.ioe.ac.uk/2013/03/24/multimodal-theories-and-methods

Bezemer, J., & Mavers, D. (2011). Multimodal transcription as academic practice: A social semiotic perspective. *International Journal of Social Research Methodology, 14*(3), 191-206.

Casselman, I., & Heinrich, M. (2011). Novel use patterns of Salvia divinorum: Unobtrusive observation using YouTube. *Journal of Ethnopharmacology, 138*(3), 662-667.

Dicks, B. (2013). Action, experience, communication: Three methodological paradigms for researching multimodal and multisensory settings. *Qualitative Research*. doi:10.1177/1468794113501687

Dicks, B., Mason, B., Coffey, A., & Atkinson, P. (2005). *Qualitative research and hypermedia: Ethnography for the digital age*. Thousand Oaks, CA: Sage.

Dicks, B., Soyinka, B., & Coffey, A. (2006). Multimodal ethnography. *Qualitative Research, 6*(1), 77-96.

Hurdley, R., & Dicks, B. (2011). In-between practice: Working in the 'thirdspace' of sensory and multimodal methodology. *Qualitative Research, 11*(3), 277-292.

Jewitt, C. (Ed.). (2009). *The Routledge handbook of multimodal analysis*. London:

Routledge.

Norris, S. (2004). *Analyzing multimodal interaction*. London: Routledge Falmer Press.

O'Halloran, K. L., & Smith, B. A. (Eds.). (2011). *Multimodal studies: Exploring issues and domains*. New York: Routledge.

Pink, S. (2011). Multimodality, multisensoriality and ethnographic knowing: Social semiotics and the phenomenology of perception. *Qualitative Research, 11*(3), 261-276.

● 錄影與照相

Askey, K., & Wil, R. R. (2002). *The anthropology of media: A reader*. Malden, MA: Blackwell.

Beckman, K., & Ma, J. (Eds.). (2008). *Still moving: Between cinema and photography*. Durham, NC: Duke University Press.

Campbell, L. H., & McDonagh, D. (2009). Visual narrative research methods as performance in industrial design education. *Qualitative Inquiry, 15*(3), 587-606.

Cappello, M. (2005). Photo interviews: Eliciting data through conversations with children. *Field Methods, 17*(2), 170-184.

Doerr, N., Mattoni, A., & Teune, S. (Eds.). (2013). *Advances in the visual analysis of social movements: Research in social movements, conflicts and change*. Bingley, UK: Emerald Press.

Gardner, R. (1974). *Rivers of sand* [Motion picture]. New York: Phoenix Films.

Harper, D. (1994). On the authority of the image. In N. K. Denzin & Y. S. Lincoln (Eds.), *Handbook of qualitative research* (pp. 403-412). Thousand Oaks, CA: Sage.

Hockings, P. (Ed.). (2003). *Principles of visual anthropology* (3rd ed.). New York: Mouton de Gruyter.

International Visual Sociology Association [Website]. (2014). Retrieved from http:// visualsociology.org

McLarty, M. M., & Gibson, J. W. (2000). Using video technology in emancipatory research. *European Journal of Special Needs Education, 15*(2), 138-139.

Moss, J. (2007). *Researching education: Visually-digitallyspatially*. Rotterdam, Netherlands: Sense.

Noyes, A. (2004). Video diary: Amethod for exploring learning dispositions. *Cambridge Journal of Education, 34*(2), 193-209.

PhotoVoice: Participatory photography for social change [Website]. (2014). Retrieved from http://www.photovoice.org

Pink, S. (2001). More visualizing, more methodologies: On video, reflexivity and qualitative research. *Sociological Review, 49*(4), 586-599.

Pink, S. (2006). *Doing visual ethnography* (2nd ed.). Thousand Oaks, CA: Sage.

Pink, S. (Ed.). (2012). *Advances in visual methodology* (2nd ed.). Thousand Oaks, CA: Sage.

Prosser, J. (2011). Visual methodology: Towards a more seeing research. In N. K. Denzin & Y. S. Lincoln (Eds.), *The SAGE handbook of qualitative research* (4th ed., pp. 479-496). Thousand Oaks, CA: Sage.

Raingruber, B. (2003). Video-cued narrative reflection: A research approach for articulating tacit, relational and embodied understandings. *Qualitative Health Research, 13*(8), 1155-1169.

Redmon, D., & Sabin, A. (Directors). (2008). *Intimidad* [Motion picture]. Brooklyn, NY: Carnivalesque Films. Retrieved from http://carnivalesquefilms.com/films/intimidad

Rose, G. (2012). *Visual methodologies: An introduction to researching with visual methods* (3rd ed.). Thousand Oaks, CA: Sage.

Spencer, S. (2011). *Visual research methods in the social sciences: Awakening visions*. New York: Routledge.

Stanczak, G. C. (Ed.). (2007). *Visual research methods: Image, society and representation*. Thousand Oaks, CA: Sage.

Video Critical [Website]. (2004). Retrieved from http://artlab.org.uk/videocritical/index.htm

VisualAnthropology.net [Website]. Retrieved from http://www.visualanthropology.net

Wang, C. C., & Pies, C. A. (2004). Family, maternal, and child health through photovoice. *Maternal and Child Health Journal, 8*(2), 95-102.

Wiseman, F. (Director). (1969). *High school* [Motion picture]. Boston: Zippora Films.

Wright, T. (2008). *Visual impact: Culture and meaning of images*. Oxford, UK: Berg.

藝術

Finley, S. (2011). Critical arts-based inquiry: The pedagogy and performance of a radical ethical aesthetic. In N. K. Denzin & Y. S. Lincoln (Eds.), *The SAGE handbook of qualitative research* (4th ed., pp. 435-450). Thousand Oaks, CA: Sage.

Pink, S. (2011). Multimodality, multisensoriality and ethnographic knowing: Social semiotics and the phenomenology of perception. *Qualitative Research, 11*(3), 261-276.

Stanley, D. (2009). Using arts-informed inquiry as a research approach. *International*

Journal of the Arts in Society, 4(2), 21-30.

● 互動分析、人體動作學、空間關係學

Alibali, M., & Nathan, M. (2007). Teachers' gestures as a means of scaffolding students' understanding: Evidence from an early algebra lesson. In R. Goldman, R. Pea, B. Barron, & S. Derry (Eds.), *Video research in the learning sciences* (pp. 349-366). Mahwah, NJ: Lawrence Erlbaum.

Birdwhistell, R. L. (1970). *Kinesics and context: Essays on body motion communication.* Philadelphia: University of Pennsylvania Press.

Devi, K. S. G. (2008, October-December). Kinesics pattern study in social sciences. *Journal of Contemporary Research on Management*, 51-62.

Ekman, P., Campos, J., Davidson, R. J., & DeWaals, F. (2003). *Emotions inside out: 130 years after Darwin's "The Expression of the Emotions in Man and Animals."* New York: Annals of the New York Academy of Sciences.

Ekman, P., & Friesen,W. V. (1975). *Unmasking the face: A guide to recognizing emotions from facial clues.* Upper Saddle River, NJ: Prentice Hall.

Guerrero, L. K., DeVito, J. A., & Hecht, M. L. (Eds.). (2007). *The nonverbal communication reader: Classic and contemporary readings* (3rd ed.). Prospect Heights, IL: Waveland Press.

Hall, E. T. (1966). *The hidden dimension.* Garden City, NY: Doubleday.

Hall, E. T., & Hall, M. R. (1977). Nonverbal communication for educators. *Theory Into Practice, 16,* 141-144.

Heath, C., & Hindmarsh, J. (2002). Analyzing interaction: Video, ethnography and situated conduct. In T. May (Ed.), *Qualitative research in practice* (pp. 99-121). London: Sage.

Keegan, S. (2008). Projective techniques. In L. Given (Ed.), *The Sage encyclopedia of qualitative research methods* (pp. 686-688). Thousand Oaks, CA: Sage.

Kering, P. K., & Baucom, D. H. (Eds.). (2004). *Couple observational coding systems.* Mahwah, NJ: Lawrence Erlbaum.

Matsumoto, D., Frank, M. G., & Hwang, H. S. (2012). *Nonverbal communications: Sciences and applications.* Thousand Oaks, CA: Sage.

Rex, L. A., & Green, J. L. (2008). Classroom discourse and interaction: Reading across the traditions. In B. Spolsky & F. Hull (Eds.), *Handbook of educational linguistics* (pp. 571-584). Wiley-Blackwell.

Rex, L. A., Murnen, T. J., Hobbs, J., & McEachen, D. (2002). Teachers' pedagogical stories and the shaping of classroom participation: The dancer and the graveyard shift at the 7-11. *American Educational Research Journal, 39*(3), 765-796.

Rex, L. A., Steadman, S., & Graciano, M. (2006). Researching the complexity of classroom interaction. In J. L. Green, G. Camilli, & P. E.More (Eds.), *Handbook of complementary methods in education research* (pp. 727-772).Mahwah, NJ: Lawrence Erlbaum.

Singer, M., Radinsky, J., & Goldman, S. R. (2008). The role of gesture in meaning construction. *Discourse Processes, 45*(4), 365-386.

Soley, L., & Smith, A. (2008). *Projective techniques for social sciences and business research.* Milwaukee,WI: Southshore Press.

Watson, M. O., & Graves, T. D. (1966). Qualitative research in proxemic behaviour. *American Anthropologist, 68*(4), 970-985.

● 兩難分析

Baron, R. S., & Kerr, N. L. (2003). Social dilemmas. In R. S. Baron & N. L. Kerr (Eds.), *Group process, group decision, group action* (2nd ed., pp. 139-154). Philadelphia: Open University Press.

Eek, D. (1998). *To work or not to work? A social dilemma analysis of health insurance.* Retrieved June 29, 2005, from www.psy.gu.se/download/gpr983.pdf

McCrea, H. (1993). Valuing the midwife's role in the midwife/client relationship. *Journal of Clinical Nursing, 2(*1), 47-52.

Simpson, B. (2003). Sex, fear, and greed: A social dilemma analysis of gender and cooperation. *Social Forces, 82*(1), 35-52.

Van Lange, P. A. M., Van Vugt, M., Meertens, R. M., & Ruiter, R. A. C. (1998). A social dilemma analysis of commuting preferences: The roles of social value orientation and trust. *Journal of Applied Social Psychology, 28*(9), 796-820.

Van Vugt, M. (1997). Concerns about the privatization of public goods: A social dilemma analysis. *Social Psychology Quarterly, 60*(4), 355-367.

Webb, J., & Foddy, M. (2004). Vested interests in the decision to resolve social dilemma conflicts. *Small Group Research, 35*(6), 666-697.

Winter, R. (1982). Dilemma analysis: A contribution to methodology for action research. *Cambridge Journal of Education, 12*(3), 161-174.

● 作者特選

Bezemer, J. (2013, March 24). Multimodal theories and methods. *Mode: Multimodal Methodologies*. Retrieved from http://mode.ioe.ac.uk/2013/03/24/multimodaltheories-and-methods

Buchanan, E. A. (Ed.). (2004). *Readings in virtual research ethics: Issues and controversies*. Hershey, PA: Information Science.

Devi, K. S. G. (2008, October-December). Kinesics pattern study in social sciences. *Journal of Contemporary Research on Management*, 51-62.

Gatson, S. N., & Zwerink, A. (2004). Ethnography online: "Natives" practising and inscribing community. *Qualitative Research, 4*(2), 179-200.

Jewitt, C. (Ed.). (2009). *The Routledge handbook of multimodal analysis*. London: Routledge.

Markham, A. N. (2011). Internet research. In D. Silverman (Ed.), *Qualitative research: Theory, method and practice* (3rd ed., pp. 111-128). London: Sage.

Matsumoto, D., Frank, M. G., & Hwang, H. S. (2012). *Nonverbal communications: Sciences and applications*. Thousand Oaks, CA: Sage.

Moss, J. (2007). *Researching education: Visually-digitallyspatially*. Rotterdam, Netherlands: Sense.

Pink, S. (2001). More visualizing, more methodologies: On video, reflexivity and qualitative research. *Sociological Review, 49*(4), 586-599.

Pink, S. (2006). *Doing visual ethnography* (2nd ed.). Thousand Oaks, CA: Sage.

Pink, S. (2011). Multimodality, multisensoriality and ethnographic knowing: Social semiotics and the phenomenology of perception. *Qualitative Research, 11*(3), 261-276.

Pink, S. (Ed.). (2012). *Advances in visual methodology* (2nd ed.). Thousand Oaks, CA: Sage.

Simpson, B. (2003). Sex, fear, and greed: A social dilemma analysis of gender and cooperation. *Social Forces, 82*(1), 35-52.

關鍵概念

data gathering	資料蒐集
dilemma analysis	兩難分析
gesture research	姿態研究
interaction analysis	互動分析
internet ethnography	網路俗民誌
kinesics	人體動作／體態學
microexpressions	微觀表情
multimodel inqurey	多模型查詢
photographs	照相
proxemics	空間關係學
videos	錄影

第 8 章
資料的管理、分析與詮釋

一旦確定了總體策略，決定好研究場域、樣本、資料蒐集方法，接下來就應該開始討論，資料如何記錄、管理、分析與詮釋。再者，也應該初步構想如何撰寫研究報告，或其他非文書的發表／呈現型態。在研究計畫階段，這方面的討論可以簡單扼要，不過仍需提出初始分析與詮釋策略。此外，還應該讓讀者看見，資料記錄與管理都會很有效率，日後方便取用。也應該準備好各種例子，示範說明資料蒐集與分析如何實施。試行研究或自己與他人的先前研究，通常都能找出不錯的範例。

資料的記錄、管理逐字轉謄與翻譯

　　在研究計畫的研究設計部分，應該包含資料記錄的計畫。資料的記錄應該要系統化，能夠配合研究類型、場域、參與者的特性，而且有助於日後資料分析的實施。研究者應該展現自己熟知各種記錄資料的技術（包括：觀察、互動與訪談等的記錄技術），而且記錄過程不會過度干擾參與者的日常生活作息。某些情況、甚至寫筆記的舉動，都有可能干擾、抑制或影響研究場域、參與者。研究計畫應該清楚說明，錄音、照相與／或其他記錄器材設備的使用計畫，並且載明只有在參與者同意的前提下才得以使用。最後，還必須確保使用該等器材或設備時，有因應策略能夠適切關照場域和參與者敏感的面向，不至於有所侵犯。

　　研究類型對於研究設計有相當程度的影響。比方說，對於行動研究和參與類型的研究，研究者在研究場域的出現或在場，乃是研究情境無可分割的一部分。基本上，這些研究類型屬於互動性質，參與者幾乎全

面納入研究歷程的各個面向，包括：參與研擬研究問題、概念架構，以及參與資料蒐集等，因此，研究者的在場就不是一種闖入、干擾。

　　不論採用哪種質性研究類型，都應該養成下列習慣：標示錄音帶（通常是貼標籤）、攜帶備用電池、找到適合整理資料的安靜地點。養成習慣有助於資料保存完整、有組織，方便日後取用。想想看，如果千載難逢的訪談，三個小時結束之後，卻發現錄音機電池有問題而沒錄好，那會有多懊惱！還有，你應該也不會希望千辛萬苦蒐集了一大堆原始資料，卻沒做好標註，不知從何整理，落得沒辦法順利寫出畢業論文！研究者已經開發出各式資料管理策略，包括：以色彩或數字標註分類索引卡片，乃至各種應用軟體程式。過去，這些技巧多半只在田野研究人員私下流傳，只有很少數的論文在附錄分享。不論採用何種資料管理做法，都必須能夠有效組織資料，方便取用操作。縱使稀奇古怪，就像某些棒球投手的怪招一樣，如果你用起來有效，那就放手去用！

　　在使用上述的主要方法時，很可能會遭遇逐字稿轉謄與翻譯的問題，如果是這樣的話，就必須在研究計畫提出討論這兩方面的議題。即使研究場域是在自己的文化內，比方說，白人中產階級的社會學研究者也會遭遇逐字稿轉謄與翻譯的挑戰，例如：深度訪談青少年的宗教態度（Smith & Fairs, 2002）。接下來，我們就來討論這些重要的議題。

❧ 逐字稿轉謄與翻譯的議題

　　特別是在訪談研究當中，逐字稿轉謄以及可能需要的翻譯，尤其顯得重要。遺憾的是，許多質性研究的導論書籍對於這些議題著墨甚少，研究計畫撰寫者幾乎找不到可供參考的實用指南。我們的看法是，逐字稿轉謄和翻譯都不是單純的技術工作，而是需要投入判斷與詮釋的知識性工作。資料經過翻譯與／或逐字稿轉謄之後，就不再只是原始資料，而是「處理過的資料」（Wengraf，2001，頁7）。我們同意RECOUP網站公布的看法：「所有社會研究都涉及翻譯，即便只是從『街頭說法』轉寫成正式學術文章，也有涉及翻譯。」（Singal & Jeffery，2008，第二節）所幸，目前已經有方法論文獻開始討論口語錄音轉成文

本（逐字稿轉謄），以及口語錄音轉成另一種語言（翻譯），再轉成文本（逐字稿轉謄）的相關議題。

一、逐字稿轉謄

如果研究者夠幸運的話，訪談夥伴對於錄音訪談態度輕鬆自在，而且錄音完整而清楚收錄到整段訪談內容。接下來，就是要把錄音轉謄成逐字稿。這時候，任何有過整理錄音資料經驗的人應該都會知道，問題就來了。口語說的和文字寫的並不是像一般想像的那樣平行密合。我們講話不會像文章那樣分句分段，也不會有清楚的標點符號。例如：羅絲蔓（Rossman, 1994）在學校改革計畫的評鑑研究中，採用訪談作為資料蒐集的方法。其中有一位訪談夥伴採用一種複雜、綿密而迂迴的對話風格。她會開始談某一話題，還沒講完，就跳到另一個話題，再講到一半，又跳到另一個話題，最後又說：「我說到哪兒了？」在訪談者指點之下，又回到原先談起的那個話題。雖然這樣的談話風格相當有趣，但是轉謄逐字稿卻是極度困難——句子不時被說話者自己打斷，話題老是沒說完就給擱下，而且也很難確定整體的清晰度。羅絲蔓一直搞不定逐字稿，最後她決定和訪談夥伴分享，以確定逐字稿有正確反映她所要表達的意思。另外一例中，在Chase（1995）女性校長的研究，受訪者回覆有好多長長的停頓，然後話題就轉向了。研究詮釋認為，該等停頓應該意味著，當事人強烈逃避談論有關性別歧視的議題，甚至是否認有性別歧視的經驗——這是該研究的一項重要發現。如果轉謄逐字稿的時候，只是單純寫下談話的語言內容，而沒有特別標註停頓，會有怎樣的影響呢？不過，在這兒也得小心，對話中的停頓，其意義不是透明的；研究者應該和Chase一樣，謹慎記錄、推論，最後再提出最可能切合該等語言模式的詮釋。

諸如上述例子的經驗相當普遍，所以有必要在研究計畫中，討論逐字稿轉謄可能涉及的判斷和詮釋問題，以及提供因應策略。有一個很有價值的策略就是和訪談夥伴分享逐字稿，如前述例子羅絲蔓的做法，以確定逐字稿有（或無）捕捉到訪談夥伴所要表達的意思或意向。原本的意涵與文本解釋之間可能有所出入，因而造成缺陷，影響研究的好意

（Witcher, 2010）。

二、逐字稿轉謄的軟體

電腦軟體有助於將錄音轉謄逐字稿。用數位錄音的方式進行訪談時，檔案可以直接匯入應用軟體。轉謄逐字稿的人利用電腦，邊聽音檔邊將文字輸入文書處理程式。有很多按鍵可以將音檔放緩、加速或回放暫停。我們沒有特別推薦什麼軟體，不過Express Scribe和Olympus Digital Wave Player很好用。Paulus, Lester, & Dempster（2014，頁101-107）也推薦Sonocent Audio Notetaker 3、Inquiriam's InqScribe 2.1.1和F4/F5（F4適合微軟視窗作業系統，F5則適合蘋果電腦）。

當語音辨識軟體變得愈趨成熟時，可以成為利器；藉由這些工具，研究者提升準確度與效率，節省了轉謄的時間（Tessier, 2012）。研究者可以「訓練」軟體辨識他跟受訪者的聲音，相關軟體包括：微軟OneNote搭配Livescribe智慧筆，Dragon NaturallySpeaking和e-Speaking。

但是如果漫不經心地仰賴這種科技的話，可能會造成資料的不準確。必須要檢查是否有錯譯、忽略關鍵字和抑揚頓挫。Johnson（2011）比較舊式的聽——打轉謄逐字稿和語音辨識軟體輔助法，他發現舊方法比較準確，而且比較快！緩慢、一絲不苟的轉謄逐字稿可能會很無趣，但是成果會比較接近資料，最終將於資料分析的思考過程中獲得報償。

三、翻譯

很清楚地，翻譯相關議題是要比逐字稿轉謄來得更為複雜，這是因為其中涉及語言的意義，以及言外之意的隱微細節。如上所述，近年來，方法論的文獻已經開始納入翻譯相關議題的討論（Esposito, 2001; Temple & Young, 2004）。其中，Temple & Young（2004）的論述尤其值得關注。他們探討有關美國手語翻譯成標準書寫英語的相關議題，本書各章節多有引述。另外，Esposito（2001）有鑑於難民和移民的衛生議題需要更細膩的跨語文研究，因此為文寫道，翻譯是「從譯出語……

到譯入語的意義轉移」，以及翻譯者「事實上就是詮釋者⋯⋯處理字彙和文法結構，同時考量個別情況以及整體文化脈絡」（頁570）。因此，翻譯過程最重要的任務就是要聚焦產生切合脈絡義理的資料。

　　請特別注意，上述引句使用的「詮釋者」（interpreter）這個用詞。這是具有關鍵性的洞見，因為這容許我們卸下逐字稿和翻譯必須絕對正確的重擔。我們的立場是，絕對正確是很虛幻不實的目標；比較實際的做法應該是盡可能去追求合理近似訪談夥伴的用語和用意。意義的隱微細節可以透過（逐字稿轉謄的）分句、分段來標記。至於片語和概念則很少能夠直接翻譯成另一種語言。很清楚地，使用研究者之外的其他人來轉謄訪談錄音的逐字稿，以及使用詮釋者來分析他人蒐集的資料，諸如此類的做法，都會使逐字稿轉謄和翻譯的過程變得更加難以衡量的複雜。

　　Temple & Young（2004）提出三大類有關翻譯的重要問題：

1. 是否要在研究報告中把翻譯的部分明確標示出來？
2. 研究者和翻譯者是否同一人，這有何重要性？
3. 是否應該讓翻譯者投入參與資料分析？

　　他們提出探討的這些問題，幫助促進了此領域的發展。他們聚焦手語切入翻譯議題的分析討論，確實有相當迷人的學術重要旨趣。不過，羅絲蔓任教研究所多年，教導過不少非英語系的學生（英語甚至是有些學生的第二或第三語言）。基於羅絲蔓的親身經驗心得，我們認為Temple & Young提出的這三個問題可能還有商榷的餘地。我們的看法如下：

1. 基於倫理的義務，研究者一定要知會讀者哪些部分有使用翻譯，並且在研究計畫中說明將會如何管理翻譯，或是在論文報告中說明已經如何管理翻譯。
2. 當負責翻譯者不是研究者本人時，會產生更多有關意義與詮釋的議題。
3. 由於翻譯涉及意義的建構，因此我們相信，不論承認與否，翻譯者都已經有涉入實質的分析。

　　那麼，翻譯口語和書寫文字可能會有哪些重要的議題呢？最重要

的議題應該是環繞在，研究者／翻譯者使用的多重過程和程序，轉換不同語言的口語或文字，從而建構出不同語文版本的意義。Rossman & Rallis（2003）指出其中三類重要的議題：

1. 如果把某種語文翻譯成另一種語文，哪種語文的版本算是直接引述語句？

2. 可以把翻譯的文字版本當成直接引述語句嗎？

3. 如何能確保翻譯是正確的，而且有捕捉到原始語言的隱微細節？（頁260）

對於上述有關翻譯的議題，以及其他相關聯的議題，並不存在簡單的策略或藍圖可以輕易遵照辦理。不過，有一點注意事項倒是很簡單明瞭，那就是：必須讓研究計畫的讀者知道，研究者確實明白這些議題，會採取符合倫理的態度來處理翻譯管理事宜，也會在研究報告中清楚說明實際的翻譯管理。羅絲蔓堅持，她指導的研究生必須在研究計畫中討論訪談（與／或文件回顧）使用的語言，並且清楚指出自己是否能夠流利使用該語言。如果無法流利使用該語言，他會採用哪些策略來確保翻譯的正確，以及保留原始語言的隱微細節？羅絲蔓也推薦，學生在論文的敘事中，適時納入原始語言的片語和關鍵字。如果沒有適合的直接英語翻譯，可以在括弧內置入該等字詞的近似翻譯，再附上適當的詮釋。收錄原始語言的詞語（通常以斜體字呈現）也可以提醒讀者，訪談原本是用該等語言，而不是用英語。這點小小的註明提醒，有助於解放以英語為世界中心的霸權地位。

例子一

博士生馬克傑西─安姆布，選擇以綜合方法，探索馬拉威的一項複雜政策問題（MacJessie-Mbewe, 2004）。在研究計畫中，他描述會如何使用馬拉威的一種方言——奇切瓦語（Chichewa），來進行訪談。由於他可以說流利的奇切瓦語，因此論文審查委員認為他的研究計畫應該不會有太大的問題。在送審的論文中，他收錄了若干奇切瓦語的字彙和片語，因為很難透過英語翻譯有效傳達該等原始字詞的獨特意義。

例子二

　　博士生柯恩－蜜雪兒，研究的是瓜地馬拉Quetzaltenango地方市集的婦女文字識讀和算數能力的議題（Cohen-Mitchell, 2005）。她可以說流利的西班牙話，但不太會說當地婦女說的基伽話（Quiche），因此，她必須說服論文審查委員，她會和當地一位受過教育的婦女羅莎密切合作，羅莎能夠說流利的基伽話和西班牙話，她將擔任協同研究員兼詮釋員，負責從當地婦女取得豐富的深度資料。此外，柯恩－蜜雪兒還表示，田野研究期間，她會去上基伽文的語言課程，提升自己對於該語言的有限理解。在送審的論文中，她同時收錄了基伽話和西班牙話雙語對照的字彙和片語。

　　逐字稿和翻譯的議題既複雜又隱微難辨，不過絕非純技術性的工作而已。質性研究計畫撰寫者有義務討論這方面涉及的倫理議題，並且清楚說明計畫如何因應，尤其是由於質性研究的產物主要是語言，這是研究參與者賴以傳達與建構意義的主要符號系統。並不是所有議題都可以在研究計畫階段獲得解決；事實上，我們很懷疑，研究計畫撰寫者能夠宣稱可以把相關議題全部一網打盡。研究計畫最好能周延討論逐字稿和翻譯的普遍議題，以及特定研究場域和參與者的特殊議題。在稍後有關文化研究的章節，我們會再度提出討論這些理念，箇中焦點就是凸顯與解構再現涉及的各種權力。權威——權威的聲音——代表權威的使用必須行之以尊重之心！

　　專欄23提供了詳細的範例，此專欄截錄自Karla Sarr（2014）在塞內加爾的工作。

專欄23

精緻、小心的翻譯與轉謄逐字稿

　　卡拉在塞內加爾首都達卡近郊的一個學校用了許多研究方法，需要特別小心地進行俗民誌研究。塞內加爾的官方語言是法文，但民間主要用沃洛夫語來溝通。沃洛夫語有正式的拼寫方法，但是只有語言學家或

是老師才懂。因為將沃洛夫語逐字轉謄很不容易，卡拉保留了原始的沃洛夫語，但用英語翻譯大部分的講話、引言。她同時仰賴塞內加爾說沃洛夫語的人，尤其是她丈夫和研究助理Alfa，他們協助瞭解背景環境和參與者的看法。

　　卡拉最後的論文是用英文，但是她希望讀者能看到參與者的真實文字，即使是很少人看得懂的沃洛夫語，藉此提醒讀者這個研究並非以英文來進行。卡拉的這個決擇顯示出她對抗英語系霸權的立場（Marshall & Rossman, 2011），同時與她聚焦於本土知識及其如何融入公立學校教學的研究一致，將自己定位於反殖民與去殖民方法論。同時還「刪除」了某些對話，改變某些用語，以保護參與者的個人尊嚴。

　　卡拉在田野研究期間產出許多影音、圖像資料，還包括學生在照片啟發活動中所畫的東西。她知道資料蒐集牽涉到選擇哪些影像來用，哪些影像不用。她也很清楚影像的外觀揭露出照相機或攝影機後方人物的觀點。因此，她決定只有觀察筆記很簡略的時候才會使用影像。例如：她用影像片段來轉謄全用沃洛夫語教學的課程，用語音錄下學生的「探索」活動。她還用照片來補充說明那些她從事觀察的課程。例如：照下黑板上的課程，她就可以繼續觀察，而不用一直低著頭做筆記。

　　從上面的專欄可知卡拉如何使用蒐集來的資料、如何翻譯與轉謄逐字稿，生動地描述出塞內加爾教室裡的方法與議題。

逐字稿轉謄與翻譯的倫理議題

　　逐字稿和翻譯可能發生的倫理議題主要環繞在，我們如何再現研究參與者？把他們的口語轉成文本，然後加以操弄和書寫時，我們如何展現對他們的尊重？因此，在轉謄逐字稿時，研究者在「清理」字彙、句子、段落時，該採取何種態度？原封不動，如實再現訪談夥伴未完成的口語句子或錯誤文法，這樣的再現是否合乎研究倫理？在論文中，收錄訪談夥伴有缺失的談話並公諸於世，這樣是否反而有損當事人？我們如何確保，對於研究夥伴的世界觀和想法的翻譯再現，確實有尊重他們的

原意？當我們把研究參與者的口語轉化成分析的範疇，並且將結果公諸於世，這些環繞在尊重當事人的倫理議題就變得格外顯著。

　　羅絲蔓曾經執行過一項美國東北角學校改革的評鑑研究案，該社區居民大部分是移民家庭。她和評鑑團隊蒐集的資料包括：訪談資料，以及學生的文字作業。學生文字作業當中，一如預期，有許多常見於英語初學者的缺失，例如：字彙拼寫錯誤、文法錯誤、字母順序顛倒等等。校長看了報告草稿很吃驚，要求研究團隊務必在報告呈送校議會之前，把那些問題「清理乾淨」。研究團隊照做了。這是合乎倫理的決定嗎？他們必須做出哪些權衡取捨？其中有哪些犧牲？又有哪些收穫？

資料分析

　　客觀論的研究計畫，可能會列出預先擬好的範疇表單，作為資料編碼的依據。編碼範疇確實有助於資料的取用與分析。不過，為了忠實於質性研究的精神，讀者必須記得，該等範疇只能是暫行的，研究者必須擬好可資依循的規則，以便進入聚焦分析階段之後，能適時決定如何更換成浮現的新範疇。再者，也應該預先做好規劃，設計筆記編碼（coding of notes），來區分日期、姓名、頭銜、活動出席、行事曆、場地描述、地圖、社交圖等類別的資料。系統化的分色編碼非常有價值，能夠輔助發掘資料潛存的型態，釐定範疇定義以供資料分析，或規劃未來資料蒐集的新方向。值得一提的是，分色編碼對於結案報告的撰寫更是特別有幫助。對於編碼做法的細節有興趣的讀者，請參閱 Saldana（2012）。

　　大部分介紹質性研究法的入門書籍，都有相當章節詳細介紹、討論資料分析的做法。以下摘列常用的質性資料分析專門術語：

- ・分析歸納（analytic induction）
- ・持續比較分析法（constant comparative method of analysis）
- ・建立扎根理論（grounded theory）
- ・模本分析與編輯分析（template and editing）

　　本章會提供範例說明前述幾種分析法的實際操作過程。研究者不只需要展現自己理解這些做法，而且還要能夠配合研究問題、概念架構，來應用這些做法。具體而言，應該要有說服力的說出：「觀察到YY類別的行為時，我會應用研究計畫XX頁表列的概念來進行資料編碼。」他必須提供範例說明如何從持續增加的資料編碼當中，看出可能存在的型態，從而建立範疇。他也必須說明，如何建立研究場域或個案的摘要結語，如何得出各種比較，如何嘗試運用集群（clusters）、階層（hierarchies）、網絡（networks）、連結（linkages）、矩陣（matrices）、類型（typologies）、資料飽和，以及找尋負面反例（negative instances），以便讓人信服他的分析歸納確實有合乎邏輯的扎實基礎。

通用資料分析策略

　　資料分析（data analysis），就是針對蒐集的大量資料，從中整理出秩序、結構或是詮釋出箇中蘊含的意義。資料分析的過程相當雜亂，曠日廢時，充滿不確定性；但同時也充滿創意發想，令人著迷忘返。箇中過程並非總是直線前進，更談不上乾淨俐落。有時候，研究者可能覺得自己好像偏執而飽受煎熬的藝術家。不用擔心，這很正常！質性資料的分析目的在於，從資料當中找出諸多範疇之間的關係，以及其中蘊含的主題，從而給出普遍性的陳述。這當中有探索、描述，並以此為基礎建立扎根理論（Strauss & Corbin, 1997）。根據Wolcott（1994），描述、分析與詮釋——這三種多少有些區隔的資料整理活動——經常被賦予「分析」的泛稱。他寫道：

　　　　我絕對無意暗示，描述、分析與詮釋這三者彼此對立，互不相容。描述與分析之間，並不存在截然二分的界線，不是描述結束之後，分析才開始；分析和詮釋之間也是如此……。我確實有建議，辨識與區分這三類活動，或許能發揮一項有用的

功能，尤其是如果把描述、分析與詮釋視為質性研究者用來組織與呈現資料的不同偏重程度的組合做法。（頁11）

Wolcott（2009）甚至建議博士生，研究計畫應該提出暫行的論文目錄！根據Wolcott的看法，暫行的論文目錄終究會改寫，其角色乃是扮演輔助工具，協助博士生從研究計畫過渡到分析階段，再進展到論文撰寫。在研究設計部分，應該陳述關於資料分析的初步決定，使讀者信服研究者對於質性分析有充分認識與掌握，有能力勝任資料組織、主題發展、詮釋、報告撰寫等挑戰。雖然在研究計畫階段不可能徹底考量上述所有層面，但是仍然應該儘量設法說服讀者，使其相信研究者對於分析階段涉及的主要議題，以及可能發生的各種問題，都有相當程度的瞭解，而且也確實提供恰如其分的規劃、描述與討論。接下來，我們將討論，在研究計畫的資料分析部分，研究者應該考量的議題。但是不能過於抽象，有說服力的計畫應該有具體的圖表範例（通常列在附錄中），範圍包括資料管理、時程與抽樣順序，有些甚至還包括過去的研究者所建議的程序。即使是簡單的抽樣與資料蒐集計畫都很有說服力（詳表8.1）。

■表8.1　資料蒐集活動記事表樣本

日期	地點	活動	人物	目標事項
3/21/05	河堤學校	焦點團體	三名教師——喬依、瑪麗亞、瑪榭拉	學生的策略
3/25/05	河堤學校	觀察	瑪麗亞的課堂——艾美	觀看艾美如何做數學
3/25/05	艾美的家	訪談	艾美的家長	挑戰與支持

在計畫的附錄放上這種日誌，顯現質性探究與現實世界相連，有目標而非「胡鬧」，遵從文獻指引，而且很有可能更有效率。比較完善的附錄還包括萃取理論文獻精華的觀察計畫，這已經開始在很多場域試行，因此，計畫能夠顯現研究的重要性與可行性。

資料分析的時機，應該在資料蒐集之前、期間，還是全部蒐集完

畢之後？答案其實得考量選用的質性研究類型，以及研究的各項預設。
如果研究出發點是從文獻探討建立範疇概念架構，提供資料分析運用，
那就是屬於準質性研究取徑，目的是要檢驗研究假說，而不是探索自然
脈絡的未知細節。這樣的研究，其分析就會比較偏向技術性，幾乎就是
統計的做法。如此做法能夠讓研究關注焦點比較集中，研究結構相對緊
密，資料蒐集與分析的程序有相當高的組織性。從好處來看，效率會比
較高；但是，從壞處來看，往往會阻礙不尋常或意料之外的發現。諸如
此類的發現如果能夠仔細關照並且深入探索，也許很可能扭轉整個研究
的方向。所以，研究計畫者有必要在效率與彈性之間取得適度平衡。

■圖8.1　分析策略的連續向度模式

資料來源：改寫Crabtree & Miller（1992，頁17-20）。

　　Crabtree & Miller（1992）提出一套連續向度模式，可供描繪分析
策略的分布情形（參見上圖8.1）。不過，他們也指出：「有多少質性
研究者，幾乎就有同樣多種的分析策略。」（頁17）此一連續向度最
左端：預先規劃技術（prefigured technical）偏向，採用技術性、科學
化與標準化的分析策略。研究者採取客觀立場，預先規劃範疇，作為資
料蒐集與分析的依循根據。連續向度最右端：逐步浮現洞見（emergent
insight）偏向，則是「融入策略」（immersion strategies），不預先規
劃範疇，仰賴直覺洞視與詮釋能力來進行資料蒐集與分析。另外，落在
中間，則有「模本分析」（template analysis）與「編輯分析」（editing
analysis）。模本分析有較多預先規劃範疇（頁17-18）。初始階段，以
模本為根據來蒐集資料，捕捉脈絡細節。依賴編碼來處理資料；隨著分
析工作進展，編碼可能也會隨之修訂。至於編輯分析，使用的分析範疇
預先規劃程度相對較低。有學者形容編輯分析策略：「詮釋者以素樸之

心，投入文本分析，不帶任何模本」（頁20），搜尋文本當中可分析的片段，發展建立意義範疇，並舉例說明與闡述（Charmaz, 2000, 2005; Harry, Sturges, & Klingner, 2005; Strauss & Corbin, 1997）。

在質性研究中，資料蒐集與分析通常都是攜手並進，建立融攝前後資料的詮釋。研究者以初始概念作爲引導資料分析的綱領，發展關於研究對象的理解，並隨著資料蒐集與分析結果，逐步斟酌調整（蒐集與分析）方向。因此，整體策略主要偏向詮釋／主觀論的一端，而比較不是技術／客觀論的一端。Schatzman & Strauss（1973）經典之作當中，以摹繪筆法具體而微勾繪出質性資料蒐集與分析的過程：

> 質性資料極爲複雜，無法輕易轉化爲可觀察或可聽聞的標準化度量單位。質性資料的抽象也有不少層次，可以抽象爲資料發生或出現的頻率，也可以再現爲資料與研究核心問題的關聯程度等等。另外，也可根據參與者經驗發生的來源或出處，來區分不同的質性資料。
>
> 　舉例而言，在我們範例當中的研究者，就是打從研究初期便開始著手分析。對他而言，這種做法代表了一種分析式的策略；這意思就是說，他必須在觀察蒐集資料的同時，也進行資料分析，並且根據分析的發現適時調整觀察策略，以便將觀察焦點，部分地轉向可能對理解有所影響的特定經驗或現象。而且他還必須留意資料分析逐漸浮現的各種概念或想法，持續檢查或考驗，以便妥善控制，不至太過浮濫……。
>
> 　或許在質性資料分析的所有操作程序當中，最根本的很可能就是，發掘各種事物、人物、事件等所隸屬的具有重要意涵的類別（classes），以及代表各類別的特質（properties）。就整個研究過程而言，上述操作持續不斷運行，分析者逐漸揭顯自己的諸多「是」與「因爲」；這也就是說，他開始詮釋判斷，某筆資料「因爲」具有……特質，所以「是」屬於……類別，然後賦予各項類別適合的名稱，並且找出各類別之間的連結關係。在初始的時候，透過「簡單句」的陳述（命題），表

達可能存在的連結關係。持續直到命題愈來愈多，命題之間的
連結關係也會愈來愈密切，最後就可以統整區分成爲若干集合
（sets）。（頁108-110）

在著手資料分析之前，應該運用初探研究問題，以及相關文獻，來
提供資料分析的引導綱要。有效運用這些初探的奠基與規劃，可以協助
提供若干暫行的範疇。參照該等暫行範疇，提供作爲初步編碼之用，然
後還可以作爲後續資料分析時的參考依據。

當資料分析一路進行到最後，研究者應該將逐漸浮現而建立的各種
相關概念、主題、樣態或型態、關係等等，設法統整成爲一套融貫這些
發現的詮釋；接下來，就可以開始尋找負面的事例，藉以幫忙引導新的
方向，來展開下一階段的資料蒐集與分析，進而強化先前浮現的初步詮
釋。這種加入負面事例考量之後的詮釋之所以有鞏固詮釋的效益，主要
是因爲詮釋一旦確定之後，各種概念往往很容易就一個蘿蔔一個坑地納
歸到既定的範疇之內，不太可能會有重大的修正；而負面事例則有助於
挑戰既有的範疇與詮釋，從而比較可能促成重大的修正。

至於資料分析究竟要達到何種程度，才算大功告成？概略而言，
得要等到所有關鍵範疇都獲得充分界定，各範疇之間的關係也都釐定清
楚，並且統整成爲合乎優雅（elegant）與信實（credible）等判準的詮
釋之後，資料的分析至此就可算大功告成。

資料分析的程序

典型的質性資料分析可分爲七個階段：(1)資料組織；(2)資料沉
浸；(3)建立個案總結、範疇與主題；(4)資料編碼；(5)透過分析備忘錄
（analytic memos）提出詮釋；(6)尋求另類理解；(7)撰寫報告或其他形
式的發表呈現。

上述每個階段都涉及(1)資料化約（data reduction）與(2)詮釋。資
料化約是指，將蒐集到的雜多資料轉化爲比較容易管理的單位；詮釋則

是指，研究者透過洞視，闡述釐定參與者的言說與行動可能蘊含的意義。在研究計畫的這個階段，研究者應該預先推估，初始的資料分析過程將會包含哪些程序。資料分析程序的陳述與討論，通常都會包含預計遵循的程序、引導構思初始範疇的大綱原則、潛在的編碼系統等等，舉凡這些考量與呈現，都可以向讀者顯示，研究者確實有能力勝任研究的關鍵任務──資料分析。

　　不論是分析質性或量化資料，詮釋的工作都仍然帶有相當程度的神祕性。詮釋，乃是從尚未明白呈顯意義的原始資料，將意義揭顯出來。詮釋用以揭顯資料潛藏意義的語言，可能是標準差或平均數，也可能是關於日常事件的厚描述。原始資料本身並不具有內在意義，必須經由詮釋，才得以釐定意義。然後藉由文字報告，將詮釋釐定的意義呈現給讀者。誠如Patton（2002）指出：「質性分析把資料轉化成發現。這種轉化沒有公式可循，指導原則當然是有的，不過絕非可以如法炮製的靈丹妙方……每個探究者的最後終點都是獨一無二的，而且只有抵達終點，如果有貫徹到底，屆時才會知道終點是什麼樣子。」（頁432）把這點提醒謹記在心，接下來，我們將介紹若干常用的程序。

❀ 資料組織

　　開始分析資料的時候，很重要的就是研究者應該花些時間來組織資料。研究者可以用筆記卡片登載蒐集的資料，必要的時候，稍微做點編輯，以便田野筆記方便取用。還有，那些太龐雜而難以管理的資料，也需要加以清除乾淨。研究者也可以應用記事表的格式（請參閱表8.1的實作範例），依照日期、地點、人物等，將資料予以分類組織。研究者應該不時重新爬梳「堆積如山」的資料，以便做好組織管理的工作。

　　目前研究者往往會把資料輸入質性資料應用軟體，以進行資料管理或分析（Basit, 2003; Lewins & Silver, 2007）（請回顧第七章的應用軟體案例討論）。

資料沉浸

　　研究者與資料之間，應該像是無可取代的親密愛人的關係。研究者應該沉浸在資料中，全心投入去愛撫它，擁抱它，更深刻地認識瞭解它。反覆閱讀、再閱讀，可以促使研究者對於資料產生一種親密的熟悉感。各種人物、事件和語句，持續閃現縈繞在研究者心底。在這方面，Patton（2002）提供了如下的看法：

> 　　質性研究產生的資料極為龐大。等到蒐集結束之後，面對大量的資料，學生總是很難不惶恐難安。我個人發現，不論事前怎麼教導，都很難讓他們做好心理準備，從容面對如此駭人的狀況。堆積如山的訪談資料和田野筆記，簡直要把人淹沒，就算努力靜坐下來，設法想要整理出頭緒，但是如此多的敘事資料，怎麼可能處理呢？簡直就是不可能的任務。（頁440）

　　然後，Patton強調指出，質性研究報告有相當大的部分是由陳述性的資料組織而成，目的在於呈現日常事件當中出現的研究焦點現象。在整個研究過程中，研究者必須細心關照資料是如何化約的，這一點非常重要。在某些例子（例如：模本分析），資料的化約可以直接依照預先規劃的模本或範疇，然後填寫進分類表的適當欄位。Miles & Huberman（1994）建議了若干記錄質性資料的模式。類似的分類管理技術可以讓資料管理工作條理順暢，頗有助於提高不同研究者之間資料管理的可信度，非常值得推薦多重場域的複雜個案研究採用（Yin, 2014）。不過，在應用這類圖形模式來管理資料時，也應該格外小心防範，以免受到該等模式界定範疇的侷限，而錯失了不期而遇的意外發現。另一方面，對於依靠編輯式策略或融入式策略的研究者而言，從資料當中建立範疇、主題與樣式，乃是資料分析所有階段當中最為困難、複雜的階段，充滿了不確定性的歧義，同時也是最具創意、而且最好玩的階段。

資料編碼

　　研究計畫階段應該至少提供文獻探討擬出的暫行主題清單，也就是「理論建立編碼」（theory-generated codes）。另外，也可以提供現實世界可能浮現的「實境編碼」（in vivo codes）（更多範例請參考Auerbach & Silverstein, 2003和Saladaha, 2012）。專欄24說明研究過程如何從文獻過渡到最終的報告。表8.2表列一項教師參與教改運動之研究的這兩類編碼。大部分的主題屬於理論建立編碼，擷取自社會運動理論和教師生涯研究的文獻；另外，實境編碼則是擷取自研究者（本身也是投入教改運動的教師）現實生活的個人體驗。

■表8.2　教師參與教改運動的編碼

理論建立編碼	編碼
社會運動理論關聯主題	初始檢視資料可能擬出的主題
社會網絡	接受號召投入教改運動／繼承家庭傳統
不利因素：正面對抗菁英、對傷害、死亡的恐懼	教育背景／家庭背景
身分認同、願景或目標：共同目標	投入參與的層次／行動
集體行動、社會團結聯盟	關鍵事件／觸媒
維繫互動與動員	當前政治空間
口號、音樂和符號	資源
教育工作者的兩難	否認／「衣櫃」運動
職業生涯的兩難	公開投入／私下參與運動
個人的兩難	個人的兩難／政治的兩難
恐懼工作遭殃	出櫃／擁抱運動
恐懼秋後算帳	「啊哈」頓悟時刻
恐懼外來強施價值	

資料來源：改編自Marshall & Anderson（2008）。

　　很多時候，諸如此類的主題可以摘要顯示在概念架構中，就像我們在第四章顯示的那樣，如此一來，研究者得以敏感察覺諸多主題當中可能存在的關係，並且能夠從資料當中觀察到該等關係。再者，當資料沒

有出現該等預期應該出現的假說關係時，研究者也可以敏感察覺並探索箇中可能的緣由。

專欄24

從文獻探討到資料蒐集與管理到分析與發現

Catherine Marshall

研究問題是：在保守與受控的職涯中，教師怎麼會參與教改運動呢？Amy對女性生育權的議題感興趣，Wanda著重於男同志的權利；Annice關心非裔美國人，Gloria致力於反性侵，Susan關心婦女。有關教師的職涯、身分認同、社會運動等文獻探討，讓我們不禁想提出幾點問題。例如：驅動教改運動的核心理念是什麼？教師在活動中的參與程度如何？教師感到被孤立、兩難、甚至會失去工作嗎？所以我們設計問題，找到參與者來進行訪談。

蒐集資料時，為了在田野筆記中保有情緒、表情，我們試用文獻中的編碼（理論建立編碼）；撰寫分析備忘錄，記錄下深刻的見解、阿哈的時刻與各種疑惑，以利日後詮釋用。因為是個團隊，我們互相讀取轉謄逐字稿、編碼，然後再聚在一起分析資料。有時候我們對於某引言要編碼為「恐懼」或「面對菁英」時，意見相左而爭辯，最後進行修正，得出編碼的明確定義；同時搜尋其他資料以取得較具體的案例，微調訪談問題，藉此找出參與者的經驗與想法（實境編碼），而且還會寫下案例總結（通常會放在最終的報告裡）。

比較參與者的資料時，我們懷疑是否有任何常模或關聯呢？文獻導引我們問：是否有什麼關鍵或無法忍受的事件促使教改運動者決定要找出方法來表達自己的價值觀、參與社會運動的決心呢？社會運動中，是否有些會影響到工作飯碗，有些比較不會呢？有沒有什麼常模？例如：當教師非終身聘用時，他們會如何表達自己參與教改運動的身分和價值觀？較資深、握有鐵飯碗的教改參與者又是如何表達呢？我們發現有些參與教改運動的人比較能融合自己的價值觀、身分認同和工作，有些人

則比較難，因此我們勾勒出「高低一致」的常模。集體反思、分析備忘錄、邏輯、利用過去的文獻、案例檢驗與比較等產生出主題。我們看到愈資深的人愈積極參與教改。但是有些案例與發言促使我們回頭檢視。有幾位高升的教師說：「獲得的人愈多，就必須要失去更多。」對於有終身聘用鐵飯碗的教師來說，參與爭取同志權或女性生育自由權的風險也很大。所以他們只會在「非居住地」參與社會運動，與志同道合的同伴一起，社區的人不會看到他們拿著標誌和布條。有些老師找到方法在工作中融合社會運動行為與價值觀，例如：基於學校安全考量，行政人員反性侵；教師在英文課堂中用同志作者的文學作品上課。

　　因此，解釋與不同的看法將我們引領到理論飽和點。主題與關聯出現，然後跟其他資料比對「檢查」，這種反覆的過程持續著。我們還體認到需要蒐集更多南方的文獻，因為資料顯示這個區域的道德保守，教改參與者擔心自己挑戰了當地的習慣，會影響到自己的工作飯碗。

　　文獻引導資料分析，與參與者的實際狀況相符合，最後在《積極的教師》（Marshall & Anderson, 2008）一書中得到豐富的成果。更棒的是，有四個案例總結成為論文！

　　專欄24描述分析從頭到尾的過程，結合理論建立編碼和實境編碼，從六人團體中獲取創意。在研究設計或是計畫中，這是不可能的。但是如果新的研究計畫包括這種假設過程的話，審稿人或許會被說服。如果研究有系統化地進行，論文委員會、審查委員會和贊助機構會感到安心，而且書面報告可信度高。

　　資料編碼乃是分析思考的形式化再現。建立範疇與主題是分析工作相當困難的部分。然後，研究者再應用某種編碼做法，將建立的範疇與主題予以編碼。然後，再回到資料當中，將符合的段落逐一標示或貼上編碼。編碼有許多不同的形式，例如：關鍵詞的字母縮寫、有色的節點、數字等等，隨研究者自行選擇。

　　編碼可能來自許多不同的來源，包括：文獻探討、資料中的實際用語和行為，以及研究者的洞視創意發想。隨著編碼工作進行，研究者

可以檢視出資料／編碼集結成群，資料當中的諸多行為和感性反應開始以某種型態或序列出現。研究者可以撰寫備忘錄，作為草稿描述關鍵概念的浮現定義，並且附上參考資料舉例說明（例如：「好婚姻」）。研究者可以撰寫備忘錄，作為草稿描述參與者訪談當中提及的某種階層或順序（例如：「有價值的配偶特質」）。就這樣，逐漸地，透過資料閱讀，再加上概念架構呈現的主題或範疇等線索協助，研究者可以檢視出資料在脈絡當中的群聚情形，以及有哪些變種出現，該等變種出現的頻率有多高。當分析持續推進，研究者就可以嘗試找尋集群（clusters），先從主要的主題開始，把相關的聚集成群，或許也可以再細分為若干次級集群（subclusters）。編碼的構想在任何時間地點都可能發生，可能是在電腦前、餐廳的餐巾紙、沙灘上的創意圖案、或是在淋浴的時候。

撰寫分析備忘錄

在主題與理論備忘錄（thematic and theoretical memos），研究者寫下他如何從資料累積過程中看出集群、型態或主題的想法。先前的文獻回顧提供刺激，給他時而茫然無方的摸索指出可行的方針，寫出來的備忘錄可能像這樣：「我不知道這些資料是不是有一種共同的型態，可以用某個理論來加以解釋？」或是：「我覺得蒐集的資料愈來愈多，若干浮現的主題就愈來愈清晰可辨。」

我們強烈鼓勵在整個分析過程中——根據Wolcott（1994）的見解，分析也即是一種轉化——研究者都應該動手寫作。寫筆記、反思備忘錄、想法或洞視，這些都有助於分析從平凡無奇變成創意非凡。近來，若干學者也開始強調儘早寫作的價值，而且應該讓寫作貫穿研究全程，尤其是在比較聚焦的分析期間更應該勤於動筆。比方說，在《小規模研究》（Small-Scale Research）一書，作者Knight（2002）第一章不是討論研究設計或是說明研究方法，而是直接討論如何寫作。他指出，這一章是關於「小規模探究從一開始就已經展開的寫作與思考之間的交織……寫作乃是研究過程的一部分」（頁1）。私底下的寫作和較

為公開的寫作都是很好的刺激——能夠激發創意和思考（Knight, 2002; Richardson, 2000; Richardson & St. Pierre, 2005）。誠如Richardson & St. Pierre（2005）指出，「語言是一種建構的力量，能夠創造一種獨特的現實感與自我感。」（頁961）

　　所以，寫作在斟酌用字之間，也就把編碼帶到資料分析的概念化層次。寫作能夠發揮提點的功能，促使分析者確認可以統攝若干初始編碼的範疇。寫作可以幫助確認諸多編碼資料之間的連結關係，也有助於確認資料的缺隙和問題。還有，寫作可以迫使分析者保持思緒融入研究，甚至遇到誘惑分心時，寫作也能幫忙把你拉回，重新專注投入研究。惹人分心的事物——可愛的狗狗需要你帶牠出去遛遛，朋友提議去看電影，你的老闆——或許是可以稍事停機休息的好時機，甚至可以提供「思考時間」，但是寫作提供一種有利於持續思考的結構，讓研究者得以與時俱進，不斷消化吸收那些日日進逼愈來愈豐富而複雜的資料。

　　許多學者介紹了若干特殊形式的分析寫法——分析備忘錄。Schatzman & Strauss（1973）在經典著作當中就提供了不少有關分析備忘錄寫法的實用建議，包括：觀察筆記、方法論筆記、理論筆記、分析式備忘錄等，這些都滿有用的。還有Maxwell（1996）關於分析備忘錄的探討，也相當值得推薦。另外，還有若干類似功能但不同名稱的寫作策略，包括：方法論備忘錄（methodological memos）、主題備忘錄、理論備忘錄（Rossman & Rallis, 2003）。透過諸如此類的筆記，記錄哪些方法行得通，或是哪些地方可能有問題（例如：「受訪者好像有些分心，所以資料可能不完整」，或是「在接下來的觀察中，我會聚焦在護理人員的照護工作」），研究者描述了在研究現場所做的關於研究設計的諸多抉擇。透過撰寫主題備忘錄，研究者彙集了諸多事件、行為或情意等故事如何可能有意義的想法，然後用來作為分析的積木。透過撰寫主題備忘錄，研究者可以嘗試看看，理論和相關文獻是否能夠解釋和闡明資料浮現的意義。

　　Patton（2002）形容，歸納分析的過程乃是「從資料當中發掘型態、主題與範疇」，相反的則是演繹分析，範疇乃是在分析之前「根據既存的架構」研擬而成的（頁453）。研究者可以建立「在地人的分類

範疇」（indigenous typologies）（頁457），或是「分析者建構的分類範疇」（analyst-constructed typologies）（頁458），藉以反映參與者表現出的理解。「在地人的分類範疇」，指的是參與者本身創造和表現的範疇，經由研究者分析當地人的用語推導而成的。

建立個案總結、範疇、主題、類型、矩陣、集群

　　雖然在這個階段，研究者常常會自行設計策略，不過最好還是藉由例子來示範說明，比較容易讓讀者理解。基本上，從事這種分析程序，需要對資料具有高度的覺察能力、聚焦的專注能力，以及開放的敏感度，能夠察覺社會生活當中各種默會、伏流的隱微細節。從資料當中辨識重要的主題、反覆出現的理念或用語，以及各種連結人與場域關係之信念的特殊型態，諸如此類的運作，乃是資料分析過程當中最具智性挑戰的任務，同時也是整合研究的關鍵所在。藉由對資料不斷提問，以及持續反思概念架構，研究者將資料與理念投入深刻的智性創作。

從開放編碼到聚焦

　　編碼就是對於資料中的現象——主題、類別——命名、貼標。編碼代表的是善於分析的思考，而非善於思考本身，初學者往往混淆。可以用更正式、更有系統或更有組織的方式完成編碼，尤其是扎根理論往往從非正式的編碼開始，用直覺辨認出資料中的關鍵所在。這個剛開始的過程稱為開放編碼，有助於研究者發現資料中的常模和關鍵想法。開放編碼的過程就好像沉入資料一樣，冒出想法然後被看到。找到新的種類或主題後，扎根理論可能不會回頭檢視過去的資料，將新的分類記錄下來用於下個階段。每個分類都指派一個簡短的「編碼」，凸顯其關鍵概念。當編碼愈來愈多時，通常會寫下專題備忘錄，總結每個編碼所代表的關鍵概念。藉由開放編碼過程，就容易瞭解資料的語料庫。資料群會被分類，然後指定一個編碼。

　　首先，第一個步驟就是開放編碼（open coding），這和概念範疇有所關聯。開放編碼的做法就是研究者持續比較事件、行為、語言的編

碼，然後「開始建立該等範疇的理論屬性」（Glaser & Strauss，1967，頁106）。建立範疇屬性之後，就可以進行資料的初始編碼。接下來，第二步驟就是主軸編碼（axial coding），做法是根據概念範疇（反映諸多編碼的共同性），將編碼集合分類（Fielding & Lee, 1998; Strauss & Corbin, 1998）。編碼會依著主軸（交會點）集結成群。Borgetti（2014）提到：「為了要簡化過程，扎根理論家不去尋找任何形式的關係，而強調因果條件，套用普通條件的基本框架（主軸編碼）。」表8.3列出他提出的幾個要素。

■表8.3　分析種類的要素

要素	描述
現象	基模理論可能稱此為基模或框架，將零碎片段聚在一起的概念。在扎根理論中，有時是興趣的產物或是主題本身。
因果條件	造成現象出現或發展的事件或變數。由原因及其特質所組成。
背景	很難與日常狀況區分。是背景變數的特定地點（價值）。一些狀況會影響到行動／策略。研究者通常將活躍變數（原因）與背景變數（環境）做些奇怪的區分，這可能跟研究者找出自己喜歡的（原因）和不喜歡的（背景）比較有關，而非區別出本質的不同。
干預條件	和背景相似，如果喜歡的話，我們可以用中介變數找出背景，調節變數找出干預狀況。但是不確定扎根理論明確區分這兩者。
行動策略	針對現象與干預條件下，從事有目的、有目標的活動。
結果	行動策略有意或無意的結果。

集群分析法

另外還有一種分析法稱為集群分析法（clustering），研究者嘗試創造概念圖或情境圖，用來描繪最主要特質之間的相對關係。這當中涉及嘗試性的把玩建構，應該視為草擬或實驗，而不是確定性的結論。話雖如此，集群分析法的結果還是有助於促成初探的資料分類輪廓。

對於使用編輯或融入式分析策略的研究者而言，範疇的建立乃是經過長期投入分析資料（亦即文本）的結果。其中許多範疇乃是修訂概念架構或文獻探討取得的初始範疇。然後，這些範疇就變成一個個的籃子

（buckets or baskets），研究者再將符合該等範疇的文字段落分別置放入籃子之內。隨著分析工作的進展，研究者密集檢視資料，針對概念和範疇之間的相互關聯，建立各種理念。

在圖8.2當中，我們提供了某項研究文獻探討建立的主題與範疇。該研究探討英國穆斯林女孩的身分認同、家庭生活、學校生活、職業生涯志向、婚姻等如何相互關聯（Basit, 2003）。Basit研究動機（興趣）主要是想瞭解英國穆斯林女孩的職業生涯志向受到哪些因素型塑。透過文獻探討，協助設計關於身分認同、家庭生活、婚姻、學校社交生活與學校課業，以及職業生涯等面向的問題。逐漸地，在融入式分析資料的過程中，她可以看見這些範疇逐漸擴展出更多的層面。這些結果可以展現，確實有需要進一步研究以便檢視箇中錯綜複雜的關係。未來的研究者、實務工作者與決策者能夠避免過度簡化的假設，可以給英國穆斯林女孩開啟更寬廣人生的機會。

建立範疇的歷程涉及尋索研究場域明顯的型態，以及參與者表達的型態。當有意義的範疇逐漸浮現，研究者就開始從中找尋具有內聚（internal convergence）與外散（external divergence）雙重特徵的範疇（Guba, 1978）。也就是說，這樣的範疇應該具有內部一致性，但是彼此又有清楚區隔。在此，研究者並不是要去找尋類似統計學家著眼的那種窮盡（exhaustive）且互斥（mutually exclusive）的範疇，而是要找出顯著而且扎根參與者真實世界的意義範疇，也即是「在地人的分類範疇」（indigenous typologies）。

至於「分析者建構的分類範疇」（analyst-constructed typologies），則是由研究者以扎根資料為基礎，創造出來的理論範疇；參與者不必然會外顯使用這些範疇。和所有分析工作一樣，這種分析的做法也涉及發掘型態、主題和範疇，但是也很可能會有危險，強行附會「意義世界給參與者，其實反映的很可能是觀察者的世界，而比較不是研究希望揭顯的參與者之世界」（Patton，2002，頁459-460）。

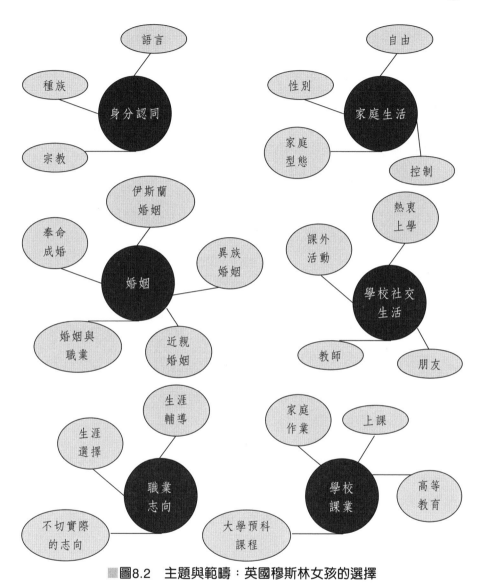

▓圖8.2　主題與範疇：英國穆斯林女孩的選擇

資料來源：Basit（2003，頁148），翻印許可。

　　另外還有一種相關的分析策略，其做法乃是透過邏輯推理，將數個分類型態彼此交叉對照，然後產出新的洞視或交叉分類法（cross-classification），從而作爲進一步探索資料的依據。通常採用矩陣（matrices）來交叉對照分類型態，研究者可以清楚發現矩陣當中的若

干「空格」，也就是已分析過的資料未能填滿的分類；這也就暗示，依照邏輯結構而言，可能有些應該存在的資料，但是卻還沒有被發掘。不過，Patton也提醒，千萬不要任憑該等矩陣的交叉分類來引導分析的走向，而應該善加運用該等交叉分類來設計敏感化概念（sensitizing concepts），以便引導進一步的探索。Patton如此說道：「如果分析者無法克制誘惑，而完全依照矩陣的格子，硬將資料填入，這麼一來，矩陣很容易就會開始操弄資料，以便資料可以填滿該等交叉分類所建立的範疇欄位，從而確保該矩陣確實能夠完美運作。」（頁469-470）圖8.3呈現的就是由研究分析者採取邏輯建構交叉分類矩陣的例子。

教師介入中輟生的信念

	自己承擔責任 ←——→ 責任轉嫁他人	
復健	諮商師／朋友： 直接幫助孩子	轉介員： 轉介到其他輔助機構
維持 （看管）	交通警察： 依照體制規定處理	鴕鳥心態： 視而不見， 希望其他人出面解決
懲罰	老式的學校管理者： 讓他們嘗到惡果	抱怨： 應該有人出來把問題學生 趕出學校

教師處理中輟生的做法

■圖8.3　高中教師處理中輟生的角色交叉分類表

資料來源：Patton（1990，頁413），翻印許可。

諸如此類的分析做法或其他創意分析策略，都可以應用電腦輔助程式。不過，我們認為，小規模的研究或比較親密的融入資料分析，最好還是避免使用電腦輔助。專欄25呈現的就是電腦時代以前，研究者管理複雜資料的老方法。

專欄25

電腦時代以前的資料管理

　　瑪歇爾（Marshall, 1979）的學位論文，是關於女性學校行政人員的社會化。她為此發展了一套綜合系統，將資料逐字稿轉謄、資料組織，以及資料分析等步驟，全部融而為一。當年還沒有任何文字處理機或是電腦輔助質性資料管理軟體。目前對於不喜歡該等科技工具的研究者，或是小規模的研究案，她的做法仍然有參考的價值。她使用硬板墊A4大小的筆記夾，來記錄觀察筆記和場地或人物概況圖。這種筆記本攜帶方便，田野研究到處走動時，方便擱放在膝蓋上隨時使用。每次訪談之後，瑪歇爾隨即以準逐字稿的方式，將錄音對話的田野筆記初步整理轉謄，選出一些特別有意思的概念詞彙。其中有些可能是和先前文獻探討有關聯的概念，另外有些則是暗示先前資料分析浮現的某種型態。

　　逐字稿的轉謄，一方面可以保存錄音帶（或錄影帶）的資料與意義，另方面在轉謄的同時也可結合初步分析，如此做法可以大幅增進資料分析的效率。如果逐字稿謄寫能夠與文獻探討、過去的資料，以及先前分析的備忘錄等配合得宜，逐字稿謄寫也可成為資料分析頗有助益的一部分，而不只是純粹的文書工作。

　　瑪歇爾使用概念架構和若干主導假說，作為資料分析的參考指南。她還嘗試運用Goode（1960）角色羈限理論（role strain theory）開展出來的若干概念，來建立訪談資料的編碼，從而揭顯女性進入典型男性為主的職業，同時還得繼續活在女性刻板角色期待（母親、妻子、社區成員等）之下所經歷的各種衝突經驗。瑪歇爾以Goode的「角色羈限理論」作為基礎，進一步發展出「職業角色羈限理論」，描述典型男性職業，其性別角色羈限的要求，如何引發女性從業人員產生女性的性別認同，以及性別危機。

　　運用持續比較資料分析（constant comparative data analysis），瑪歇爾發掘資料當中存在一種轉變歷程。在該等社會化的轉變期間，女性會抗拒個人志向的諸多拉力，她們會因為遭受排擠而心生怨懟，也會為了必須承擔雙重要求而憤慨不平；然而，在此同時，她們卻也創造出新

的因應方式，來完成該等角色的需求。

　　資料蒐集、管理、分析都是攜手並進、相輔相成的。把資料轉化成索引卡片、在卡片上頭撰寫編碼、然後將編碼卡片排列組合，從中找出重疊的範疇，接著再確認集結成為更具涵括性的抽象類別。另外還包括：方法論筆記、分析備忘錄、理論筆記用來建立個案摘要、圖表、表格，舉凡這些全都代表了資料分析的步驟。這些工作相當耗費時日，不過也容許瑪歇爾能夠把初始的逐字稿轉謄和分析結合起來，可以避免電腦程式的介入，既能夠增進研究的效率，而且也不會損及質性研究的探索性價值，或是損及質性資料的品質。

 ## 電腦輔助分析

　　沒有任何機器可能取代研究者的心智與創意。不過，電腦還是可以作為輔助工具。質性資料分析的軟體程式普遍使用關鍵詞縮寫，作為編碼之用。比方說，Tucker（1996）在博士論文計畫當中就討論她如何運用電腦程式的編碼來處理資料：

TCARE.LIS	經由傾聽而展現的教師關懷
TCARE.Q'S	經由獎勵學生發問而展現的教師關懷
TDIS.RACISMO	經由明顯種族歧視而展現的教師的不尊重

　　如果不用電腦軟體，她可能會計畫使用不同色彩的標記點，來標示訪談逐字稿與田野筆記，或是用不同的螢光色筆給不同編碼的段落畫底線。不論計畫使用何種編碼系統，研究者都應該知道，在實際研究過程中，原先的編碼系統將會歷經某種程度的變動，畢竟編碼絕對不只是單純的技術問題而已。當研究者在給資料進行編碼的時候，新的理解可能會浮現，從而促使研究者必須配合而更動原本的編碼系統。電腦軟體可以輔助執行主軸編碼、集群分析，以及撰寫分析備忘錄，也可以幫助研

究者質疑編碼的資料。如果在主題備忘錄，研究者發現，在參與者答案的諸多配偶價值觀當中，「經濟安全的貢獻」占居很高的排序，他就可以查尋資料，或許就會有如後的發現：(1)44%的參與者有如此的反應；(2)另外56%的參與者則需要再探詢其他問題。而這就會促成新的分析路線，甚至是提出新的資料蒐集問題。

　　二十年前，這些電腦軟體大多屬於商用，時至今日，已不勝枚舉。美國評價協會網站列出30種以上的電腦軟體，可用來分析文本（來源於逐字稿轉謄等）、音檔或影像檔。這個迅速發展的產業替質性研究者帶來希望與恐懼。

　　電腦可以協助分析，有利於觀察筆記的紀錄、編輯、編碼、儲存與搜尋；連結資料、記下備忘錄、分析背景、展現資料、描繪結論、建構理論、勾勒圖案與寫出報告。但是，「這種軟體不能替你進行分析，不像SPSS或SAS統計軟體一樣可以作多元線性迴歸分析。」（Weitzman 2000，頁805）質性研究的初學者希望軟體可以神奇地幫他們進行一些困難的分析。但不幸地，就像人生一樣，質性研究並不是這麼容易。我們要留意軟體只是個工具，有助於分析的管理面向，艱困的分析思考必須在研究者的內部硬碟裡進行！

　　在此不會特別推薦任何軟體（也沒有獲得這些廠商的金援），不過我們注意到，ATLAS.ti、MAXQDA和NVivo10是普遍應用的軟體（第七章末提供這些資訊或試用版的網址）。研究者在提案階段計畫用軟體來輔助逐字稿轉謄或分析資料時，我們建議他一定要熟悉這個軟體，曾經用過，而且明瞭困難的分析工作重任在己。

❧ 提供詮釋

　　當範疇與主題建立完成了，編碼工作也順利展開之後，研究者就可以開始提出詮釋，來整合呈現他對於研究主題的理解。詮釋，通常被稱爲「說故事」，就是要闡明主題、型態、範疇可能蘊含的意義，釐定其間的統一性，建立連結與故事線，讓人讀起來覺得有道理、有吸引力。誠如Patton（2002）所言：「詮釋是指，針對研究發現，賦予重

要意涵，提供解釋、結論、心得外推、推論，斟酌意義，以及建立秩序。」（頁480）再者，此階段有一部分的工作是要評估資料的有用程度（usefulness），以及核心關聯程度（centrality）。研究者應該選擇最有用的資料片段來支持浮現的故事線，以及闡明研究探索的問題，並且決定該等資料對於研究之社會現象的故事開展，具有何種程度的核心關聯性。最後，這些詮釋結果可以融入結案報告（請參閱第十章）。

尋求另類理解

　　如果描述、推論、詮釋和解釋完全符合研究者當初的預期，那該怎麼辦呢？資料管理的歷程，以及資料品質的評鑑，該如何防止上述情形發生？思慮周延、行事嚴謹的質性研究者，從研究一開始就會小心注意自己的聲音、偏見和身分認同對於研究問題的型塑。資料分析期間，也必須處處謹慎以對。研究者必須審慎檢視資料與田野筆記，以便察覺資料是否因為使用方法不當而有所差錯？參與者是否語焉不詳、多所保留？乃至於田野研究初期的失誤？研究者必須審慎檢視自己的觀察，質問自己是否在哪些地方投入個人的偏見與詮釋，而不是扎根於參與者本身真實的行為、互動與情意感受？

挑戰自己的詮釋

　　當研究者使用編碼方式，再輔以若干分析備忘錄（摘要描述研究發現的關鍵「團塊」），順利發展範疇和主題，並且持續評估所建立之理解的可行性。他會持續在資料當中搜尋，審慎挑戰自己建立的詮釋和解釋是否適切。分析歸納、持續比較分析、建立扎根理論，這些都是研究者涉及的分析做法。他寫了個案摘要，比較主題、解釋的可行性，拿來和蒐集到的資料比對檢核，再決定是否需要蒐集進一步的資料。再者，他也持續比較浮現的主題和解釋，對照文獻探討的初始主題和見解，並且試著找尋不一樣的解釋或驚奇。他會嘗試把玩創造矩陣、集群、階層，目標則是希望建構可信用的解釋，進而達成該研究對於知識或學術的貢獻。他也會抱持高度的好奇心，重新檢閱原初的概念架構和主導假

說，細心察看新資料和分析是否與他早先的預設前提有良好的配合度。

邁向理論充足度

當他看到或聽到某些型態反覆出現，他就會注意其中可能存在某些主題或範疇；他也可能會意識到，更多的資料蒐集可能不會增益理解，這也就是達到所謂的資料飽和（data saturation）（Saumure & Given, 2008）。然後，他搜尋資料當中可能存在的負面反例，用以檢驗主題、範疇、類型、型態，這可能會促成新的資料蒐集。當然，如果有必要的話，將前述各種挑戰、負面事例等，融入原先建立的理解（包含型態、主題、範疇等等），並整合成為涵蓋性更大的構念。

在過去，我們習慣談到「理論飽和」（theoretical saturation），意思是指，增加任何資料蒐集都只會得到相同的結果。Day（1999）認為，飽和的說法其實是一種「不幸的隱喻」（頁257），似乎隱喻可能徹底理解，或是可能找到終極的大寫真理；反之，Day提議改採另一種說法「理論充足度」（theoretical sufficiency）。後者是指，範疇已經充分描述，而且能夠和資料配合良好。這也承認，我們不可能徹底知道任何一件事物，當然也不存在終極的大寫真理。

當研究者在資料當中發現範疇和型態，他應該發揮批判的態度，挑戰該等似乎明顯無疑的型態。他應該試著尋求其他可能合理說明該等資料的解釋，以及資料之間的連結關係。另類解釋（alternative explanations）總是存在，研究者應該嘗試尋找、確認與描述其他可能的另類解釋，並且藉由比較各種解釋，展現其提供的解釋乃是其中最合理的說法。在此，讀者可以回想我們曾在第一章討論關於「把研究計畫當作一種論辯」的說法：計畫提案人在論辯當中提出各種充分論證，來肯定該項研究蒐集資料的適切性、建立資料之間的邏輯相互關聯性，最後則是總結呈現這些如何和過去與未來的研究產生連結。

我們稍早曾討論，尤其是在第三、五章，如何設計有可信用度的質性研究，以便研究發現充分扎根於資料。過去數十年來，質性研究者已經發展了若干評量質性研究品質的策略，其中包括：三角檢核（triangulation）、成員檢核（member checking）、同儕檢核（peer

debriefing）、編碼者間際信度（intercoder reliability）、稽查紀錄
（audit trails），以及理論充足度。

1. 三角檢核：必須在計畫資料蒐集時就提早納入配合（請參閱第
   三、五章的討論）。再者，在詮釋資料階段，也可以運用三角檢
   核策略來幫助確立詮釋的可信用度。研究者可以有多種方式來展
   現，確實有捕捉到參與者真正的觀點和真實的行為。

2. 成員檢核：研究者設計方法來請教參與者，研究結果是否正確。
   大部分的做法是在寫研究報告之前，先提供摘要給參與者，徵詢
   他們的反應、更正或進一步的洞視。

3. 同儕檢核：研究者安排知識廣博的同儕，徵詢他們對於資料分析
   期間的編碼、個案摘要、分析備忘錄，乃至於最後論文草稿的反
   應。

4. 稽查紀錄：請參閱稍後第九章的討論。簡言之，稽查紀錄可以提
   供一種透明的方式，清楚呈現資料蒐集和管理的做法，說明所有
   資料和研究設計的決策，讓所有人都可以一目瞭然箇中的邏輯。

5. 編碼者間際信度：這是從量化研究借用的術語。研究者開始著手
   編碼，他會給每個編碼建立定義，然後請「不知情」的審閱者
   （"blind" reviewers）運用該等定義來進行資料編碼，從而檢視
   不同編碼者之間的一致性。他也可以透過思索自己和「不知情」
   者的編碼異同情形，從而發掘詮釋當中的有趣隱微細節。

下一章，我們會討論更多有關大量資料管理的策略，以便研究歷程
得以透明，並且提高研究的可信用度。

數字的用途

沒錯，質性研究當然可以使用數字。首先，在思索分析浮現的理
解時，研究者可能會想知道資料當中出現各項主題、範疇或型態的頻率
有多高。數字非常適合用來幫助確認頻率和分布。比方說，有研究分析
顯示，經濟安全的分布和人們對於「好配偶」的定義，存有相當強的相
關。在質性研究報告中，當然可以加以檢驗諸如此類的假說。進一步還

可以追問：「根據參與者母群的哪些型態？頻率有多高？」不過，讀者必須注意，這些做法和量化研究使用數字有著相當大的差異。因此，質性研究報告可能會說：「在本研究，此一型態顯示，結婚愈久者，比較可能重視配偶的經濟分布。這種型態提供了有趣的洞視，可供未來研究參考。」

撰寫報告或發表探究

質性資料報告的撰寫離不開分析歷程，這一點在先前「撰寫分析備忘錄」部分已經有說明過了。事實上，寫作乃是分析歷程的核心，舉凡複雜資料的摘要、反思、資料詮釋、賦予原始資料有意義的形象或形式，這些都需要透過遣詞造句的表述來完成。稍後在第十章，我們會再次造訪，研究計畫是一種論辯的說法，而其終端產物就是要完成研究報告的寫作。資料分析歷程的許多面向都會牽涉到研究歷程的管理（第九章），最後則是合理完成結案報告（第十章）。

在資料分析與報告撰寫的各個階段當中，也不時需要考量各種評鑑的判準，例如：妥適性、有用性、倫理考量等等。另外，還有些考量則是貫穿整個研究設計的所有階段，例如：研究的價值、可信賴度、妥適度等等。比方說，在考量研究者角色時，應該處理研究者的自傳生命故事，以及說明該等生命故事如何可能對於事件與意義發生型塑作用。不論是參與研究或是客觀論研究，又會如何改變參與者的日常生活作息？研究場域的選擇，以及人物與行為的取樣，也應該考量決策的妥適性，並且提出支持該等決策的邏輯論據。第十章會繼續討論寫作的議題，連帶也會考量資料分析程序的妥適度、透明度、可信用度等議題。

＊　　＊　　＊　　＊　　＊　　＊

本書先前幾章已經帶領讀者見識過，研究計畫發展過程當中複雜、冗長，甚至時而沉悶的兩大部分：建立研究設計，以及選擇執行研究的方法。在研究計畫的部分，研究者應該展現具有勝任能力，確實充分瞭

解所欲研究的主題，並且對於設計研究和執行過程可能遭遇的各種困境，可能面臨的選擇，以及必須做出的判斷、抉擇等等，都有相當程度的認識與掌握。此外，還必須展現自己對於引導該項質性研究的各種文獻，已有相當時日的投入。研究設計的書寫應該有相當水準，能夠顯現對於各種議題的敏感度，具有反思質性探究本質與周遭實質問題的能力，並且願意容忍研究過程某些模糊不清或不確定之處。具備了這些優質的研究能力特質與水準，將可以確保質性研究過程一路順暢無阻。然而，除了上述這些特質之外，質性研究者還應該展現管理質性研究設計資源的知識和能力，而這也就是本書下一章的討論焦點。

作者書簡

凱瑟琳：對質性研究新手來說，這點很可怕……除了資料蒐集之外，還要組織複雜的資料分析。大部分的人知道取得許可、協商進場、創造研究者角色與面對倫理兩難的困境。但是他們接著會面臨創意灼見與管理解釋可信度兩者間的複雜性與緊張壓力。在我的經驗理，沒有人絕望的放棄研究，但是我不知道有多少人看到本章的挑戰之後就決定不再從事質性研究了。

葛蕾琴：我有個新同事沉浸於這些複雜的過程，埋首於資料中從事謹慎的分析與詮釋。我依然喜歡Wolcott對於描述、分析與詮釋的看法——學習者不太清楚但卻覺得很有用。我發現沒有人能夠在課堂中「明瞭」，或只讀摘要而已。當他們試行時就會出現「我的天啊！」的時刻。

學友書簡

親愛的卡拉，

　　我最近發現自己思索著一旦在田野進行研究時將會發生什麼樣的情況。雖然之前有過質性研究計畫的經驗，但從未擔任過決定該何時結束資料蒐集的總指揮，文獻稱此階段為「飽和」，但是你從何得知已達飽和？當我與馬歇爾博士共事，進行性騷擾認知計畫時，我們訪談15位以上的大學生，團隊成員一起決定何時該結束訪談，當然也受到時間上的限制。

　　我有好多有關研究計畫的問題想問你！你有無制定準確的時間表，然後嚴格遵守呢？一旦到田野後，有沒有感覺到飽和，或是時間到了只好結束？我常覺得田野工作受限於財務，而非出於飽和，有可能是我太憤世嫉俗了吧！

凱倫

凱倫好，

　　你提出了一些很有趣的問題，關於我的研究時程，在計畫階段時，我會設下時間表，但是一旦到田野蒐集資料時，時間表往往會因應變動。例如：我希望在第一週進教室，可是卻剛好遇到宗教節日；本來以為只有放一、兩天假，沒想到卻放了整個星期，完全打壞了我的時間表。但是最後這個事件讓我更加深入瞭解這個學校與社區。

　　再來是有關資料蒐集收尾的問題。很幸運地，研究接近尾聲時，主題一一浮現，因此我相信雖然時間愈多能讓我更深入瞭解，但是也要適時的收尾與離開田野。在資料蒐集的時候，保持寫日誌，e-mail回傳給委員會成員，這點非常有用。這些電郵作為迷你分析備忘錄，敦促我進一步思考。事實上，我會在分析歸納階段回覆這些電郵，有助於日後編碼分類時找出主題所在。很幸運地，科技有助於日後的研究拓展。

　　此外，在資料蒐集階段時，最好有份工作表，記錄日常活動、當天所蒐集到的資料。雖然我們會將照片、訪談等細節記在腦海裡，但至少我的記憶力需要點長久的支持。記得要備份，備份，備份——而且也要將你的備份做備份！☺最後，電腦程式對質性分析非常有用！雖然電腦可以自動編碼，我會將這些程式用來做資料管理與編碼工具；很神奇的是，利用多元編碼可以輕鬆的記錄同樣的資料。當然，我還是得發想出主題，進行有深度的分析與組織（這絕非易事！）。

　　順安！

卡拉

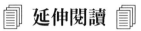 延伸閱讀

● 翻譯與逐字稿轉謄

Birbili, M. (2000). Translating from one language to another. *Social Research Update, 31.* Retrieved February 27, 2009, from http://sru.soc.surrey.ac.uk/SRU31.html

Brooks, C. (2010). Embodied transcription: A creative method for using voice-recognition software. *Qualitative Report, 15*(5), 1227-1241.

Clausen, A. (2012). The individually focused interview: Methodological quality without transcription of audio recordings. *Qualitative Report, 17*, 1-17.

Edwards, R. (1998). A critical examination of the use of interpreters in the qualitative research process. *Journal of Ethnic & Migration Studies, 24*(1), 197-208.

Esposito, N. (2001). From meaning to meaning: The influence of translation techniques on non-English focus group research. *Qualitative Health Research, 11*(4), 568-579.

Maranhão, T., & Streck, B. (Eds.). (2003). *Translation and ethnography: The anthropological challenge of intercultural understanding.* Tucson: University of Arizona Press.

Maynard-Tucker, G. (2000). Conducting focus groups in developing countries: Skill training for local bilingual facilitators. *Qualitative Health Research, 10*(3), 396-410.

Palys, T., & Atchison, C. (2012). Qualitative research in the digital era: Obstacles and opportunities. *International Journal of Qualitative Methods, 11*(4), 352-367.

Shimpuku, Y., & Norr, K. F. (2012). Working with interpreters in cross-cultural qualitative research in the context of a developing country: Systematic literature review. *Journal of Advanced Nursing, 68*(8), 1692-1706.

Singal, N., & Jeffery, R. (2008). Transcribing and translating data. In *Qualitative research skills workshop: A facilitator's reference manual.* Cambridge, UK: RECOUP (Research Consortium on Educational Outcomes and Poverty). Retrieved February 27, 2009, from http://manual.recoup.educ.cam.ac.uk

Temple, B. (1997). Watch your tongue: Issues in translation and cross-cultural research. *Sociology, 31*(3), 607-618.

Temple, B. (2008). Narrative analysis of written texts: Reflexivity in cross language research. *Qualitative Research, 8*(3), 355-365.

Temple, B., & Young, A. (2004). Qualitative research and translation dilemmas. *Qualitative*

Research, 4(2), 161-178.

Tessier, S. (2012). From field notes, to transcripts, to tape recordings: Evolution or combination? *International Journal of Qualitative Methods, 11*(4), 446-460.

Tilley, S. A. (2003). "Challenging" research practices: Turning a critical lens on the work of transcription. *Qualitative Inquiry, 9*(5), 750-773.

Witcher, C. G. (2010). Negotiating transcription as a relative insider: Implications for rigor. *International Journal of Qualitative Methods, 9*(2), 122-132.

● 資料分析

Anfara, V. A., Jr., Brown, K. M., & Mangione, T. L. (2002). Qualitative analysis on stage: Making the research process more public. *Educational Researcher, 31*, 28-38.

Atkinson, P., & Delamont, S. (2005). Analytic perspectives. In N. K. Denzin & Y. S. Lincoln (Eds.), *The SAGE handbook of qualitative research* (3rd ed., pp. 821-840). Thousand Oaks, CA: Sage.

Charmaz, K. (2014). *Constructing grounded theory: A practical guide through qualitative analysis.* Thousand Oaks, CA: Sage.

Coffey, A. (1996). *Making sense of qualitative data: Complementary research strategies.* Thousand Oaks, CA: Sage.

Cohen, L., Manion, L., & Morrison, K. (2011). *Research methods in education* (7th ed.). New York: Routledge.

Dey, I. (1999). *Grounding grounded theory: Guidelines for qualitative inquiry.* San Diego, CA: Academic Press.

Emerson, R. M., Fretz, R. I., & Shaw, L. L. (2011). *Writing ethnographic fieldnotes* (2nd rev ed.). Chicago: University of Chicago Press.

Fielding, N. G., & Lee, R. M. (1998). *Computer analysis and qualitative research.* London: Sage.

Goetz, J. P., & LeCompte, M. D. (1981). Ethnographic research and the problem of data reduction. *Anthropology & Education Quarterly, 12*(1), 51-70.

Harry, B., Sturges, K. M., & Klingner, J. K. (2005). Mapping the process: An exemplar of process and challenge in grounded theory analysis. *Educational Researcher, 34*(2), 3-13.

Katz, J. (2001). Analytic induction revisited. In R. M. Emerson (Ed.), *Contemporary field research* (2nd ed., pp. 331-334). Prospect Heights, IL: Waveland Press.

Kerig, P. K., & Baucom, D. H. (Eds.). (2004). *Couple observational coding systems.* Mahwah, NJ: Lawrence Erlbaum.

Madison, D. S. (2012). *Critical ethnography: Method, ethics, and performance* (2nd ed.). Thousand Oaks, CA: Sage.

Marshall, C., & Anderson, A. L. (Eds.). (2008). *Activist educators: Breaking past limits.* New York: Routledge.

Miles, M. B., & Huberman, A. M. (1994). *Qualitative data analysis: An expanded sourcebook* (2nd ed.). Thousand Oaks, CA: Sage.

Neuendorf, K. A. (2002). *The content analysis guidebook.* Thousand Oaks, CA: Sage.

Richards, L. (2012). *Handling qualitative data: A practical guide* (2nd ed.). Thousand Oaks, CA: Sage.

Richards, L. (2013). *README FIRST for a user's guide to qualitative methods* (3rd ed.). Thousand Oaks, CA: Sage.

Ryan, G. W., & Bernard, H. R. (2011). Data management and analysis methods. In N. K. Denzin & Y. S. Lincoln (Eds.), *The Sage Handbook of qualitative research* (4th ed., pp. 769-802). Thousand Oaks, CA: Sage.

Saldana, J. (2012). *The coding manual for qualitative researchers* (2nd ed.). Thousand Oaks, CA: Sage.

Sandelowski, M., & Barroso, J. (2003). Writing the proposal for a qualitative research methodology project. *Qualitative Health Research, 13,* 781-820.

Sanjek, R. (1990). On ethnographic validity. In R. Sanjek (Ed.), *Fieldnotes: The makings of anthropology* (pp. 385-418). Ithaca, NY: Cornell University Press.

Saumure, K., & Given, L.M. (2008). Data saturation. In L. M. Given (Ed.), *The SAGE encyclopedia of qualitative research methods* (Vol. 1, pp. 195-196). Thousand Oaks, CA: Sage.

Silverman, D. (2000). Analyzing talk and text. In N. K. Denzin & Y. S. Lincoln (Eds.), *Handbook of qualitative research* (2nd ed., pp. 821-834). Thousand Oaks, CA: Sage.

Silverman, D. (2012). *Interpreting qualitative data: Methods for analyzing talk, text and interaction* (4th ed.). London: Sage.

Silverman, D. (2013). *Doing qualitative research* (4th ed.). Thousand Oaks, CA: Sage.

Silverman, D. (2013). *A very short, fairly interesting and reasonably cheap book about qualitative research* (2nd ed.). Thousand Oaks, CA: Sage.

Strauss, A., & Corbin, J. (Eds.). (1997). *Grounded theory in practice.* Thousand Oaks, CA: Sage.

Yeh, C. J., & Inman, A. G. (2007). Qualitative data analysis and interpretation in counseling psychology: Strategies for best practices. *The Counseling Psychologist, 35,* 369-403.

● 資料與分析的品質

Cho, J., & Trent, A. (2006). Validity in qualitative research revisited. *Qualitative Research, 6*(3), 319-340.

Cho, J., & Trent, A. (2009). Validity criteria for performance-related qualitative work: Toward a reflexive, evaluative, and coconstructive framework for performance in/as qualitative inquiry. *Qualitative Inquiry, 15*(6), 1013-1041.

Kvale, S. (1995). The social construction of validity. *Qualitative Inquiry, 1*(1), 19-40.

Wasserman, J. A., & Clair, J. F. (2010). *At home on the street: People, poverty, and a hidden culture of homelessness.* Boulder, CO: Lynne Rienner.

● 創造vs.控制的連續向度

Janesick, V. J. (2011). *Stretching exercises for qualitative researchers* (3rd ed.). Thousand Oaks, CA: Sage.

van den Hoonard, D. K., & van den Hoonard, W. C. (2008). Data analysis. In L. M. Givens (Ed.), *The SAGE encyclopedia of qualitative research methods* (Vol. 1, pp. 185-186). Thousand Oaks, CA: Sage.

Wolcott, H. F. (2009). *Writing up qualitative research.* Thousand Oaks, CA: Sage.

● 電腦軟體輔助分析

Auerbach, C., & Silverstein, L. B. (2003). *Qualitative data: An introduction to coding and analysis.* New York: NYU Press.

Basit, T. N. (2003). Manual or electronic? The role of coding in qualitative data analysis. *Educational Research, 45*(2), 143-154.

Bazeley, P. (2013). *Qualitative data analysis with NVivo* (2nd ed.). Thousand Oaks, CA: Sage.

Piety, P. (2009, April). *The network model case study: A research method for studying educational practice across organizations.* Paper presented at the annual meeting of the American Educational Research Association, San Diego, CA.

● 作者特選

Charmaz, K. (2006). *Constructing grounded theory: A practical guide through qualitative analysis*. Thousand Oaks, CA: Sage.

Janesick, V. J. (2011). *"Stretching" exercises for qualitative researchers* (3rd ed.). Thousand Oaks, CA: Sage.

Marshall, C., & Anderson, A. L. (Eds.). (2008). *Activist educators: Breaking past limits*. New York: Routledge.

Miles, M. B., & Huberman, A. M. (1994). *Qualitative data analysis: An expanded sourcebook* (2nd ed.). Thousand Oaks, CA: Sage.

Richards, L. (2012). *Handling qualitative data: A practical guide* (2nd ed.). Thousand Oaks, CA: Sage.

Richards, L. (2013). *README FIRST for a user's guide to qualitative methods* (3rd ed.). Thousand Oaks, CA: Sage.

Saumure, K., & Given, L. M. (2008). Data saturation. In L. M. Given (Ed.), *The SAGE encyclopedia of qualitative research methods* (Vol. 1, pp. 195-196). Thousand Oaks, CA: Sage.

Wolcott, H. F. (2009). *Writing up qualitative research* (3rd ed.). Thousand Oaks, CA: Sage.

📄 關鍵概念 📄

analytic induction	分析歸納
analytic memos	分析備忘錄
audit trails	稽查紀錄
axial coding	主軸編碼
case summaries	案例總結
categories	範疇
clusters	集群
constant comparative	連續比較
data reduction	資料化約
grounded theroy	扎根理論

in vivo codes	活體編碼
intercoder reliability	編碼者間際信度
matrices	矩陣
member checking	成員檢核
methodological memos	方法論備忘錄
negative instances	負面反例
open coding	開放編碼
outliers	局外人
peer debriefing	同儕檢核
saturation	飽和
sensitizing concepts	敏感化概念
subclusters	次級集群
thematic memos	主題備忘錄
theoretical memos	理論備忘錄
theoretical saturation	理論飽和
theoretical sufficiency	理論充分
transcribing	逐字稿轉謄
translating	翻譯
triangulation	三角檢核
typologies	類型

第 9 章
壓力源：時間、資源與政治

發展質性研究計畫過程中，資源規劃與預估乃是不可或缺的一環。一般而言，影響研究能否順利完成的諸多資源當中，最關鍵的要素有三：時間、人事、財務支援。不過，並非所有研究都能取得財務支援，學位論文研究通常不太有這方面的奧援。至於時間和人事資源，則是所有研究都必須嚴肅看待，不容輕率敷衍。質性研究可能含有許多隱藏成本，除非審慎分析與反思，否則便不容易呈顯出來。說服研究贊助單位，使其信服提供這些贊助確實是有價值的投資，自然也就成為質性研究計畫很重要的挑戰。

　　本章提供各式策略，以預估與規劃質性研究所需資源。當然，這些策略背後的原則與論證歷程也可適用於非質性取徑的研究計畫。藉由三個專欄範例，我們提供通用指南，以供考量研究資源需求的發展與規劃相關問題。首先，專欄26說明大型研究案規劃資源的逐步程序。該研究案橫跨數個年度，涉及眾多人事與場域，擁有豐沛的財務資源。相對地，專欄27則是一位博士生的學位論文研究計畫，這是單打獨鬥的個人探究，沒有太多財務支援。這兩個專欄的對比，希望凸顯每一項研究計畫都得考量各自不同的資源規劃挑戰。最後，專欄28說明為何有必要向計畫審核者闡明，使其理解質性研究的繁重工作負荷與資源需求。

　　質性研究者應該要能夠考量各項資源需求，這種能力是質性研究成功的關鍵要素。能做到這點，才可顯現對於質性研究有相當程度的認識，理解質性研究具有內在的變動彈性，往往會衍生不可預期的資源難題。這也就是說，研究計畫提案人必須有足夠的能力與敏感度，能夠切實通盤考量研究全程可能產生的各種資源問題，而且有能力適時辨識與判斷如何設法滿足哪些資源需求。

　　首先，許多有關資源規劃的決策必須等到基本研究設計確定之後，才有可能真正落實。話雖如此，在思索研究概念架構與研究設計的階段，還是有必要同時考量資源問題。比方說，如果研究者不確定可以取得財務資源，那就不太可能決定從事需要涉及多場域、多人事的大型研究案。又比方說，如果研究者知道自己必須全職工作，那麼計畫需要長期跟上跟下的深度參與觀察研究就不是明智的選擇，因為根本不可能有充裕時間完成該項研究。因此，資源和研究設計的一般性決定往往是平行並進，而且該等決定也是考量可行性高低的關鍵要素。

　　從研究計畫的敘述結構來看，在討論完研究設計之後，研究者就應該根據提擬的特定研究設計類型，著手討論特定的資源需求，其中包括：時間需求與管理、人事需求與任務配置，以及研究全程的財務支援。下列兩個專欄，每個專欄之後都會討論該類研究案的主要資源需求。希望透過這兩個專欄，讀者能夠見識到，差異頗大的兩種研究案是各自使用哪些策略來決定資源的配置。

大型研究的資源規劃

　　相較於學位論文研究，長程而複雜的大型研究案需要的資源規劃確實比較繁複；但是，這兩類研究在資源預估與規劃的過程方面，其實還是頗為相似的。資源的配置必須顧及研究的整體設計，如此才能做到思慮縝密而且細節周詳。對於多年度、多場域的比較研究，前述的挑戰難度更大幅加重。有些研究需要若干機構的多位研究者或實務從業人員的協調合作。研究規模愈大，所需資源也就愈多，研究計畫者必須確定有：(1)足夠的時間資源（足供記錄與分析）；(2)充裕而且適切的人事配置（有能力完成徹底而有效率的資料蒐集任務）；(3)支援人事、差旅、資料分析與撰寫報告等方面的資源。

　　大型研究的資源需求預估，第一項任務就是將研究諸多活動予以組織，成為可管理的工作項目。典型的工作項目如後：(1)規劃；(2)研究團隊會議；(3)主要研究人員會議；(4)研究顧問會議；(5)造訪研究

場域，蒐集資料；(6)資料分析；(7)報告撰寫；(8)參加研討會，發表研究成果；(9)準備政策論壇或其他研究成果的推廣做法，並擬出管理計畫。

　　對於某些大型研究，尤其是美國政府贊助的研究，贊助機構可能會要求「外審人員」（outside auditor）來複審資料、分析與報告。基本上，就是藉此「認證」（certify）研究過程有符合應有的標準，而且資料有確實支持分析與發現。本書作者瑪歇爾就曾應某贊助機構邀請，擔任大型研究的外審人員，審查資料檔案、分析與報告。為了應付這項規定，研究者在進行資源預估規劃時，就必須投入相當心力，做好資料與分析的管理，整理出一份「稽查紀錄」（audit trail），以備外審人員審查（或是提供相關權責單位或人員審查）。此外，請讀者回顧第三章和第八章，那兒討論到如何規劃稽查紀錄以便說服計畫審查者，將會有系統地執行研究計畫，而且會根據「外部審查」（outside inspection）適度做調整修正。這些都是大型研究資源規劃應該注意因應的。

　　大型研究案在預估規劃資源細節時，典型做法就是初步擬出所需時間的預估，然後根據實際進行狀況，適度修正調整，以便研究團隊成員能夠擬出相關費用的預估。而且必須隨著研究進展，反覆實施這種預估、再修正調整的步驟。也就是說，研究團隊最初在不考量資源限制的情況下，先規劃最理想的研究計畫。在這個階段，創意靈感通常會天馬行空，不過等到進入研究實際執行過程，就會開始遭遇現實問題，諸如：經費上限、人力捉襟見肘，以及其他現實可行性的問題（請參閱第一章可行性判準的討論）。屆時，資源規劃就必須根據實際狀況的變化，持續適度調整修正時間、人力、差旅等細節項目的預估需求。

　　專欄26詳細載明一個大型質性研究計畫的資源規劃決策過程。這項研究檢視美國兩個州的多元文化學校領導案例。讀者可以清楚見識到，每項研究任務的最初資源配置預估，以及最後修正的實際資源配置。

專欄26

大型研究的資源預估與規劃

　　《友善新住民學生的學校動力領導：成功跨文化互動研究》（*Leading Dynamic Schools for Newcomer Students: Studies of Successful Cross-Cultural Interaction*）（Rossman & Rallis, 2001）是麻州大學國際教育中心與康乃狄克州大學教育學院協同合作的研究案。研究目的是要描述多元文化學校的領導如何成功落實。主要研究人員希望從中學習，校長（乃至於廣義的學校領導）如何能夠發揮同理心和尊重，成功跨越文化差異，和學生和諧互動。他們提出主要研究問題如後：

1. 學校領導以何種方式來欣賞與調合校內的多元跨文化動力，從而提供友善教育環境給移民學生、難民學生，以及移民子女學生？
2. 學校領導如何協調存在於文化差異當中的困惑、情緒衝突、幽默、傷人、激勵人心的元素？

　　在設計申請美國教育部教育研究與改進辦公室的研究計畫案時，Rossman & Rallis做出一系列的考量，最後決定採取多場域、多研究者、多年度的個案研究，來探討麻州和康乃狄克州的十二所學校領導成功案例。隨著主要研究者確認研究的各項重大層面，預估需要的時間和人力、物力就愈來愈龐大。不過，理想的預估還是得回歸到現實總預算額度的限制。在遵循研究概念架構和RFP（request for proposal，提案徵求文件）的規定，研究者恪守初始的研究問題。表9.1呈現的就是每項研究任務資源配置的最終確定版。

　　在申請計畫書當中，Rossman & Rallis解釋這項研究案將可達成以下目標：(1)確認有效營造友善新住民校園環境的成功學校領導策略；(2)分析與綜合研究發展原型策略，以供未來專業發展之用；(3)將該等原型策略推廣應用於專業人士（學校行政人員、教師團體、行政人員培訓、社區團體）、決策人員、學術社群。

　　然後，他們提案採用多場域個案研究設計，來描述與分析麻州和康乃狄克州的十二所友善新住民學校領導成功案例。研究結果將透過專案網站、研討會發表、期刊論文、兩場政策論壇等管道，推廣給專業

人士、決策人員和學術社群。再者，研究發現也會寄送給高危險群學生教育院（National Institute for the Education of At-Risk Students），以及國家教育治理、財政、政策暨管理研究院（National Institute on Educational Governance, Finance, Policymaking, and Management）。

　　研究設計採用多場域個案研究。主要研究者解釋如後：分析的單位是學校和其所在社區……。個案研究，深度探索單一現象，尋求透過密切檢視單一案例來理解廣泛的現象……。個案研究的結果將用來扎根描述學校領導。觀察與訪談可以提供豐富描述，清楚展現場域的複雜細節，包括：場域的結構、政治、文化、道德原則。兩個州各選六所學校，總共十二所。每個場域進行為期一年的田野研究，產出個別脈絡的學校領導風格質性資料。第二年度採用跨個案分析，產出領導策略的原型。每年的主要活動聚焦於：資料蒐集、資料分析、分區研究員責任，以及顧問員角色（請參閱後面的描述）。

　　要辨明資源需求的正當合理性，本研究計畫提供資料蒐集的細節如後：我們預計第一年度在十二所學校展開為期一年的田野研究。分區研究員每星期一次到個別負責學校，每個分區研究員負責聚焦兩所學校，以提供建構領導風格原型所需的深度知識。將會運用典型的田野研究策略：非正式觀察與正式觀察，再加上對話（非正式訪談與結構化訪談），以及回顧檢視關鍵文件。觀察校長與校內關鍵領導人士和社區成員的互動。安排時間表，進行與關鍵人士的個別訪談。此外，還會辦理社區成員和教師的焦點團體訪談。專案活動摘要請參閱表9.1。本研究計畫也會解釋如何配置資料分析所需要的各項資源：

　　　　分區研究員進行資料蒐集期間，也會同時展開初步的資料分析，並記載在分析備忘錄中，以及在研究團隊會議報告分享。第二年度，由研究專案主持人與協同主持人督導，分區研究員會開始執行詳細的資料分析，以建立十二所動力學校的領導風格原型。在此期間，每隔兩個月，他們會回到負責的分區，與校長和其他參與者分享研究發現，另外還會根據需要，

蒐集進一步資料。如此做法可以確保，研究的結論和建立的領導風格原型有確實扎根於學校的現實和參與者的觀點。

接下來，本研究計畫解釋分區研究員的職責，她們負責執行為期一年的田野研究，並且投入參與資料分析，以及發展第二年度的研究產物。其次是說明顧問委員的組成與職責，半年開會一次，負責提供研究案回饋意見，以及確保研究結果切實融入政策和專業人員的對話。

本專案有必要建置專案網站，以利於研究產物的解釋，以及資訊傳播的需要，分享研究發現和相關文獻。網站會連結到高危險群學生教育院。策略包括：兩場政策論壇、論文投稿到研究期刊，以及分區研究員完成的學位論文。

接下來，我們會說明本計畫工作時間和人事資源的配置確屬適切合理。人事費用包括給付下列工作人員的薪資：研究專案主持人、主要研究員、社區聯絡代表、財務管理人、六位全職分區研究員與四位兼職的研究助理。時間的分配：主持人20%時間，用來負責研究案的管理，主要職責包括：完成各種報告，以及督導其他工作人員與財務。主要研究員10%時間，負責管理方面的支援，以及督導分區研究員。社區聯絡代表15%時間。財務管理人，六位研究助理，每所大學三位，負責執行田野研究。四位兼職研究助理負責開發和維持網站，以及支持進階資料分析軟體。預算摘要請參閱表9.2。

一旦決定了研究規模之後，Rossman & Rallis就可以開始規劃執行做法，請參閱表9.1。執行做法的規劃會影響研究人事的配置（請參閱上述專欄的討論）。人事的配置則會直接影響研究的預算。最後的決策請參閱表9.1和表9.2，讀者可以見識到資源配置反覆修訂的情形，包括：研究規模、時間、人事、差旅等預估需求，以及資料分析。

■表9.1　研究工作進度表

月份 任務	08	09	10	11	12	01	02	03	04	05	06	07
第一年度（2001年8月至2002年7月）：規劃與田野研究												
規劃	→	→										
大學研究團隊會議			X	X	X	X	X		X	X	X	X
研究全員會議	X		X		X		X		X		X	
主持人與協同主持人會議		X		X		X		X		X		X
學校資料蒐集		→	→	→	→	→	→	→				
社區資料蒐集		→	→				→		→			
準備研討會出席						→	→	X				
政策論壇籌劃與舉辦						→	→	→	X			
預期完成任務						學校規劃與執行報告				主要資料蒐集報告		
第二年度（2002年8月至2003年7月）：資料分析與研究成果發展												
規劃	→	→										
大學研究團隊會議												
研究全員會議												

（續）

月份 任務	08	09	10	11	12	01	02	03	04	05	06	07
主持人與協同主持人會議												
顧問委員會議	→	→	→	→	→	→						
分區核實視訪												
訪談摘要	→	→	→		→		→					
田野觀察摘要	→	→	→		→		→					
撰寫分析備忘錄			→	→		→						
撰寫摘要	→	→	→									
準備研討會出席	→	→	X			→	→	X				
政策論壇籌劃與舉辦						→	→	→	→	X		
撰寫結案報告								→	→	→	→	→
預期完成任務			學校回饋報告									結案報告

原始資料出處：Rossman & Rallis（2001），翻印許可。

■表9.2　預算摘要表

預算項目
直接費用
1. 薪水
2. 員工福利金
3. 差旅費
4. 器材設備費
5. 材料費
6. 顧問與聯絡費
7. 其他
直接費用總額
間接費用
年度總額

原始資料出處：Rossman & Rallis（2001），改寫許可。

時間的規劃

　　如同專欄26的例子說明顯示，要預估與規劃充足的時間，來進行全面深入豐富細節又實際可行的研究，乃是相當不容易的挑戰，但也是回報極高的付出。即使是經驗豐富的研究老手，要考慮周延地預估鉅細靡遺的研究活動所需之時間，也可能是相當嚴峻的考驗；對於研究新手而言，實際經歷這種強調紀律的鍛鍊過程，可以從中學習到相當多的寶貴經驗。比方說，若要順利完成上述專欄描述的每項任務，都需要若干天數的工作。第一個步驟就是要決定視訪每個場域的理想天數。雖然確切的視訪天數會隨著研究年度不同而有所差異，不過，研究團隊還是能夠綜合考量諸多相關因素（包括：每所學校可能的訪談次數、需要配置的觀察時數、訪談核心社區人士所需的時間，以及蒐集文件和其他檔案資料所需的時間等等），進而預估視訪每個場域所需配置的天數。

　　在質性研究計畫中，資料蒐集配置的天數可以用來作為主要參照基礎，進而估算其他任務（例如：資料管理、分析與報告撰寫）所需配置的時間。這也就是說，資料蒐集的量，在某種程度上，決定了資料管理

與分析所需配置的時間。一旦完成預估田野研究的配置時間之後，就可以著手發展資料管理計畫了。表9.1發展的這種預估方式，可用來建構估算費用的架構。詳細討論如後。

　　研究者也應該使用這種架構來處理實務方面一些值得重視的議題。時間管理圖表、研究進程表、研究重要事件的日程表、研究階段的陳述或是其他具體的計畫，透過諸如此類的方式，可以讓研究贊助單位或是學位論文審核委員明瞭，提案者已經審慎周延地思考過執行該項研究可能涉及的各種特定人事、場域、事件與資料等問題。如此，也可展現出該項研究確實具有相當的可行性。不過，研究者也應該提醒讀者，這項計畫只是一種指南，一種暫行性的路線圖。隨著資料持續的蒐集與分析，各種新的模式或詮釋將會逐漸浮現，從而需要更為聚焦的資料蒐集，因此，原先的指南就非常有可能需要適度修訂。就此而言，此處呈現的圖表，一方面可作為初始接觸的指南，另一方面也可提醒讀者，質性研究內在具有的彈性變通本質。

❧ 人事資源的規劃

　　任務配置時間的規劃，連帶也會型塑人事需求的決定。專欄26的例子，我們看到，一旦研究的規模（場域的數目、單人或多人的研究團隊）發展成形之後，也就可以著手決定人事的配置。大學約聘的主要調查人員可以配置相當於暑期的月數，每週一天的工作額度。另外還可以再增聘一位研究生當研究助理，一學年的工作時數，每週不超過20小時。人事配額的安排，請參見表9.2的預算摘要。

❧ 財務資源的規劃

　　對於學位論文研究或是單一研究者的研究，研究任務分析可以幫助決定是否該採買哪些特定的設施或服務，例如：錄音逐字稿轉謄或是資料處理。這種分析也可以引導研究新手，讓他們認識各種與研究相關聯的任務或工作。通常必須等到基本的研究設計底定之後，才可能據以決

定如何配置所需的資源。不過，反過來看，研究計畫者也需要對可能取得的財務資源狀況有若干程度的瞭解，才有可能考量決定採用何種研究設計。就像前面專欄26的例子，評鑑人員已經知道，必須在總預算限制大約是100萬美金之下來規劃這項為期兩年的研究案。

雖然100萬美金的總預算對於新手而言似乎是相當可觀的數目，不過即使在經費充裕的情況下，要規劃跨場域與跨年度的研究，並且以蒐集大量資料為首要目的，對於研究新手還是極度的困難。另外，在研究預算當中，人事費用與差旅費通常就占了相當大的比重，而通貨膨脹和薪資上漲等因素，往往會導致差旅費與人事費用等支出的增加。

其他和評鑑研究活動有關的主要支出還包括：(1)差旅費；(2)設備費（電腦、傳真機）；(3)辦公用具、電話與郵資；(4)購書與訂閱期刊等費用；(5)印刷與影印；(6)約聘服務（錄音謄稿、資料分析、顧問）。因為資料分析專家之間的索費標準差異頗大，所以，質性研究計畫撰寫者在規劃資源額度分配時，最好能夠先打聽一下當地一般的實際索費水準，以及可配合的時間。另外，轉謄完整逐字稿所需的時間可能也有所不同，比方說，同樣一個小時的錄音帶，有些可能需要三、四個小時的轉謄時間，有些則可能需要七、八個小時。因此，錄音帶轉謄的費用自然也就有相當大的差別。不過，不論是三小時或是八小時，轉謄逐字稿的費用都是非常昂貴的。

❦ 亂七八糟的政治與研究

後面的專欄28描述一個強調後勤與研究要素被接受，但還沒找到資金的合理計畫。政府機構有時提供資金資助質性研究，藉此獲得有助於決策的資料。但是會有些難以駕馭的問題，沒什麼效果的計畫，或是計畫案或政策衍生出沒有預期到的新問題，這些都需要進一步的質性探究。因此，個案研究很有用，提供政策建議的研究會比較受歡迎。質性評價與綜合性的研究會比敘述性的俗民誌容易取得資金；提供資金的機構需要的是聚焦、特定的提案計畫。機構與基金會在面臨政策危機時會雇用相關的專家與官員。在現實世界中，很多研究、分析、政策概要與

報告等很容易被忽視，因為決策者往往聚焦於大眾關心的議題，他們認為自己必須要回應這些議題，提出有效的政策。在這種情況下，立法院的助理就會用這些研究報告來描繪複雜議題的框架，作為某政策立場的證明文件。

政府單位的研究計畫需要謹慎的進行，明確地列出委員、團隊與顧問的優先順序。有些學者習慣跟政府單位或基金會打交道，有助於他們瞭解目前的相關議題。研究者如果能因應微調的話，比較容易取得金援。例如：之前曾經研究過如何降低貧窮的影響，或是正視私立學校、學校代金券等政策問題的機構，就比較容易取得研究精神健康的金援。

因危機、爭議而產生的研究議程可能會獲得很多資金、媒體報導、很多人注意，但是政策世界反覆無常，非研究者所能控制。當政策焦點轉移到另一個危機時，需要一年以上才能完成的研究或許就會被束之高閣，或是被扔在文件堆裡沒人取閱。有些沒有警覺的研究者很不幸地被捲入媒體與政界，他們寫的研究報告變成了政治足球。如果研究報告揭露出尷尬或是不太好的消息，研究者和提供資助的機構就會受到攻擊。曾經有位研究者挺身而出，說他的研究顯示某個花了大錢廣為宣傳的政策沒有什麼效果，下場就是獨自面對媒體，同時還要面對政策制定者的怒火。

Marshall & Gerstl-Pepin（2005）引用柯林頓總統對國際數學與科學教育成就趨勢調查（TIMSS）結果（美國學童的成績比許多國家低）的反應為例，說明牽涉到政治爭議的主題時，學者的質性研究很容易陷入政治爭議。但是，學者的研究往往被忽視，因為大家的焦點都放在柯林頓總統的國家教育統計中心官員——Pat Forgione，他說：「誰想要跟我一起來發表這個結果呢？我一人在玫瑰園獨自宣布只有賽普勒斯和南非的12年級學生比我們的成績低。」（頁211）雖然透過「小工具」，數學專家與學校成員可以更深入研究報告，但是Forgione記得當時政客與媒體不斷砲轟，「只要你身在選舉之中，他們就會不斷挖資料進行攻訐。」（頁211）

研究者應該避免這些資助或是政治劃界與風險嗎？當然不用，除非他們只想做小型、只運用自有資金的研究。對於碩博士研究來說，小型

研究或許就夠了。與有經驗的學者合作或是閱讀相關政策研究與評價的話，有助於設想可能會產生的議題，分擔管理政客與媒體。有些研究者意圖聲明自己擁有研究成果與發表方式的權利（大學保護研究者的學術自由），以避開亂七八糟的政治與媒體。前面的專欄26就是這樣的合作，兩位學者將答案箝入研究計畫中。

學位論文研究的資源規劃

　　上述大型研究面臨的議題，有許多也可能會出現在學位論文的研究計畫，例如後面的專欄27，就是很明顯的例子。雖然學位論文研究的規模可能相對小很多，但是在規劃研究計畫時，仍然可能遭遇類似前述大型研究面臨的各種資源規劃的挑戰。

專欄27

學位論文研究的可行性與資源規劃

　　「我的學位論文研究應該選擇簡單明瞭的主題，規模不要太大，適度投入之後，就能儘快完成，以便展開我的專業生涯？還是說，我應該選擇真正想做的研究，不管主題如何不明朗，研究過程棘手難纏，但是卻具有挑戰性，能夠維持研究興趣不墜？」（S. Hammonds-White，私下溝通，1987年8月5日）

　　有一位博士生發現論文研究充滿阻礙，難以完成。指導教授要她回頭反思研究計畫的發展過程。她的反思結果顯示，就像任何準備投入重大投資者的反應一樣，在比較預期的理想資源與現實差距之後，原先的研究構想必須做出必要的調整修正。以這名研究生為例，她必須權衡所能投入的精力（體力與心力）、時間與財務資源。

　　該名研究生選擇的研究方法，意味她得面對多方面的挑戰。她希望探索一種歷程，因此選擇自然主義的探索取徑，這可以讓她探索現實的多元觀點，以及發掘該等觀點的建構方式。她在諮商心理學方面的訓

練、經驗與興趣，再加上該領域知識與能力評量獲得高度評價，這些都構成了她個人的絕佳資源。這是她相當感興趣的研究領域，可以激發投入的熱情（具有極高的欲行性）；選擇的研究方法也很適合該項研究的實質焦點。不過，她也明瞭，光靠個人的精力與熱情還是不夠的。

她向就讀的大學尋求兩方面的支持：「冒險的支持」與「學習的支持」。「冒險的支持」提供鼓勵給試圖突破研究傳統做法的個人。「學習的支持」則是來自對其研究感興趣之教授的支持，可以提供必要技能的建議與指導。

除了個人的精力、熱情投入的承諾，以及教授支持之外，其他同儕研究生組成的支持團體也是很重要的支持來源。她寫道：「我們每隔一週聚會一次，互相督促鼓勵設立短程的目標，幫助彼此度過論文研究過程的情緒起伏與不安。」

獨自從事質性研究需要投入的時間相當可觀。這名研究者就很痛切地建議想要從事類似研究計畫的研究生，最好能夠從寬規劃充裕時間，以因應各種難以預料的狀況。以她的例子而言，由於家庭因素使然，她必須恢復全職工作，結果完成三分之二的論文研究只得被迫擱置。

此外，經費資源至少要能夠應付實際研究所需。當這名研究生發現顯然不可能得到所需的研究贊助之後，只好被迫選擇縮小研究規模。

專欄27說明了保持務實的重要性。雖然研究者不可能預先覺察所有可能遭遇的阻礙，但是，思慮周密而透澈的研究計畫應該要正視可行性的各項議題，誠實評估可取得的精力、時間，以及財務資源與要求。在計畫與執行上述研究過程中，考量周密的研究計畫會老實評估可用的精力、時間、經費資源與需求等等，進而妥善處理可行性的議題。

專欄27的例子所描述的學位論文研究，通常也是研究者個人第一次重大的獨立研究，對於研究者的專業與個人而言，都帶有相當重要的意義，日後其他的研究鮮少可以與之相提並論。再者，專欄26描述的專案當中，內建了若干支持系統。對於外部機構贊助的團隊研究專案而言，對同僚的承諾，以及對贊助機構的專業責任，約莫就足以支撐研究的承

諾與興趣。至於學位論文要求的則是不一樣的支持，而其中最重要的就是良師益友的支持（mentor/peer support）。

良師益友的支持

在規劃質性取向的學位論文研究時，要設法取得大學教授的支持，以便判斷研究計畫是否適切，這是很重要的。論文審查委員當中，至少應該有一位（最好是主席）擁有實際從事質性研究的經驗。這方面的經驗可以讓他有能力協助決定如何合理而務實分配各項任務所需的時間。質性研究真正花費的時間通常會超過預期所需的時間，這是絕對不容忽視的事實。教授的支持與鼓勵是很重要的，相當程度影響著研究生能否順利發展一份扎實、優雅而且確實可行的研究計畫；同時，教授的支持與鼓勵也有助於在該所大學社群當中，捍衛該項論文研究以及一般質性研究的合法地位。

根據我們指導過的研究生們的個人經驗顯示，同儕的支持也是很重要的。論文審委之間的規定與要求可能不盡相同，甚至相互衝突，遇到這種情況時，同儕之間的支持對於維繫個人意志，以及減輕情緒低潮等情形，都是非常珍貴的資源。研究生研討課或是質性研究方法的進階課程，提供了絕佳的正式討論結構，可以讓研究生討論研究衍生的各種議題，例如：研究者角色的管理、如何建立扎根理論等等。如同實踐社區（commuities of practice）研究生支持團體也可能建立相互的承諾，頗類似於專欄26描述的那種研究團隊成員之間建立的承諾。互相承諾以及彼此約束截止日期，研究生們的效率與生產力可望獲得提高。諸如此類的支持團體，可以在研究生之間搭起橋梁，打破論文研究孤軍奮戰的孤立感。最後，重複研讀質性研究的文獻，也能提供相當的支持，提醒研究生注意所有質性研究者共同的傳統與挑戰。

小尺度的時間規劃

發展質性取徑的學位論文研究計畫時，必須要有一種敏覺性，能夠

敏銳覺察完成研究案所需的時間。在這方面，導師的經驗就變得格外重要了。如第三章說明，接受校方或相關機構的研究倫理審查是很耗費時間的。有時候要順利取得進接某些場域的許可，可能需要六個月以上的時間，而且可能還需要擁有外交家的技巧。在專欄27的例子當中，我們也看到了該名研究生個人的處境可能會帶來干擾，從而相當程度影響能夠投入研究的時間與精力。因此，雖然並非所有重要的事件都可能事先預知，但是比較明智的做法應該儘量預留更充裕的時間。

如同Locke 等人（2000）指出，「很少研究能夠依照時間表如期順利完成，需要的時間總是無一例外的被低估。頻繁的挫折進度倒退幾乎是不可避免的。」（頁44）本書兩位作者有過如後的經驗，高年級的博士生論文研究之外，還必須找工作賺錢。眼前的經濟問題通常必須優先解決，完成學位只好被犧牲了。這通常會延遲學位完成的時間，有少數還可能無法完成。雖然遺憾，但這就是博士生的現實。

財務支援的規劃

在某些領域（特別是心理衛生、都市計畫、人類學與國際教育），學位論文的研究可能透過政府機關或是民間基金會而獲得贊助經費。不過，其他社會科學領域的學位論文研究，大部分就沒有這麼幸運了。機會偶爾還是有的，例如：擔任大學教授研究案的研究助理。專欄26就是這樣的例子，該研究案得到的贊助經費每年可以支持四位研究生，其中有些研究生的論文研究便是和該項研究案有所關聯的主題。

更為普遍的情況，特別是在教育研究領域，就像專欄27的例子一樣，研究生必須修改原始提案的研究計畫，以便符合個人所能投入的財務資源。請讀者回想一下，專欄26有關贊助機構補助的大型研究計畫案，也有類似的修正歷程。一開始的時候，研究者根據設計的考量因素以及研究的目的，然後規劃出理想的研究計畫案。接下來則必須根據實際的預算限制來修改研究的設計。

學位論文研究過程會有許多的開銷，其中有些是明顯可見的，有些則是隱性的支出。預先做好開支規劃，可以免除遇到突發狀況時不知

所措的窘狀。一般而言，學位論文研究的費用或付出，可分為三大類：
(1)材料費；(2)總務費；(3)個人的付出。分別簡述如後：

一、材料費

完成論文研究需要的材料可能包括：文字處理的設備與材料、資料分析用的電腦軟體、電腦磁片、筆記卡、歸檔的系統、錄音機與錄音帶、錄影設備與照相機、書籍、文件、相關論文全文影印等等。學生應該預估每個類別的可能花費，務必要記得列入影印期刊論文、草稿的費用，以及最後完整論文的印製費用。

二、總務費

論文研究需要什麼樣的服務，可能跟學生本身擁有或缺乏的技巧能力有關。一般而言，典型的服務包括：錄音謄稿、文字處理、統計資料分析諮詢，以及專業校對與編輯。論文研究完成之後，學生通常會希望將論文交付專業裝訂成冊，這項開銷也必須納入預算當中。

三、個人的付出

對於學位論文研究的學生而言，在擬定研究計畫的資源規劃時，最難以明確界定的可能要算是個人的付出；然而，個人的付出卻也往往是影響研究是否順利成功的最重要因素。和學生過去從事過的任何事務比較而言，學位論文研究有著極大的不同。它不像是大型的課程，也不像是應付考試的研習。學位論文研究的規模絕對是其他學生事務望塵莫及的。完成這項任務需要投入長期的心力，這往往會壓擠、甚至完全剝奪了學生的其他生活，包括：工作、家庭、朋友——他們創造了社區支持（community of support，家庭和朋友）與實踐社區（其他同學和同事），或是職業協會、專業聯誼會，以及義工團體等等。研究生當中，最有能耐順利通過這些考驗的，通常是那些能夠為自己建立起家庭、朋友或同僚支持網絡者。雖然並不是所有個人犧牲的付出都可能事先預知，不過如果能夠正確認知這項任務絕非瑣碎小事，而且必然需要付出個人極大的犧牲，如此切實的體會與理解，應該有助於讓整個研究歷程

比較得以管理。

　　有時候，研究者會尋求新的經費贊助來源，以便進一步探討研究發現的若干有趣資料。不過，要說服贊助機構，使其同意支持重新分析舊有資料，絕對不是容易的事。在下面專欄28的例子中，我們將會看到，研究者如何說服贊助機構的審核人員，使其信服該項二度分析質性資料的研究計畫案，確實是值得給予財務贊助。

專欄28

向計畫審核者導覽質性分析

　　本案計畫蒐集六州核心教育決策人員的大量比較質性與量化資料。先前，國家教育研究院（National Institute of Education）贊助的研究中，Mitchell, Wirt, & Marshall（1986）發展出一套分類模式，用來描述影響學校計畫與實務的各種州政府機制，其中，政治文化和決策者相對權力都可能對州政府的教育政策產生影響作用。Marshall深深著迷於這項研究蒐集到的豐富訪談資料。後來，Marshall開始著手整理該等資料，從中發展關於教育決策者預設世界的扎根理論。所謂預設世界，就是決策者對於世界運作方式的理解，可以從訪談者敘說的故事當中辨識出來。雖然這項扎根理論目前已經公開發表了（Mitchell, Wirt, & Marshall, 1985, 1986），但是，Marshall知道，這理論還需要進一步的發展與精修。於是，她向國家科學基金會轄下的政治科學計畫申請贊助經費，計畫書指出將會應用電腦軟體，輔助執行該等資料的二度分析，如此，將可促使第一度分析發展的理論獲得進一步的提升。所需贊助經費不會太高，因為並不需要再重新蒐集資料。

　　幾個月過後，審核結果出爐了。其中一位審委寫道：「這項計畫開啟了政治學領域的新頁，很重要的議題。」另外一位審委註明：「有系統地使用質性資料，並且運用電腦管理，創新的技術，相當值得發展。」不過，第三位審委則持反對意見：「應用質性分析來處理訪談材料。也許這個詞在其他研究傳統有不一樣的意涵，不過，就我個人理解來看，也不過就是研究者讀／聽訪談的材料，然後轉成電腦檔案。」結

果，研究計畫未能獲得通過。

　　克服了第一次失敗的挫折之後，Marshal修改研究計畫，重新提出申請。新的研究計畫做了若干重要的改變：(1)配合理論架構、文獻與研究重要意涵的部分，她製作了一張輔助圖表，描繪預設世界在哪些面向與政治科學、教育政策理論，以及其他文獻有所關聯。(2)在解釋過質性研究的傳統之後，她引述若干政治學家的說法，呼籲透過更多的比較個案來建立理論，以及呼籲深入審視政策文化的諸多價值如何影響政策的結果。(3)透過表9.3，她展現如何有希望將資料發展成理論。她以敘事的方式，陳述該項研究對於理解政策文化的重要意涵。(4)最後，可能也是最重要的一點，在討論完質性研究方法論的哲學，以及應用電腦處理質性資料等議題之後，她緊跟著寫下分析步驟如後：

　　對於習慣統計分析傳統者而言，質性資料的分析與扎根理論的發展似乎頗為神祕。然而，這兩種方法論的目的其實和統計分析傳統研究取向相同：都是希望透過系統化的程序，來確認清楚而一致的現象模式。我將依照下列的研究步驟來進行：

1. 將俗民誌檔案資料轉謄成逐字稿，使用初步分析獲得的範疇。分析威斯康辛、伊利諾、亞利桑那和加州的田野筆記和訪談錄音。

2. 檢視所有的電腦檔案，找出符合相關詞根的資料，以茲擴展預設世界的法則。比方說，當研究者要確尋立法與州理事會之間關係的行為模式時，打開全部帶有「州理事會」詞根的電腦檔案；又如果想要確尋立法工作人員所受到的限制，則打開全部帶有「立法工作人員」與「限制」等詞根的田野筆記與引述句。

3. 針對六州的資料，進行內容分析，以茲：(1)確尋首次分析未揭顯的行為或信念模式；(2)重新定義預設世界的領域和操作原則。

4. 使用新定義的假設世界之領域與操作原則，再次分析檔案資料。

5. 重新整理六州的檔案，直到產生清楚、互斥而且窮盡的行為與信念體系之範疇，足以有效組織檔案資料當中有關政策環境的所有陳述內容。

6. 根據預設世界的分析註解，從田野筆記與訪談資料，確尋預設世界對政策的影響（已經開始整理西維吉尼亞州與賓州的資料）。

■表9.3　預設世界的操作原則

行動指南領域與操作原則	維持權力與可預測性	促進統合
誰擁有創制的權利與責任？		
CSSO角色的規約	✓	
SDE角色的規約	✓	
立法SDE角色	✓	
創制立法的變化	✓	
哪些政策的構想注定不可能被接受？		
踐踏當權團體之利益的政策		✓
導致公共反對的政策		✓
挑戰傳統或主流利益的政策		✓
背離主流價值的政策論辯		✓
未經試驗或窒礙難行的政策		✓
決策過程的哪些權力運作是恰當的？		
明白自己立場，和有權勢者合作	✓	
各取所需	✓	
面面俱到	✓	
向贏家靠攏	✓	
限制社會關係	✓	
限制工作人員	✓	
工作限制與運用伎倆	✓	
政策行動者對於政策議題網絡的支持		✓
使用跨州的比較		✓
各州有哪些影響政策的特殊情形？		
文化方面的特色		✓
地理、人口統計方面的特色		✓

原始資料來源：C. Marschall, grant proposal to National Science Foundation (1988).

註解：CSSO = Chief State School Officer 州政府教育首席官員；SDE = State Department of Education州教育局。

*　　*　　*　　*　　*

　　從專欄28的例子，讀者應該可以體會到，質性研究計畫者有許多挑戰任務必須審慎關照，才得以說服贊助機構，使其接受質性資料分析乃是極其費力的工作，需要投入相當可觀的時間與金錢。審查把關者如果

比較習慣傳統研究取徑，就可能需要提出更明確的細節，以便解釋說明這些時間與費用的必要性，這樣他們才比較有可能會同意贊助。研究計畫的文字資料之外，如果能夠適切配合表格、圖解、時間表、傑出學者的研究論著範例，以及明確陳述工作程序，應該可以提高說服力。

　　研究贊助機構，由於申請贊助的案件眾多，而且必須遵循同儕審查的機制，因此，除非能夠清楚看見贊助的經費確實能夠轉化為有價值的知識，否則是不會輕易通過申請案的。甚至，研究的過程如果聽起來神祕莫測，或是好像單純的資料歸檔工作，那麼即使只是申請研究生助理或是電腦軟體，都有可能遭到拒絕。任何曾經從事過質性資料分析者都非常清楚不是這麼回事，但是贊助機構還是需要更明顯的解說，以便他們可以判斷該等花費乃是合理而且正當的。專欄28的例子可以讓讀者體會，研究提案者有必要依據審核者的知識背景與偏好，調整解釋內容與表達方式，以辯護資源需求的必要性。方法是導覽審核者逐項見識研究的必要歷程與步驟，讓他們明白確實需要投入該等勞務、時間與金錢等資源，而且研究者必然能夠產出相當有意義的研究成果。

＊　　　＊　　　＊　　　＊　　　＊

　　透過本章的介紹，讀者應該已經體認到，質性研究的資源規劃涉及反覆遞迴的過程，需要持續更新調整修正。專欄26的標題大可以改為〈資源充沛的研究資源規劃〉，因為是在充沛財務資源之下進行規劃的。對於這樣的研究計畫案，主要的資源規劃任務就是，如何以符合預算要求的規格，編列出理想的研究設計所需的各項資源細目。

　　專欄27描繪的是學位論文研究資源規劃的問題。學位論文研究大抵不太有財務資源，因此，時間與人力支援就變得相當關鍵。設計研究計畫時，不論是哪一類型的研究案，都會有各自獨特的挑戰必須設法克服。提案者必須審慎因應與考量這些挑戰，展現自己擁有相當的敏感性，能夠敏銳體察研究實施過程可能遭遇的諸多挑戰，如此當有助於強化研究計畫的說服力。

　　最後，專欄28提醒我們，即使是低預算的研究，如果無法讓審核者

充分理解提列的各項資源對於質性分析確有必要，也有可能遭受批評。審慎關注這些考量要點，將有助於全面強化研究計畫，也比較可能獲得正面的審核評價。

　　通過本書，我們已經呈現了質性研究計畫應當關注的各項要點，以建立清楚而且周延的研究計畫。接下來最後一章，我們將會陳述一系列的判準，更清楚說明質性研究計畫如何適切回應這些要點。

作者書簡

葛蕾琴：我非常掙扎是否在本版保留專欄26，資料比較老舊，但是其原理與程序經得起時間考驗。表9.2列出編列預算時應列入考量的項目，我希望這個修改過後的表格仍適用。我認為研究所學生都應該拜讀Kingt的《Small-Scale Research》（2002），這本書提供了很多很棒的觀念與範例。

凱瑟琳：我希望讀者能天馬行空地利用這個章節，例如：念到實踐社群、良師益友的重要性時，我希望學生們能夠思考一下這些無形支援的成本。如果學生需要我花很多很多時間來理解他們的資料，這就是成本。當同僚耐心地聽你講那有趣的專案計畫、如何遵循道德挑戰時，他們提供的是項服務。研究者必須要去想想該怎麼回報。

學友書簡

凱倫好，

　　本章聚焦於資源與時間的議題，這兩個主題都是指引我進行研究設計的基礎。我想要儘快成家立業，經濟上的當務之急是趕快結案，因此我用個人資金，並未尋求外部金援。你的情況可能就不一樣了，你利用外部金援，聽起來可能比我成功。我的決定與取捨使得研究偏向小規模，而且債臺高築，但是我很滿意自己的專題論文。這不代表我選的是最好的，只不過是對我最好而已。看多了各種不同的方法、理論上的立場等等，愈接近尾聲，我對於自己的抉擇和過程感到更加怡然自得。

　　時間也是一個很有趣的主題，相信我們之前在別的地方就討論過。我可以在資料蒐集後的幾個月內挪出兩個工作天來逐字轉謄、翻譯、分析和撰寫。不一定都會成功，我盡力將這兩天視作一般的工作天──謝絕打擾！除此之外，我還會利用晨光──即使是短短的30分鐘──重新回想一下工作、讓思緒沉澱，甚至還會參加寫作方法、時間管理的研討會。現在的手機等科技常常讓我們分心，忘了寫作！有些應用程式非常有條理，值得一探究竟！

資源和時間的議題在你的工作中扮演什麼樣的角色呢？

期待你的回信。

卡拉

親愛的卡拉，

我想資源是最大的挑戰了，一直沒有掌握好。我希望能為田野研究確保外部金援，只要能夠與學校內的國際專案有關，都願意稍微調整一下地理上的聚焦。我很難想像該如何解決這些議題，因為我覺得自己才剛開始而已。但是，我會開始留意，因為就快要著手進行提案了。

我還一直掛念著寫作這個議題！身為寫作中心的助教，我常常教導學生該如何善用「寫作時間」！同時也會針對這些建言身體力行！其中一個就是在寫作時，指派一段時間不用電腦網路；而且我知道自己如果睡眠不足的話，就沒什麼生產力，所以我會盡可能睡飽。我知道這聽起來沒有什麼說服力，但是在適當的時間就寢會讓我頭腦清楚。另外一個就是在寫作時，固定時間就起來休息一下，可以出去買點東西、煮個飯或是洗洗碗，而不用一直坐在電腦前。在寫論文之前，養成良好的工作習慣，這點很重要。

凱倫

📑 延伸閱讀 📑

Cheek, J. (2008). Funding. In L. M. Given (Ed.), *The SAGE encyclopedia of qualitative research methods* (pp. 360-364). Thousand Oaks, CA: Sage.

Cheek, J. (2011). The politics and practices of funding qualitative inquiry: Messages about messages about messages. In N. K. Denzin & Y. S. Lincoln (Eds.), *The SAGE handbook of qualitative research* (4th ed., pp. 251-268). Thousand Oaks, CA: Sage.

Coley, S. M., & Scheinberg, C. A. (2013). *Proposal writing: Effective grantsmanship* (4th ed.). Thousand Oaks, CA: Sage. (See Appendix A on estimating time.)

Knight, P. T. (2002). *Small-scale research: Pragmatic inquiry in social science and the caring professions*. Thousand Oaks, CA: Sage.

Locke, L. F., Spirduso, W. W., & Silverman, S. J. (2013). *Proposals that work: A guide for planning dissertations and grant proposals* (6th ed., chap. 9 & 10). Thousand Oaks, CA: Sage.

Penrod, J. (2003). Getting funded: Writing a successful qualitative small-project proposal. *Qualitative Health Research, 13*(6), 821-832.

Tripp-Riemer, T., & Cohen, M. Z. (1991). Funding strategies for qualitative research. In J. M. Morse (Ed.), *Qualitative nursing research: A contemporary dialogue* (pp. 243-256). Newbury Park, CA: Sage.

● 作者特選

Cheek, J. (2008). Funding. In L. M. Given (Ed.), *The SAGE encyclopedia of qualitative research methods* (pp. 360-364). Thousand Oaks, CA: Sage.

Cheek, J. (2011). The politics and practices of funding qualitative inquiry: Messages about messages about messages.... In N. K. Denzin & Y. S. Lincoln (Eds.), *The SAGE handbook of qualitative research* (4th ed., pp. 251-268). Thousand Oaks, CA: Sage.

Knight, P. T. (2002). *Small-scale research: Pragmatic inquiry in social science and the caring professions*. Thousand Oaks, CA: Sage.

Locke, L. F., Spirduso, W. W., & Silverman, S. J. (2007). *Proposals that work: A guide for planning dissertations and grant proposals* (6th ed., Chaps. 9, 10). Thousand Oaks, CA: Sage.

Penrod, J. (2003). Getting funded: Writing a successful qualitative small-project proposal. *Qualitative Health Research, 13*(6), 821-832.

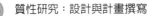 關鍵概念

communities of practice	實踐社群
communities of support	支持社群
financial support	財務支援
personnel	人事
time	時間
transcription costs	轉謄逐字稿成本

第 *10* 章
研究計畫總回顧與
研究報告呈現方式

從第一章拉開序幕，本書猶如觀光指南，沿途提供了許多分站導覽，指點讀者如何按部就班準備一份辯護論證扎實的研究計畫，說服讀者相信計畫的研究具有應行性與可行性。通過這些分站導引之後，讀者現在應該可以很清楚，研究計畫的所有元素都是相互牽連而需要配套考量的。舉凡研究質性類型的選擇，研究結果對於學術、政策與實務的預期貢獻，研究者本人的各種因素，這些也都是如此。比方說，角色定位的考量就必須關照研究者的個人生命歷程或自傳，以及箇中涉及的諸多因素可能會如何型塑事件與意義。不論是採用參與研究取徑或是客觀論取徑，該等研究可能會以何種方式改變日常生活的行進？研究場域的選擇，以及人物和行為的取樣，也都應該考量能否有效回應研究問題，並且在研究計畫當中說明考量依據的邏輯。一方面，研究計畫必須關照研究的價值、可信賴度與妥適性等議題；另方面，研究計畫也必須關照資料分析與報告寫作涉及的各種不同階段的問題。最後，研究全程每個階段涉及的倫理議題，都必須加以審慎關照。

任何研究計畫撰寫者都必須提供扎實的辯護論述，以支持所選用的方法論。對於質性研究而言，其中一項關鍵任務就是要充分辯護彰顯，詮釋典範乃是合乎邏輯的適切選擇。也即是要辨明該項研究確實適合自然場域，而研究者是資料蒐集與詮釋的主要工具。質性研究涉及一系列的選擇：「這些選擇與背後的理由都必須清楚交代。」（Sanjek，1990，頁395）一般而言，質性研究已經不再被認為只是備用的次要途徑，或是初探性質的試行研究（pilot study）。不過，質性研究者還是必須小心應付各種強烈的反對保守勢力，尤其是在美國，而其中最顯

著的就是美國聯邦政府呼籲的「科學立基研究」（scientifically based research）。因此，當有人對於質性方法的妥適性、實效性、實用性、類推性等提出質疑或挑戰，就可以援引相關議題的文獻來辯護。在知識政治學（politics of knowledge）方面，若干研究被視為「黃金標準」，也就是普遍公認該等特定研究方式乃是最可靠而且擁有特殊的優越地位。有權勢的宰制群體苦心積慮維繫這類研究方法傳統，有時候甚至訴諸貶抑或邊緣化其他形式的知識來源（Bustelo & Verloo, 2009; Lather, 1991; Marshall, 1997a; Scheurich, 1997）。為了提倡傳統取徑的研究設計，美國聯邦政府規定與支持，教育研究應該出諸「夠資格的科學家」（qualified scientists），探討因果關係的研究問題，採用「隨機取樣研究設計的實驗研究」（Flinders，2003，頁380），希望藉此轉化教育研究領域，使其晉升科學研究的層級。這種強調量化研究優越性的官方看法意味，拓展、探索屬性的研究取徑不夠資格躋身所謂科學本位研究之列。

　　不過，就本書而言，我們打算暫且擱置這類知識政治的問題，而把心力集中讓研究者知道，如何完成一份足以闡明詮釋典範的研究計畫。就此而言，Patton（2002）有頗為精湛的論述。根據Patton，質性研究報告的可信用度（credibility）主要取決於下列幾項因素：田野方法的嚴謹度、研究者的可信用度，以及「對於自然主義研究、質性方法、歸納分析、目標性取樣、全觀思維等研究做法的根本欣賞與支持」（頁552-553）。因此，一份扎實合理邏輯的研究計畫，基本上必須達成以下三方面的條件：(1)必須合乎研究整體妥適性的諸多標準；(2)必須證明該研究的有效性，能夠適配特定的理論架構與研究問題；(3)必須證明研究者擁有身為研究工具應該具備的敏感度和感受性（sensitivities & sensibilities）。透過審慎考量這些問題，可以幫助研究者發展支持研究計畫的扎實辯護論述。

　　目前情況已經有相當的改善，許多社會科學領域對於質性研究已經不再抱持質疑與不信賴的看法。以往，論述與關注焦點多半著重於對照比較量化研究與質性研究的對立或孰優孰劣。目前，上述研究方法論述焦點也有所轉向，研究社群普遍認同質性研究與量化研究分別有不同

的合理基礎與價值判準。一般而言，有關質性研究計畫合理性與價值
的議題，主要反映在兩大類的方法論討論：(1)判斷研究妥適性的判準
（criteria of soundness）；(2)研究類型的選擇（choice of genres）。雖
然質性研究計畫可能遭遇來自傳統立場，以及後現代、女性主義、解放
等立場的質疑與挑戰，但是，質性研究的自然主義與詮釋取徑已經在研
究社群累積了相當的支持動能。

　　這一章，我們重新造訪第一章到第九章介紹過的各項導覽重點，
並且幫助研究者預先思索研究結果的呈現方式。在正式提出研究計畫之
前，質性研究者必須逐一檢視這些重點議題，還要有充分準備能夠具體
指出，研究計畫的哪些部分有針對哪項特定議題提出探討和回答。他應
該透過練習，假裝自己是研究計畫的讀者而非作者，以便看清楚讀者可
能還有哪些疑問。不論是要申請研究贊助經費，或是博士學位論文計畫
辯護（proposal defense），他應該對研究計畫做最後一次的檢視，以及
最後一次的演練，以確保自己臨場能夠冷靜回答問題。為了避免練習流
於乏味，可以試著找幾位同學扮演教授或研究贊助機構的角色，針對研
究計畫提出旁觀者的審視觀點。

妥適性的判準

　　關於研究的妥適性、可信用度、可信賴度等議題，研究者是在哪
些地方提出論述？還有應該到什麼程度才算足以讓人信服？且讓我們回
想，特別是第三章和第八章，有關研究計畫可信賴度判準的討論。這些
評鑑研究品質的判準，乃是所有社會科學研究都必須設法回應的，主要
可分為四大類（Lincoln & Guba, 2000）：

1. 研究發現的可信程度有多高？
2. 研究發現應用或遷移到其他場域或群體的可能性有多高？
3. 如何可能合理確定，在相同參與者與相同脈絡條件之下，完整複
   製研究發現的可能性有多高？
4. 如何可能確認，研究發現究竟是真實反映參與者和探究結果本

身，抑或是源自研究者個人偏見編造？

對於這些傳統研究妥適性判準的主張，後現代與女性主義者提出頗多挑戰。他們論稱，所有研究發現或眞理其實都是從研究者先前存在的判斷或偏好出發，逐漸湧現發展而成的。這類立場的研究者進而論稱，諸如此類的個人既存立場應該善加應用，作爲「拓展新知的基石」（Nielson，1990，頁28）。

對應上述這四類判準問題，Lincoln & Guba（1985）提出評鑑研究妥適性的四種另類判準，分別爲：(1)眞理值（truth value）（頁290）；(2)應用性（applicability）；(3)一致性（consistency）；(4)中立性（neutrality）。任何探索人類事務的系統化探究，都必須關照這些議題。雖然在策略應用上，可以把這四項判準平行對應傳統實證論典範採用的判準（內在效度、外在效度、信度、客觀性）。不過，林顧二氏（Lincoln & Guba, 1985）以及其他學者也提醒，這四項傳統研究典範的判準構念有需要重新調整，以適合詮釋性的質性研究。質性研究計畫者要做好準備討論林顧二氏倡議的四種另類判準，或是其他人提出的各種另類判準，這些另類判準提供不同於傳統的構念內涵，比較能夠反映質性研究典範的諸多預設。

質性研究計畫者應該準備好討論以下四種另類評鑑判準：

一、可信度（林顧二氏的眞理值；傳統的內在效度）

目的是要展現探究執行的方式，足以確保研究主題有獲得適切的確認與描述。然後，該項探究應該「忠實於原始多元眞實的建構者」（頁296）。對於旨在探索問題，或是陳述場域、歷程、社會群體或是互動模式的質性研究而言，可信度的基礎所繫就在於實效性（validity）。深度描述呈現的歷程與互動的複雜內涵，應該要與場域、情境所取得的資料緊密鑲嵌，如此才能取信於讀者。在特定場域、樣本母群與理論架構的範圍之內，該等研究才算有可信度。所以，質性研究者應該適切陳明這些參數，以釐定該項研究實效性的適用範圍與限制。

二、可遷移性（林顧二氏的應用性；傳統的外在效度）

研究者必須論辯研究發現成果可以適用或遷移到類似情況，可以解決類似脈絡的研究問題或實務。如果研究者要聲稱某些研究者的發現可應用至其他脈絡，就必須承擔比原始研究者更重的責任來證明此一可遷移性宣稱。Kennedy（1979）指稱，這種可遷移性的判斷乃是屬於第二層級的類推（second decision span in generalizing）。首先，第一層級的類推乃是指，原始研究者判斷某特定樣本的研究結果是否可以類推到該樣本所屬的母群全體（前提是母群體已有充分界定與說明，而且該樣本也確實經過隨機取樣）。其次，第二層級的類推則是指，其他研究者判斷該母群體的類推是否能夠進而應用到另一母群體（前提是確信或假設這兩個母群體之間充分相似）。要作第二層級的類推，就必須判斷與辯護原始研究與第二場域之間有充分的關聯性。

不過，質性研究的可遷移性或類推性，至少就機率而言，可能存在頗多問題。質性研究結果的類推，不論是類推到其他母群體、場域、情境或是處置安排，舉凡這些類推都可以說是相當於「外在效度」。依照傳統研究典範的角度來看，外在效度通常被認為是質性研究的一大弱點。為了要反駁這類挑戰，質性研究計畫者可以展現，提擬的研究資料蒐集與分析將會如何受到原始研究理論架構的各種概念與模式的引導。藉由如此展現，研究者也就陳明了該項研究範圍限制的各項理論參數。然後在衡量其他情況確實具備相同（或充分類似）之參數的前提下，決策者或研究設計者就可以藉此判斷該等個案研究的描述與詮釋，是否可以類推到這些類似的情況，因此得以遷移應用到其他場域的未來研究設計。此外，研究的讀者或是使用者也可藉此瞭解該等研究是如何關聯到若干特定理論。

舉例來說，關於某高中新進教職員發展計畫的個案研究，就可能連結到下列各種領域的理論，例如：組織創新的施行、領導力、人事管理，以及成人生涯社會化。然後，這項研究即可遷移運用到許多不同的地方，規劃專案政策，以及規劃未來研究，而不只限定在原始探究的領域（亦即高中、學校組織或是職員發展等方面）。比方說，可以將該研

究納入組織研究領域，從而預期研究結果有所貢獻於該理論領域。

此外，還應該做好準備討論一項可以選用來增進類推性的策略，那就是運用多重資料來源的三角檢核。所謂三角檢核（triangulation），乃是透過綜合多個來源的資料，以確定一個定位點的做法。此一概念源自於導航科學，目前已廣泛應用到社會科學的探究，並獲得相當豐碩的成果（Denzin, 1978; Jick, 1979; Rossman & Wilson, 1985, 1994）。不同來源的資料可以用來相互佐證、闡明或補充說明研究當中有疑慮的部分（Richards, 2005; Rossman & Wilson, 1994）。研究設計若能納入多位個案、多位資訊提供者或是多種資料蒐集方法，研究結果通常就可以大幅強化對於其他場域的參考價值。

三、可靠性（林顧二氏的一致性；傳統的信度）

要確立研究的可靠性，研究者必須用各種方式來陳述說明，在先前研究貢獻下，吾人對於研究的現象有愈來愈精進的瞭解，與該現象相關聯的條件也有了變動，因而研究設計必須隨之有所調整。這項判準背後代表了一套截然迥異於信度（reliability）的假設。在實證論研究傳統的定義底下，信度強調的是一致性或可複製性，其背後假設存在一個永恆不變的宇宙，因此，任何探究都可以完全合乎邏輯而予以複製。這種主張社會世界恆久不變的假設，明顯對立於質性／詮釋研究的假設。對於後者而言，社會世界總是處於不斷建構當中，而且複製這個概念本身也充滿問題。

四、可證實性（林顧二氏的中立性；傳統的客觀性）

準備好討論說明，質性研究其實不適合提問研究發現能否得到其他人或其他研究的證實。諸如此類意圖的問題不但枉然，而且愚蠢。不過，還是必須準備好討論有哪些方式可以用來展現，研究的推論、蘊義或啓示可以被其他人接受。讀者或諍友（critical friend）能否明白推論是如何導出來的？他們覺得如此的推論是否有道理？準備好辯論質性研究的邏輯與詮釋的本質可以達到若干程度的透明度，能夠讓其他人也能有相當的認同，從而提高該等邏輯與詮釋的強度。

此外，研究者的主體性或主觀特質，無可避免地也會有型塑研究的作用。因此，質性研究計畫應該妥善回應這方面的問題。回應之道就在於，研究者應該再度肯定質性方法的優勢，顯示自己的研究是要發展關於研究參與者的深度瞭解，甚至是同理心，他們能夠更妥善地理解自己的世界。研究者深入研究參與者世界的洞視，將可促使他更有可能陳述研究的複雜社會體系。不過，他在研究計畫當中也應該設置各種策略，以減低詮釋的偏頗。有關這方面的因應策略，簡述如後：

・規劃運用研究夥伴或「諍友」，能夠幫忙針對研究者的分析提出周延而溫和的批判質疑。

・安排時間交叉檢查、同儕檢核，以及用時間取樣找出負面反例。

・陳述資料分析當中如何使用文獻，但不爲文獻所限制，並且納入資料的檢核與重複檢核，以及有目標檢核其他可能的解釋。

・提供純粹描述而不帶評價（nonevaluative）的田野筆記例子；準備兩組，一組描述性筆記，另一組帶有暫行的範疇與個人反應。

・徵引先前研究者關於偏見、主觀性與質性資料品質的論述。

・規劃執行關於資料蒐集與分析策略的稽查紀錄以備外審。

（Lincoln & Guba, 1985; Richards, 2005）

很清楚地，質性研究的好壞判斷標準有別於實驗與實證主義的研究。話雖如此，對照比較其中的異同，多少還是能夠從中汲取他山之石的助益。質性研究並不宣稱可複製性。質性研究者刻意避免對於研究的情境或條件施加控制或操弄，而是把心力集中於記錄情境脈絡的複雜細節，以及自然發生的諸多相互連結的關係。再者，由於質性研究者目的是要發現發生於自然脈絡情境的複雜細節，因此就必須因事制宜的策略，採取彈性應變的研究設計，因此，未來的研究當然就不可能複製，而且也不應該抱持複製的意圖。

不過，質性研究者還是可以透過以下步驟，回應傳統社會科學研究關切的可複製性（replicability）議題：

第一，他們可以肯定論稱，質性研究依其本質而言乃是不可複製的（事實上，所有研究也都是如此），因爲眞實世界是變化無常的。

第二，按照計畫，記錄周詳的筆記或研究日誌，記載關於研究設計

的每項決定與背後的理由，透過這樣的做法，研究者容許其他人得以檢查他們使用的程序、研究協定議程與決定。

第三，妥善計畫，以組織良好且便於取用的方式，存放蒐集的資料，以便研究發現遭受挑戰或是其他研究者想要重新分析資料時，就可以從容應付。

不過，對於強調質性方法詮釋力量的研究，擁抱主體性就更加重要。三角交叉校對的重點比較不是要找出事實的唯一「真相」，而是要發掘認識社會世界的多元觀點。另外一組判斷質性研究好壞的判準，則是著眼於研究是否有助於促成解放的變革；這是源自於女性主義與批判理論的主張。此類判準支持，研究應該凸顯壓迫的權力關係，促成參與者賦權增能，通常是透過協同行動研究取徑。最後一組新興趨勢的判準（與前述判準相關聯），則是透過研究成果的呈現或展演來展現研究的價值。就此而言，研究的價值主要是著眼於敘事、劇場、詩或是其他展演的美學或審美價值（McCall, 2000）。不論個人的研究計畫立基於何種哲學立場，研究者都應該妥善回應如後的重要問題：你如何能夠確定，你所謂的質樸、厚實描述、耐人尋味的研究發現，實際上不是你弄錯了？對於此問題的回答，傳統實在論與批判俗民誌的研究計畫撰寫者有截然不同的回應。上述所有問題的回應都必須提出具有說服力的辯護論述，以及確保研究品質的策略。

對於某些要提供關於現實之厚描述的描述型研究，或許可以參考傳統科學研究確保品質的平行做法，諸如：比較分析、強調資料蒐集的嚴謹、交叉檢核，以及編碼人員之間的一致性。實際做法方面請參考：Miles & Huberman（1994）提供的實作指南，以及Anfara, Brown, & Mangione（2002）提供的實作示範說明。在各界持續努力之下，有關評鑑質性研究的可信賴度判準的論述，已經取得相當不錯的說服成效。目前，質性研究正邁向「非素樸實在論」（non-naive realism）的知識觀（Smith & Deemer, 2000），質性研究者已經領悟到，人類知識或理解乃是相對的多元理解（multiple understandings），因此，研究報告在最理想的情況下，也僅只是既存知識範圍內比較接近真相的一種說法。誠如Smith & Deemer（2000）所言：

相對主義表達的無非就是關於人類或多或少的有限性：我
們必須把自己視爲實踐與道德的有限存有者，而不再持續抱持
希望，認爲知識可以脫離人類生存歷史、文化背景與知識生產
方式的限制。（頁886）

最後還得注意，「判準不應被想成抽象化的概念，而是具體存在於
某特定時空，普遍爲多數人接受區別研究好壞的特徵。」（頁894）

預先計畫、提前思索研究最終產物的品質能否獲得良好評價，這
些做法對於研究計畫的撰寫都是很有助益的練習。Marshall（1985a,
1990）針對質性研究的報告寫作，發展出了若干評鑑的判準。在這兒，
我們適度改編該等判準，作爲判斷研究計畫發展的判準。用心關照這些
議題，有助於發展出扎實而有說服力的研究計畫。

應該清楚說明研究設計與方法的細節

研究計畫應該清楚說明研究設計與研究方法的細節，以便讀者得以
自行判斷選擇採用該等設計與方法是否恰當、周延而且有道理。這包括
辯護一般質性研究取徑的合理性，以及辯護計畫採用之特定質性研究類
型的妥適性。舉凡進接或進場、角色管理、資料蒐集、記錄、分析、倫
理、退場等層面，都必須要針對可能遭遇的狀況加以討論，並提出因應
的做法或策略。他應該描述將會如何選出場域與樣本。資料蒐集與分析
的程序也必須公開說明，而不任其淪爲神祕莫測的運作。

研究者清楚陳述任何可能影響研究的預設。研究者所持的個人立
場應該清楚表明，並且進行初步的自我反思，以揭示個人的主體特性
（subjectivities）。他闡明，通常是透過徵引他人作品，自己如何可能
成爲精密調適的研究儀器，其個人的才能、經驗方面的偏向，以及洞
視等，都會有所自覺地妥善運用。他辯稱，會用心投入自我分析，並且
會謹慎體察自己過度主觀的時刻，或是對於自己的詮釋不夠批判。在這
些過程當中，也會分析研究的概念架構，審視其中是否存有理論上的偏
失。再者，研究者進而闡明，她會反思討論，內在於資料蒐集與分析過

程中的價值判斷與個人觀點。比方說，他會小心區分使用敘述性的田野筆記說法：「屋頂有幾處破洞，有些屋簷不見了」，相對於帶有價值判斷的說法：「許多房子都荒廢了。」

其次，研究者應該書寫自己對於歧義不明或不確定性的容忍態度，說明如何尋覓替代或另類解釋、檢核負面反例、運用多重方法（例如：三角交叉對照），來確保研究發現成果確實有穩固的基礎。擬定各種確保資料品質的方法（例如：資訊提供者的見聞廣度、主體特性，以及誠正性），以及徵引跨文化的觀點，以茲防止種族自我中心的解釋。

最後，研究者應該描述初步觀察的結果——試行研究，或是「進入田野最初幾天」的筆記等，藉以說明自己如何從該等初步觀察中推導出研究問題，而不只是依賴圖書館的文獻探討來取得研究問題。對於研究對象敏感之處也必須審慎因應，研究倫理的標準必須確保維持。他論稱，該場域的人們在某些方面將有可能受惠於這項研究（舉凡獲得一小時的同理心聆聽，乃至於感覺獲得賦權增能，有權有能付諸行動，改變本身生活的某些方面）。

研究問題與資料的關聯性應該清楚陳述且嚴謹論證

研究者討論，原始資料如何可能提供充足的證據，以茲說明以該等資料所做的詮釋確實有所憑據而且適切合理。繼而示範說明，如何以具有可讀性而且又方便讀者理解與取用的方式來呈現資料，也許會輔以圖案、模式、表格或圖形等。研究者清楚陳述初始的研究問題，論稱蒐集的資料將可容許回答該等問題，並且激發進一步的研究問題。提案的研究與先前的研究之間，彼此的關聯應該清楚述明。再者，研究者討論，如何以方便其他研究者、實務工作者與決策者理解與取用的方式來撰寫研究報告。他論稱，自己有能力可以妥適而充分轉寫研究發現成果，使得其他人能夠即時而有效地應用。

研究應該確立某學術脈絡的定位

　　研究計畫承認，質性研究在類推方面確實有其限制。不過，更重要的是要盡可能協助讀者瞭解，該項研究發現成果的潛在遷移性，並且讓他們清楚見識到，該項研究如何連結到更廣大的脈絡範圍。研究者必須說服讀者，該研究全觀的檢視研究場域的所有面向，有助於更周延地認識其中各種體系之間的連結關係；另外也必須說服讀者，有需要追溯歷史的脈絡，以便瞭解其中機構與角色如何演化。

　　他可以論稱，在定義核心概念時，除了參照先前已確認的現象之外，該項研究還會超越既已建立的架構，挑戰該各種舊思維（如同 Rosalie Wax 在美國原住民研究計畫當中就有類似的論述）。她或許可以論稱，詳實而深刻的俗民誌陳述能夠揭顯前所未知的現實，這對於擬定與執行有效的計畫或政策是很重要的（例如：關於未成年小爸爸、小媽媽的俗民誌或個案研究）。第四章詳細介紹過如何使用文獻探討，將計畫的研究定位於先前研究的脈絡，以及發掘政策與實踐需要補充的資訊。第五章也指出，研究設計的章節中必須闡明，爲什麼該等研究問題的探索有必要採用質性研究取徑。

研究記錄應該妥善保存

　　描述如何保存資料，以便日後其他分析之用。任何研究現場當下的分析都會被載錄下來。再者，研究計畫也應該清楚記載各種研究程序的流程紀錄（running records），也許可以考慮在結案報告的附錄納入備查的稽查紀錄。有關研究紀錄的管理細節，請參閱第八章與第九章。

　　用心關照這些判準，可以確保研究計畫者擬具一份扎實而有說服力的研究計畫，讓讀者看見他對於可信賴度等諸多議題的關切，也能夠展現他對於該等議題有相當程度的認識。有許多議題是在計畫正文提出論述，另外有些議題可以在計畫口試辯護或回覆贊助單位時提出論述。（有關研究品質判準演化的討論，其中涉及了學理與政治層面的論爭，請參閱Marshall, 1985b, 1990。）

　　最後，研究者還必須負責化解自己和計畫審查人員的疑慮，爲什麼有需要在田野停留較長的時日，或是爲什麼資料分析工作停滯不進。他們必須展現有能力可以順利從資料蒐集進展到分析，以及從詮釋進展到報告書寫。同樣地，試行研究、假說模式或是暫行的資料分析範疇大綱，這些資料都可以納入研究計畫的附錄。質性研究者應該要小心，如此的模式、大綱、範疇，主要乃是輔助性質的，是用來輔助引導研究者展開觀察與分析的工具。然而，對於質性研究的彈性與不確定性有所疑慮者，這些工具倒是能夠發揮安心的效用。這些引導性的工具可以幫助展現，質性研究者確實是有遵循系統化的具體程序來實施資料蒐集與分析。第八章提供若干有助於資料分析順利推進的策略。還有，質性研究也不至於只因爲達不到Schwandt（1996）指稱的判準邏輯（criteriology）而潰不成軍，一文不值。畢竟，那些標準邏輯不但限制太多，而且都是如同天條一般毫無彈性。

清晰度與學術可信用度之間應該取得平衡

　　閱聽人關係重大。有些閱聽人認爲，好的研究計畫應該有高深的哲學理論、大量的專業術語、冗長的議題背景資訊。有些閱聽人則沒有耐性理會這些，直截了當就問：「牛肉在哪裡？」或是說：「很好，你就直接告訴我，想要做什麼？爲什麼想做？還有打算怎麼做？」碩博士學生應該要清楚指導教授與口試委員可能提出的質疑，作好事前準備，以便在研究計畫與口試可能面臨的問題之間取得平衡。準備申請贊助的研究者應該要先熟悉贊助機構以往通過的研究計畫案，可能的審查人士風格與偏好。Silverman（2007）所謂的「反瞎扯議程」（anti-bullshit agenda）（頁139），應該能夠讓所有研究計畫提案者受惠良多。他建議，質性研究者應該考量清晰、合理、經濟、美學等，以作爲研究計畫與研究結案報告的規劃指南。研究計畫的篇幅應該有多長？結案報告應該有多長？答案也許是「視情況而定」，或是「長短足夠在清晰度與學術可信用度之間取得平衡」。

展現研究問題的質性本質

這是要透過展現研究問題具有質性本質（qualitativeness），從而辯護支持選擇採用質性研究取徑的合理性和正當性。許多關於質性研究判準的討論，總是強調資料蒐集與分析的透明程度，以及資料蒐集與證據呈現等程序的「系統化」。其實，另外還有些判準也同樣重要，例如：研究問題在真實世界所具有的重要意涵、研究潛在發現可能產生的實用價值，以及參與者可能從研究參與當中獲益的程度。話雖如此，很多時候，我們還是有可能會聽到或遇到下列的情況：審核人員往往會建議提案者修改原本的設計，以期質性研究計畫的設計更具效率，並且更能夠符合傳統研究的標準。他們可能會指稱，探索的時間太過於浪費了，或是建議應該先完成試行研究。他們也可能試圖將原本屬於探索式或描述式的俗民誌研究，改成比較合乎傳統形式的研究設計。他們可能會憂慮研究設計不夠「嚴謹」。因此，研究者必須化解他們的疑慮，使其信服計畫擬定的研究方法確實能夠有效回答研究計畫所要探索的問題。再者，他們也必須化解人們對於質性研究的諸多疑慮：研究設計「鬆散」、融入自然場域，以及探索問題所需投入的時間。

質性研究取徑的價值

第一章，乃至本書其他部分，討論了研究方法論與研究問題的相互適配。此一適配問題的論述構成研究計畫的核心，也是研究計畫說服力的關鍵要素。只透過引述Denzin & Lincoln（2011）與Rallis & Rossman（2012），希望就能使人信服有相互適配，那是絕對不夠的！

研究者必須提出流暢無礙的論述，辯護為何有需要採用具有文化敏感性的研究方法論，並且有能力可以在真實世界辨識脈絡當中生成的諸多型態。必須要有能力，以有效的口語和書寫方式，說明為何非量化的軟性資料具有相當的重要性。必須旁徵博引，批判過往研究如何忽

略重要的問題，從而清楚支持有必要採取自然觀察，或是探求局內人觀點（emic perspectives），以實質的資料充分落實研究的論點。必須說明，諸如問卷調查之類的傳統研究取徑，一再忽略、未能妥善解決的問題，或是一再侷限於提問不適切的研究問題，如此困境如何可能藉由探索問題關涉人等的敘事而獲得妥當解決。示範說明質性研究的「工具箱，能夠讓研究者藉以發展概念」（Morse, 2004），有助於充實概念化或理論建構不足的領域，從而有力支持研究計畫的辯護。比方說，或許可以引用Morse（2004）對於醫療領域堅持以量化方法來批評質性研究的問題，就好像是「用鋸子來釘釘子」（頁1030）。

女性主義、後現代與批判理論促請我們投入不會將參與者「他者化」（otherize），並且具有解放潛能（liberatory potential）的研究。他們尋求發掘與創造（很多時候是以協同參與者的方式）能夠實質幫助通常遭受主流邊緣化的族群或個人的知識。因此，新興評鑑判準特別重視質性研究對於主流（宰制）的挑戰，或是納入過往政策與研究長期忽視的參與者之意義製造（Carspecken, 1996; Harding, 1987; Lather, 1991; Marshall, 1997b; Scheurich, 1997）。而且實踐價值也愈來愈受到重視，成為評鑑質性研究的重要判準，特別是對於行動研究，以及迫切需求研究提供解決建議的問題（Hammersley, 1990）。

總之，質性研究計畫必須明白提出具有說服力的扎實論述，使人信服採用質性取徑的價值。研究計畫撰寫者必須能夠預測審查者關切的問題，並且提出辯護論述與例子。接下來，我們提供兩個專欄，讀者們將會見識到兩位研究者如何發展辯護邏輯。首先，專欄29陳述的是申請研究贊助的提案撰寫者如何預測贊助機構對於質性研究實用價值的挑戰，並針對該等挑戰提出辯護。專欄30呈現的是博士生如何成功抗衡審核委員的挑戰，順利捍衛自己有權力酌情變更原先的研究設計，以因應田野研究期間的變動需求。

專欄29

辯護探究確實需要計畫提擬的時間

這項研究計畫是關於三所高中的深度個案研究，旨在探討該等學校進行校園改革的議題（Rossman, Corbet, & Firestone, 1984）。大體而言，內審結果反應相當不錯；不過，其中有一位行政人員對於質性研究的價值還是提出了不少質疑。目前計畫案已經移送往聯邦政府的某機構，在那兒，將會受到更嚴密的審查。如果通過的話，大部分的團隊研究工作將在未來五年內繼續執行。

當研究團隊坐在南下的列車上，他們思考著審核委員可能提出的各種問題。首先，抽樣的計畫肯定會受到挑戰：「進步」這個判準的定義必然需要界定得非常的寬，如此才有可能找到他們所想要研究的高中。其次，研究學校的文化，這對於研究社群的許多人而言都是相當新奇的想法，更別說是華府那些政府官僚了。研究團隊預期，質疑的問題應該會集中在研究學校文化能有什麼實際用處；另外，也有可能問到如何呈現文化變革與轉化等理論概念的問題。

研究團隊慎重斟酌之後，一致同意明智之舉應該是徵引其他學者的應用研究，來發展研究計畫的辯護邏輯，而非依賴人類學領域的文化理論構念。在他們回顧該等應用研究的邏輯理路之後，得到三項最顯著的要點，簡述如後：(1)研究計畫認為，透過「快拍」（snapshot）的方式，不可能充分探索學校革新。需要一種長期而且深入的探索取徑，才能有效探究關於人群、新計畫、根深柢固的信念與價值，還有其他組織層面的事件，這當中諸多複雜的互動；(2)在這項研究計畫之前，對於中等學校變革的歷程所知甚少，過往研究絕大多數聚焦於小學，然後類推到中等學校，這樣的類推很有可能是不甚恰當的，因此，這項計畫的研究目的就在於希望能夠填補此一缺失；(3)關於老師抗拒改革的說法早已是老生常談。這項研究的重要意涵就在於藉由深入該等構念的表面底層，探索參與校園重大改革的老師們的觀點，結果將有可能揭顯老師如何形成抗拒改革的想法。

這項研究計畫請求長期投入三所抽選的高中，針對其社會世界進行

長期研究。一如研究團隊預先設想的，研究時間的安排果然受到挑戰。他們決定使用上述的辯護邏輯來說明如此的時間安排確屬合理，而且有其必要性；另外，他們也向審核人員闡明，涉及複雜歷程的信念體系互動與改變步調總是比較緩慢，因此需要充分的探索時間。

歷經兩個小時的聽證之後，研究團隊覺得已經發揮相當的說服力，充分表達了該項研究計畫的訴求。不過，他們也理解，贊助機構還是無法接受如此長時間的質性研究。幾經協商之後，審核會要求研究團隊修改原本為期一學年的參與觀察的設計。為了避免研究案遭到全盤拒絕，他們同意調整原先的計畫，將資料蒐集時間縮短為六個月，包括冬季與春季兩個學季。

從上述專欄29，我們可以見識到，研究者如何針對研究的主要層面展開扎實的辯護，以支持其正當合理性。研究實質焦點的正當合理性辯護，主要是集中在說明概念架構與研究的重要意涵。至於主要研究取徑（長期投入社會世界）的正當合理性辯護，則是設法展現探索的必要性。

探索理解文化需要深入且長期的投入，以及研究設計的變通彈性。舉例而言，Laverack & Brown（2003）有關斐濟社群的研究，提出討論適度修正的必要性，這是考慮到文化差異，諸如：團體動力、設施、空間配置、性別動力、禮節、時間感等，都有所差別，西方傳統預設如果沒有適度修正，研究可能就會行不通。質性計畫提案者需跨越艱難障礙，說服不熟悉質性研究的批評者，讓他們接受研究設計的變通彈性乃是質性研究成功與否的關鍵。專欄30藉由虛構的經濟學博士生，說明研究計畫提案者如何成功辯護其研究設計確實有必要容許變通彈性。

專欄30

辯護研究設計的變通彈性

　　大二的時候，卡茨修了個體經濟學。早在這之前，他就已經對家庭財務決策問題甚感興趣。這門課讓他接觸到各種相關理論，而原本的興趣也更加確定，同時也為自己的學術興趣找到一處可以安頓的家。博士班修課期間，他開始從跨文化觀點來探索這些議題。只要指導教授同意，他就會盡可能去選修人類學的課程。

　　隨著廣泛研讀其他文化有關家庭財務決策的諸多個案研究，卡茨的興趣也跟著日益加深。很自然地，他愈來愈欣賞人類學家蒐集資料的方法。人類學家的方法似乎和他過去熟悉的經濟計量學或經濟史學的方法相差極大。長期耳濡目染的結果，也讓他更加醉心於這樣的研究方式。目前，卡茨已經準備好進行博士學位論文的研究，他說服了一位論文審委，同意支持他的論文研究計畫：長期深入探索五個不同社經環境家庭的個案研究。在準備面會其他兩位審委之前，他再度檢視研究計畫的各項長處。

　　首先，卡茨著手探索這五個家庭的內部決策歷程；在這個領域，尚未有經濟學方面的研究。這項研究的價值，有一部分就在於能夠增進吾人對於若干財務行為背後之信念、價值與動機等面向的瞭解。其次，由於他使用新的研究方法來探索一個不算新的題材，這也可以算是對於方法論的一種貢獻。他可以援引其他兩、三位質性經濟學者（在各自領域都是相當有成就與地位的學者）的研究作品來展現說明，事實上已經有其他人做過這類充滿風險的研究，而且都有順利完成。

　　再者，他已經徹底爬梳方法論的文獻，找出相關資訊，展現自己充分掌握許多可能發生之議題的知識：研究設計長達60頁，任何可能想到的議題都有相當程度的討論。當然，他的用意並不是要就此徹底解決所有的問題，而是希望能夠藉此展現他知道會有這些可能發生的議題，而且也有相當程度的瞭解其他人處理這些議題的方式。同時也展現出他具備相當程度的敏感度，能夠靈敏感受各項議題決策所涉及的利害權衡。

　　論文計畫審核期間，研究設計部分的涵蓋廣度與內容豐富程度，都

深獲審核委員好評。相關主題的文獻回顧相當完整而透澈，討論也極為敏銳而深入，充分展現他廣博的知識厚度，以及精闢的見解深度，對於博士生而言，能有如此表現確實相當難得。不過，出乎意料地卻有一位委員提出這樣的問題：樣本這麼少，研究成果能有什麼用途？

很幸運地，卡茨記得Kennedy（1979）關於單一個案研究如何類推應用的答辯。他從研究概念架構出發，把研究定位為家庭生命史的探究，從中可以導出若干審慎界定與釐清的分析範疇，以及箇中牽涉的諸多關係。如此一來，卡茨計畫的研究也就可以視為一種涉及多重場域的個案研究。因此，對於卡茨研究計畫的審核，也就可以參照這類型的研究來加以評鑑了。最後，審核委員們都贊同，這樣的辯護邏輯說明確實相當充分，而且極具說服力，所以便核准了卡茨的論文研究計畫。

在前面兩個專欄，研究計畫提案人針對所有層面，進行徹底思索，以提出合乎邏輯而且令人信服的答辯。如果把研究計畫的邏輯辯護看成是支持該項研究計畫的答辯，那麼我們就可以很清楚地看出，提案者確實非常有必要發展清晰的說理結構，也必須建立各項主要研究設計之決策的相關記事檔案，還必須展現構想的研究計畫確實具備了整體的妥適性。這些需求都會變得非常顯而易見。在此提供的各項建議，將有助於質性研究計畫撰寫者透澈思索研究理論概念與方法論等層面的證成，以及整個研究計畫的邏輯辯護。在準備答辯研究計畫的時候，我們建議，研究者應該預先構想，贊助機構或是論文審核委員可能會提出什麼問題。事前做好完善的準備，以及預演答案，將會有助於計畫答辯的表現。表10.1與表10.2列出我們曾經遇過的問題。其中，表10.1是很少接觸質性研究的審核者可能提出的問題；表10.2則是熟悉質性研究的審核者可能提出的問題，他們提問的重點是想要釐清研究計畫當中各項決定是否有合理的證成。

■表10.1　很少接觸質性研究的審核者可能提出的問題

> 「我實在不懂，為什麼大家一窩蜂都做起了質性研究，請你解釋……」
> 「那你為什麼不乾脆就去做調查研究呢？」
> 「這有什麼邏輯可言呢？我一向習慣於數字。」
> 「你有什麼控制組呢？」
> 「結果如何可能外推應用？」
> 「你是資料蒐集者，同時又是資料分析者，那你如何知道自己是對的？」
> 「你如何可能維持客觀？」
> 「你希望我會相信這樣的研究結果嗎？」
> 「那個『扎根理論』，到底是什麼東西啊？」
> 「所謂逐漸浮現的取樣法，到底是什麼意思呢？還有，逐漸浮現的資料分析，又是什麼意思啊？」
> 「你怎麼能夠把故事稱為『資料』呢？」
> 「你甚至連自己要找些什麼都還弄不清楚，這樣又怎麼可能開始進行研究呢？」
> 「這些亂七八糟的東西，有哪一項是有用的呢？」

■表10.2　熟悉質性研究方法論的審核者可能提出的問題

> 「研究計畫是很好啦，可是那有什麼重要性呢？」
> 「你如何確定研究的主題適合質性或量化的研究取徑呢？」
> 「你真的相信自己能夠在一年之內完成這項研究嗎？」
> 「你要經過哪些程序，以便進行資料的分類呢？」
> 「你如何在質性研究當中，處理效度與信度的問題呢？」
> 「請你給些例子，說明以下問題：如何從概念走到資料蒐集？如何從詮釋導出可類化的研究結果？其他自然主義探究？如何處理負面例子？逐漸成形的取樣？」
> 「如果你沒有辦法取得近接權，或是沒有人願意和你說話，你該怎麼辦呢？」
> 「最後的結果會是什麼樣子呢？」
> 「可否請你提供一些可供比較的研究作品？」
> 「你如何讓那些限制論文在12頁以內的期刊，接受質性研究的論文呢？」
> 「你如何從各種生活現實當中，挪出足夠的時間來專注於這樣的研究呢？」
> 「你如何能夠讓決策者或從業人員應用這些研究結果呢？」
> 「你打算隱遁田野，從此銷聲匿跡嗎？」
> 「你怎麼知道何時該停止資料的蒐集？」

　　雖然有些問題可能永遠無法徹底闡明清楚，但是贊助機構的主管或是論文審核委員還是很可能想到而提出這類問題。因此，針對計畫所

提出的質性研究，建立合乎邏輯或合理性的支持根據，將會有助於化解質疑者的看法，並且強化研究計畫的辯護。再者，提案者也可以說些故事來化解疑慮與緊張的質疑問題。比方說，要解釋研究者身為研究工具的彈性與反思性，他或許可以讀幾段Narayan（1993）喜馬拉雅山麓田野研究的描述，有關她如何被看作是諸多不同角色：來自母親村子的某人、孟買人、本地人、外地人等等。但是，當她出現在婚禮場合，「外國貴客大駕光臨可以讓婚家感到顏面有光，我就會無可置疑的被介紹是『美國來的』……她大老遠特地趕來，是啊，帶著相機，還有錄音機。」（頁674）就這樣，她被奉為貴賓看待，雖然在場許多人認為美國人是野蠻民族，因為電視節目常常秀出美國人衣不蔽體的模樣。

展示前例

　　二十一世紀的今天，專門探討質性研究的學術期刊與手冊，有些研究所也會要求博士生應該具備質性研究技巧，研究者已經有相當多資源可供參考引用。雖然我們尊崇傳統，喜歡過去俗民誌大師瑪格麗特等前輩那樣，走進田野之後，隨機應變自創研究策略；但是，新生代的研究者現在可以、也應該善加收割前輩累積的智慧。再者，各個領域運用質性方法而促成重大新知的學者著述也迅速成長，這些也都是新生代的質性研究者可以引述的資源。

　　質性研究在諸如：護理、健康、疾病，以及生活變遷等實務領域中已經取得了值得尊重的地位，研究產量也迅速累積（Sandelowski & Barroso, 2003）。在心理學領域，其研究傳統通常就是實驗控制與統計分析、建立心理歷程的數學模式，有些學者也開始正視質性研究的必要性，以便深入探索「個人『生活世界』（personal 'lifeworlds'）……，以及各種範疇的社會事件詮釋」（Ashworth，2003，頁4）。社工與新聞領域更是質性研究的大本營，並且已經迅速發展許多精進的質性技巧課程與評鑑判準（Morse, 2003; Shaw, 2003; Shaw & Ruckdeschel, 2002）。有一本英語教學期刊，五年期間，95%投稿的論文屬於質性研

究（Smagorinsky, 2007）。不過，還是有些其他領域的期刊，質性研究論文非常少見，甚至比率不到1%。

　　或許，論文計畫辯護質性研究價值的最佳策略就是，分享所屬領域的重要質性研究書籍與期刊論文，通常可以有效說服抱持懷疑態度的審核委員或論文審查者。雖然某些（量化取向的）社會學家可能還是會挑戰《穿白袍的男生》（*Boys in White*）（Becker, Geer, Hughes, & Strauss, 1961）或是《沉默對白》（*The Silent Dialogue*）（Olesen & Whittaker, 1968）關於專業涵化的理解；有些人可能也以沒什麼價值的角度來看待《工作與家庭系統》（*Work and the Family System*）（Piotrkowski, 1979），或是Lareau（1989）的《家庭優勢》（*Home Advantage*）附錄詳細說明所展現的方法論審慎態度；不過，還是有不少人願意抱持開放學習的態度。雖然某些人可能會質疑，Kanter（1977）何以需要耗費那麼多時間只為了研究單一企業；但是，有些人則是認為《企業男女》（*Men and Women of the Corporation*）有關生涯發展流動性的細膩呈現，對於上班族很有參考價值，尤其是女性與弱勢，以及人事部門經理人員。引述這類書籍，或是複印分享管理良好而且極具重要意涵的質性研究報告，或許可以有助於化解審查人員的疑慮，重新肯定質性研究的價值。

　　博覽質性研究方法論文獻、個人所屬領域質性研究報告，以及知名學者的重要著作，這些做法都能提供很好的支持，肯定研究計畫的價值，也能夠說服心存疑慮者，讓其相信研究計畫實際可行。前例也很有幫助，可以用來展現學術新手確實可以把投入質性研究作為學術生涯的一種選擇。Wolcott（2009）發現，學術出版社比較有可能抱持開放的態度，接受某些領域的質性研究作品，包括：非洲研究、人類學、藝術史、亞洲研究、經典研究、文化研究、歐洲歷史、電影、美術、性別研究、地理學、猶太研究、拉丁美洲研究、法律、語言學、文學研究、中東研究、音樂、博物史、哲學、攝影、政治學、宗教研究、自然科學、社會學、婦女研究。還有，頗弔詭的是，即使美國聯邦政府貶抑質性研究的價值，但是許多大學還是廣徵質性研究師資！

構思如何書寫結案報告、學位論文與專書

如同第八章所述，質性研究的資料分析與書寫之間乃是相互交織不分。Glesne（2005）說道：「書寫讓研究者蒐集的大量資料，逐漸取得細心分類與組織的形貌。」（頁173）我們建議，研究者在研究計畫階段就應該考量要採用何種模式來呈現研究成果。對於碩博士學位論文研究，典型的做法就是草擬論文章節大綱。對於申請研究贊助的提案計畫者，通常的做法會包括定期的文書進度報告，以及其他形式的傳播方式，例如：研討會、新聞通訊、紀錄影片、海報發表或展覽。至於展演俗民誌與自傳俗民誌的研究，往往會採用另類或實驗性質的模式來呈現或再現研究成果。因此，舉凡戲劇小品、詩篇、多媒體發表，都是可能採用的報告模式。雖然質性研究領域對於另類傳播策略與另類報告格式的興趣有與日俱增的趨勢，但是文書形式的研究報告仍是主要模式。

組織質性研究報告書寫模式

目前，質性研究報告有若干書寫模式可供採用。Wolcott（2009）提供了許多方式，可用來平衡描述、分析與詮釋。Patton（2002）討論如何平衡描述與詮釋：「無止盡的描述只會讓人不知所云……。描述提供分析的骨架，分析則會進一步導向詮釋。」（頁503）

Taylor & Bogdan（1984）經典著作第八至十二章，建議五種研究報告書寫的取徑，分別簡述如後：

1. 純粹描述的生命史報告：呈現當事人對生活的自我陳述，配合使用分析要點來框架該生命故事，以凸顯當中的重要社會意涵。
2. 深度訪談和參與觀察蒐集資料的報告：呈現參與者的觀點，並且以他們的世界觀構成報告的結構。
3. 實務（或社會現象的現實）關聯理論的報告：先摘要整理描述資料，然後連結到更具普遍意涵的理論構念。
4. 理論架構研究的報告：這是Taylor & Bogdan五種報告書寫中最

具理論性的一種，他們特別舉了一個範例，關於重度認知障礙機
構的研究。該研究報告處理了有關體制化的社會學理論，以及全
控機構（total institution）之情境或條件的符號管理。

5. 理論建立的報告：試圖徵引多種研究情境及多種型態的機構蒐集
到的資料，然後建立理論。他們用以作為範例的報告，探討研究
者本身在研究現場出現所遭遇的各種困難的處境，並且試圖跨越
各種類型的機構、個人與情境，從而推導出理論性的結論。

另外，在眾所周知的《田野故事：論俗民誌書寫》（*Tales of the
Field: On writing ethnography*）中，Van Maanen（1988）標示出質性研
究報告的三大類型，簡述如後：

1. 寫實故事（realist tale）：這是最受肯定的一種書寫類型，學
術期刊論文通常都屬於這種類型。以第三人稱的語氣、寫實
的筆法描述研究的文化，研究者與被研究者之間區隔分明。這
種書寫類型乃是由俗民誌「開山祖師爺／祖師奶〔諸如：瑪
格麗特・米德（Margaret Mead）、威廉富特・懷特（William
Foote Whyte）、霍華・貝克（Howard Becker）、馬林諾夫斯基
（Branislaw Malinowski）等〕創立。此傳統並且奠定了評鑑質
性研究的諸多判準，包括：可信用度、品質、可尊重性等。不
過，Van Maanen認為，這類型的故事很容易流於單調、枯燥、
乏味，有時甚至呆板得令人難以忍受。」（頁48）

2. 自白故事（confessional tale）：高度個人化的敘述，當事人
陳述「在研究場域遭受的各種苦難經歷的迷你通俗劇」（Van
Maanen，1988，頁73）。書寫目的是要展現作者強大的觀察
能耐，以及田野研究的良好紀律與習性，促使讀者關注，文化
描述方法的訓練與涵養對於社會科學乃是相當重要的一環。
Powdermaker（1966）的《陌生人與朋友》（*Stranger and
Friend*）即為箇中經典範本。

3. 印象故事（impressionist tale）：田野研究者呈現自己在研究場
地的經驗，堪稱一種自傳俗民誌。Bowen（1964）就是箇中經
典。晚近範例則有Krieger（1985）與Thorne（1983）。Krieger

（1985）與Thorne（1983）則是比較近期的範例。研究者與被研究者之間沒有明顯區隔，故事的敘說乃是依照發生時間順序來呈現研究場域的各種事件，注意力焦點在於所研究的文化，另外也關注與該等文化之描述和詮釋有關的田野研究經驗。

研究者對於個人角色、倫理與政治立場等因素的考量，也可能會影響報告的書寫。吾人可能會選擇呈現許多版本的真相或是多元的觀點，也可能會假設只確認出單一種真相。選擇說「我詮釋這事件」，而不是說「資料顯現」，這其中的差別，必然存有作者很清楚的抉擇。後現代與女性主義的論述幫助釐清如此的抉擇。由你執筆，針對他人的生命來書寫你在其中觀察與詮釋而得的你的真理（your truth），這其中顯現或暗藏的就是一種權力關係的主張；抱持這種立場的報告寫法，很有可能會違犯了早先關於質性研究工作倫理，以及對於參與者的敏感度等等的主張（Lather, 1991; Tierney & Lincoln, 1997）。

Piantanida & Garman（1999）列舉以下諸項判準，可以有效協助判斷碩博士論文研究與論文寫作的品質：

- 整合性（integrity）：「研究的執行方式與所生產的知識之間，有充分論證的合理連結。」（頁147）
- 追求真理的態度（verite）：「有證據顯示，研究者持有……一種建設性的探究心態。」（頁147）
- 嚴謹性（rigor）：「研究者的思考具有謹慎、精準與優雅等優點。」（頁149）
- 實用性（utility）：「呈現方式能夠讓目標閱聽人確實獲得助益。」（頁152）
- 真實感（vitality）：「研究現象與脈絡有種栩栩如生的感覺。」（頁152）
- 美學的價值（aesthetics）：將現實連結到普遍性（universals），乃至超越性（spirituals）。
- 倫理：展現強烈而親近的信賴與倫理敏感性連結。

對於某些碩博士論文而言，要達到美學判準可能會有困難，這是可以諒解的，但是有價值的碩博士論文應該要能夠達到其他判準。

在質性研究中，引述資料的寫法也是很常見的，書寫者應該預先設想「結案報告呈現的樣子，提早構思如何在資料當中穿插解釋與脈絡」。Kvale & Brinkmann（2009，頁279-281）提供了若干判斷訪談引述好壞的判準：

・引述應該與正文有關聯。

・引述應該有提供脈絡背景。

・引述應該有提供詮釋。

・引述和正文之間應該有適度的平衡。

・引述的長度應該保持簡短。

・只引用最佳的引述。

・大抵上，訪談筆記應該轉寫成文書體例。

・應該有一套簡單明瞭的系統，可以用來編輯管理引述的資料。

上述指南雖然是關於引述的寫法，不過也可以幫助書寫者考量如何呈現任何類型的資料。書寫的風格有很多種，所以，研究者必須發展適合自己的書寫風格，並且能夠配合研究的類型、讀者與個人能力。

另一方面，Flyvbjerg（2001）呼籲研究報告書寫者應該努力追求實用性與行動導向，也就是要發揮他所倡導的實踐（praxis）價值。他援引亞里斯多德的實踐智慧（phronesis），指出此種智慧需要「普遍與具體之間的互動；需要斟酌、判斷、選擇……還有經驗」（頁57），是關於知性的行動力量，而不只是技術性的know-how。需要深刻思索諸如下列的問題：「我們往何處去？」「這樣做好嗎？」「應該要做些什麼？」因此，研究報告不再只是傳統客觀論的社會科學報告。關於邊緣化社群或受到殖民壓迫的社群的研究。這樣的深刻思索尤其迫切，因為在這類研究當中，受惠者往往是研究者，但是研究對象卻很少從中獲得正向的結果。Dunbar（2008）引述原住民研究報告中一位原住民的自身說法：「每當有人做了（原住民的）研究，我的文化就好像平白給抹滅了一塊。」（頁91）

質性研究取徑配套的報告書寫模式

　　除了上述各種報告書寫模式之外，還有四種質性研究取徑與其相應的報告書寫模式，值得特別提出介紹：(1)個案研究；(2)行動研究；(3)展演俗民誌；(4)自傳俗民誌。共通出發點都是主張研究必須始於自然場域，而且必須統合社會政治脈絡。這些類型的研究可能採用所有可茲應用的資料蒐集策略，典型的報告模式則是各異其趣。

一、敘事、生活故事、俗民誌和個案研究報告

　　敘事、生活故事等通常聚焦於單一個人，但是往往從比較大範圍的抽樣與資料蒐集中，用另外一個人的背景來呈現。例如：Sandy（2014）的流浪漢研究中詳盡地描述Delilah的情況，但事實上這個研究有很多的參與者。

　　針對單一特定組織、計畫或過程的研究報導，通常就稱為個案研究（Yin, 2014）。有關文化人類學的個案研究就是俗民誌。事實上，俗民誌可以視為個案研究的特例。俗民誌與個案研究依賴歷史與檔案分析、訪談，而且採用若干類型的觀察作為典型的資料蒐集方式。資料的蒐集通常會採用某種形式的觀察。個案研究應用頗廣，諸如：社群或社區研究、組織機構研究，以及計畫評鑑等。自成一格的豐富傳統載錄了個案研究深入聚焦描繪豐富細節的力量。俗民誌與個案研究可以帶領讀者進入場域，如臨其境見識到其中生動而豐富的細節，這些都是一般格式的分析報告不常見的。

二、多元報告

　　大部分的個案研究和俗民誌使用許多資料蒐集的方法，在最後的報告中，必須要決定用多少觀察資料與訪談對話；如果有調查或分析數據的話，報告中該如何呈現呢？如果使用的方法不只一種，研究者就必須決定強調哪一組結果。應該強調訪談主題，以觀察記錄作補充嗎？或反之？先後順序決定了讀者參與的方式，因此要謹慎思考，哪個為主，哪個為輔，以及兩者的關係所在。

但是我們將利用多種資料來源的個案研究與多元研究區分開來。多元研究有明顯的提案設計，決定在資料蒐集的階段中，由量化或質性的資料主導。有很多文章描述多元研究的方法與步驟，例如：Creswell & Kuckartz（2012）與Creswell & Plano Clark（2010）。

三、行動研究報告

行動研究乃是指關於從業人員的研究，通常由從業人員本身來執行，目的是希望改善自己和其他人的從業處境，發掘問題，以及解決問題。研究問題是和研究參與者協同合作擬定。研究者通常扮演協助者的角色，透過諮商、提問，以及提供文獻知識，從旁協助擴展研究問題。雖然行動研究必須遵循系統化研究的傳統，但是在資料蒐集過程如果有必要，還是可以靈活運用一些比較創新的策略（Herr & Anderson, 2015; Noffke & Somekh, 2009; Selener, 1997; Stringer, 2007）。

行動研究報告的書寫可以採取若干形式。可以採用協同合作書寫的方式來進行；確切合作形式還得依照研究參與者本身的興趣與需求而定。一般而言，比較優先選用的報告方式包括：短篇的口述報告，或是以照片蒙太奇、展覽或紀錄影片等方式來展示研究心得。

基本上，行動研究主要乃是由研究參與者主導決定，以便從中獲得實際助益，而比較不是為了達成研究者的學術需求，因此，研究報告就應該忠於此項主導原則。不論報告採用何種形式，都應該具有內在的關聯性。研究好壞評估應該優先考量是否有助益於參與者，這比方法論嚴謹與否更重要（Arygyris & Schon, 1991）。

再者，由於行動研究的研究者，本身也是參與者，因此，比起傳統研究的觀察者角色，更能夠以局內人的身分，贏得組織或社群內部的信任，從而更能進接各種寶貴的內部現象或觀點，而這些都是傳統的外來觀察者角色比較難以接觸到的（Cole, 1991）。很多時候，行動研究者會採取倡權、批判與解放的立場，把研究歷程當成組織或社群賦權培力的一種過程（Cancian & Armstead, 1992; Fals-Borda & Rahman, 1991; Freire, 1970; Kemmis & McTaggart, 2005; World Health Organization, 2011）。

行動研究希望報告可以化爲直接的行動和參與行爲，或是間接提升政策與計畫方案的決策，進而促成社會改善（在此，讀者可以回想本書第二章關於研究潛在重要意涵的討論）。不過，選擇參與行動研究也可能是一種意識型態的立場展現，一種毅然決然的決心，意圖以直接的方式來促成世界的改變。下面專欄31的例子，將會對此有所說明。

專欄31

規劃參與行動取向的評鑑研究報告

　　研究設計與資料蒐集策略可以透過適當的結構化，從而促進研究對象積極參與研究過程。卡斯泰洛的研究就是很好的例子。他是社會工作學系的研究生，設計了一項參與行動取向的評鑑研究（Castelloe & Legerton, 1998），用以評鑑北卡羅萊納州的《攜手學習計畫》（Learning Together Program）。該項計畫目標有二：(1)提升3至5歲沒有接受幼教之孩童的就學準備水準；(2)強化校方的照護能力，以提供孩童教育與發展方面的支持。

　　卡斯泰洛援引Fraser（1997）與Mouffe & LeClau（1985）的研究做法，以基進民主哲學為理論基礎，設計一套著重權力分享的評鑑研究，致力於評鑑程序當中和參與者分享權力。傳統研究設計中，研究設計與研究問題總是由研究者（或研究團隊）全權決定；相對地，參與行動研究則是致力於將研究對象帶進研究過程，分享參與研究的權力。

　　由於卡斯泰洛的研究興趣是關於草根層級的變革，以及民主的歷程，因此，他特別將民主的結構融入研究設計，讓參與者得以參與資料的蒐集。資料蒐集的技術必須特別設計，以便包容所有層級的個人（包括托育人員與學童，這些人原本應該獲得政策協助，然而在傳統研究取向之下，他們往往是受到噤聲而無從發言的被研究對象）。

　　在卡斯泰洛的研究設計下，研究者必須安排教導該計畫案的工作人員與社區成員，使他們習得從事評鑑所需的技巧。在角色定位方面，他決定充任輔助者與「協同勞動者」（co-laborer）的角色。於是，整個評鑑的運作方向、計畫、問題與目標，都被設計成為可以讓卡斯泰洛和

參與者（包括：工作人員、參與者，以及計畫所在社區等）協同參與投入的共同創作。

資料蒐集的主要技術包括：深度訪談、觀察法、焦點團體訪談。他為此創造了若干策略，以便參與者得以融入研究的決策過程。比方說，他協同專案行政人員、工作人員、社區成員等，合作設計訪談的問題，並且邀請他們針對訪談逐字稿提供回饋意見。

卡斯泰洛關懷民主程序的哲學信念，成為導引整個研究的重要邏輯，促使他致力將參與者納入研究過程，以及檢視《攜手學習計畫》是否合乎民主、參與、融合等原則。他和參與者共同決定研究報告的時機與方式。透過這些思慮周延的做法，強化了共同合作的民主原則。

四、藝術形式或呈現

如第七章所述，藝術本位研究可用來作爲資料蒐集方法，也可用來呈現結果。這種方法可以引起讀者的情緒與不同形式的認知（Pink, 2012）。肖像繪製是種創新，將藝術鑑賞與個案研究結合在一起（Dixson, 2005; Lightfoot, 1985; Lightfoot & Davis, 1997）。呈現視覺敘事成果的新方式有拼貼畫、詩歌與相片（Butler-Kisber, 2010）。有時候，呈現被視爲一種實驗，用藝術而非社會科學的角度來評斷。「創造新詩就是重新整理文字、段落，以詩歌的方式呈現」（頁84），取材自資料中的影像與文字。

同樣地，拼貼畫和攝影也可以引起對現象的感覺。用攝影法蒐集或呈現資料，可以包括聲音、背景圖和情緒。例如：某個研究自閉症的報告包含了許多照片，照片中呈現出參與者從焦慮到沒表情到開心的情緒演變（Butler-Kisber, 2010）。Eisner是這種實驗的始祖，需要素材、訓練、想像力和天賦，這是傳統社會科學研究生所欠缺的。五年級學生利用PhotoVoice進行園藝計畫，這該如何評價呢？需要想像力！（Sands, Reed, Harper, & Shar, 2009）顯然地，我們很難用傳統標準來評價這種呈現方式的質性研究，但前途無量！

五、展演俗民誌

　　展演俗民誌（performance ethnography），就是「把俗民誌研究產生的筆記搬上舞臺展演」（Alexander，2005，頁411），文化的呈現是透過展演的形式，而不是純文書的形式。展演的概念是來自以下的想法：文化的材料與理解可以呈現為戲劇，以及連帶的劇本、道具、舞臺布景、服裝與演出動作（McCall, 2000）。因此，展演俗民誌呈現的不只是文本（俗民誌、劇本），還包括以展演或戲劇的形式，例如：舞臺製作演出、藝術、舞蹈、說故事、街頭劇場或影片，來呈現文化知識在具體脈絡中稍縱即逝的過程（Conrad, 2008）。不過，近年來，有關展演俗民誌的方法論著述，也開始評估可能發揮的批判、解放潛能。誠如Alexander（2005）指出，展演俗民誌當中有一些、但不是全部，在政治與實踐方面，和批判教育學站在同一陣線（頁424）。

六、自傳俗民誌

　　自傳俗民誌（autoethnography），起源是承接展演俗民誌提出的挑戰，旨在打破或挑戰質性研究呈現方式的傳統概念。Holman Jones（2005）主要透過詩作來表達她的研究與政治，她寫道：自傳俗民誌「重疊於，甚至還可說是受惠於下列諸多領域的研究和論文寫作，包括：人類學、社會學、心理學、文學批評、新聞、傳播……，更別說我最喜歡的說故事的人、詩人、音樂人」（頁765）。自傳俗民誌的呈現可以採取傳統的文書模式，很多時候非常近似於作者居敘事中心地位的研究報告。其他的呈現形式還包括：詩、劇場演出或是音樂製作。自傳俗民誌有一項或隱或顯的主張，就是透過敘說自我的故事，從而教導、打斷或激發行動，並且對政治、文化與身分認同提出質疑。

　　例如：討論「藉由個人敘事來瞭解亞斯伯格症」（Hughes，2012，頁95），「大學裡的閒聊、對談完全是浪費時間」（頁99）。我們常常會努力將個人經驗與過去文獻裡的大型議題連結在一起，此時，傳統的效度標準就不適用。「效度表示成果要逼真，讓讀者覺得跟現實很像、可信、可行、可能成真。」（Ellis, Adams, & Bochner, 2011，頁282）

接下來兩個專欄是關於傳統模式的研究報告寫作可能面臨的挑戰與考量。專欄32陳述分析與寫作相互穿插的情形。專欄33引自一項亂倫的研究，藉以說明撰寫禁忌主題研究報告面臨的嚴苛挑戰。

專欄32

報告與分析交互穿插

很多時候，人們往往認為資料的分析與研究報告的撰寫，乃是兩個互相區隔的獨立作業階段。一般介紹陳述也都是採取如此看法。不過，有愈來愈多的研究者在撰寫研究報告的同時，也會利用機會呈現資料分析的演化過程。Gerstl-Pepin（1998）關於教育改革的研究報告，就是這種做法的絕佳範例。

Gerstl-Pepin建構一個研究理論架構，批判檢視北卡羅萊納州一項藝術本位教育改革運動是否發揮反公共領域（Fraser, 1997）的功能，並且促成民主結構化的教育政策與革新。Gerstl-Pepin研究興趣主要在於，從理論層面來關注上述民主結構化革新運動的前景；但是，她也很有興趣以訪談敘說故事的方式，來探究和呈現該項教育改革運動。

為了平衡這兩方面的興趣，Gerstl-Pepin決定採取類似Lather & Smithies（1997）的研究取徑。她將自己對於研究問題思考的反覆轉向，穿插呈現在研究報告的正文當中。她之所以有興趣，希望能夠把研究理念的演變過程納入研究報告當中，乃是出於覺察到研究典範轉移，對於研究者主體性的強調。在分析資料過程中，Gerstl-Pepin屢次邂逅「受教時刻」（teachable moments），她對於研究的理解，以及概念架構的構想，往往獲得進一步的發展或轉移。於是，她就把這些寫成與正文有所區隔的若干方塊敘述，加上標題「插曲：研究反思」，穿插納入到有關革新運動的敘事報告當中。在這些插曲的描述中，讀者可以看到她對於研究的想法以及研究的焦點，產生了哪些演變。這些反思方塊就像是故事中的故事一樣，讓讀者不僅參與革新運動歷程的故事，同時也參與研究者的研究探索歷程。

　　雖然本書各部分時常有討論到倫理的問題，當我們現在要來討論有關研究報告書寫的規劃時，還是得重新檢視相關的倫理問題。即使在進接場域與資料蒐集階段已經有審慎關照倫理議題，但是在規劃研究報告書寫的時候，還是可能會有新的倫理議題發生。研究者還是必須有規劃，不應該到了最後寫完研究報告，才猛然驚覺自己發表的研究可能造成某些傷害。因此，本書倒數第二個專欄——專欄33，呈現的例子就是關於報告禁忌主題時可能遭遇的倫理兩難困境。

專欄33

「談論禁忌」：延續研究建立的關係

　　分析資料與撰寫報告期間，祁格爾曼（Kiegelmann, 1997）設計了不少創意做法來保護研究參與者。這對於任何研究都是很重要的考量，更何況祁格爾曼研究的是有關兄弟姊妹亂倫的敏感議題，所以她更需要特別敏銳地關注研究參與者，確保他們可以充分信賴她，自在敘說個人充滿情緒張力和高度敏感性的私密生活敘事。其中有一位參與者甚至和她分享童年時期的日記，那是她在亂倫發生之後幾分鐘內寫下的。祁格爾曼和這些研究參與者們成為支持團體，而且在研究完成之後，仍然持續聚會相互扶持。

　　隨著資料分析向前推進，祁格爾曼逐漸從中確認了若干主題，並且注意到參與者敘事說法當中各種微妙、細膩而豐富的細節。文獻探討結果也提供了聚焦方向，特別是有關女生對於女性特質的觀點、「好女孩」的觀點，以及女生的特殊認知方式等等。在資料分析中，浮現而出三大群集的聲音：(1)沉默的聲音（silent voice）；(2)肉身化的聲音（embodied voice）；(3)命名的聲音（naming voice）。祁格爾曼預估，有必要報導與引用她們的親身說法，以及請她們再確認研究紀錄和詮釋內容的有效性，還得徵求同意允許使用她們說的話。因此，她給每位婦女建立了個人的傳記，並且送交給她們徵求回饋意見，然後再把她們的回饋與評論意見融入報告中。當研究進入尾聲，她再把完整研究報告的草稿送交給每位參與者，她們得以利用這個機會，提供更多詳盡的

細節。不過，到了這個階段，參與者就不能再改變既定的詮釋基調。由
於有如此的互動過程，所以在研究結束之後，這建立的信賴關係仍然繼
續維持，研究「忠於現實的程度」（truthfulness）也因而得以提升，而
且參與者自我呈現其生活的主控權也不至於遭受剝奪。

　　從專欄33的例子當中，我們可以見識到，研究者對於參與者高度的
倫理敏感度。在研究過程中，祁格爾曼（Kiegelmann, 1997）始終都很
尊重參與者的生命故事和個人聲音。具體而言，這包含諸項流程的循環
運作如後：撰寫個人生命故事或傳記→寄給參與者邀請提供意見→融入
回饋意見→徵求對於完整報告草稿的進一步補充意見→最後，將這些婦
女的補充意見融入結案報告之中。雖然實施這種循環程序相當耗費時間
和心力，但是這也確保祁格爾曼能夠落實對於該等婦女的承諾，以及她
所堅持的研究倫理實踐。

＊　　＊　　＊　　＊　　＊

　　哲學探究與典範的轉移特別凸顯了研究者的主體性，以及研究者
和研究歷程的關聯。在報告當中置入分析備忘錄、方法論註解或是「插
曲」，諸如此類的做法，可以讓研究者的主體性與研究歷程的關聯更形
透明化。在過去，科學傳統支配的研究報告往往比較沉悶呆板，甚至了
無生氣。然而，質性研究的報告則通常充滿了活靈活現的生活化引述、
標題與次標題，結合了學術書寫與常民生活化的說法，容許研究者發揮
個人創意。例如：《老兵照護：「有誰關心我們？」》（*Veteran Care:
Who Cares about Us?*），這樣生活化的標題，比起典型的研究報告，更
能激發讀者一探究竟的好奇心。

　　指導教授對於博士候選人通常不太可能牽著手（handholding）亦
步亦趨，每一篇分析與寫作都給予提攜、支持和指導。就此而言，在
Wolcott（2009）提供的諸多建言之中，我們最喜歡的就是他告訴學
生，不妨想像自己寫作的時候，他就站在背後觀看。

　　當研究者思索最後報告的「樣貌」時，應該考量納入什麼內容，以及要採用何種呈現格式。基金會、政府機構、民間企業贊助支持的研究，通常都會有規定的報告格式。學位論文通常採用實證傳統的格式，局部調整較長篇幅的章節呈現研究發現，另外也可能加上若干章節的特定主題報告。如果有意找出版社出書，多半就得配合出版社認為較具有賣相的格式，看是要銷往機場書報攤，或是學術機構的圖書館。

　　學經歷豐富的學者或許可以多玩些創意。Robert Coles（1977）關於危機孩童的系列研究報告，內容就包含了孩童的蠟筆畫，以及豐富的描述。他設法說服出版社，這些資料都是不可或缺的，而且一本書500頁的篇幅絕對值回票價。他甚至針對自己採取的寫作方法，提出如後的說明：「我試著在我的限度之內，去擁抱社會學散文的寫作傳統……我想這本書應該可以說是結合了臨床觀察、敘事描述、口述史、心理分析、社會評論。」（Coles，1977，頁59）由於他的學經歷還算不錯，所以可以行得通。但是一般的碩博士研究生可能就沒辦法如法炮製。關於報告格式，我們最底線的建議就是，應該要適合預設的閱讀對象或使用對象，並且適配原初的研究目的，以及當初投入研究的熱情初衷。

　　研究計畫階段就要決定研究報告的樣子，有些人或許會覺得超之過早。不過，研究計畫各個階段與層面，諸如：研究類型、可行性、角色、倫理、場域、資料蒐集、管理、分析策略，這些都會影響最後的研究報告。所以，在研究計畫發展的過程，就必須先提早思考如何安排研究報告的書寫，而且在研究過程也應該和寫作密切連接。關於質性研究報告的寫作，Wolcott（2009）的建議相當簡單，但還是非常有幫助：從描述開始寫起，或是從研究方法開始寫。不論如何，開始寫就對了！如同專欄34所示，不管挑戰如何艱辛、迷惘，不要忘記與真人共事的愉悅。此專欄原著者為Kirandeep Sirah，由Marshall 和Dalyot改寫。

專欄34

與Johnny一起發現「表達領域」

　　Johnny是個在教堂山流浪漢收容所的老人，這幾年做研究的關係，

我持續地到這個社區訪查。跟我在開放的學術社群裡膚淺的對話迥然不同，我跟Johnny的對話是真誠地文化交流。最後，我跟Johnny在收容所碰面，坐在外面叼根菸，半室內半室外，我倆共享空間，共度時光。在這個狹小的空間裡，我們談世界大事，也聊個人處境與困難。

他說自己膝蓋不太好，想要搬到另外一個社區，遠離收容所。他還跟我說他過去的歷史，煮的食物，曾經擁有的家人與朋友，還有對未來的憧憬。雖然意氣風發，但是Johnny的演說似乎很稀鬆平常。他開始分享生活中的趣事。有一天，我關掉錄音機，他開始告訴我附近有棵樹讓他想起一個黑山上的地方。我很喜歡將故事主題轉到我的故鄉蘇格蘭的高山與公園。我們的關係已超越俗民誌訪談者與顧問，他說我是他唯一的朋友。

從此，我們的交談超越經驗分享，我開始仔細聆聽Johnny所說，允許自己留意交談內容，並非只是問與答。Johnny說故事，給他機會講出自己的挑戰，或許藉此反駁流浪漢的惡名。對話的表達有助於建構身分認同，我倆開始展望新生活的方向。

我發現俗民誌本身就好像流浪漢的故事——冒險航向未知，期盼被接納，尋找屬地的過程，因此俗民誌研究者需要——點流浪漢精神。我體認到Johnny的故事跟其他人——有家的人、學生、教授等等——沒有什麼不同。從此，我開始將俗民誌旅程視為驗證的方法；Johnny還教我顧問不僅僅只是良師，同時也是研究團體裡的主要聽眾。

感恩節當天，我帶著大餐到收容所找Johnny，但是他不在，有人說他回到山上了。我感到失落，只希望不管我的朋友在何方，他都找到家了。

結　語

在發展質性研究計畫的過程中，由於各部分組成元素之間相互關

聯的緣故，因此勢必需要不斷反覆修訂。而所有努力的最後產物，就是希望能夠創造出一份足以說服讀者的研究計畫，同時還能夠給研究者提供一份可茲參照導引研究進程的指南。這樣的研究計畫可以證成，研究者選擇了適當而且有效的質性方法；還可以展現，研究者具有足以完成研究的勝任能力。研究者必須耗費相當可觀的時間、思慮、精力，才可能寫成一份優秀的研究計畫（至少必須具備下列條件：理論必須妥適完善；方法必須周延而且合乎倫理、效率等要求；能夠展現研究者確實具備勝任該項研究的能力；能夠導出妥適、令人信服的結論，忠實反映研究主題與研究參與者的意義世界；以及撰寫結案報告）。這樣一份優秀的研究計畫，雖然在構思與撰寫階段必須付出頗大的代價，不過在研究實施過程，這一切的付出都將化為難以估價的回報。

準備好一份優秀的研究計畫，做好準備全心投入，踏上研究旅途，開開心心迎向質性研究充滿喜悅與挑戰的「有紀律可循的混亂」（disciplined messiness）（Lather, 2009）。

作者書簡

凱瑟琳：上週我聽了一場很長的演說，某干預訓練教師發表他長達三年的研究成果。經過嚴密的測量後，他們發現第一年和第二年的成果很好，但是第三年卻不好。他們的結論：「我們不禁懷疑為什麼教師在第三年懈怠了呢？我猜我們應該進教室觀察，同時進行教師訪談。」我邊笑邊想，「稍微瞭解校園文化、有一丁點質性觀念的人一開始就知道該如何解決了。」

葛蕾琴：這個例子太好了！有了嚴密的計畫，希望我們的學生都能超前領先。聽說學生在思索該如何完成計畫時，讀我們這本書（希望是最新版的！）能獲益良多。書裡有深度的談話有助於建構完整的計畫，我猜這本書很有價值。

📄 延伸閱讀 📄

● 研究計畫口試

Bloomberg, L. D., & Volpe, M. (2012). *Completing your qualitative dissertation: A roadmap from beginning to end* (2nd ed.). Thousand Oaks, CA: Sage.

Meloy, J. M. (1994). *Writing the qualitative dissertation: Understanding by doing.* Hillsdale, NJ: Lawrence Erlbaum.

Piantanida, M., & Garman, N. B. (1999). *The qualitative dissertation: A guide for students and faculty.* Thousand Oaks, CA: Corwin Press.

● 研究報告書寫、呈現與再現的形式

Conrad, D. H. (2008). Performance ethnography. In L. M. Given (Ed.), *The SAGE encyclopedia of qualitative research methods* (pp. 607-611). Thousand Oaks, CA: Sage.

DeCuir, J. T., & Dixson, A. D. (2004). "So when it comes out, they aren't that surprised that it is there": Using critical race theory as a tool of analysis of race and racism in education. *Educational Researcher, 33*, 26-31.

Denzin, N. K., Lincoln, Y. S., & Smith, L. T. (Eds.). (2008). *Handbook of critical and indigenous methodologies.* Thousand Oaks, CA: Sage.

Dunbar, C., Jr., Rodriguez, D., & Parker, L. (2003). Race, subjectivity, and the interview process. In J. A. Holstein & J. F. Gubrium (Eds.), *Inside interviewing: New lenses, new concerns* (pp. 131-150), Thousand Oaks, CA: Sage.

Ellis, C., & Bochner, A. P. (Eds.). (1996). *Composing ethnography: Alternative forms of qualitative writing.* Walnut Creek, CA: AltaMira.

Flyvbjerg, B. (2001). *Making social science matter: Why social inquiry fails and how it can succeed again.* Cambridge, UK: Cambridge University Press.

Flyvbjerg, B. (2004). Five misunderstandings about case study research. In C. Seale, G. Gabo, J. F. Gubrium, & D. Silverman (Eds.), *Qualitative research practice* (pp. 420-434). Thousand Oaks, CA: Sage.

Furman, R., Langer, C. L., Davis, C. S., Gallardo, H. P., & Kulkarni, S. (2007). Expressive, research and reflective poetry as qualitative inquiry: A study of adolescent identity. *Qualitative Research, 7*(3), 301-315.

Gitlin, A. (Ed.). (1994). *Power and method: Political activism and educational research.* New York: Routledge.

Glesne, C. (2010). *Becoming qualitative researchers: An introduction* (4th ed.). Boston, MA: Pearson.

Herr, K., & Anderson, G. L. (2015). *The action research dissertation: A guide for students and faculty* (2nd ed.). Thousand Oaks, CA: Sage.

Kvale, S., & Brinkmann, S. (Eds.). (2009). *Interviews: Learning the craft of qualitative research interviewing* (2nd ed.). Thousand Oaks, CA: Sage.

Narayan, K., & George, K.M. (2003). Personal and folk narratives as cultural representation. In J. F. Gubrium & J. A. Holstein (Eds.), *Postmodern interviewing* (pp. 123-139). Thousand Oaks, CA: Sage.

Noffke, S. E., & Somekh, B. (Eds.). (2009). *The SAGE handbook of educational action research.* London: Sage.

Richardson, L. (1990). *Writing strategies: Reaching diverse audiences.* Newbury Park, CA: Sage.

Richardson, L. (2000). Writing: A method of inquiry. In N. K. Denzin & Y. S. Lincoln (Eds.), *The Sage Handbook of qualitative research* (2nd ed, pp. 923-948). Thousand Oaks, CA: Sage.

Richardson, L., & St. Pierre, E. A. (2005).Writing: A method of inquiry. In N. K. Denzin & Y. S. Lincoln (Eds.), *The SAGE handbook of qualitative research* (3rd ed., pp. 959-978). Thousand Oaks, CA: Sage.

Silverman, D. (2013). *A very short, fairly interesting and reasonably cheap book about qualitative research* (2nd ed.). Thousand Oaks: Sage.

Stake, R. (1995). *The art of case study research.* Thousand Oaks, CA: Sage.

Tierney, W. G., & Lincoln, Y. S. (Eds.). (1997). *Representation and the text: Re-framing the narrative voice.* Albany: State University of New York Press.

Van Maanen, J. (1988). *Tales of the field: On writing ethnography.* Chicago: University of Chicago Press.

Van Maanen, J. (Ed.). (1995). *Representation in ethnography.* Thousand Oaks, CA: Sage.

Wolcott, H. F. (2009). *Writing up qualitative research* (3rd ed.). Thousand Oaks, CA: Sage. 《質性研究寫作》第三版，李政賢／譯。臺北市：五南（2011）。

Zinsser, W. (1990). *On writing well: An informal guide to writing nonfiction* (4th ed.). New

York: Harper.

● 作者特選

Piantanida, M., & Garman, N. B. (1999). *The qualitative dissertation: A guide for students and faculty*. Thousand Oaks, CA: Corwin.

Silverman, D. (2013). *A very short, fairly interesting and reasonably cheap book about qualitative research* (2nd ed.). London: Sage.

Van Maanen, J. (1988). *Tales of the field: On writing ethnography*. Chicago, IL: University of Chicago Press.

Van Maanen, J. (Ed.). (1995). *Representation in ethnography*. Thousand Oaks, CA: Sage.

Wolcott, H. F. (2009). *Writing up qualitative research* (3rd ed.). Thousand Oaks, CA: Sage.

關鍵概念

confirmability	可證實性
credibility	可信度
criteriology	判準邏輯
critical friend	諍友
dependability	可靠度
emic perspectives	局內人觀點
handholding	牽手；亦步亦趨的指導
liberatory potential	解放潛能
multiple understandings	多元理解
phronesis	實踐智慧
politics of knowledge	知識政治學
proposal defense	研究計畫辯護
replicability	可複製性
respectability	值得尊重
running record	流程記錄
scientifically based research	科學立基研究
second decision span in generalizing	第二層級類推
transferability	可遷移性
triangulation	三角檢核
truth value	真理值

參考書目

Ajodhia-Andrews, A., & Berman, R. (2009). Exploring school life from the lens of a child who does not use speech to communicate. *Qualitative Inquiry, 15*(5), 931–951.

Alemán, E. (Writer), & Luna, R. (Writer & Director). (2013). *Stolen education* [Motion picture]. Salt Lake City: University of Utah.

Alexander, B. K. (2005). Performance ethnography: The reenacting and inciting of culture. In N. K. Denzin & Y. S. Lincoln (Eds.), *The SAGE handbook of qualitative research* (3rd ed., pp. 411–441). Thousand Oaks, CA: Sage.

Alibali, M. W., & Nathan, M. J. (2007). Teachers' gestures as a means of scaffolding students' understanding: Evidence from an early algebra lesson. In R. Goldman, R. Pea, B. Barron, & S. J. Derry (Eds.), *Video research in the learning sciences* (pp. 349–365). Mahwah, NJ: Erlbaum.

Allen, C. (1997, November). Spies like us: When sociologists deceive their subjects. *Lingua Franca, 7,* 31–39.

Altman, D. (2001). Rupture or continuity? The internationalization of gay identities. In J. Hawley (Ed.), *Postcolonial, queer: Theoretical intersections* (pp. 19–41). Albany: State University of New York Press.

Alvarez, R. (1993). *Computer-mediated communications: A study of the experience of women managers using electronic mail.* Unpublished manuscript, University of Massachusetts Amherst.

Alvesson, M. (2003). Methodology for close up studies: Struggling with closeness and closure. *Higher Education, 46,* 167–193.

American Evaluation Association. (n.d.). *Qualitative data analysis software.* Retrieved August 20, 2014, from http://www.eval.org/p/cm/ld/fid=81

Anderson, G. (1989). Critical ethnography in education: Origins, current status, and new directions. *Review of Educational Research, 59,* 249–270.

Anderson, G. L., & Herr, K. (1993). The micro-politics of student voices: Moving from diversity of voices in schools. In C. Marshall (Ed.), *The new politics of race and gender* (pp. 58–68). Washington, DC: Falmer Press.

Anderson, J. (2004). Talking whilst walking: A geographical archaeology of knowledge. *Area, 36*(3), 254–261. doi:10.1111/j.0004-0894.2004.00222.x

Anfara, V. A., Jr., Brown, K. M., & Mangione, T. L. (2002). Qualitative analysis on stage: Making the research process more public. *Educational Researcher, 31,* 28–38.

Argyris, C., & Schön, D. A. (1974). *Theory in practice.* San Francisco, CA: Jossey-Bass.

Ashcroft, B., Griffiths, G., & Tiffin, H. (2000). *Post-colonial studies: The key concepts.* London: Routledge.

Ashworth, P. (2003). The origins of qualitative psychology. In J. A. Smith (Ed.), *Qualitative psychology: A practical guide to research methods* (pp. 4–24). London: Sage.

Atkinson, P., Delamont, S., & Hammersley, M. (1988). Qualitative research traditions: A British response to Jacob. *Review of Educational Research, 58,* 231–250.

Ashcroft, B., Griffiths, G., & Tiffin, H. (2000). *Post-colonial studies: The key concepts.* London: Routledge.

Ashworth, P. (2003). The origins of qualitative psychology. In J. A. Smith (Ed.), *Qualitative psychology: A practical guide to research methods* (pp. 4–24). London: Sage.

Atkinson, P., Delamont, S., & Hammersley, M. (1988). Qualitative research traditions: A British response to Jacob. *Review of Educational Research, 58,* 231–250.

Atkinson, R. (1998). *The life story interview.* Thousand Oaks, CA: Sage.

Auerbach, C., & Silverstein, L. B. (2003). *Qualitative data: An introduction to coding and analysis.* New York: New York University Press.

Bâ, M. (1989). *So long a letter* (M.-B. Thomas, Trans.). London: Heinemann. (Original work published in 1979)

Ball, S. J. (2012). *Global education Inc.: New policy networks and the neoliberal imaginary.* New York: Routledge.

Banks, M. (2001). *Visual methods in social research.* London: Sage.

Bargar, R. R., & Duncan, J. K. (1982). Cultivating creative endeavor in doctoral research. *Journal of Higher Education, 53,* 1–31.

Barone, T., & Eisner, E. (2012). *Arts-based research* (2nd ed.). Thousand Oaks, CA: Sage.

Barthes, R. (1972). *Mythologies.* London: Cape.

Basit, T. N. (2003). Manual or electronic? The role of coding in qualitative data analysis. *Educational Research, 45*(2), 143–154.

Baucom, D. H., & Kerig, P. K. (2004). Coding couples' interactions: Introduction and overview. In P. K. Kerig & D. H. Baucom (Eds.), *Couple observational coding systems* (pp. 3–10). Mahwah, NJ: Lawrence Erlbaum.

Baym, N. (2000). *Tune in, log on: Soaps, fandom and online community.* Thousand Oaks, CA: Sage.

Becker, H. S., Geer, B., Hughes, E. C., & Strauss, A. L. (1961). *Boys in white: Student culture in medical culture.* Chicago, IL: University of Chicago Press.

Benbow, J. T. (1994). *Coming to know: A phenomenological study of individuals actively committed to radical social change.* Unpublished doctoral dissertation, University of Massachusetts Amherst.

Bennis, W. G., & Nanus, B. (2003). *Leaders: Strategies for taking charge.* New York: Harper & Row.

Berelson, B. (1952). *Content analysis in communication research.* Glencoe, IL: Free Press.

Berger, M. T. (2003). Dealing with difficult gatekeepers, vulnerable populations, and hooks that go awry. In M. S. Feldman, J. Bell, & M. T. Berger (Eds.), *Gaining access* (pp. 65–68). Walnut Creek, CA: AltaMira Press.

Bhana, D. (2005a). Violence and gendered negotiation of masculinity among young black school boys in South Africa. In L. Ouzgane & R. Morrell (Eds.), *African masculinities: Men in Africa from the late 19th century to the present* (pp. 205–220). New York: Palgrave Macmillan.

Bhana, D. (2005b). What matters to girls and boys in a black primary school in South Africa. *Early Child Development and Care, 175*(2), 99–111.

Bhattacharya, K. (2007). Consenting to the consent form: What are the fixed and fluid understandings between the researcher and the researched? *Qualitative Inquiry, 13*(8), 1095–1115.

Bignante, E. (2009, December). The use of photo-elicitation in field research: Exploring Maasai representations and use of natural resources. *EchoGéo*. Retrieved March 19, 2014, from http://echogeo.revues.org/11622

Birdwhistell, R. L. (1970). *Kinesics and context: Essays on body motion communication.* Philadelphia: University of Pennsylvania Press.

Bishop, R. (2005). Freeing ourselves from neocolonial domination in research: A Kaupapa Maori approach to creating knowledge. In N. K. Denzin & Y. S. Lincoln (Eds.), *The SAGE handbook of qualitative research* (3rd ed., pp. 109–138). Thousand Oaks, CA: Sage.

Bloomberg, L. D., & Volpe, M. F. (2012). *Completing your qualitative dissertation: A road map from beginning to end* (2nd ed.). Thousand Oaks, CA: Sage.

Boal, A. (1997). *Theater of the oppressed.* London: Pluto Press.

Boal, A. (2002). *Games for actors and non-actors* (2nd ed.). London: Routledge.

Bogdan, R. C., & Biklen, S. K. (2006). *Qualitative research for education: An introduction to theories and methods* (5th ed.). Boston, MA: Pearson.

Borgatti, S. (2014). *Introduction to grounded theory.* Retrieved January 20, 2014, from http://www.analytictech.com/mb870/introtoGT.htm

Bowen, E. S. (1964). *Return to laughter.* Garden City, NY: Doubleday.

Boylorn, R. M. (2013). Blackgirl blogs, auto/ethnography, and crunk feminism. *Liminalities: A Journal of Performance Studies, 9*(2), 73–82.

Brainard, J. (2001). The wrong rules for social science? *Chronicle of Higher Education, 47*(26), A21–A23.

Brantlinger, E. A. (1997, April). *Knowledge, position, and agency: Activism and inward gaze as a natural next step in local inquiry.* Paper presented at the annual meeting of the American Educational Research Association, San Diego, CA.

Brice Heath, S., & McLaughlin, M. (1993). *Identity and inner-city youth: Beyond ethnicity and gender.* New York: Teachers College Press.

Briggs, J. (2000). *Fire in the crucible: Understanding the process of creative genius.* Grand Rapids, MI: Phanes.

Brissett, N. O. M. (2011). *A critical analysis of Jamaica's emerging educational policy discourses in the age of globalization.* Unpublished doctoral dissertation, University of Massachusetts Amherst.

Bronfenbrenner, U. (1980). Ecology of childhood. *School Psychology Review, 9,* 294–297.

Brown, L., & Durrheim, K. (2009). Different kinds of knowing: Generating qualitative data through mobile interviewing. *Qualitative Inquiry, 15*(5), 911–930.

Browne, A. (1987). *When battered women kill.* New York: Free Press.

Bruner, J. S. (1990). *Acts of meaning.* Cambridge, MA: Harvard University Press.

Buchanan, E. A. (2003). *Readings in virtual research ethics: Issues and controversies.* Hershey, PA: Information Science Publishing.

Burrell, G., & Morgan, G. (1979). *Sociological paradigms and organizational analysis.* London: Heinemann.

Busch, C., De Maret, P. S., Flynn, T., Kellum, R., Le, S., Meyers, B., . . . Palmquist, M. (2005). *An introduction to content analysis.* Available from http://writing.colostate.edu/guides/guide.cfm

Bustelo, M., & Verloo, M. (2009). Grounding policy evaluation in a discursive understanding of politics. In E. Lombardo, P. Meier, & M. Verloo (Eds.), *The discursive politics of gender equality* (pp. 153–168). New York: Routledge.

Butler, J. (1999). *Gender trouble: Feminism and the subversion of identity.* New York: Routledge.

Butler-Kisber, L. (2010). *Qualitative inquiry: Thematic, narrative and arts-informed perspectives.* Thousand Oaks, CA: Sage.

Campbell-Nelson, K. (1997). *Learning the land: A local hermeneutic for indigenous education in West Timor, Indonesia.* Unpublished research proposal for the U.S. Information Agency, Fulbright-Hays Doctoral Support Program, University of Massachusetts Amherst.

Cancian, F. M., & Armstead, C. (1992). Participatory research. In E. F. Borgatta & M. Borgatta (Eds.), *Encyclopedia of sociology* (Vol. 3, pp. 1427–1432). New York: Macmillan.

Cannella, G. S., & Manuelito, K. D. (2008). Feminisms from unthought locations: Indigenous worldviews, marginalized feminisms, and revisioning an anticolonial social science. In N. K. Denzin, Y. S. Lincoln, & L. T. Smith (Eds.), *Handbook of critical and indigenous methodologies* (pp. 45–59). Thousand Oaks, CA: Sage.

Capra, F. (1975). *The Tao of physics.* Berkeley, CA: Shambhala.

Capra, F. (1982). *The turning point: Science, society and the rising culture.* New York: Simon & Schuster.

Capra, F. (1996). *The web of life.* New York: Doubleday.

Carspecken, P. F. (1996). *Critical ethnography in educational research: A theoretical and practical guide.* New York: Routledge & Kegan Paul.

Castelloe, P., & Legerton, M. (1998). *Learning together: Children and caregivers getting ready for school* (A 2-year report and evaluation for the Learning Together Project). Lumberton, NC: Center for Community Action.

Chaplin, E. (2011). The photo diary as an autoethnographic method. In E. Margolis & L. Pauwels (Eds.), *The SAGE handbook of visual research methods* (pp. 241–262), Thousand Oaks, CA: Sage.

Charmaz, K. (2000). Grounded theory: Objectivist and constructivist methods. In N. K. Denzin & Y. S. Lincoln (Eds.), *The SAGE handbook of qualitative research* (2nd ed., pp. 509–535). Thousand Oaks, CA: Sage.

Charmaz, K. (2005). Grounded theory in the 21st century: Applications for advancing social justice studies. In N. K. Denzin & Y. S. Lincoln (Eds.), *The SAGE handbook of qualitative research* (3rd ed., pp. 507–535). Thousand Oaks, CA: Sage.

Charmaz, K. (2008). Constructionism and the grounded theory method. In J. A. Holstein & J. F. Gubrium (Eds.), *Handbook of constructionist research* (pp. 397–412). New York: Guilford Press.

Charmaz, K. (2009). Shifting the grounds: Constructivist grounded theory methods. In J. M. Morse, P. N. Stern, J. Corbin, B. Bowers, K. Charmaz, & A. E. Clarke (Eds.), *Developing grounded theory: The second generation* (pp. 127–154). Walnut Creek, CA: Left Coast Press.

Charmaz, K. (2014). *Constructing grounded theory: A practical guide through qualitative analysis* (2nd ed.). Thousand Oaks, CA: Sage.

Chase, S. E. (1995). *Ambiguous empowerment: The work narratives* of women school superintendents. Amherst: University of Massachusetts Press.

Chase, S. E. (2005). Narrative inquiry: Multiple lenses, approaches, voices. In N. K. Denzin & Y. S. Lincoln (Eds.), *The SAGE handbook of qualitative research* (3rd ed., pp. 651–679). Thousand Oaks, CA: Sage.

Chaudhry, L. N. (1997). Researching "my people," researching myself: Fragments of a reflexive tale. *Qualitative Studies in Education, 10*(4), 441–453.

Cho, J., & Trent, A. (2006). Validity in qualitative research revisited. *Qualitative Research, 6*(3), 319–340.

Christians, C. G. (2000). Ethics and politics in qualitative research. In N. K. Denzin & Y. S. Lincoln (Eds.), *The SAGE handbook of qualitative research* (2nd ed., pp. 133–155). Thousand Oaks, CA: Sage.

Christians, C. G. (2005). Ethics and politics in qualitative research. In N. K. Denzin & Y. S. Lincoln (Eds.), *The SAGE handbook of qualitative research* (3rd ed., pp. 139–164). Thousand Oaks, CA: Sage.

Clarricoates, K. (1987). Child culture at school: A clash between gendered worlds? In A. Pollard (Ed.), *Children and their primary schools* (pp. 26–41). London: Falmer Press.

Cohen-Mitchell, J. B. (2005). *Literacy and numeracy practices of market women in Quetzaltenango, Guatemala.* Unpublished doctoral dissertation, University of Massachusetts Amherst.

Cole, A. L., & Knowles, J. G. (2001). *Lives in context: The art of life history research.* Walnut Creek, CA: AltaMira Press.

Coles, R. (1977). *Eskimos, Chicanos, Indians: Children of crisis* (Vol. 4). Boston, MA: Little, Brown.

Collins, P. H. (1990). *Black feminist thought: Knowledge, consciousness, and the politics of empowerment.* New York: Routledge & Kegan Paul.

Connelly, F. M., & Clandinin, D. J. (1990). Stories of experience and narrative inquiry. *Educational Researcher, 19,* 2–14.

Connor, S. (1989). *Postmodernist culture: An introduction to theories of the contemporary.* Oxford, UK: Blackwell.

Conrad, D. H. (2008). Performance ethnography. In L. M. Given (Ed.), *The SAGE encyclopedia of qualitative research methods* (pp. 607–611). Thousand Oaks, CA: Sage.

Cooper, H. M. (1988). Organizing knowledge syntheses: A taxonomy of literature reviews. *Knowledge in Society, 1,* 104–126.

Copp, M. A. (2008). Emotions in qualitative research. In L. M. Given (Ed.), *The SAGE encyclopedia of qualitative research methods* (pp. 249–252). Thousand Oaks, CA: Sage.

Corbin, J., & Strauss, A. (2008). *Basics of qualitative research: Techniques and procedures for developing grounded theory* (3rd ed.). Thousand Oaks, CA: Sage.

Corbin, J., & Strauss, A. (2015). *Basics of qualitative research: Techniques and procedures for developing grounded theory* (4th ed.). Thousand Oaks, CA: Sage.

Corson, D. (1995). Ideology and distortion in the administration of outgroup interests. In D. Corson (Ed.), *Discourse and power in educational organizations* (pp. 87–110). Cresskill, NJ: Hampton Press.

Crabtree, B. F., & Miller, W. L. (Eds.). (1992). *Doing qualitative research: Multiple strategies.* Thousand Oaks, CA: Sage.

Crabtree, B. F., & Miller, W. L. (Eds.). (1999). *Doing qualitative research: Multiple strategies* (2nd ed.). Thousand Oaks, CA: Sage.

Creswell, J. W. (1998). *Qualitative inquiry and research design: Choosing among five approaches.* Thousand Oaks, CA: Sage.

Creswell, J. W. (2013). *Qualitative inquiry and research design: Choosing among five approaches* (3rd ed.). Thousand Oaks, CA: Sage.

Creswell, J. W. (2014). *Research design: Qualitative, quantitative, and mixed methods approaches* (4th ed.). Thousand Oaks, CA: Sage.

Creswell, J. W., & Kuckartz, U. (2012, April 30). *Joint matrices for integration in mixed methods research.* Paper presented at the annual conference of the American Educational Research Association, San Francisco, CA.

Creswell, J. W., & Miller, D. L. (2000). Determining validity in qualitative inquiry. *Theory Into Practice, 39*(3), 124–130.

Creswell, J. W., & Plano-Clark, V. (2010). *Designing and conducting mixed methods research* (2nd ed.). Thousand Oaks, CA: Sage.

Davidson, J., & di Gregorio, S. (2011). Qualitative research and technology: In the midst of a revolution. In N. K. Denzin & Y. S. Lincoln (Eds.), *The SAGE handbook of qualitative research* (4th ed., pp. 627–644). Thousand Oaks, CA: Sage.

Davies, D., & Dodd, J. (2002). Qualitative research and the question of rigor. *Qualitative Health Research, 12*(2), 279–289.

Davis, A., Gardner, B. B., & Gardner, M. R. (1941). *Deep South: A social anthropological study of caste and class.* Chicago, IL: University of Chicago Press.

Delamont, S. (1992). *Fieldwork in educational settings: Methods, pitfalls and perspectives.* London: Falmer Press.

Delaney, K. J. (2007). Methodological dilemmas and opportunities in interviewing organizational elites. *Sociology Compass, 1*(1), 208–221.

Denzin, N. K. (1970). *The research act: A theoretical introduction to sociological methods.* New York: McGraw-Hill.

Denzin, N. K. (1989). *The research act: A theoretical introduction to sociological methods* (3rd ed.). Englewood Cliffs, NJ: Prentice Hall.

Denzin, N. K. (1997). *Interpretive ethnography: Ethnographic practices for the 21st century.* Thousand Oaks, CA: Sage.

Denzin, N. K. (2005). Indians in the park. *Qualitative Inquiry, 5*(1), 9–33.

Denzin, N. K., & Lincoln, Y. S. (Eds.). (1994). *The SAGE handbook of qualitative research.* Thousand Oaks, CA: Sage.

Denzin, N. K., & Lincoln, Y. S. (Eds.). (2000). *The SAGE handbook of qualitative research* (2nd ed.). Thousand Oaks, CA: Sage.

Denzin, N. K., & Lincoln, Y. S. (Eds.). (2005). *The SAGE handbook of qualitative research* (3rd ed.). Thousand Oaks, CA: Sage.

Denzin, N. K., & Lincoln, Y. S. (Eds.). (2011). *The SAGE handbook of qualitative research* (4th ed.). Thousand Oaks, CA: Sage.

DeWalt, K. M., & DeWalt, B. R. (2001). *Participant observation: A guide for fieldworkers.* Walnut Creek, CA: AltaMira Press.

Dey, I. (1999). *Grounding grounded theory: Guidelines for qualitative inquiry.* San Diego, CA: Academic Press.

Dicks, B., Mason, B., Coffey, A., & Atkinson, P. (2005). *Qualitative research and hypermedia: Ethnography for the digital age.* Thousand Oaks, CA: Sage.

Dicks, B., Soyinka, B., & Coffey, A. (2006). Multimodal ethnography. *Qualitative Research, 6*(1), 77–96.

Dixson, A. D. (2005). Extending the metaphor: Notions of jazz in portraiture. *Qualitative Inquiry, 11*(1), 106–137.

Dixson, A. D., Chapman, T. K., & Hill, D. A. (2005). Research as an aesthetic process: Extending the portraiture methodology. *Qualitative Inquiry, 11*(1), 16–26.

Dixson, A. D., & Rousseau, C. K. (2005). And we are still not saved: Critical race theory in education ten years later. *Race, Ethnicity, and Education, 8*(1), 7–27.

Dixson, A. D., & Rousseau, C. K. (Eds.). (2007). *Critical race theory in education: All God's children got a song*. New York: Routledge.

Dobbert, M. L. (1982). *Ethnographic research: Theory and application for modern schools and societies*. New York: Praeger.

Dollard, J. (1935). *Criteria for the life history*. New Haven, CT: Yale University Press.

Donmoyer, R. (2001). Paradigm talk reconsidered. In V. Richardson (Ed.), *Handbook of research on teaching* (4th ed., pp. 174–197). Washington, DC: American Educational Research Association.

Doppler, J. (1998). *The costs and benefits of gay–straight alliances in high schools*. Unpublished doctoral dissertation proposal, University of Massachusetts Amherst.

Doucet, A. (2006). *Do men mother? Fathering, care, and domestic responsibility*. Toronto, Canada: University of Toronto Press.

Douglas, J. D. (1976). *Investigative social research: Individual and team field research*. Beverly Hills, CA: Sage.

Dunbar, C. (2008). Critical race theory and indigenous methodologies. In N. K. Denzin, Y. S. Lincoln, & L. T. Smith (Eds.), *Handbook of critical and indigenous methodologies* (pp. 85–100). Thousand Oaks, CA: Sage.

Educause. (2007, January). 7 things you should know about... Digital storytelling. Retrieved from https://net.educause.edu/ir/library/pdf/ELI7021.pdf

Eisner, E. W. (1991). *The enlightened eye: Qualitative inquiry and the enhancement of educational practice*. New York: Macmillan.

Ekman, P., Campos, J., Davidson, R. J., & de Waal, F. (2003). *Emotions inside out: 130 years after Darwin's* The Expression of the Emotions in Man and Animals. New York: Annals of the New York Academy of Sciences.

Ekman, P., & Friesen, W. V. (1975). *Unmasking the face: A guide to recognizing emotions from facial clues*. Upper Saddle River, NJ: Prentice Hall.

Ellingson, L. L. (2009). *Engaging crystallization in qualitative research: An introduction*. Thousand Oaks, CA: Sage.

Elliott, J. (2005). *Using narrative in social research: Qualitative and quantitative approaches*. Thousand Oaks, CA: Sage.

Ellis, C. (1986). *Fisher folk: Two communities on Chesapeake Bay*. Lexington: University Press of Kentucky.

Ellis, C., Adams, T. E., & Bochner, A. P. (2011). Autoethnography: An overview. *Historische Sozialforschung, 36*(4), 273–290.

Ellis, C., & Bochner, A. P. (2000). Autoethnography, personal narrative, reflexivity: Researcher as subject. In N. K. Denzin & Y. S. Lincoln (Eds.), *The SAGE handbook of qualitative research* (2nd ed., pp. 733–768). Thousand Oaks, CA: Sage.

Emerson, R. M., Fretz, R. I., & Shaw, L. L. (1995). *Writing ethnographic fieldnotes*. Chicago, IL: University of Chicago Press.

Esposito, N. (2001). From meaning to meaning: The influence of translation techniques on non-English focus group research. *Qualitative Health Research, 11*(4), 568–579.

Everhart, R. B. (2005). Toward a critical social narrative of education. In W. T. Pink & G. W. Noblit (Series Eds.) & G. W. Noblit, S. Y. Flores, & E. G. Murillo Jr. (Book Eds.), *Understanding education and policy: Postcritical ethnography*. Cresskill, NJ: Hampton Press.

Fahmi, K. (2007). *Beyond the victim: The politics and ethics of empowering Cairo's street children*. Cairo, Egypt: American University in Cairo Press.

Fairclough, N. (2003). *Analysing discourse: Textual analysis for social research*. London: Routledge.

Fairclough, N. (2005). Discourse analysis in organization studies:

The case for critical realism. *Organization Studies, 26*(6), 915–939.

Fals-Borda, O., & Rahman, M. A. (1991). *Action and knowledge: Breaking the monopoly with participatory action research*. New York: Apex Press.

Fielding, N. G., & Lee, R. M. (1998). *Computer analysis and qualitative research*. London: Sage.

Figenschou, T. U. (2010). Young, female, Western researcher vs. senior, male, Al Jazeera officials: Critical reflections on accessing and interviewing media elites in authoritarian societies. *Media, Culture and Society, 32*(6), 961–978.

Fine, G. A., & Sandstrom, K. L. (1988). *Knowing children: Participant observation with minors*. Newbury Park, CA: Sage.

Flanders, N. A. (1970). *Analyzing teaching behavior*. Reading, MA: Addison-Wesley.

Flick. U. (2006). *An introduction to qualitative research* (3rd ed.). London: Sage.

Flick, U. (2009). *An introduction to qualitative research* (4th ed.). London: Sage.

Flick, U. (2014). *An introduction to qualitative research* (5th ed.). London: Sage.

Flinders, D. J. (2003). Qualitative research in the foreseeable future: No study left behind? *Journal of Curriculum and Supervision, 18*(4), 380–390.

Flyvbjerg, B. (2001). *Making social science matter: Why social inquiry fails and how it can succeed again*. Cambridge, UK: Cambridge University Press.

Flyvbjerg, B. (2011). Case study. In N. K. Denzin & Y. S. Lincoln (Eds.), *The SAGE handbook of qualitative research* (4th ed., pp. 301–316). Thousand Oaks, CA: Sage.

Foster, M. (1994). The power to know one thing is never the power to know all things: Methodological notes on two studies of black American teachers. In A. Gitlin (Ed.), *Power and method: Political activism and educational research* (pp. 129–146). London: Routledge.

Foucault, M. (1972). *The archaeology of knowledge and the discourse on language*. New York: Pantheon.

Fraser, N. (1997). *Justice interruptus: Critical reflections on the "postsocialist" condition*. New York: Routledge & Kegan Paul.

Freire, P. (1970). *Pedagogy of the oppressed*. New York: Continuum.

Friend, R. A. (1993). Choices, not closets: Heterosexism and homophobia in schools. In L. Weis & M. Fine (Eds.), *Beyond silenced voices: Class, race, and gender in the United States* (pp. 209–235). Albany: State University of New York Press.

Gall, M. D., Borg, W. R., & Gall, J. P. (1996). *Educational research: An introduction* (6th ed.). White Plains, NY: Longman.

Galletta, A. (2013). *Mastering the semi-structured interview and beyond: From research design to analysis and publications*. New York: New York University Press.

Ganesh, T. G. (2011). Children-produced drawings: An interpretive and analytical tool for researchers. In E. Margolis & L. Pauwels (Eds.), *The SAGE handbook of visual research methods* (pp. 214–240). Thousand Oaks, CA: Sage.

Gannon, S. (2006). The (im)possibilities of writing the self-writing: French poststructural theory and autoethnography. *Cultural Studies: Critical Methodologies, 6*(4), 474–495.

Garcia, A. C., Standlee, A. I., Bechkoff, J., & Cui, Y. (2009). Ethnographic approaches to the Internet and computer-mediated communication. *Journal of Contemporary Ethnography, 38*(1), 52–84.

Gatson, S. N., & Zwerink, A. (2004). Ethnography online: "Natives" practising and inscribing community. *Qualitative Research, 4*(2), 179–200.

Geer, B. (1969). First days in the field. In G. McCall & J. L. Simmons

(Eds.), *Issues in participant observation* (pp. 144–162). Reading, MA: Addison-Wesley.

Geertz, C. (1973). Thick description: Toward an interpretive theory of culture. In C. Geertz (Ed.), *The interpretation of culture: Selected essays* (pp. 3–30). New York: Basic Books.

Gelman, S. A., Taylor, M. G., & Nguyen, S. (2004). Mother–child conversations about gender: Understanding the acquisition of essentialist beliefs. *Monographs of the Society for Research in Child Development, 69*(1).

Gerstl-Pepin, C. I. (1998). *Cultivating democratic educational reform: A critical examination of the A+ schools program.* Unpublished doctoral dissertation, University of North Carolina at Chapel Hill.

Gilligan, C. (1982). *In a different voice: Psychological theory and women's development.* Cambridge, MA: Harvard University Press.

Gladwell, M. (2005). *Blink: The power of thinking without thinking.* New York: Little, Brown.

Gladwell, M. (n.d.). What is *Blink* about? Retrieved November 1, 2009, from http://gladwell.com/blink/blink-q-and-a-with-malcolm

Glaser, B., & Strauss, A. (1967). *The discovery of grounded theory.* Chicago, IL: Aldine.

Glazier, J. A. (2004). Collaborating with the "Other": Arab and Jewish teachers teaching in each other's company. *Teachers College Record, 106*(3), 611–633.

Glesne, C. (2005). *Becoming qualitative researchers: An introduction* (3rd ed.). Boston, MA: Pearson/Allyn & Bacon.

Glesne, C. (2010). *Becoming qualitative researchers: An introduction* (4th ed.). Boston, MA: Pearson.

Goode, W. J. (1960). A theory of role strain. *American Sociological Review, 25*(4), 483–496.

Gough, S., & Scott, W. (2000). Exploring the purposes of qualitative data coding in educational enquiry: Insights from recent research. *Educational Studies, 26,* 339–354.

Grasseni, C. (2012). Community mapping as auto-ethno-cartography. In S. Pink (Ed.), *Advances in visual methodology* (pp. 97–112). Thousand Oaks, CA: Sage.

Gray, A. (2003). *Research practices for cultural studies: Ethnographic methods and lived cultures.* London: Sage.

Green, C. (2012). Listening to children: Exploring intuitive strategies and interactive methods in a study of children's special places. *International Journal of Early Childhood, 44*(3), 269–285.

Greene, S. M., & Hill, M. (2005). Researching children's experiences: Methods and methodological issues. In S. M. Greene & D. M. Hogan (Eds.), *Researching children's experiences: Approaches and methods* (pp. 1–22). London: Sage.

Greenwald, J. (1992). *Environmental attitudes: A structural development model.* Unpublished doctoral dissertation, University of Massachusetts Amherst.

Grey, A. (2004). The quality journey: Is there a leader at the helm? *New Zealand Research in Early Childhood Education, 7,* 91–102.

Griffin, C. (1985). *Typical girls?* London: Routledge & Kegan Paul.

Grumet, M. R. (1988). *Bitter milk: Women and teaching.* Amherst: University of Massachusetts Press.

Guba, E. G. (1978). *Toward a methodology of naturalistic inquiry in educational evaluation* (Monograph 8). Los Angeles: UCLA Center for the Study of Evaluation.

Gubrium, A., Hill, A., & Flicker, S. (2014). A situated practice of ethics for participatory visual and digital methods in public health research and practice: A focus on digital storytelling. *American Journal of Public Health, 103*(10), 1606–1614. doi:10.2105/AJPH.2013.301310

Guillemin, M., & Gillam, L. (2004). Ethics, reflexivity, and "ethically important moments" in research. *Qualitative Inquiry, 10*(2), 261–280.

Gunzenhauser, M. G., & Gerstl-Pepin, C. I. (2006). Engaging graduate education: A pedagogy for epistemological and theoretical diversity. *Review of Higher Education, 29*(3), 319–346.

Hall, E. T. (1966). *The hidden dimension.* Garden City, NY: Doubleday.

Hammersley, M. (1990). *Reading ethnographic research: A critical guide.* London: Longman.

Haraway, D. (1988). Situated knowledges: The science question in feminism and the privilege of partial perspective. *Feminist Studies, 14,* 575–599.

Haraway, D. (1991). *Simians, cyborgs and women: The reinvention of nature.* New York & London: Routledge & Free Association.

Harding, S. (Ed.). (1987). *Feminism and methodology.* Bloomington: Indiana University Press.

Harper, D. (2002). Talking about pictures: A case for photo elicitation. *Visual Studies, 17*(1), 13–26.

Harry, B., Sturges, K. M., & Klingner, J. K. (2005). Mapping the process: An exemplar of process and challenge in grounded theory analysis. *Educational Researcher, 34*(2), 3–13.

Harvard University. (2008). Arts-based research. *Foundations of Qualitative Research in Education.* Retrieved from http://isites.harvard.edu/icb/icb.do?keyword=qualitative&pageid=icb.page340895

Herr, K., & Anderson, G. L. (2015). *The action research dissertation: A guide for students and faculty* (2nd ed.). Thousand Oaks, CA: Sage.

Herr, R. S. (2004). A Third World feminist defense of multiculturalism. *Social Theory & Practice, 30*(1), 73–103.

Hine, C. (2000). *Virtual ethnography.* Thousand Oaks, CA: Sage.

Hoffman, B. (1972). *Albert Einstein: Creator and rebel.* New York: Viking.

Hollingshead, A. B. (1975). *Elmtown's youth and Elmtown revisited.* New York: Wiley.

Hollingsworth, S. (Ed.). (1997). *International action research: A casebook for educational reform.* London: Falmer Press.

Holman Jones, S. (2005). Autoethnography: Making the personal political. In N. K. Denzin & Y. S. Lincoln (Eds.), *The SAGE handbook of qualitative research* (3rd ed., pp. 763–791). Thousand Oaks, CA: Sage.

Home Box Office Project Knowledge. (1992). *Educating Peter* [Motion picture]. New York: Ambrose Video Publishing (Distributors).

hooks, b. (1994). *Teaching to transgress.* New York: Routledge.

hooks, b. (2004). Culture to culture: Ethnography and cultural studies as critical intervention. In S. N. Hesse-Biber & P. Leavy (Eds.), *Approaches to qualitative research: A reader on theory and practice* (pp. 149–158). New York: Oxford University Press.

Hughes, P. (2012). An autoethnographic approach to understanding Asperger's syndrome: A personal exploration of self-identity through reflexive narratives. *British Journal of Learning Disabilities, 40,* 94–100.

Hunter, M. (2010). *Love in the time of AIDS: Inequality, gender and rights in South Africa.* Bloomington: Indiana University Press.

Hurdley, R. (2007). Focal points: Framing material culture and visual data. *Qualitative Research, 7*(3), 355–374.

Husserl, E. (2012). *Ideas: General introduction to pure phenomenology.* New York: Routledge. (Originally published in 1913)

Jacob, E. (1987). Qualitative research traditions: A review. *Review of Educational Research, 51,* 1–50.

Jacob, E. (1988). Clarifying qualitative research: A focus on traditions. *Educational Researcher, 17,* 16–24.

Jagose, A. (1996). *Queer theory: An introduction.* New York: New York University Press.

James, N., & Busher, H. (2006). Credibility, authenticity and voice: Dilemmas in online interviewing. *Qualitative Research, 6*(3), 403–420.

Jewitt, C. (Ed.). (2009). *The Routledge handbook of multimodal analysis.* London: Routledge.

Johnson, B. (2011). The speed and accuracy of voice recognition software-assisted transcription versus the listen-and-type method: A research note. *Qualitative Research, 11*(1), 91–97.

Jones, D. M. (2004). *Collaborating with immigrant and refugee communities: Reflections of an outsider.* Unpublished doctoral dissertation, University of Massachusetts Amherst.

Jones, M. C. (1983). *Novelist as biographer: The truth of art, the lies of biography.* Unpublished doctoral dissertation, Northwestern University, Evanston, IL.

Jones, S. H. (2005). Autoethnography: Making the personal political. In N. K. Denzin & Y. S. Lincoln (Eds.), *The SAGE handbook of qualitative research* (3rd ed., pp. 763–791). Thousand Oaks, CA: Sage.

Jordan, B., & Henderson, A. (1995). Interaction analysis: Foundations and practice. *Journal of the Learning Sciences, 4*(1), 39–103.

Jørgensen, M., & Phillips, L. (2002). *Discourse analysis as theory and method.* London: Sage.

Kahn, A. (1992). *Therapist initiated termination to psychotherapy: The experience of clients.* Unpublished doctoral dissertation, University of Massachusetts Amherst.

Kalnins, Z. G. (1986). *An exploratory study of the meaning of life as described by residents of a long-term care facility.* Project proposal, Peabody College of Vanderbilt University, Nashville, TN.

Kanter, R. (1977). *Men and women of the corporation.* New York: Basic Books.

Kanuha, V. K. (2000). "Being" native versus "going native": Conducting social work research as an insider. *Social Work, 45*(5), 439–447.

Kaplan, A. (1964). *The conduct of inquiry.* San Francisco, CA: Chandler.

Keats, P. A. (2009). Multiple text analysis in narrative research: Visual, written, and spoken stories of experience. *Qualitative Research, 9*(2), 181–195.

Keddie, N. (1971). Classroom knowledge. In M. F. D. Young (Ed.), *Knowledge and control* (pp. 133–160). London: Collier-Macmillan.

Kehler, M. D., & Atkinson, M. (2013, April). *Boys, "body image," and masculinity in locker room spaces.* Symposium conducted at the meeting of the American Educational Research Association, San Francisco, CA.

Kelly, D., & Gaskell, J. (Eds.). (1996). *Debating dropouts: Critical policy and research perspectives.* New York: Teachers College Press.

Kemmis, S., & McTaggart, R. (2005). Participatory action research: Communicative action and the public sphere. In N. K. Denzin & Y. S. Lincoln (Eds.), *The SAGE handbook of qualitative research* (3rd ed., pp. 559–603). Thousand Oaks, CA: Sage.

Kendall, L. (2002). *Hanging out in the virtual pub: Masculinities and relationships online.* Berkeley: University of California Press.

Kennedy, M. M. (1979). Generalizing from single case studies. *Evaluation Quarterly, 12,* 661–678.

Kiegelmann, M. (1997). *Coming to terms: A qualitative study of six women's experiences of breaking the silence about brother–sister incest.* Ann Arbor: University of Michigan Press.

Kirkhart, K. E. (1995). Seeking multicultural validity: A postcard from the road. *Evaluation Practice, 16*(1), 1–12.

Kleinman, S., & Copp, M. A. (1993). *Emotions and fieldwork.* Newbury Park, CA: Sage.

Knight, P. T. (2002). *Small-scale research: Pragmatic inquiry in social science and the caring professions.* Thousand Oaks, CA: Sage.

Knowles, J. G., & Cole, A. L. (Eds.). (2008). *Handbook of the arts in qualitative research: Perspectives, methodologies, examples, and issues.* Thousand Oaks, CA: Sage.

Kohlberg, L. (1981). *Essays on moral development: The philosophy of moral development* (Vol. 1). San Francisco, CA: Harper & Row.

Kohli, R. (2008, April). *Breaking the cycle of racism in the classroom: Critical race reflections from future teachers of color.* Paper presented at the meeting of the American Educational Research Association, San Diego, CA.

Kong, T. S., Mahoney, D., & Plummer, K. (2002). Queering the interview. In J. F. Gubrium & J. A. Holstein (Eds.), *Handbook of interview research: Context and method* (pp. 239–258). Thousand Oaks, CA: Sage.

Koro-Ljungberg, M. (2008). Validity and validation in the making in the context of qualitative research. *Qualitative Health Research, 18*(7), 983–989.

Krieger, S. (1985). Beyond subjectivity: The use of self in social science. *Qualitative Sociology, 8,* 309–324.

Krueger, R. A., & Casey, M. A. (2008). *Focus groups: A practical guide for applied research* (4th ed.). Thousand Oaks, CA: Sage.

Kvale, S. (1996). *InterViews: An introduction to qualitative research interviewing.* Thousand Oaks, CA: Sage.

Kvale, S., & Brinkmann, S. (2009). *InterViews: Learning the craft of qualitative research interviewing* (2nd ed.). Thousand Oaks, CA: Sage.

Ladson-Billings, G. J. (1997). *The dreamkeepers: Successful teachers of African-American children.* San Francisco, CA: Jossey-Bass.

Ladson-Billings, G. (2000). Racialized discourses and ethnic epistemologies. In N. K. Denzin & Y. S. Lincoln (Eds.), *The SAGE handbook of qualitative research* (2nd ed., pp. 257–277). Thousand Oaks, CA: Sage.

Ladson-Billings, G. J. (2001). *Crossing over to Canaan: The journey of new teachers in diverse classrooms.* San Francisco, CA: Jossey-Bass.

Ladson-Billings, G. J. (2005). *Beyond the big house: African American educators on teacher education.* New York: Teachers College Press.

Ladson-Billings, G. J., & Donnor, J. (2005). The moral activist role of critical race theory scholarship. In N. K. Denzin & Y. S. Lincoln (Eds.), *The SAGE handbook of qualitative research* (3rd ed., pp. 279–301). Thousand Oaks, CA: Sage.

Ladson-Billings, G. J., & Tate, W. F. (2006). Toward a critical race theory of education. In A. D. Dixson & C. K. Rousseau (Eds.), *Critical race theory in education: All God's children got a song* (pp. 11–30). New York: Routledge.

Laible, J. (2003). A loving epistemology: What I hold critical in my life, faith, and profession. In M. D. Young & L. Skrla (Eds.), *Reconsidering feminist research in educational leadership* (pp. 179–192). Albany: State University of New York Press.

Lambert, J. (2013). *Digital storytelling: Capturing digital storytelling lives, creating community*. London: Routledge.

Laplenta, F. (2011). Some theoretical and methodological views on photo-elicitation. In E. Margolis & L. Pauwels (Eds.), *The SAGE handbook of visual research methods* (pp. 201–213). Thousand Oaks, CA: Sage.

Lareau, A. (1989). *Home advantage: Social class and parental intervention in elementary education*. New York: Falmer Press.

Larkin, B. (2014). *Observation*. Unpublished paper, University of Massachusetts Amherst.

Larsen, J. (2014). (Auto)Ethnography and cycling. *International Journal of Social Research Methodology, 17*(1), 59–71.

Lather, P. (1991). *Getting smart: Feminist research and pedagogy with/in the postmodern*. London: Routledge & Kegan Paul.

Lather, P. (1993). Fertile obsession: Validity after poststructuralism. *Sociological Quarterly, 34*(4), 673–693.

Lather, P. (2001). Validity as an incitement to discourse: Qualitative research and the crisis of legitimation. In V. Richardson (Ed.), *Handbook of research on teaching* (4th ed., pp. 241–250). Washington, DC: American Educational Research Association.

Lather, P. (2009, April). *Discussing validity*. Unpublished paper presented at the annual conference of the American Educational Research Association, San Diego, CA.

Lather, P., & Smithies, C. (1997). *Troubling the angels: Women living with HIV/AIDS*. Boulder, CO: Westview Press.

Laverack, G. R., & Brown, K. M. (2003). Qualitative research in a cross-cultural context: Fijian experiences. *Qualitative Health Research, 13*, 333–342.

Lawless, E. J. (1991). Methodology and research notes: Women's life stories and reciprocal ethnography as feminist and emergent. *Journal of Folklore Research, 28*, 35–60.

LeCompte, M. D. (1993). A framework for hearing silence: What does telling stories mean when we are supposed to be doing science? In D. McLaughlin & W. G. Tierney (Eds.), *Naming silenced lives: Personal narratives and processes of educational change* (pp. 9–27). New York: Routledge & Kegan Paul.

Lee, R. M. (1995). *Dangerous fieldwork*. Thousand Oaks, CA: Sage.

Lee, T. S. (2006). "I came here to learn how to be a leader": An intersection of critical pedagogy and indigenous education. *InterActions: UCLA Journal of Education and Information Studies, 2*(1), 1–24.

Lees, S. (1986). *Losing out*. London: Hutchinson.

Lerum, K. (2001). Subjects of desire: Academic armor, intimate ethnography, and the production of critical knowledge. *Qualitative Inquiry, 7*(4), 466–483.

Levinas, E. (1979). *Totality and infinity: An essay on exteriority* (4th ed.). London: Springer-Verlag. (Original work published in French)

Lewins, A., & Silver, C. (2007). *Using software in qualitative research: A step-by-step guide*. Thousand Oaks, CA: Sage.

Libby, W. (1922). The scientific imagination. *Scientific Monthly, 15*, 263–270.

Lifton, R. J. (1991). *Death in life: Survivors of Hiroshima*. Chapel Hill: University of North Carolina Press.

Lightfoot, S. L. (1985). *The good high school: Portraits of character and culture*. New York: Basic Books.

Lightfoot, S. L., & Davis, J. H. (1997). *The art and science of portraiture*. San Francisco, CA: Jossey-Bass.

Lincoln, Y. S. (2005). Institutional review boards and methodological conservatism: The challenge to and from phenomenological paradigms. In N. K. Denzin & Y. S. Lincoln (Eds.), *The SAGE handbook of qualitative research* (3rd ed., pp. 165–181). Thousand Oaks, CA: Sage.

Lincoln, Y. S., & Guba, E. (1985). *Naturalistic inquiry*. Beverly Hills, CA: Sage.

Lincoln, Y. S., & Guba, E. G. (2000). Paradigmatic controversies, contradictions, and emerging confluences. In N. K. Denzin & Y. S. Lincoln (Eds.), *The SAGE handbook of qualitative research* (2nd ed., pp. 163–188). Thousand Oaks, CA: Sage.

Locke, L. F., Spirduso, W. W., & Silverman, S. J. (2000). *Proposals that work: A guide for planning dissertations and grant proposals* (4th ed.). Thousand Oaks, CA: Sage.

Locke, L. F., Spirduso, W. W., & Silverman, S. J. (2013). *Proposals that work: A guide for planning dissertations and grant proposals* (6th ed.). Thousand Oaks, CA: Sage.

Luker, K. (2008). *Salsa dancing into the social sciences: Research in an age of info-glut*. Cambridge, MA: Harvard University Press.

Lutz, F., & Iannaccone, L. (1969). *Understanding educational organizations: A field study approach*. Columbus, OH: Charles Merrill.

MacDougall, D. (2011). Anthropological film-making: An empirical art. In E. Margolis & L. Pauwels (Eds.), *The SAGE handbook of visual research methods* (pp. 99–113). Thousand Oaks, CA: Sage.

MacIntyre, A. C. (1981). *After virtue: A study in moral theory*. Notre Dame, IN: University of Notre Dame Press.

MacJessie-Mbewe, S. (2004). *Analysis of a complex policy domain: Access to secondary education in Malawi*. Unpublished doctoral dissertation, University of Massachusetts Amherst.

Madison, D. S. (2005). *Critical ethnography: Method, ethics, and performance*. Thousand Oaks, CA: Sage.

Maguire, P. (2000). *Doing participatory research: A feminist approach*. Amherst, MA: Center for International Education.

Maloy, R., Pine, G., & Seidman, I. (2002). *Massachusetts teacher preparation and induction study report on first year findings* (National Education Association Professional Development School Research Project Teacher Quality Study). Washington, DC: National Education Association.

Mandelbaum, D. G. (1973). The study of life history: Gandhi. *Current Anthropology, 14*, 177–207.

Mann, C., & Stewart, F. (2002). Internet interviewing. In J. F. Gubrium & J. A. Holstein (Eds.), *Handbook of interview research: Context and method* (pp. 603–627). Thousand Oaks, CA: Sage.

Mann, C., & Stewart, F. (2004). Introducing online methods. In S. N. Hesse-Biber & P. Leavy (Eds.), *Approaches to qualitative research: A reader on theory and practice* (pp. 367–401). New York: Oxford University Press.

Manning, P. K. (1972). Observing the police: Deviants, respectables, and the law. In J. Douglas (Ed.), *Research on deviance* (pp. 213–268). New York: Random House.

Margolis, E., & Pauwels, L. (Eds.). (2011). *The SAGE handbook of visual research methods*. London: Sage.

Markham, A. N. (2004). Internet communication as a tool for qualitative research. In D. Silverman (Ed.), *Qualitative research: Theory, method, and practice* (pp. 95–124). Thousand Oaks, CA: Sage.

Markham, A. N. (2005). The methods, politics, and ethics of representation in online ethnography. In N. K. Denzin & Y. S. Lincoln (Eds.), *The SAGE handbook of qualitative research* (3rd ed., pp. 793–820). Thousand Oaks, CA: Sage.

Marshall, C. (1979). *Career socialization of women in school administration*. Unpublished doctoral dissertation, University of

California at Santa Barbara.

Marshall, C. (1981). Organizational policy and women's socialization in administration. *Urban Education, 16,* 205–231.

Marshall, C. (1985a). Appropriate criteria of trustworthiness and goodness for qualitative research on education organizations. *Quality and Quantity, 19,* 353–373.

Marshall, C. (1985b). The stigmatized woman: The professional woman in a male sex-typed career. *Journal of Educational Administration, 23,* 131–152.

Marshall, C. (1987). *Report to the Vanderbilt Policy Education Committee.* Nashville, TN: Vanderbilt University.

Marshall, C. (1988). *State education politics.* Grant proposal to the National Science Foundation.

Marshall, C. (1990). Goodness criteria: Are they objective or judgment calls? In E. Guba (Ed.), *The paradigm dialog* (pp. 188–197). Newbury Park, CA: Sage.

Marshall, C. (1991). Educational policy dilemmas: Can we have control and quality and choice and democracy and equity? In K. M. Borman, P. Swami, & L. D. Wagstaff (Eds.), *Contemporary issues in U.S. education* (pp. 1–21). Norwood, NJ: Ablex.

Marshall, C. (1992). School administrators' values: A focus on atypicals. *Educational Administration Quarterly, 28,* 368–386.

Marshall, C. (1993). *The unsung role of the career assistant principal* [Monograph]. Reston, VA: National Association of Secondary School Principals.

Marshall, C. (1997a). Dismantling and reconstructing policy analysis. In C. Marshall (Ed.), *Feminist critical policy analysis: A perspective from primary and secondary schooling* (Vol. 1, pp. 1–34). London: Falmer Press.

Marshall, C. (Ed.). (1997b). *Feminist critical policy analysis: A perspective from primary and secondary schooling.* London: Falmer Press.

Marshall, C. (2008). *Making the impossible job possible.* Unpublished grant proposal, University of North Carolina at Chapel Hill.

Marshall, C., & Anderson, A. L. (Eds.). (2008). *Activist educators: Breaking past limits.* New York: Routledge.

Marshall, C., Dalyot, K., & Galloway, S. (2014). Sexual harassment in higher education: Re-framing the puzzle of its persistence. *Journal of Policy Practice, 13*(4), 276–299.

Marshall, C., & Gerstl-Pepin, C. I. (2005). *Re-framing educational politics for social justice.* Boston, MA: Allyn & Bacon.

Marshall, C., Mitchell, D., & Wirt, F. (1985). Assumptive worlds of education policy makers. *Peabody Journal of Education, 62*(4), 90–115.

Marshall, C., Patterson, J., Rogers, D., & Steele, J. (1996). Caring as career: An alternative model for educational administration. *Educational Administration Quarterly, 32,* 271–294.

Marshall, C., & Rossman, G. B. (2011). *Designing qualitative research* (4th ed.). Thousand Oaks, CA: Sage.

Marshall, C., & Young, M. D. (2006). Gender and methodology. In C. Skelton, B. Francis, & L. Smulyn (Eds.), *The SAGE handbook of gender and education* (pp. 63–78). Thousand Oaks, CA. Sage.

Mason, M. (2010). Sample size and saturation in PhD studies using qualitative interviews. *Forum: Qualitative Social Research, 11*(3). Retrieved June 19, 2014, from http://www.qualitative-research.net/index.php/fqs/article/view/1428/3027

Matsuda, M. J., Delgado, R., Lawrence, C. R., & Crenshaw, K. W. (1993). *Words that wound: Critical race theory, assault speech, and the First Amendment.* Boulder, CO: Westview Press.

Maxwell, J. A. (2005). *Qualitative research design: An interactive approach* (2nd ed.). Thousand Oaks, CA: Sage.

Maxwell, J. A. (2012). *Qualitative research design: An interactive approach* (3rd ed.). Thousand Oaks, CA: Sage.

McKee, H. A., & Porter, J. E. (2009). *The ethics of Internet research: A rhetorical, case-based process* (Vol. 59). New York: Peter Lang.

McNiff, J., & Whitehead, J. (2003). *Action research: Principles and practice.* London: Routledge.

Miles, M. B. (1979). Qualitative data as an attractive nuisance: The problem of analysis. *Administrative Science Quarterly, 24,* 590–601.

Miles, M. B., & Huberman, A. M. (1994). *Qualitative data analysis: An expanded sourcebook* (2nd ed.). Thousand Oaks, CA: Sage.

Miles, M. B., Huberman, A. M., & Saldaña, J. (2014). *Qualitative data analysis: A methods sourcebook* (3rd ed.). Thousand Oaks, CA: Sage.

Miller, D., & Slater, D. (2000). *The Internet: An ethnographic approach.* Oxford, UK: Berg.

Mills, S. (2004). *Discourse.* London: Routledge.

Milner, H. R. (2007). Race, culture, and researcher positionality: Working through dangers seen, unseen, and unforeseen. *Educational Researcher, 36*(7), 388–400.

Mishna, F. (2004). A qualitative study of bullying from multiple perspectives. *Children & Schools, 26*(4), 234–247.

Mitchell, D., Wirt, F., & Marshall, C. (1986). *Alternative state policy mechanisms for pursuing educational quality, equity, efficiency, and choice* (Final report to the U.S. Department of Education, Grant No. NIE-G-83 0020). Washington, DC: U.S. Department of Education.

Mohanty, C. (2009). Under Western eyes: Feminist scholarship and colonial discourses. In L. Back & J. Solomos (Eds.), *Theories of race and racism: A reader* (2nd ed.). London: Routledge.

Mooney, R. L. (1951). Problems in the development of research men. *Educational Research Bulletin, 30,* 141–150.

Morse, J. M. (2003). A review committee's guide for evaluating qualitative proposals. *Qualitative Health Research, 13,* 833–851.

Morse, J. M. (2004). Using the right tool for the job [Editorial]. *Qualitative Health Research, 14,* 1029–1031.

Morse, J. M., & Richards, L. (2002). *README FIRST for a user's guide to qualitative methods.* Thousand Oaks, CA: Sage.

Mosselson, J. (2010). Subjectivity and reflexivity: Locating the self in research on dislocation. *International Journal of Qualitative Studies in Education, 23*(4), 479–494.

Moustakas, C. E. (1994). *Phenomenological research methods.* Thousand Oaks, CA: Sage.

Narayan, K. (1993). How native is a "native" anthropologist? *American Anthropologist, 95*(3), 671–686.

National Research Council, Center for Education, Division of Behavioral and Social Sciences and Education. (2002). *Scientific research in education. Committee on Scientific Principles for Education Research* (R. J. Shavelson & L. Towne, Eds.). Washington, DC: National Academies Press.

Nespor, J. (2006). Finding patterns with field notes. In J. Green, G. Camilli, & P. Elmore (Eds.), *Complementary methods for research in education* (pp. 587–598). Washington, DC: American Educational Research Association.

Nielson, J. (Ed.). (1990). *Feminist research methods: Exemplary readings in the social sciences.* Boulder, CO: Westview Press.

Noblit, G. W., Flores, S. Y., & Murillo, E. G., Jr. (Eds.). (2005). *Postcritical ethnography: Reinscribing critique.* Cresskill, NJ: Hampton Press.

Noffke, S. E., & Somekh, B. (Eds.). (2009). *The SAGE handbook of educational action research.* London: Sage.

Norris, S. (2004). *Analyzing multimodal interaction.* London:

Routledge Falmer Press.

Ochiel, M. (2009). *Child-headed households and orphans: Exploring the nexus of poverty, politics, and HIV and AIDS in Kenya.* Unpublished manuscript, University of Massachusetts Amherst.

O'Halloran, K. L., & Smith, B. A. (Eds.). (2011). *Multimodal studies: Exploring issues and domains.* New York: Routledge.

O'Hearn-Curran, M. (1997). *First days in the field: Lessons I learned in kindergarten.* Unpublished manuscript, University of Massachusetts Amherst.

Ojeda, L., Flores, L. Y., Meza, R. R., & Morales, A. (2011). Culturally competent qualitative research with Latino immigrants. *Hispanic Journal of Behavioral Sciences, 33*(2), 184–203.

Olesen, V. (2000). Feminisms and qualitative research into the new millennium. In N. K. Denzin & Y. S. Lincoln (Eds.), *The SAGE handbook of qualitative research* (2nd ed., pp. 215–255). Thousand Oaks, CA: Sage.

Olesen, V. L., & Whittaker, E. W. (1968). *The silent dialogue: A study in the social psychology of professional socialization.* San Francisco, CA: Jossey-Bass.

O'Neill, J., Small, B. B., & Strachan, J. (1999). The use of focus groups within a participatory action research environment. In M. Kopala & L. A. Suzuki (Eds.), *Using qualitative methods in psychology* (pp. 199–209). Thousand Oaks, CA: Sage.

O'Neill, M. (2012). Ethno-mimesis and visual arts. In S. Pink (Ed.), *Advances in visual methodology* (pp. 153–172), Thousand Oaks, CA: Sage.

O'Toole, P., & Were, P. (2008). Observing places: Using space and material culture in qualitative research. *Qualitative Research, 8*(5), 616–634.

Park, P., Brydon-Miller, M., Hall, B., & Jackson, T. (Eds.). (1993). *Voices of change: Participatory research in the United States and Canada.* Toronto, Ontario, Canada: Ontario Institute for Studies in Education Press.

Patton, M. Q. (1990). *Qualitative research and evaluation methods* (2nd ed.). Thousand Oaks, CA: Sage.

Patton, M. Q. (2002). *Qualitative research and evaluation methods* (3rd ed.). Thousand Oaks, CA: Sage.

Patton, M. Q. (2015). *Qualitative research and evaluation methods* (4th ed.). Thousand Oaks, CA: Sage.

Paulus, T. M., Lester, J. N., & Dempster, P. G. (2014). *Digital tools for qualitative research.* London: Sage.

Peek, L., & Fothergill, A. (2009). Using focus groups: Lessons from studying daycare centers, 9/11, and Hurricane Katrina. *Qualitative Research, 9*(1), 31–59.

Peräkylä, A. (2005). Analyzing talk and text. In N. K. Denzin & Y. S. Lincoln (Eds.), *The SAGE handbook of qualitative research* (3rd ed., pp. 869–886). Thousand Oaks, CA: Sage.

Phaik-Lah, K. (1997). The environments of action research in Malaysia. In S. Hollingsworth (Ed.), *International action research: A casebook for educational reform* (pp. 238–243). London: Falmer Press.

Phelan, S. K., & Kinsella, E. A. (2013). Picture this . . . safety, dignity, and voice: Ethical research with children: Practical considerations for the reflexive researcher. *Qualitative Inquiry, 19*(2), 81–90.

Piantanida, M., & Garman, N. B. (1999). *The qualitative dissertation: A guide for students and faculty.* Thousand Oaks, CA: Corwin.

Pink, S. (2011). Multimodality, multisensoriality and ethnographic knowing: Social semiotics and the phenomenology of perception. *Qualitative Research, 11*(3), 261–276.

Pink, S. (2012). *Situating everyday life.* London: Sage.

Piotrkowski, C. S. (1979). *Work and the family system: A naturalistic study of working-class and lower-middle-class families.* New York: Free Press.

Polkinghorne, D. E. (1988). *Narrative knowing and the human sciences.* Albany: State University of New York Press.

Polsky, N. (1969). *Hustlers, beats, and others.* Garden City, NY: Doubleday Anchor.

Poovey, M. (1995). *Making a social body: British cultural formation 1830–1864.* Chicago, IL: University of Chicago Press.

Powdermaker, H. (1966). *Stranger and friend.* New York: W. W. Norton.

Prior, L. (2004). Following Foucault's footsteps: Text and context in qualitative research. In S. N. Hesse-Biber & P. Leavy (Eds.), *Approaches to qualitative research: A reader on theory and practice* (pp. 317–333). New York: Oxford University Press.

Putney, L. G., & Green, J. L. (2010). The roots and routes of teacher-based action research and curriculum inquiry: A historical perspective. In P. Petersen, E. Baker, & B. McGaw (Eds.), *International Encyclopedia of Education* (pp. 355–361). New York: Elsevier.

Rabinow, P. (1977). *Reflections on fieldwork in Morocco.* Berkeley: University of California Press.

Rager, K. B. (2005). Self-care and the qualitative researcher: When collecting data can break your heart. *Educational Researcher, 34*(4), 23–27.

Rallis, S. F., Keller, L., & Lawrence, R. B. (2013, 25 May). *Revisiting PLBSS.* Presentation to the National Education Association.

Reardon, K., Welsh, B., Kreiswirth, B., & Forester, J. (1993). Participatory action research from the inside: Community development practice in East St. Louis. *American Sociologist, 24*, 69–91.

Reason, P., & Rowan, J. (1981). *Human inquiry: A sourcebook of new paradigm research.* New York: Wiley.

Rex, L. A., & Green, J. L. (2008). Classroom discourse and interaction: Reading across the traditions. In B. Spolsky & F. Hull (Eds.), *Handbook of educational linguistics* (pp. 571–584). Malden, MA: Wiley-Blackwell.

Rex, L. A., Murnen, T. J., Hobbs, J., & McEachen, D. (2002). Teachers' pedagogical stories and the shaping of classroom participation: "The Dancer" and "Graveyard Shift at the 7-11." *American Educational Research Journal, 39*(3), 765–796.

Rex, L. A., Steadman, S., & Graciano, M. (2006). Researching the complexity of classroom interaction. In J. L. Green, G. Camilli, & P. Elmore (Eds.), *Handbook of complementary methods in education research* (pp. 727–772). Mahwah, NJ: Lawrence Erlbaum.

Rhyne, R. (2000). Foucault, Michel (1926–1984). In G. E. Haggerty (Ed.), *Gay histories and cultures: An encyclopedia* (Vol. 2, pp. 337–338). New York: Garland.

Richards, L. (2005). *Handling qualitative data: A practical guide.* Thousand Oaks, CA: Sage.

Richards, T. J., & Richards, L. (1994). Using computers in qualitative research. In N. K. Denzin & Y. S. Lincoln (Eds.), *The SAGE handbook of qualitative research* (pp. 445–462). Thousand Oaks, CA: Sage.

Richardson, L. (1997). *Fields of play: Constructing an academic life.* New Brunswick, NJ: Rutgers University Press.

Richardson, L. (2000). Writing: A method of inquiry. In N. K. Denzin & Y. S. Lincoln (Eds.), *The SAGE handbook of qualitative research* (2nd ed., pp. 923–948). Thousand Oaks, CA: Sage.

Richardson, L., & St. Pierre, E. A. (2005). Writing: A method of inquiry. In N. K. Denzin & Y. S. Lincoln (Eds.), *The SAGE handbook of qualitative research* (3rd ed., pp. 959–978). Thousand Oaks, CA: Sage.

Rieger, J. H. (2011). Rephotography for documenting social change. In E. Margolis & L. Pauwels (Eds.), *The SAGE handbook of visual research methods* (pp. 132–149). Thousand Oaks, CA: Sage.

Riessman, C. K. (1991). When gender is not enough: Women interviewing women. In J. Lorder & S. A. Farrell (Eds.), *The social construction of gender* (pp. 217–236). Newbury Park, CA: Sage.

Riessman, C. K. (1993). *Narrative analysis.* Newbury Park, CA: Sage.

Ringrose, J. L., & Harvey, L. (2013, April). *Methodological challenges in digital space: Researching the affective visual and moral economy of teen "sexting."* Symposium conducted at the meeting of the American Educational Research Association, San Francisco, CA.

Rogers, R. (Ed.). (2004). *An introduction to critical discourse analysis in education.* Mahwah, NJ: Lawrence Erlbaum.

Rooney, L. K., Bhopal, R., Halani, L., Levy, M. L., Partridge, M. R., Netuveli, G., & Sheikh, A. (2011). Promoting recruitment of minority ethnic groups into research: Qualitative study exploring the views of South Asian people with asthma. *Journal of Public Health, 33*(4), 604–615.

Rose, G. (2012). *Visual methodologies: An introduction to researching with visual methods* (3rd ed.). London: Sage.

Rosenau, P. M. (1992). *Post-modernism and the social sciences: Insights, inroads, and intrusions.* Princeton, NJ: Princeton University Press.

Rosenberg, L. (2006). *Rewriting ideologies of literacy: A study of writing by newly literate adults.* Unpublished doctoral dissertation, University of Massachusetts Amherst.

Rossman, G. B. (1994, November). *External evaluation report: Designing schools for enhanced learning* (Unpublished report). Andover, MA: Regional Laboratory for New England and the Islands.

Rossman, G. B., Corbett, H. D., & Firestone, W. A. (1984). *Plan for the study of professional cultures in improving high schools.* Philadelphia, PA: Research for Better Schools.

Rossman, G. B., & Rallis, S. F. (2001). *Leading dynamic schools for newcomer students: Studies of successful cross-cultural interaction.* Proposal submitted to the U.S. Department of Education, Office of Educational Research and Improvement.

Rossman, G. B., & Rallis, S. F. (2003). *Learning in the field: An introduction to qualitative research* (2nd ed.). Thousand Oaks, CA: Sage.

Rossman, G. B., & Rallis, S. F. (2010). Everyday ethics: Reflections on practice. *International Journal of Qualitative Studies in Education, 23*(4), 379–391.

Rossman, G. B., & Rallis, S. F. (2012). *Learning in the field: An introduction to qualitative research* (3rd ed.). Thousand Oaks, CA: Sage.

Rossman, G. B., Rallis, S. F., & Kuntz, A. M. (2010). Standards of proof in qualitative inquiry: Reliability, validity, and related evidentiary issues. In E. Baker, B. McGaw, & P. Peterson (Eds.), *International encyclopedia of education* (3rd ed., pp. 505–513). London: Elsevier.

Rossman, G. B., & Wilson, B. L. (1994). Numbers and words revisited: Being shamelessly eclectic. *Quality and Quantity, 28,* 315–327.

Roulston, K. (2010). *Reflective interviewing: A guide to theory and practice.* Thousand Oaks, CA: Sage.

Ryen, A. (2003). Cross-cultural interviewing. In J. A. Holstein &

J. F. Gubrium (Eds.), *Inside interviewing: New lenses, new concerns* (pp. 429–448). Thousand Oaks, CA: Sage.

Safman, R. M., & Sobal, J. (2004). Qualitative sample extensiveness in health education research. *Health Education & Behavior, 31,* 9–21.

Sagor, R. (2005). *Action research handbook: A four-step process for educators and school teams.* Thousand Oaks, CA: Corwin.

Said, E. W. (2007). *Music at the limits: Three decades of essays and articles on music.* New York: Columbia University Press.

Saldaña, J. (2011). *Ethnotheater: Research from page to stage.* Walnut Creek, CA: Left Coast Press.

Saldaña, J. (2012). *The coding manual for qualitative researchers* (2nd ed.). Thousand Oaks, CA: Sage.

Sampson, H. (2004). Navigating the waves: The usefulness of a pilot in qualitative research. *Qualitative Research, 4*(3), 383–402.

Sandelowski, M. (2010). What's in a name? Qualitative description revisited. *Research in Nursing and Health, 33*(1), 77–84.

Sandelowski, M., & Barroso, J. (2003). Writing the proposal for a qualitative research methodology project. *Qualitative Health Research, 13,* 781–820.

Sands, C., Reed, L., Harper, K., & Shar, M. (2009). A PhotoVoice participatory evaluation of a school gardening program through the eyes of fifth graders. *Practicing Anthropology, 31*(4), 15–20.

Sandy, M. (2014). "It's sweeter where the bruise is": Making sense of the experience of family homelessness in a community-campus partnership. *International Journal of Qualitative Studies in Education, 27*(5), 584–603.

Sanjek, R. (1990). On ethnographic validity. In R. Sanjek (Ed.), *Fieldnotes: The makings of anthropology* (pp. 385–418). Ithaca, NY: Cornell University Press.

Sariyant, T. P. (2002). *Knowing and understanding through auto/ethnography: Narrative on transformative learning experience of an international graduate student.* Unpublished doctoral dissertation, University of Massachusetts Amherst.

Sarr, K. G. (2014). *Integrating cultures within formal schooling: Exploring opportunities for cultural relevancy in peri-urban Senegal.* Unpublished doctoral dissertation, University of Massachusetts Amherst.

Saukko, P. (2003). *Doing research in cultural studies: An introduction to classical and new methodological approaches.* London: Sage.

Saukko, P. (2008). Methodologies for cultural studies: An integrative approach. In N. K. Denzin & Y. S. Lincoln (Eds.), *The landscapes of qualitative research* (3rd ed., pp. 457–475). Thousand Oaks, CA: Sage.

Saumure, K., & Given, L. M. (2008). Data saturation. In L. M. Given (Ed.), *The SAGE encyclopedia of qualitative research methods* (Vol. 1, pp. 195–196). Thousand Oaks, CA: Sage.

Schatzman, L., & Strauss, A. (1973). *Field research: Strategies for a natural sociology.* Englewood Cliffs, NJ: Prentice Hall.

Schensul, J. J. (2008). Methodology. In L. M. Given (Ed.), *The SAGE encyclopedia of qualitative research methods* (p. 519). Thousand Oaks, CA: Sage.

Schensul, S. L., Schensul, J. J., & LeCompte, M. D. (1999). *Essential ethnographic methods: Observations, interviews, and questionnaires.* Lanham, MD: AltaMira Press.

Scheurich, J. (1997). *Research methods in the postmodern.* London: Falmer Press.

Schoenfeld, A. (2013). Classroom observations in theory and practice. *ZDM, 45*(4), 607–621. doi: 10.1007/s11858-012-0483-1

Schram, T. H. (2006). *Conceptualizing and proposing qualitative research* (2nd ed.). Upper Saddle River, NJ: Pearson Prentice

Hall.

Schwandt, T. A. (1996). Farewell to criteriology. *Qualitative Inquiry, 2*, 58–72.

Scott, J. W. (2003). The linguistic production of genderlessness in the superintendency. In M. D. Young & L. Skrla (Eds.), *Reconsidering feminist research in educational leadership* (pp. 81–102). Albany: State University of New York Press.

Seidman, I. E. (2006). *Interviewing as qualitative research: A guide for researchers in education and the social sciences* (3rd ed.). New York: Teachers College Press.

Seidman, I. E. (2013). *Interviewing as qualitative research: A guide for researchers in education and social sciences* (4th ed.). New York: Teachers College Press.

Seidman, S. (1996). *Queer theory/sociology.* Cambridge, MA: Blackwell.

Selener, D. (1997). *Participatory action research and social change.* Cornell, NY: Cornell Participatory Action Research Network.

Senge, P. (1990). *The fifth discipline: The art and practice of the learning organization.* New York: Doubleday.

Seymour, W. S. (2001). In the flesh or online? Exploring qualitative research methodologies. *Qualitative Research, 1*(2), 147–168.

Sfard, A., & Prusak, A. (2005). Telling identities: In search of an analytic tool for investigating learning as a culturally shaped activity. *Educational Researcher, 34*(4), 14–22.

Shadduck-Hernandez, J. (1997). *Affirmation, advocacy, and action: Refugee/immigrant student education and community building in higher education.* Research proposal for the Spencer Foundation, University of Massachusetts Amherst.

Shadduck-Hernandez, J. (2005). *"Here I am now!" Community service-learning with immigrant and refugee undergraduate students and youth: The use of critical pedagogy, situated learning, and funds of knowledge.* Unpublished doctoral dissertation, University of Massachusetts Amherst.

Sharp, R., & Green, A. (1975). *Education and social control.* London: Routledge & Kegan Paul.

Shaw, I. (2003). Qualitative research and outcomes in health, social work and education. *Qualitative Research, 3*, 57–77.

Shaw, I., & Ruckdeschel, R. (2002). Qualitative social work: A room with a view. *Qualitative Social Work, 1*, 5–23.

Shimpuku, Y., & Norr, K. F. (2012). Working with interpreters in cross-cultural qualitative research in the context of a developing country: Systematic literature review. *Journal of Advanced Nursing, 68*(8), 1692–1706.

Shostak, M. (1983). *Nisa: The life and words of a !Kung woman.* New York: Random House.

Silverman, D. (2013). *A very short, fairly interesting and reasonably cheap book about qualitative research* (2nd ed.). London: Sage.

Silverman, D. (Ed.). (2010). *Qualitative research: Theory, method, and practice* (3rd ed.). London: Sage.

Silverstein, M. (1996). The secret life of texts. In M. Silverstein & G. Urban (Eds.), *Natural histories of discourse* (pp. 81–105). Chicago, IL: University of Chicago.

Singal, N., & Jeffery, R. (2008). Transcribing and translating data. In *Qualitative research skills workshop: A facilitator's reference manual.* Cambridge, UK: Research Consortium on Educational Outcomes and Poverty. Retrieved February 27, 2009, from http://manual.recoup.educ.cam.ac.uk

Singer, M., Radinsky, J., & Goldman, S. R. (2008). The role of gesture in meaning construction. *Discourse Processes, 45*(4), 365–386.

Smagorinsky, P. (2007). Is "doing educational research" a matter of

perspective? Two reviewers begin the dialogue. *Educational Researcher, 36*(4), 199–203.

Smith, C. S., & Faris, R. (2002). *Religion and the life attitudes and self-images of American adolescents.* Chapel Hill, NC: National Study of Youth and Religion.

Smith, D. E. (2005). *Institutional ethnography: A sociology for people.* Lanham, MD: AltaMira Press.

Smith, J. K. (1988, March). *Looking for the easy way out: The desire for methodological constraints in openly ideological research.* Paper presented at the annual meeting of the American Educational Research Association, New Orleans, LA.

Smith, J. K., & Deemer, D. K. (2000). The problem of criteria in the age of relativism. In N. K. Denzin & Y. S. Lincoln (Eds.), *The SAGE handbook of qualitative research* (2nd ed., pp. 877–896). Thousand Oaks, CA: Sage.

Smith, M. (1999). Researching social workers' experiences of fear: Piloting a course. *Social Work Education, 18*(3), 347–354.

Soloway, I., & Walters, J. (1977). Workin' the corner: The ethics and legality of ethnographic fieldwork among active heroin addicts. In R. S. Weppner (Ed.), *Street ethnography* (pp. 159–178). Beverly Hills, CA: Sage.

Sparks, A. (1994). Self, silence, and invisibility as a beginning teacher: A life history of lesbian experience. *British Journal of Sociology of Education, 15*, 92–118.

Spradley, J. P., & Mann, B. J. (1975). *The cocktail waitress: Woman's work in a man's world.* New York: Wiley.

Spradley, J. S. (1979). *The ethnographic interview.* New York: Holt, Rinehart & Winston.

Stake, R. E. (2005). Qualitative case studies. In N. K. Denzin & Y. S. Lincoln (Eds.), *The SAGE handbook of qualitative research* (pp. 443–466). Thousand Oaks, CA: Sage.

Stanley, P. (2009). Using arts-informed inquiry as a research approach. *International Journal of the Arts in Society, 4*(2), 21–30.

Steedman, P. S. (1991). On the relations between seeing, interpreting, and knowing. In F. Steier (Ed.), *Research and reflexivity: Inquiries in social construction* (pp. 53–62). Newbury Park, CA: Sage.

Stein, A., & Plummer, K. (1996). "I can't even think straight": "Queer" theory and the missing sexual revolution in sociology. In S. Seidman (Ed.), *Queer theory/sociology* (pp. 129–144). Cambridge, MA: Blackwell.

Stephens, N. (2007). Collecting data from elites and ultra elites: Telephone and face-to-face interviews with macroeconomists. *Qualitative Research, 7*(2), 203–216.

Strauss, A. L. (1969). *Mirrors and masks.* Mill Valley, CA: Sociology Press.

Strauss, A., & Corbin, J. (1990). *Basics of qualitative research: Grounded theory procedures and techniques.* Thousand Oaks, CA: Sage.

Strauss, A., & Corbin, J. (Eds.). (1997). *Grounded theory in practice.* Thousand Oaks, CA: Sage.

Strauss, A., & Corbin, J. (1998). *Basics of qualitative research: Techniques and procedures for developing grounded theory* (2nd ed.). Thousand Oaks, CA: Sage.

Stringer, E. T. (1996). *Action research: A handbook for practitioners.* Thousand Oaks, CA: Sage.

Stringer, E. T. (2007). *Action research: A handbook for practitioners* (3rd ed.). Thousand Oaks, CA: Sage.

Sue, D. W. (2010). *Microaggressions in everyday life: Race, gender, and sexual orientation.* New York: John Wiley.

Sullivan, G. (2010). *Art practice as research: Inquiry in visual arts.* Thousand Oaks, CA: Sage.

Sutherland, E. H., & Conwell, C. (1983). *The professional thief.*

Chicago, IL: University of Chicago Press.

Szto, P., Furman, R., & Langer, C. (2005). Poetry and photography. *Qualitative Social Work, 4*, 135–156.

Taylor, S. J., & Bogdan, R. (1984). *Introduction to qualitative research methods: The search for meanings* (2nd ed.). New York: Wiley.

Temple, B., & Young, A. (2004). Qualitative research and translation dilemmas. *Qualitative Research, 4*(2), 161–178.

Tesch, R. (1990). *Qualitative research: Analysis types and software tools*. New York: Falmer Press.

Tessier, S. (2012). From field notes, to transcripts, to tape recordings: Evolution or combination? *International Journal of Qualitative Methods, 11*(4), 446–460.

Thomas, G. (2010). Doing case study: Abduction not induction, phronesis not theory. *Qualitative Inquiry, 16*(7), 575–582.

Thomas, G. (2011a). The case: Generalisation, theory and phronesis in case study. *Oxford Review of Education, 37*(1), 21–35.

Thomas, G. (2011b). A typology for the case study in social science following a review of definition, discourse, and structure. *Qualitative Inquiry, 17*(6), 511–521.

Thomas, W. I. (1949). *Social structure and social theory*. New York: Free Press.

Thorne, B. (1983). Political activists as participant observer: Conflicts of commitment in a study of the draft resistance movement of the 1960s. In R. Emerson (Ed.), *Contemporary field research: A collection of readings* (pp. 216–234). Prospect Heights, IL: Waveland.

Tierney, W. G., & Lincoln, Y. S. (Eds.). (1997). *Representation and the text: Re-framing the narrative voice*. Albany: State University of New York Press.

Titchen, A., & Bennie, A. (1993). Action research as a research strategy: Finding our way through a philosophical and methodological maze. *Journal of Advanced Nursing, 18*, 858–865.

Toma, J. D. (2000). How getting close to your subjects makes qualitative data better. *Theory Into Practice, 39*(3), 177–184.

Tong, R. (2014). *Feminist thought: A more comprehensive introduction*. San Francisco, CA: Westview Press.

Tsing, A. L. (1990). The vision of a woman shaman. In J. M. Nielsen (Ed.), *Feminist research methods* (pp. 147–173). San Francisco, CA: Westview Press.

Tucker, B. J. (1996). *Teachers who make a difference: Voices of Mexican-American students*. Unpublished thesis proposal, Harvard University Graduate School of Education, Cambridge, MA.

Tyldum, G. (2012). Ethics or access? Balancing informed consent against the application of institutional, economic or emotional pressures in recruiting respondents for research. *International Journal of Social Research Methodology, 15*(3), 199–210.

Van Maanen, J. (1988). *Tales of the field: On writing ethnography*. Chicago, IL: University of Chicago Press.

Villenas, S. (1996). Chicana ethnographer: Identity, marginalization, and co-optation in the field. *Harvard Educational Review, 66*(4), 711–731.

Viney, L. L., & Bousefield, L. (1991). Narrative analysis: A method of psychosocial research for AIDS-affected people. *Social Science and Medicine, 23*, 757–765.

Walker, L. (Producer & Director), & Cautherly, J. (Producer). (2013). *The crash reel* [Motion picture]. New York: Impact Partners.

Walters, S. D. (2004). From here to *queer*: Radical feminism, postmodernism, and the lesbian menace (or why can't a woman

be more like a fag?). In I. Morland & A. Willox (Eds.), *Readers in cultural criticism: Queer theory* (pp. 6–21). New York: Palgrave Macmillan.

Wang, C., & Burris, M. A. (1997). Photovoice: Concept, methodology, and use for participatory needs assessment. *Health Education & Behavior, 24*(3), 369–387.

Wang, C. C., & Pies, C. A. (2004). Family, maternal, and child health through photovoice. *Maternal and Child Health Journal, 8*(2), 95–102.

Warin, J. (2011). Ethical mindfulness and reflexivity: Managing a research relationship with children and young people in a 14-year qualitative longitudinal research (QLR) study. *Qualitative Inquiry, 17*(9), 805–814.

Warren, C. A. B. (2001). Gender and fieldwork relations. In R. M. Emerson (Ed.), *Contemporary field research: Perspectives and formulations* (2nd ed., pp. 203–223). Prospect Heights, IL: Waveland.

Wasserman, J. A., & Clair, J. F. (2010). *At home on the street: People, poverty, and a hidden culture of homelessness*. Boulder, CO: Lynne Rienner.

Wax, R. (1971). *Doing fieldwork: Warnings and advice*. Chicago, IL: University of Chicago Press.

Weick, K. E. (1976). Educational organizations as loosely coupled systems. *Administrative Science Quarterly, 21*, 1–19.

Weis, L. (1990). *Working class without work: High school students in a de-industrializing economy*. New York: Routledge.

Weis, L., & Fine, M. (Eds.). (2000). *Construction sites: Excavating race, class, and gender among urban youth*. New York: Teachers College Press.

Weitzman, E. A. (2000). Software and qualitative research. In N. K. Denzin & Y. S. Lincoln (Eds.), *The SAGE handbook of qualitative research* (2nd ed., pp. 803–820). Thousand Oaks, CA: Sage.

Welland, T., & Pugsley, L. (2002). *Ethical dilemmas in qualitative research*. Hants, UK: Ashgate.

Wengraf, T. (2001). *Qualitative research interviewing: Biographic narrative and semi-structured methods*. London: Sage.

Westby, C., Burda, A., & Mehta, Z. (2003, April 29). Asking the right questions in the right ways: Strategies for ethnographic interviewing. *ASHA Leader*. Retrieved from http://www.asha.org/Publications/leader/2003/030429/f030429b.htm

Westley, W. A. (1967). The police: Law, custom, and morality. In P. I. Rose (Ed.), *The study of society* (pp. 766–779). New York: Random House.

Whyte, W. F. (1984). *Learning from the field: A guide from experience*. Beverly Hills, CA: Sage.

Wilber, K. (1996). *Eye to eye: The quest for a new paradigm*. Berkeley, CA: Shambhala.

Williams, M. (2007). Avatar watching: Participant observation in graphical online environments. *Qualitative Researcher, 7*(1), 5–24.

Wilson, S. (1977). The use of ethnographic techniques in educational research. *Review of Educational Research, 47*, 245–265.

Winter, R. (1982). Dilemma analysis: A contribution to methodology for action research. *Cambridge Journal of Education, 12*(3), 161–174.

Wiseman, F. (Director). (1969). *High school* [Motion picture]. Boston, MA: Zippora Films.

Witcher, C. G. (2010). Negotiating transcription as a relative insider: Implications for rigor. *International Journal of Qualitative Methods, 9*(2), 122–132.

Wolcott, H. F. (1973). *The man in the principal's office: An ethnog-*

raphy. Walnut Creek, CA: AltaMira Press.

Wolcott, H. F. (1994). *Transforming qualitative data: Description, analysis, and interpretation.* Thousand Oaks, CA: Sage.

Wolcott, H. F. (2002). *Sneaky kid and its aftermath: Ethics and intimacy in fieldwork.* Walnut Creek, CA: AltaMira Press.

Wolcott, H. F. (2009). *Writing up qualitative research* (3rd ed.). Thousand Oaks, CA: Sage.

World Health Organization. (2011). *Indigenous peoples and participatory health research.* Geneva, Switzerland: Author.

Wortham, S. (2001). *Narratives in action: A strategy for research and analysis.* New York: Teachers College Press.

Wronka, J. (2008). *Human rights and social justice: Social action and service for the helping and health professions.* Thousand Oaks, CA: Sage.

Yeh, C. J., & Inman, A. G. (2007). Qualitative data analysis and interpretation in counseling psychology: Strategies for best practices. *Counseling Psychologist, 35,* 369–403.

Yihong, F. (2000). *Educating to liberate: Cross-boundary journeys of educators toward integration and innovation.* Unpublished doctoral dissertation proposal, University of Massachusetts Amherst.

Yin, R. K. (2014). *Case study research: Design and methods* (5th ed.). Thousand Oaks, CA: Sage.

Yosso, T. J., Smith, W. A., Ceja, M., & Solórzano, D. G. (2010). Critical race theory, microaggressions, and campus racial climate for Latina/o undergraduates. *Harvard Educational Review, 79*(4), 659–691.

Young, M. D., & Skrla, L. (2003). Research on women and administration: A response to Julie Laible's loving epistemology. In M. D. Young & L. Skrla (Eds.), *Reconsidering feminist research in educational leadership* (pp. 201–210). Albany: State University of New York Press.

Young, M. F. D. (Ed.). (1971). *Knowledge and control.* London: Collier-Macmillan.

Zuckerman, H. (1977). *Scientific elite: Nobel Laureates in the United States.* New York: Free Press.

人名索引

F

G

H

V

W

Y

Z

主題索引

A

E

P

R

S

W

.

國家圖書館出版品預行編目資料

質性研究：設計與計畫撰寫／Catherine Marshall,
　Gretchen B. Rossman著；李政賢譯. ——
三版. ——臺北市：五南圖書出版股份有限
公司，2021.09
　　面；　公分
譯自：Designing qualitative research
　ISBN 978-626-317-195-4（平裝）

1.社會科學　2.質性研究　3.研究方法

501.2　　　　　　　　　　　110014988

1JAR

質性研究設計與計畫撰寫

作　　　者 ― Catherine Marshall、Gretchen B. Rossman

譯　　　者 ― 李政賢

發 行 人 ― 楊榮川

總 經 理 ― 楊士清

總 編 輯 ― 楊秀麗

副總編輯 ― 黃文瓊

責任編輯 ― 李敏華

封面設計 ― 姚孝慈

出 版 者 ― 五南圖書出版股份有限公司

地　　　址：106台北市大安區和平東路二段339號4樓

電　　　話：(02)2705-5066　　傳　　真：(02)2706-6100

網　　　址：https://www.wunan.com.tw

電子郵件：wunan@wunan.com.tw

劃撥帳號：01068953

戶　　　名：五南圖書出版股份有限公司

法律顧問　林勝安律師事務所　林勝安律師

出版日期　2006年5月初版一刷（共七刷）
　　　　　2014年3月二版一刷（共二刷）
　　　　　2021年9月三版一刷

定　　　價　新臺幣520元

經典永恆・名著常在

◆

五十週年的獻禮——經典名著文庫

五南，五十年了，半個世紀，人生旅程的一大半，走過來了。

思索著，邁向百年的未來歷程，能為知識界、文化學術界作些什麼？

在速食文化的生態下，有什麼值得讓人雋永品味的？

歷代經典・當今名著，經過時間的洗禮，千錘百鍊，流傳至今，光芒耀人；

不僅使我們能領悟前人的智慧，同時也增深加廣我們思考的深度與視野。

我們決心投入巨資，有計畫的系統梳選，成立「經典名著文庫」，

希望收入古今中外思想性的、充滿睿智與獨見的經典、名著。

這是一項理想性的、永續性的巨大出版工程。

不在意讀者的眾寡，只考慮它的學術價值，力求完整展現先哲思想的軌跡；

為知識界開啟一片智慧之窗，營造一座百花綻放的世界文明公園，

任君遨遊、取菁吸蜜、嘉惠學子！